제자백가의 철학사상 2

제자백가의 철학사상 2

2022년 11월 10일 초판 1쇄 발행

저 자 | 송 영 배
펴낸이 | 박 기 봉
펴낸곳 | 비봉출판사
출판등록 | 2007-43 (1980년 5월 23일)
주 소 | 서울 금천구 가산디지털2로 98. 2동 808호(가산동, IT캐슬)
전 화 | (02) 2082-7444
팩 스 | (02) 2082-7449
E-mail | bbongbooks@hanmail.net

ISBN | 978-89-376-0492-8 03150

값 20,000원

# 제자백가의 철학사상

2

송영배 지음

서울대학교 철학과 명예교수

비봉출판사

# 2권 목차


제11장 『관자管子』의 다양한 사상 / 529

1. 머리말 / 529
2. 「유관幼官」 곧 유관幽館편 / 539
3. 수지 | 물과 땅水地 / 565
4. 이른바 『관자』 4편: 도가道家 철학 / 575
   1) 「심술心術」(상)편 / 575
   2) 「심술心術」(하)편 / 585
   3) 「내업內業」 편 / 591
   4) 「백심白心」 편 / 606
5. 음양오행사상 / 620
   1) 「사시四時」 편 / 621
   2) 「오행五行」 편 / 633
6. 농가農家사상: 지원地員편 | 토지와 물산의 종류 / 646

제12장 혜시의 상대주의적 논리와 공손룡의 절대고립주의의 논리 / 675

1. 혜시惠施 '역물厤物' [사물관찰]의 열 가지 명제 / 680
2. 혜시와 다른 논변자들의 21가지 논리적 궤변 명제 / 682
3. 장자와의 대화에 나타난 혜시의 모습 / 688
4. 『순자荀子』에 소개된 혜시의 이야기 / 694
5. 공손룡公孫龍의 논변 세계 / 697

제13장 후기 묵가의 논변사상 / 709

1. 〈경經〉과 〈설說〉에서 인식론과 논리사상 / 712
2. 〈경〉과 〈설〉에 나타난 묵가의 사회윤리사상 / 717
3. 〈소취小取〉: 논리와 인식의 운용에 나타난 비판적 분석 / 720

제14장 『역전易傳』의 철학사상 / 728

1. 「계사繫辭」 상전傳 / 731
2. 「계사繫辭」 하전傳 / 758
3. 「설괘說卦」전傳: 괘에 대한 설명 / 781
4. 「서괘序卦」전傳 / 793
5. 「잡괘雜卦」전傳 / 804

제15장 순자의 사회철학과 인본주의 사상 / 811

1. 직하稷下에서의 순자의 활약상 / 817
2. 사회적 존재로서의 인간과 예禮에 기초하는 이상사회 / 819
3. 〈예禮〉에 기초하는 사회 / 824
4. 성악性惡설과 인간의 실천적 행위[僞]의 의의 / 828
5. 군자君子: 법의 근원 / 831
6. 정명正名, 즉 '명분과 실제의 합치' 론 / 832
7. 물리적 자연으로서의 천天론과 주체적 인본주의 / 852
8. '도' 에 허심虛心한 인식과 제자백가에 대한 비판 / 865

제16장 추연鄒衍의 역사발전 순환론 / 878
1. 추연鄒衍학술의 출발점과 특징 / 882
2. 당대 공자나 맹자보다 월등했던 추연 영향력 / 883
3. 중국中國중심의 지리적 세계관의 무한 확장 / 885
4. '오덕종시五德終始' 설: 결정론적인 역사순환론 / 886
5. 오덕종시설과 진시황秦始皇의 제도개혁 / 888
6. 동중서董仲舒의 '천인감응' 설에 나타나는 추연의 영향 / 889

제17장 한비자의 철저한 법치주의의 이상과 비극 / 891
1. 머리말 / 891
2. 이기적 인간 본성과 법치의 필연성 / 907
3. 법치에 의한 '부국강병' 의 실현 / 923
4. 인위적 '필연의 도리' 의 근거 / 929
5. 실증적인 합리적 인식론과 미신 반대론 / 935
6. 시대의 변화와 사회 · 역사발전론 / 950
7. '공' 과 '사' 의 모순적 이해관계 / 956
8. '세勢' [군주절대권]에 대한 지적인 운용 / 962
9. 법치의 의의와 원칙 / 968
10. 중신을 제압하는 군주의 '술術' 론 / 975
11. 한비의 '외로운 울분[孤憤]' 과 사명감 / 978

색인 / 986

# 제11장
# 『관자管子』의 다양한 사상

## 머리말

『管子校注』(北京: 中華書局, 2004)를 출간한 리샹펑黎翔鳳(Li Xiang feng, 1901-1979)은, 『관자』의 내용을 크게 잡아서 1) 정치, 2) 법령, 3) 경제, 4) 군사, 5) 철학사상[文化]의 다섯 범주로 분류하고 있다.

1) 정치문제는 「목민牧民」(제1편)을 위주로 하여 「치국治國」(제48편), 「권수權修」(제3편), 「산권수山權數」(제75편), 「산지수山至數」(제76편), 「규탁規度」(제78편), 「금장禁藏」(제53편), 「패언霸言」(제23편), 「패형霸形」(제22편), 「입정立政」(제4편), 「정세正世」(제47편), 「입국入國」(제54편), 「탁지度地」(제57편), 「구수九守」(제55편), 「경중을輕重乙」(제81편), 「문問」(제24편), 「판법版法」(제7편), 「칠신칠주七臣七主」(제52편), 「군신상君臣上」(제30편), 「군신하君臣下」(제31편) 등에서 다루어진다. 리샹펑은 「추언樞言」(제12편)이 정치를 다룬 편장篇章들의 자서自序와 같다고 한다.

2) 법령法令은 「법법法法」(제16편), 「임법任法」(제45편), 「명법明法」(제46편), 「중령重令」(제15편)에서 주로 논의하고 있다. 그리고 「사시四時」(제40편), 「정正」(제43편), 「정세正世」(제47편), 「판법版法」(제7편) 등도 법령 문제를 다루고 있다.

3) 경제는 「국축國蓄」(제73편)이 중심을 이루고, 「산국궤山國軌」(제74편), 「승마乘馬」(제5편), 「거승마巨乘馬」(제68편), 「승마수乘馬數」(제69편), 「경중갑輕重甲」(제80편), 「경중을輕重乙」(제81편), 「경중정輕重丁」(제83편), 「경중술輕重戊」(제84편) 등에서 다루고 있다. 「해왕海王」(제72편)과 「지수地數」(제77편)는 염철鹽鐵을 주로 논한 것이고, 「지원地員」(제58편)은 농업을 전문으로 다루고 있다.

4) 군사軍事 문제는 「삼환參患」(제28편), 「칠법七法」(제6편)이 중심을 이루고, 「지도地圖」(제27편), 「팔관八觀」(제13편), 「제분制分」(제29편), 「구변九變」(제44편), 「세勢」(제42편), 「산국궤山國軌」(제74편) 등에서도 다루고 있다.

5) 철학사상[文化]은 「유관幼官」(제8편)과 「수지水地」(제39편)가 중심을 이루고, 「치미侈靡」(제35편), 「심술상心術上」(제36편), 「심술하心術下」(제37편), 「백심白心」(제38편), 「내업內業」(제49편), 「사시四時」(제40편), 「오행五行」(제41편) 등에서 다루고 있다.

이런 학술사상 내용이 들어있는 편장 이외에 관중管仲에 관한 일화 등에 관한 중요한 편은 첫째가 「소광小匡」(제20편)이고, 그 다음으로는 「대광大匡」(제18편), 「중광中匡」(제19편), 「계戒」(제26편), 「사칭四稱」(제33편), 「봉선封禪」(제50편), 「환공문桓公問」(제56편), 「문問」(제24편), 「사어事語」(제71편) 등을 들 수 있다. 『관자』에서 주요한 편장은 예닐곱 편에 불과하다. 전체 강령은 「유관幼官」 편으로서 『관자』의 중추라고 할 수 있다. 『관자』의 이론체계가 그 편에서 나왔다고 해도 과언이 아니다.

'유관幼官' 은 현궁玄宮을 뜻하는데, 현궁에서 오제五帝와 오실五室[명당明堂 내에 설치된 목실木室, 화실火室, 금실金室, 수실水室, 토실土室]에 제사를 드린다. 동쪽의 태호太昊는 규規를 잡고 있고, 남방의 염제炎帝는 구矩를 잡고 있고, 중앙의 황제黃帝는 먹줄[繩]을 잡고 있고, 북방의 전욱顓頊은 권權을 잡고 있는데, 전욱이 중심[인물]이다. 권權과 형衡은 경제에 쓰이고, 규規와 구矩는 법령에 쓰이고, 먹줄[繩]은 군사軍事에 쓰이는데, 모두 「유관」 편에서 근원한다. 신도神道로써 다스린다는 것은 빈말이 아니다. 경중輕重의 설은 권형權衡에서 근원하며, 오제五帝[황제黃帝, 전욱顓頊, 제곡帝嚳, 당요唐堯, 우순虞舜], 오수五獸[지자脂者, 고자膏者, 나자蠃者, 우자羽者, 인자鱗者], 기물旗物[물상物象을 그린 기치旗幟], 병兵과 형刑은 모두 도圖로 표시하였다. 현궁은 대교大教가 베풀어지는 궁궐[宮]이며, 그곳에서 조상에게 제사 드리고, 제후를 조회하고, 양로養老하고 존현尊賢하며, 국자國子[공경대부公卿大夫의 자제]들을 가르치고, 향사饗射(음식대접과 활쏘기 대회)를 행하고, 포로와 죽은 적의 귀를 바치며, 역서曆書를 반포[告朔]한다. 말하자면 현궁에서 모든 일이 일어난다는 말이다. 수數는 「낙서洛書」에 보이는데 도圖가 문자보다 중요하다. 따라서 『관자』의 모든 편은 「유관」 편에서 맥락을 찾을 수 있다.

「목민」 편의 "[임금은] 네 계절에 힘쓰고, 창고를 지킨다. 나라의 법도를 지키고, 도덕[四維]을 닦는다. 백성을 순하게 대하는 길은 귀신을 모시고, 산천에 제사하고, 종묘를 받들고, 조상을 공경하는 것이다(務在四時, 守在倉廩. 守國之度, 在飾四維. 順民之經, 在明鬼神, 祗山川, 敬宗廟, 恭祖舊.)"라는 주장은 「유관」 편과 관계가 없는 것처럼 보인다. 그러나 '네 계절[四時]에 힘쓰되 봄[春]에 오정五政을 발동하며, 하추동夏秋冬에서 각각 정책을 발동해야 한다. 봄에 동정冬政을 행하면 부화浮華[雕]해지고, 추정秋政을 행하면 서리[霜]가 내리고, 하정夏政을 행하면 욕欲[엄閹, 즉 거세去勢, 「사시」 편에 상세히 기록]된다.' 는 내용이 「유관」 편에 보인다. 창름倉廩을 채우는 이론은 「치국治國」(제48편)에서 상세하게 논의하고 있다.

「유관」 편의 "창고의 재물을 헤아려 보고, 관청의 정책을 확정한다(量委積之多寡, 定官府之計數)"라고 한 구절도 같은 뜻이다. 사유四維는 염치廉恥와 예의禮義를 똑같이 중시한다. 「목민」 편의 "예禮는 절도를 넘지 않는 일이고, 의義는 (자기 멋대로) 나가지 않는 일이다. 청렴함[廉, 깨끗한 양심]은 악惡을 덮어 가리지 않는 것이고, 부끄러움은 굽은 것을 좇지 않는 것이다(禮不踰節, 義不自進, 廉不蔽惡, 恥不從枉)."라는 말도 모두 전쟁의 수행을 위한 덕목이다. 송宋 나라의 장군 자어子魚는 "염치를 밝히는 것은 전투를 가르치고 적을 죽이기 위함이다(明恥教戰, 求殺敵也)."라고 말했다. 귀신 섬김[明鬼]과 종묘宗廟의 존중은 관계가 밀접하다. 그렇다고 『관자』에서는 신치神治만을 주장하지는 않고 민치民治에도 깊이 의존하고 있다.

「목민」 편에서는 "정치가 흥왕興旺하는 까닭은 민심을 따르는 데 있고, 정치가 무너지는 까닭은 민심을 거스르는 데 있다(政之所興, 在順民心, 政之所廢, 在逆民心.)"라고 말하고 있다. 또 「법법法法」 편에서, "백성이 임금을 따른다는 것은 (임금이) 입으로 말한 것을 따르는 것이 아니고 (민중의) 정서가 좋아하는 바를 따르는 것이다. …… 영명한 임금은, 백성에게 반드시 임금을 위하는 마음이 있음을 알기에 법을 제정하여서 (백성들이) 자치自治를 하게 하고, 표준을 세워서 스스로 바르게 한다(民從上也, 不從口之所言, 從情之所好. …… 明君知民之必以上爲心也, 故置法以自治, 立儀以自正)."라고 말한다. 이것은 인정人情을 깊이 이해했음을 뜻한다.

그 밖에도 「법법」 편은 "재주 있는 자는 규구規矩[그림쇠와 곱자]를 만들 수는 있어도, 규구 없이 네모나 원을 그릴 수 없다. 성인은 법法을 만들 수는 있어도 법을 폐지하고서 나라를 다스릴 수는 없다(巧者能生規矩, 不能廢規矩而正方圜. 雖聖人能生法, 不能廢法而治國)."라고 말한다. 또한 「칠신칠주七臣七主」 편은 "법률과 정령은 관리나 백성에게 규구나 먹줄과 같다(法律政令者, 吏民規矩繩墨也)."라고 하였다. 「국축國蓄」 편은 "백성에게 잉여생산이 있으면 생산물을 가벼이 여기므로 임금은 가볍게 거둬들인다. 백성에게 재화가 부족하면 중하게 여기므로 임금은 무거운 값[값비싼 것]을 풀어낸다. 임금은 반드시 10배의 이득이 있고, 재물 가격은 평준화할 수 있다(民有餘則輕之, 故人君斂之以輕. 民不足則重之, 故人君散之以重. 君必有什倍之利, 而財之櫎可得而平也)"라고 한다. 원래 경중輕重의 술은 저울[權]에서 나온 것이다. 『맹자孟子』에서 "권權이 있은 다음에 경중輕重을 안다(權然後知輕重, 「梁惠王上(1:7)」)."고 했다. 규구規矩, 준승準繩, 권형權衡은 「유관」 편에서 나온 것이다.

『관자』는 경중의 정책을 중시했다. 화폐와 곡식을 기준으로 삼아서 모든 것을 저울질했으며, 또한 화폐끼리도 저울질했다. 화폐가 비싸고 물품의 가격이 쌀 때 물품을 모으고 화폐를 풀었다. 곡식 값이 비싸고 물품이 싸면 물품을 모으고 곡식을 풀었다. 곡식 값이 싸고 화폐가 비싸면 곡식을 모으고 화폐를 풀었으며, 곡식 값이 비싸고 화폐가 싸면 화폐를 모으고 곡식을 풀었다. 곡식, 화폐, 물품, 이 셋은 서로 영향을 주었다. 동일한 화폐라도 상, 중, 하의 다른 등급이 있었는데, 주옥珠玉이 상등화폐이고, 황금黃金이 중등화폐이고, 도포刀布가 하등화폐이다. 중등화폐로써 상폐上幣와 하폐下幣를 조절하여 평형을 잡았다. 이런 조절은 현재 경제의 전문가들도 그 범주를 넘어설 수 없다.

전시戰時에는 특별한 경중의 정책이 운용되었다. 리샹펑黎翔鳳은 이를 '치미侈靡' 라고 한다. 이른바 「치미」(제35편)에 나오는 "부자는 소비하며 빈자는 노동한다(富者靡之, 貧者爲之)"는 것이다. 또한 "알을 장식해서 삶고, 장작을 다듬어서 밥을 짓는다(雕卵然後瀹之, 雕橑然後爨之)"는 구절은, 쌓아 둔 재물을 풀어서 퍼져나가게 한다는 뜻이다. 알[卵]에 장식을 하고 장작을 다듬어서 쓰는 것은 종묘宗廟에서 시행했음을 쉽게 알 수 있는데, 이는 은殷나라 풍속이다. 장식한 알은 제비 알[燕卵]이다. 총사叢社[총림叢林 중의 神社]에는 또한 공묘公墓가 있다. 「치미」편의 "욕거기사辱擧其死, 개국폐욕開國閉辱"에서 욕辱은 잡풀로 시체를 두껍게 싸는 것을 말하고, 사死는 주검[屍]이고, 국國은 묘역墓域이다. 바로 뒤의 "참천지지길강參天地之吉綱"은 공묘公墓가 길양吉壤[좋은 땅]이라는 말이다. 「치미」편에서 "백성이 편안하려고 하면 노고를 가르치고, 백성이 살고자 하면 죽음을 가르친다. (백성에게) 노고의 가르침이 정비

되면 나라가 부유해지고, 죽음의 가르침이 정비되면 (임금의) 위엄이 통하게 된다(民欲佚而敎之以勞, 民欲生而敎之以死, 勞敎定而國富, 死敎定而威行)."라고 말하는데, 이는 「유관」 편의 정신과 밀접하다.

「유관」 편의 수궁水宮은 수신水神인 현명玄冥을 말하는 것이다. 그리고 「수지水地」 편에서는 "땅은 만물의 본원이고, 모든 생물의 근원이고, 예쁨과 미움, 똑똑한 것과 못난 것, 바보와 준재가 생기는 곳이다. 물은 땅의 혈기血氣이니 근육과 맥락이 통류하는 것이다. 따라서 물은 모든 재료를 갖추고 있다(地者, 萬物之本原, 諸生之根菀也, 美惡賢不肖愚俊之所生也. 水者, 地之血氣, 如筋脈之通流者也, 故曰水具材也.)"라고 말한다. 또 「수지」 편에서 물은 "하늘과 땅에서 모이고, 만물 속에 숨어 있고, 금석金石에서도 생겨나며, 모든 생명에 모인다. 따라서 물을 신神이라 말한다. 초목에 모이면 뿌리는 자기 도수만큼 (물을) 가지고, 꽃도 자기 수數만큼 얻으며, 열매도 자기 분량을 얻는다. 새와 짐승이 (물을) 얻으면 몸이 살찌고, 날개와 털이 풍만해지고, 문채文彩가 드러난다. 만물이 자기 기틀을 다 발휘하되 항상성을 회복하지 않음이 없는 것은 내면에 물의 도수가 적절하기 때문이다(集於天地, 而藏於萬物, 産於金石, 集於諸生, 故曰水神. 集於草木, 根得其度, 華得其數, 實得其量. 鳥獸得之, 形體肥大, 羽毛豊茂, 文理明著. 萬物莫不盡其幾, 反其常者, 水之內度適也)"라고 한다.

이는 철학적 주장의 하나로서 그리스의 탈레스(Thales)의 학설이나 인도(India)의 수론水論의 원조로서 이들의 명제와 비슷하다. 원자原子가 모여서 만물이 되는데 그 핵은 유체流體라고 하였으니 이는 정말 수신水神이라 부를 만하다. 또 「수지水地」 편에서 "사람은 물이니 남녀의 정기

精氣가 합치면 물의 형태로 흐르는데, 석 달이면 입에 문다. 물은 것은 무엇인가? 오미五味이다. 오미는 무엇인가? 오장五臟을 말한다. 신맛은 지라[脾]를 주관하고, 짠맛은 허파[肺]를 주관하고, 매운맛은 콩팥[腎]을 주관하고, 쓴맛은 간肝을 주관하고, 단맛은 심장[心]을 주관한다. …… 뭉쳐서 사람이 되니, 구규九竅에서 오려[五慮: 耳, 目, 口, 鼻, 心]가 나온다(人, 水也, 男女精氣合而水流形. 三月如咀, 咀者何? 曰五味. 五味者何? 曰五藏. 酸主脾, 鹹主肺, 辛主腎, 苦主肝, 甘主心. …… 凝蹇而爲人, 而九竅五慮出焉)"라고 말한다. 오미五味도 「유관」 편에 나온다. 구규九竅와 오려五慮에서 심리心理와 정치이론이 발전되어 나온 것이다.

「심술상心術上」 편에서 "심장이 몸에서 차지하는 위치는 임금의 자리이다. 아홉 구멍[九竅]이 직분을 갖는 것은 감각기관의 직분이다. 심장이 자기 자리를 지키면 아홉 구멍도 자기 도리를 따른다(心之在體, 君之位也. 九竅之有職, 官之分也. 心處其道, 九竅循理)"라고 말하는데, 이것은 바로 심리학이다. 또 「심술상」 편에서 "눈과 귀는 보고 듣는 기관이다. 마음[心]이 보고 듣는 일에 간여하지 않으면 감각기관이 자기 직분을 지킨다. (그런데) 마음에 욕심이 생기면 사물이 지나가도 눈이 그것을 보지 못하고, 소리가 오더라도 귀가 듣지 못한다. 그러므로 '임금이 자기 도리를 떠나면 아랫사람은 자기가 할 일을 못 하게 된다.' 라고 말한다. 그러므로 '마음이 무위無爲해야 감각기관을 통제할 수 있다.'"(耳目者, 視聽之官也. 心而無與於視聽之事, 則官得守其分矣. 夫心有欲者, 物過而目不見, 聲至而耳不聞也. 故曰: 上離其道, 下失其事. 故曰: 心術者, 無爲而制竅者也.)라고 말한다. 이것은 정치학이다.

마음[心]은 이목耳目의 직분을 대신할 수 없기에 마음에 욕심이 생기면 눈과 귀가 자기 기능을 할 수 없게 된다. 이것이 도가道家에서 말하는, 임금이 "함이 없어야 다스려진다. 함이 없되 하지 않음이 없다(無爲而治, 無爲而無不爲)."라는 주장이다. 이런 도가의 주장을 「임법任法」(제45편)에서는 다음과 같이 말하고 있다. 임금은 "생각도 말고 염려도 말고, 걱정하지도 도모하지도 말아야 한다. 몸을 이롭게 하고, 신체를 편하게 하고, 수명을 기르되 (옷깃을) 늘어뜨리고 팔짱을 끼고 있으나 천하가 다스려진다(不思不慮, 不憂不圖, 利身體, 便形軀, 養壽命, 垂拱而天下治)." 이것은 노자老子의 정치 주장과 구별되지 않는다.

「소광小匡」 편에서는 "포숙은 대간大諫이고, 왕자성보는 장군이고, 현자기는 이관理官이고, 영척은 전관田官이고, 습붕은 사신使臣[行]이다.(鮑叔爲大諫, 王子城父爲將, 弦子旗爲理, 甯戚爲田, 隰朋爲行)"라고 하였는데, 이理는 법관法官이다. 『한서 · 예문지(漢書 · 藝文志)』에 "법가 부류는 모두 이관理官에서 나왔다(法家者流, 皆出於理官)."라고 말하였는데, 법이 이理에서 나온 것은 자연스런 현상이라 볼 수 있다. 물[水]은 평준平準이 될 수 있으니 오량五量[약龠, 합合, 승升, 두斗, 곡斛]의 종宗[으뜸]이다.

『관자』에서는 권權, 형衡, 규規, 구矩, 준準을 함께 논하였지 법만 논하지는 않았다. 「산지수山至數」 편에서 "환공이 말했다. '천자天子가 죽으면 옷 300벌로 염殮을 하는데, (천자가 평소에) 너무 인색하여서 (이 기회에 재산을) 푸는 것입니다. 대부大夫도 이에 따라 후장厚葬을 하게 하는 것이 어떻습니까? 관중이 말했다. '(이것은) 법가(의 방식)이 아닙니다.' (桓公曰: 天子三百領, 泰嗇而散, 大夫准此而行, 此如何? 管子曰; 非法家也)"라고 한 구절 가운데, 법가法家의 법은 법도法度이고, 가家는 대부大夫를 가리키니, 구류九流의 하나인 법가와는 다른 뜻이다. 『관자』는 「정세正世」(제47편)에서 "옛날[古]을 그리워하지 않고, 지금[今]에도 머물지 않으며, 시대와 함께 변하고 세속과 함께 어울린다(不慕古, 不留今, 與時變, 與俗化)."라고 했는데, 이는 순자荀子(前316~前237)의 "법후왕法後王"이나 한비韓非(前281~前233)의 "옛 것을 배우려 기약하지 않고, 항상 옳은 것도 본받지 않는다(不期修古, 不法常可)."라고 한 사상과 관점이 다르다.

「수지水地」 편에서 "제齊나라의 물길은 급하게 맴도니 그 백성이 탐욕스럽고 거칠다. 초楚나라 물은 부드럽고 맑아서 그 백성은 가볍기는 하지만 결단성이 있다. 월越나라 물은 진하게 탁하여서 걸쭉하기에 그 백성은 어리석고, 씩씩하지만 더럽다. 진秦나라 물은 탁한 것이 쌓여서 흐르지 못하고 진흙으로 가라앉아서 잡박하기 때문에, 그 백성은 탐욕스럽고 거칠며, 허망하고 살벌하다. 진晉나라 물은 말랐으나 빙빙 돌고, 진흙이 가라앉아서 잡박하니, 그 백성은 아첨하고 거짓을 감추며, 교언영색하고 이익을 좋아한다. 연燕나라 물은 모이면 아래로 흘러서 유약하고, 침체하여서 잡박하기 때문에, 그 백성은 어리석고 강직하여서 곧게 서는 것을 좋아하며, 앓는 것을 가벼이 여기고 죽는 것을 쉽게 여긴다. 송宋나라 물은 가벼우면서도 강하며 깨끗하니, 그 백성은 여유가 있고 평탄하며 공정한 것을 좋아한다.(齊之水道躁而復, 故其民貪麤而好勇. 楚之水淖弱而淸, 故其民輕果而賊. 越之水濁重而洎, 故其民愚疾而垢. 秦之水泔冣而稽, 淤滯而雜, 故其民貪戾, 罔而好事. 齊、晉之水枯旱而運, 淤滯而雜, 故其民諂諛葆詐, 巧佞而好利. 燕之水萃下而弱, 沈滯而雜, 故其民愚戇而好貞, 輕疾而易死. 宋之水輕勁而淸, 故其民閒易而好正)"라고 말하고 있다. 여기서 말한 물[水]은 강하江河가 아니고 못[潭]

물이기에 돌면서 왕복하고, 돌면서 내려가며, 다시 돌면서 올라갈 수도 있으니, 이른바 약하면서도 밝다고 하는 것이다. 제齊나라에는 용이 숨어 있다는 천제연天齊淵이 있다고 한다. 이것으로 보면 초楚와 송宋의 물이 가장 좋고, 제齊는 그 다음이다. '적賊' 자는 즉則과 같으니 견실堅實하다는 뜻이며, 제와 초, 송은 다 은殷 문화지역이라 볼 수 있다. 『태평광기太平廣記』 39에 『수경水經』을 인용하여 육홍점陸鴻漸(陸羽, 733-804)은 "초나라 물이 인간세계에서 첫째이고, 진晉의 물이 최하이다(楚水人間第一, 晉水最下)."라고 말했다. 『경세통언警世通言』의 「왕안석삼탄소학사王安石三難蘇學士」에서 "삼협의 물 가운데 중협中峽이 느리고 빠르기가 중간이다(三峽之水, 中峽在緩急之間)."라고 말했다. 이는 모두 초수楚水이다. 진수晉水는 염지鹽池인데 맛이 짜서 최하最下라고 하였다. 「심술」 편이나 「내업」 편은 그 이론이 「수지」 편에 근원하나, 꿔모뤄郭沫若(1892~1978)는 이 사실을 모르고서 송견宋鈃의 작품이라고 주장하는데, 오류임을 알 수 있다.

이런 복잡다단한 『관자』 사상 중에서, 나는 이 책에서는 철학적으로 중요한 1) 「유관幼官」(제8)편, 2) 「수지水地」(제39)편, 3) 이른바 『관자』 4편, 「심술心術」(상, 제36)편, 「심술」(하, 제37)편, 「백심白心」(제38)편과 「내업內業」(제49)편에서 도가道家사상, 그리고 4) 「사시四時」(제40)편, 「오행五行」(제41)편에서 음양오행설을 살펴볼 것이다. 5) 「지원地員」(제58)편에서는 농가農家사상을 엿볼 수 있을 것이다.

## 2. 「유관幼官」[1], 곧 유관幽館편

본편은 '그림[圖]' 인데, 10장으로 나누어진다. 매장마다 매 계절의 월령月令, 산물産物 및 정치나 군사에 관한 시정施政과 강령을 열거하고 있다. 원래는 문장과 함께 그림이 있었으나, 나중에 그림은 사라졌다. 이 편은 『관자』 사상의 가장 핵심적인 내용을 담고 있다.

## 2.1) 중방본도中方本图

(머리를) 신께 조아리며, 밤에 언덕으로 나아가 고요함을 지키면서, 사람들 모두는 선황先皇을 본받았다. 여름의 끝 달에 임금은 노란색을 입고, 단맛을 맛보며, 궁宮음의 노래를 듣고, 오화五和의 기운을 다스린다. (여름 끝 달에는) 5의 숫자를 쓰고, 중앙 우물물을 마시며, 털이 짧은 짐승의 불로써 취사炊事한다. 온화하고 연약한 마음을 가지고, (모든 것들을) 길러주고, 평탄한 마음으로 소통시켜야 한다. 무릇 만물은 고요함을 깨뜨릴 때 형태에서 조리條理가 생겨나며, 언제나 [타고난 자기] 명命에 이르게 된다. 현자를 존중하고, 덕 있는 자에게 벼슬을 주면 황제[帝]가 될 수 있다. 몸소 인의仁義를 실천하고, 충직하며 믿음직한 사람을 쓰면 왕王이 될 수 있다. 모책을 잘 알고, 예禮를 드러내고, 용사들을 선발하고 무기가 예리하면 패자[覇]가 될 수 있다. 산 자를 안정시켜 주고 죽은

---

1) 하여장何如璋(1838-1891) 등이 유관幼官을 현궁玄宮의 오기로 설명하고 있다. 그러나 리샹펑黎翔鳳에 의하면, 편명에서 두 글자 모두 틀리는 경우는 있을 수 없다. '유幼' 는 '유幽(그윽하다)' 와 통한다. 조상님의 힘을 빌려서 유幼, 즉 유幽(그윽함)에 오른다고 했으니, '幼' 자는 틀리지 않았다. '官' 은 조정에서 일을 처리하는 곳이니, 관館(관사)이다. 편명: 幼官은 황제 전욱顓頊이 거처하는 현궁玄宮, 즉 幼官의 북궁北宮이다. 성인聖人들이 幼宮, 즉 幽宮에 오르기 때문에, '幼官', 즉 '幽館' 이라고 말한 것이다. 이것은 주周나라의 '명당明堂' 과 다르다. 이것은 은殷나라의 제도이다. 『管子校注』(上), 「幼官」 篇, 黎翔鳳撰, 北京: 中華書局, 2013, 133, 134頁 참조.

이를 장사지내 주며, 현자를 공경하고 민중과 관계를 돈독히 하면 (백성들이) 많아질 것이다. 상 주기를 신실히 하고 벌 주는데 잘 살피고, 재능 있는 이에게 작위를 주고 능력자에게 녹봉을 주면 나라가 강해질 것이다. 월별 계산을 하고 연말 합산과 결합시키고, 생산에 힘쓰며 소비재 생산을 정비하면 부유해진다. 법도를 명확히 하고 도리[數]를 잘 알고, 상도常道를 확립하고, 능한 이를 갖추면 나라가 다스려진다. 동이同異를 구분하고 관직을 분산하면 나라가 안정된다. (백성을) 도리로서 소통시키며, 은택으로 길러주고, 사랑[仁]으로 가까이하며, 도의로써 양육하고, 은덕으로 보답하고, 믿음으로 결합시키고, 예의로써 접대하고, 즐거움으로 화합하고, 일[사업]로 회합하며, 관리[官]들을 통해 다스리고, 외력으로 그들을 발동시키고, 계율戒律로써 겁나게 한다. 첫해의 시정施政으로 상하가 좋은 결과를 얻게 되며, 두 번째 해의 시정으로 백성이 따르지 않는 사람이 없고, 세 번째 해의 시정으로 땅이 개간되고 흩어진 백성들이 모이고, 네 번째 해의 시정으로 농민들이 편해지고 곡식이 10배가 되며, 오 년째의 시정으로 물건값은 싸지고 황금은 모이며, 육 년째 해의 시정으로 사태 발전을 따져보고 파악하게 되며, 칠 년째의 시정으로 국내나 국외 형편을 내[임금]가 이용할 수 있게 되고, 팔 년째의 시정으로 승기를 잡게 되어 위엄이 서게 되며, 구 년째 해의 시정으로 제국帝國의 사업이 틀을 갖추게 된다. 아홉 원칙은 내용이 방대하니, 임금이 지킬 것이다. 여덟 분야 사람(상, 하, 귀, 천, 장長, 유幼, 빈貧, 부富)들이 직분을 갖게 하는 것은 경卿과 재상들의 일이다. 일곱 가지 승리는 충분히 위세를 마련하니, 장군이 지켜야 할 일이다. 여섯 가지 사항[殺, 生, 貴, 賤, 貧, 富]을 잘 알고 엄밀히 지키는 것은 현인들이 지키는 것이다. 다섯 가지 일들을 행함에 해이解弛하지 않는 것이 서민들의 할 일이다. (임금이 일을) 시작하면 (백성들은) 따라서 하지 않는 것이 없고; (임금이) 안정을 요구하면 그렇게 하지 않는 사람이 없다. 나라의 치란을 결정하는데 3근본이 있고, 국가의 안위를 결정하는데 4관건이 있고, 국가의 빈부를 결정하는데 5가지 총칙이 있고, 국가 성쇠를 결정하는데 6개 기강이 있고, (국가 지위의) 고하를 결정하는데 7가지 원칙이 있고, 강약을 검증하는데 8가지가 있고, (나라의) 존망을 결정하는데 9개의 규칙이 있다. (무사들을) 훈련시켜 도당徒黨[群]들을 흩뜨리고 (기존의) 단체들[社]을 해체시키며, (그것들을) 여러 번에 걸쳐 (새롭게) 마감하여 정한다. 열심히 힘을 합쳐서 재물을 모으고, 서로 권면하여 민중을 갖추는데, 이 두 가지 방식으로 기본을 갖춘다. 상을 주는 데는 반드시 주밀周密해야 하고, 형벌을 집행하는 데는 국내[中]에서 반드시 [그 이유가] 밝혀져야 한다.

[若因夜虛守靜, 人物人物則皇.[2] 五和[3]時節, 君服黃色, 味甘味, 聽宮聲, 治和氣. 用五數, 飮於黃后之井, 以倮獸[4]之火爨. 藏溫儒[5], 行

2) 리샹펑黎翔鳳에 의하면, 옛날에는 약若은 낙諾(머리를 끄덕이다, 승낙하다)과 같은 의미였다. 따라서 若은 '신神에게 머리를 끄덕였다.'의 뜻이다. 因은 취就(나아가다)이고, 虛는 허墟(언덕)이다. '夜墟'란, 옛날에 임금은 높은 언덕에 기거했으며, 신묘神廟(귀신모신 곳)와 정사당政事堂(정치업무를 하는 곳)이 하나였다. 그 신묘에서 귀신에게 제사 드리거나 정무 보는 것은 모두 야간이었으며, 신묘에서는 모두 엄숙해야 했고 반드시 침묵을 지켜야 했다. '人物人物'은 '人人物物'로 보아야 할 것이다. 즉則은 법法(본받다)의 뜻이다. 황皇은 선황先皇[돌아가신 첫 번의 임금]이다. 『管子校注』(上), 「幼官」篇, 黎翔鳳撰, 上同, 135, 136頁 注1 참조.

3) 오행五行설에 따르면, 오행(木, 火, 金, 水와 土)과 오방五方(동, 서, 남, 북, 中)은 사계절과 서로 배합하여야 하는데, 오행 중의 토土와 오방 중의 중앙(中)은 꼭 맞는 계절이 없기에, 여름의 끝 달[季夏月]을 그것에 배정했다. 여름의 끝 달[季夏月]이 대략 일 년의 중앙에 해당한다고 생각했기 때문이다.

4) 나수裸獸는 호랑이와 표범과 같이, 털이 없거나 짧은 짐승을 말한다.

敺[6]養, 坦氣修通. 凡物開靜, 形生理, 常至命. 尊賢授德則帝, 身[7]仁行義、服忠用信則王, 審謀章[8]禮、選士利械則霸. 定生處[9]死、謹賢修伍則衆. 信賞審罰、爵材祿能則强. 計凡付終[10], 務本飭[11]末則富. 明法審數、立常備能則治. 同異分官則安. 通之以道, 畜之以惠, 親之以仁, 養之以義, 報之以德, 結之以信, 接之以禮, 和之以樂, 期之以事, 攻[12]之以官, 發之以力, 威之以誠[13]. 一擧[14]而上下得終, 再擧而民無不從, 三擧而地辟散成[15], 四擧而農佚粟十[16], 五擧而務輕金九,[17] 六擧而絜[18]知事變, 七擧而內外爲用, 八擧而勝行威立, 九擧而帝事成

---

5) 왕염손王念孫(1744-1832)에 의하면, 유儒와 유濡(적시다)는 모두 난偄(연약하다)자의 오기이다. 『管子校注』(上), 「幼官」 篇, 上同, 138頁 注4 참조.

6) 유월俞樾(1821-1907)에 의하면, 구敺(핍박하다)는 마땅히 구嘔(撫養, 보듬어 기르다), 즉 구嫗(양육하다)이다. 『管子校注』(上), 「幼官」 篇, 上同, 138頁 注5 참조.

7) 『說文解字』에 의하면, 身은 몸[躬]이니, 궁행躬行하여 실천함을 말한다. 『管子通解』, 趙守正撰, 上册, 北京: 北京經濟學院出版社, 1989, 93頁 注7 참조.

8) 장章은 여기서 창彰(드러나다)의 의미이다.

9) 야스이 히라나라安井衡에 의하면, 處는 安(편안히 해주다)이며, 그것은 장사지내준다는 뜻이다. 『管子校注』(上), 「幼官」 篇, 「黎翔鳳撰, 上同, 141頁, 注4 참조.

10) 장패륜張佩綸(1848-1903)에 의하면, 범凡은 월별 계산과 같다. 終은 연말, 즉 歲終이다. 付는 부합함의 뜻이다. 『管子校注』(上), 「幼官」 篇, 上同, 141頁, 注5 참조.

11) 식飾(꾸미다)은 칙飭(정비하다)으로 읽어야 한다.

12) 윤지장尹知章(약 669-718)의 주석에 의하면, 공攻(공격하다)은 치治(다스리다)이다. 『管子校注』(上), 「幼官」 篇, 上同, 139頁 참조.

13) 야스이 히라나라安井衡(1799-1876)에 의하면, 성誠은 마땅히 계誡(훈계하다), 즉 칙敕(경계警戒)으로 읽어야 한다. 『管子校注』(上), 「幼官」 篇, 上同, 142頁 注8 참조.

14) 하여장何如璋에 의하면, 거擧는 行과 같은 뜻이다. 따라서 정치를 시행한다는 말이다. 『管子校注』(上), 「幼官」 篇, 上同, 142頁 注9 참조.

15) 리샹펑黎翔鳳에 의하면, 산성散成은 '散者集', 즉 흩어져 간 백성들이 모인다는 뜻이다. 『管子校注』(上), 「幼官」 篇, 上同, 142頁 注10 참조.

16) 十은 十全의 의미로, 10배로 해석하였다.

17) 장패륜張佩綸(1848-1903)에 의하면, 무務(힘쓰다)는 물物(물건)의 오자이고, 黎翔鳳에 의하면, 九는 구勼(모으다), 구鳩(모으다)의 뜻이다. 『管子校注』(上), 「幼官」 篇, 上同, 143頁 注12 참조.

18) 혈絜(헤아리다)은 형량衡量(고려해 보다)의 뜻이다.

形[19]. 九本搏大,[20] 人主之守也. 八分[21]有職, 卿相之守也. 十官飾勝備威,[22] 將軍之守也. 六紀[23]審密, 賢人之守也. 五紀不解,[24] 庶人之守也. 動而無不從, 靜而無不同. 治亂之本三, 卑尊之交四, 富貧之終五, 盛衰之紀六, 安危之機七,[25] 强弱之應八, 存亡之數九. 練之以散群傰署, 凡數財署.[26] 殺僇[27]以聚財, 勸勉以選[28]衆, 使二分具本.

---

19) 형形(모양)은 형型(틀)의 의미이다.

20) 자오소우정趙守正에 의하면, 구본九本은 아마도 구수九守인 것 같다. 『管子 · 九守』 제55편에 열거된 1. 主位, 2. 主明, 3. 主聽, 4. 主賞, 5. 主問, 6. 主因, 7. 主周, 8. 主參, 9. 督名이다. 『管子通解』(上), 「幼官」 篇, 趙守正撰, 北京: 北京經濟出版社, 1983, 94頁 注21 참조.

21) 趙守正에 의하면, 『管子 · 五輔』 제10편에서 말한 팔경八經: '上下有義, 貴賤有分, 長幼有等, 貧富有度.' 에서, 上, 下, 貴, 賤, 長, 幼, 貧, 富가 지켜야할 상규常規일 것이다. 『管子通解』(上), 「幼官」 篇, 上同, 94頁 注22 참조.

22) 하여장何如璋에 의하면, '十官飾勝備威' 에서 官飾이 잘못되어 삽입된 것이니, '七勝備威' 로 읽어야 한다. 『管子 · 樞言』 제12편에, '衆勝寡, 疾勝徐 勇勝怯, 智勝愚, 善勝惡, 有義勝無義, 有天道勝無天道. 凡此七勝者貴衆.' 의 문장이 나온다. 『管子校注』(上), 「幼官」 篇, 上同, 143, 144頁 注16 참조.

23) 좌오소우정趙守正에 의하면, 六紀는 육병六秉의 오기인 것 같다. 『管子 · 小匡』 第20편을 보면, 六秉은 殺, 生, 貴, 賤, 貧, 富를 말한다. "桓公曰: 「六秉者何也?」 管子曰: 「殺, 生, 貴, 賤, 貧, 富, 此六秉也.」, 『管子通解』(上), 「幼官」 篇, 上同, 94頁 注24 참조.

24) 趙守正에 의하면, 오기五紀는 『管子 · 立政』 제4편에서 말한, '富國五事' 에 나오는 오사五事인 것 같다. 그것은 「立政」에 의하면, ① 산택山澤에 화재방지, ② 水路(물길)정비, ③ 농사에 적합한 땅 만들기, ④ 가축과 채소 기르기와 ⑤ 장인들과 여공들의 생산 집중을 말한다. 『管子通解』(上), 「幼官」 篇, 上同, 94頁 注25 참조.

25) 장패륜張佩綸(1848-1903)에 의하면, 이 구절을 『管子 · 立政』 제4편의 유사 구절과 비교하면, 「安危之機七」과 「尊卑之交四」가 뒤바뀐 것이다. 마땅히 「安危之機四」, 「尊卑之交七」이 되어야 한다. 「尊卑之交七」에서, 交는 效자이고, 七은 七法(則, 象, 法, 化, 決塞, 心術, 計數)을 말한다. 『管子校注』(上), 「幼官」 篇, 上同, 144頁 注2 참조.

26) 하여장何如璋(1838-1891)에 의하면, '練之以' 에서 之以를 士卒의 오기라고 했으며, 원이둬聞一多(1899-1946)는 '練之以' 뒤에 한 자가 탈락되었다고 보았다. 聞一多에 의하면, 붕繃은 '무너뜨리다' 의 뜻이고, 붕서傰署는 傰其書社, '세워진 社[단체, 25인으로 구성됨]를 무너뜨리다.' 의 뜻이다. 黎翔鳳에 의하면, 財署는 '치수를 측정하여 취할 것과 버릴 것을 결정 한다.' 의 뜻이다. 『管子校注』(上), 「幼官」 篇, 上同, 145頁 注3 참조.

發善必審於密, 執威必明於中.]

이것은 「그림」[幼官圖]의 중앙에 있어야 한다.
[此居圖方中.]

## 2.2) 그림 동쪽 방향 밖에 있음[圖東方方外]

봄에 겨울 정치를 하면 춥고, 가을 정치를 하면 서리가 내리고, 여름 정치를 하면 (모든 것이) 막힌다. (입춘 뒤) 12일 「지기발地氣發」 절기에 (임금은) 봄 농사 시기임을 반포한다. 12일 뒤 「소묘小卯」 절기에 출문하여 농사를 짓는다. 12일 뒤 「천기하天氣下」 절기에 (농사에) 참여한 신하들에게 위로금을 내린다. 12일 뒤 「화기지和氣至」 절기에 마을[閭巷] 문을 수리한다. 12일 뒤 「청명」 절기에 금령을 개방하고 「시묘始卯」 절기에 암컷과 수컷이 결합하고, 「중묘中卯」 절기와 「하묘下卯」 절기, 즉 「삼묘三卯」 절기에는 같은 (봄 농사)일을 한다. 여덟의 봄 시절, 임금은 푸른 색의 옷을 입고, 신맛을 맛보며, 각성角聲의 노래를 들으며, 마른 기운[乾氣]을 다스리며, 팔의 숫자를 쓰고, 동쪽 우물물을 마시며, '남방 주작朱雀의 불' 로써 취사를 한다. (남의 고통을) 차마 못 견디는 마음을 갖추고, (모든 것들을) 길러주고, 평탄한 마음으로 소통시켜야 한다. 무릇 만물은 고요함을 깨뜨릴 때 형태에서 조리條理가 생겨나며, 광대한 우주

27) 리샹펑黎翔鳳에 의하면, 육僇은 육戮으로 통하니, '힘을 합치다.' 의 뜻이다. 『管子校注』(上), 「幼官」 篇, 上同, 146頁 注4 참조.
28) 대망戴望(1837-1873)에 의하면, 選은 具의 뜻이다. 『管子校注』(上), 「幼官」 篇, 上同, 146頁 注5 참조.

와 주위의 외국을 합하면 강국도 친속이요 약국도 권속이다. 움직이면 (각국은) 따르지 않을 수 없고, 안정安靜을 바라면 (각국은 그와) 같지 않을 수 없다. 예의로써 일하고 명령을 내리니, 예를 따르면 반드시 성공한다. (군신이) 화목하고 좋아하면 모해가 없고, 귀천 사이에 허물이 없으나, 사태가 변하면 그날로 일이 막히게 되는 것이다.

[春行冬政肅[29], 行秋政雷[30], 行夏政閹[31]. 十二地氣[32]發[33], 戒春事. 十二小卯, 出耕. 十二天氣下, 賜與. 十二義氣[34]至, 修門閭. 十

---

29) 윤지장尹知章(약669-약718)의 주석에 의하면, 숙肅은 한寒(춥다)이다. 『管子校注』(上), 「幼官」篇, 上同, 146頁 참조.

30) 탕샤오춘湯孝純에 의하면, 『管子 · 四時』 제40편에 따라서 뇌雷(우레)는 마땅히 상霜(서리)로 고쳐져야 한다. 『新譯管子讀本』(上), 「幼官」篇, 湯孝純注譯, 臺北: 三民出版社, 1995, 97頁 注2 참조.

31) 尹知章의 주석에 의하면, '陽氣猥併, 故掩閉也(양기가 많기 때문에 닫힌다.)'라 했으니, 엄閹은 엄폐掩閉(닫히다)의 뜻이다. 『管子校注』(上), 「幼官」篇, 上同, 147頁 참조.

32) 리샹펑黎翔鳳에 의하면, 「幼官」 편은 12일을 절節기로 했지 15일이 아니다. … 『管子 · 輕重己』 제85편에, '以冬日至始, 數九十二日, 謂之春至. 以春日至始, 數九十二日, 謂之夏至. 以夏日至始, 數九十二日, 謂之秋至. 以秋日至始, 數九十二日, 謂之冬至.' 라 했으니, 무릇 368일이고, 춘분, 추분이라는 명칭도 없다. 대충 계산해 보면, 春至나 秋至에 밤과 낮이 같을 수 없다. 절기와 사시의 차이가 8일이다. 1년은 365일1/4이라, 4년에 1절기를 더해도 아직 1일이 적다. 무릇 48년마다 11절기로 해야 처음과 끝이 같게 된다. … 그러나 『管子』는 은殷나라 문화를 이었다. 그래서 복사卜辭나 절기를 탐구할 수 없다. '隹十祀才九月甲午, 余步从侯喜征人方, 告於大邑商.'(『卜辭通纂』), '才九月癸亥, 正人方才雇.'(『書契前編』), '隹十祀才十月甲午, 正人方才 从東.'(『續』) 같은 십사十祀에 두 개의 九月이 있으니 반드시 하나의 九月은 윤구월閏九月이다. 甲午에서 癸亥가 60일이면, 양 九月이 각각 30일이다. 만약 15일을 절기로 하면, 윤달에 中氣가 없어서는 안 된다. (이로써) 은殷나라의 윤달 정하는 방식[閏法]은 주周나라와는 달라서, 한 달에 반드시 절기節氣와 중기中氣가 있어야 하는 것이 아니다. 만약 12일로 계산하면, 두 개의 九月에 5절기만 있게 되니, 이로써 『관자』에서는 하력夏曆을 썼다는 증거가 된다. 『管子校注』(上), 「幼官」 篇, 上同, 147頁 注2 참조.

33) 탕샤오춘湯孝純에 의하면, 地氣發은 절기의 명칭이다. 『新譯管子讀本』(上), 「幼官」篇, 湯孝純注譯, 上同, 97頁 注4 참조.

34) 리샹펑黎翔鳳에 의하면, 이 절기는 "淸明전이니 대략 춘분과 같아서, 주야가 균등

二淸明, 發禁. 十二始卯, 合男女. 十二中卯, 十二下卯, 三卯同事. 八[35]擧時節, 君服靑色, 味酸味, 聽角聲, 治燥氣, 用八數, 飮於靑后之井, 以羽獸之火爨. 藏不忍, 行敺養, 坦氣修通. 凡物開靜, 形生理. 合內空[36]周外, 强國爲圈,[37] 弱國爲屬. 動而無不從, 靜而無不同. 擧發以禮, 時[38]禮必得. 和好不基, 貴賤無司, 事變日至[39].]

이 문장은 「그림」[幼官圖] 동쪽방향 밖에 있다.

[此居於圖東方方外.]

### 2.3) 그림 남쪽방향 밖에 있음[圖南方方外]

여름에 봄 정치를 하면 바람이 세게 불고, 겨울 정치를 하면 (초목들이) 메마르고, 심하면 비와 우박이 오고, 가을 정치를 하면 물난리가 난다. 12일 뒤 「소영小郢」 절기에 지덕至德한 인재를 뽑고; 12일 뒤 「절기하節氣下」 절기에 작위를 내리고 포상을 한다. 12일 뒤 「중영中郢」 절

---

하다. 낮은 양이고, 밤은 음이니, 음양이 조화하기에 '의기義氣' 이다. '의기' 는 '화기和氣' 이니, 속어俗語도 이와 같다.", 『管子校注』(上), 「幼官」 篇, 上同, 148頁 注3.

35) 黎翔鳳에 의하면, 목木(나무)의 수는 3인데, 중앙 토(흙)의 수인 5를 합쳐서, 목의 수는 8이다. 『管子校注』(上), 「幼官」 篇, 上同, 頁.

36) 黎翔鳳에 의하면, 공空은 궁穹(하늘, 크다)의 가차假借이다. 『爾雅 · 釋詁』에 穹은 大也라 했고, 확擴(넓다)이라 했으니, 우내宇內의 확대와 주위사방의 외국을 합하여, '合內空周外' 라 한 것이다. 『管子校注』(上), 「幼官」 篇, 上同, 152頁 注1.

37) 이카이 요시히로豬飼彦博(18세기)에 의하면, 권圈은 마땅히 권眷(권속, 가족)으로 읽어야 한다. 『管子校注』(上), 「幼官」 篇, 上同, 152頁 注2.

38) 쉬웨이위許維遹(1902-1951)에 의하면, 時는 處(살다, 머물러 있다)와 같다. 『管子校注』(上), 「幼官」 篇, 上同, 152頁 注3.

39) 리샹펑黎翔鳳에 의하면, 기基는 모해謀害(해를 꾀하다)이고, 사司는 사伺, 즉 고辜(허물, 죄)이며, 至는 질窒(막히다)이다. 『管子校注』(上), 「幼官」 篇, 上同, 頁.

기에 (위로 물품을) 내려주고; 12일 뒤 「중절中絕」 절기에 (관청에서 물품들을) 수집한다. 12일 뒤 「소서小暑」가 오면, (장마로 망가진 것들을) 다 수리하고; 12일 뒤 「중서中暑」, 12일 뒤 「대서大暑」 절기가 끝나는데, 삼서三暑에는 (농사일이) 같다. 일곱의 뜨거운 여름철에 임금은 붉은색의 옷을 입고, 쓴맛을 맛보며, 우성羽聲의 노래를 듣고, 일곱 숫자를 쓰고, 털난 짐승의 불로써 취사를 한다. 소박하고 순결한 마음을 가지고, 돈독하고 후덕하게 행동하고, 평탄한 마음으로 소통시켜야 한다. 무릇 만물은 고요함을 깨뜨릴 때 형태에서 조리條理가 생겨나며, (임금은) 대소 관계官階를 확정하고, 명분名分을 밝히므로, (임금은) 많은 신하의 직분을 잘 알게 되고, 그 책임을 물으니, 아랫사람이 윗사람을 넘보지 않고, (지위가) 낮은 사람이 높으신 분을 능멸하는 일이 없다. 법치가 확립되고 이치가 있게 되어, 결당하여 사익을 추구하는 사람들이 없게 되면, 윗사람은 높아지고 아랫사람은 낮아지니, 원근에서 (사리事理에) 어그러지는 일이 없다.

[夏行春政風, 行冬政落[40], 重則雨雹, 行秋政水. 十二小郢[41], 至德. 十二節氣下, 下爵賞. 十二中郢, 賜與. 十二中絕, 收聚. 十二大暑[42]至, 盡善[43]. 十二中暑, 十二大暑終, 三暑同事. 七[44]擧時節, 君服赤

---

40) 탕샤오춘湯孝純은, 『禮記 · 月令』 편에 孟夏 「行冬令, 則草木蚤枯.」(겨울명령을 행하면, 초목들이 일찍 메마른다.) 에 의거하여, 낙落을 고枯(초목이 마르다)로 수정하였다. 『新譯管子讀本』(上), 「幼官」 篇, 湯孝純注譯, 상동, 頁 참조.

41) 하여장何如璋(1838-1891)에 의하면, 영郢은 盈(가득 차다), 또는 영嬴(차다)와 같다. 지금 달력에 입하立夏 절기 뒤에 오는 소만小滿 절기는 이것을 본 뜬 것이다. 『管子校注』(上), 「幼官」 篇, 上同, 頁 참조.

42) 탕샤오춘湯孝純에 의하면, 大暑는 마땅히 小暑로 바꿔서 읽어야 한다. 『新譯管子讀本』(上), 「幼官」 篇, 湯孝純注譯, 상동, 頁 참조.

43) 리샹펑黎翔鳳에 의하면, 선善(착하다)은 선繕(손보아 고치다)이다. 『管子校注』(上), 「幼官」 篇, 上同, 152頁 注4 참조.

色, 味苦味, 聽羽聲, 用七數, 飮於赤后之井, 以毛獸之火爨. 藏薄[45]純, 行篤厚, 坦氣修通. 凡物開靜, 形生理, 定府官[46], 明名分, 而審責於羣臣有司, 則下不乘上, 賤不乘貴. 法立數得, 而無比周之民, 則上尊而下卑, 遠近不乖.]

이 글은 「그림」[幼官圖] 남쪽 방위 밖에 있다.
[此居於圖南方方外.]

2.4) 그림 서쪽방향 밖에 있음[圖西方方外]

가을에 여름 정치를 행하면 (농작물이) 잎만 무성하고, 봄 정치를 하면 꽃만 피고, 겨울 정치를 하면 손실을 보고 허비하게 된다. 12일 뒤 가을 수확 시기가 오면 가을 농사를 알린다. 12일 뒤 「소묘小卯」 절기가 오면 모든 관료들을 (추수에) 내몰 것이다. 12일 뒤 「백로白露」 절기에 이슬이 내리면 (관청에서 가을 추수의) 수확을 수집한다. 12일 뒤 「복리復理」 절기에 (신하와 농민들에게) 상급 수여를 실시하며, 12일 뒤 「시절始節」 절기에 군사훈련을 실시하게 한다. 12일 뒤 「시유始酉」 절기에 (청년) 남녀가 결합하고, 12일 뒤 「중유中酉」 절기와 12일 뒤 「하유下酉」 절기인데, 이들 삼유三酉에 똑 같은 (가을 정치의) 일을 한다. 아홉 (쓸쓸

44) 黎翔鳳에 의하면, 물水의 수는 2인데, 땅의 수 5를 보태어 7이다. 『管子校注』(上), 「幼官」篇, 上同, 154頁 注6 참조.
45) 黎翔鳳에 의하면, 박薄(엷다)은 박樸(가공하지 않은 나무, 소박하다)의 빌려온 글자이다. 『管子校注』(上), 「幼官」篇, 上同, 154頁 注8 참조.
46) 자오소우정趙守正에 의하면, 부府는 관서官署의 통칭通稱이고, '定府官'은 '대소大小나 관계官階를 확정하다.'의 뜻이다. 『管子通解』(上), 「幼官」篇, 上同, 97頁 注5.

한 가을) 시절에 임금은 흰옷을 입고, 매운맛을 맛보며, 상성商聲의 노래를 들으며, 습기를 다스리고, 아홉 수를 쓰며, (서방을 다스리는) 백후白后의 우물물을 마시며, 갑각甲殼류 짐승의 불로써 취사를 한다. 공경하는 마음을 가지고, 예리한 무기를 잡고서 행동하며, 평탄한 마음으로 소통시켜야 한다. 무릇 만물은 고요함을 깨뜨릴 때 형태에서 조리條理가 생겨나며, 남녀의 양육을 검사하고, 마을의 십什과 오伍 조직을 정비하고, 비축한 곡식의 다과를 재어보고, 관청의 예산을 확정하고, 늙은이와 유아는 나누어 양육하고 서로 연접시켜서는 안 되며, 이롭고 해로움[利害]을 분명히 따져서 사익추구가 없어야 한다.

[秋行夏政葉, 行春政華, 行冬政耗. 十二期風[47]至, 戒秋事. 十二小卯, 薄百爵[48]. 十二白露下, 收聚. 十二復理, 賜與. 十二始節, 賦事.[49] 十二始卯, 合男女. 十二中卯, 十二下卯, 三卯[50]同事. 九[51]和時節, 君服白色, 味辛味, 聽商聲, 治濕氣, 用九數, 飮於白后之井, 以介蟲之火爨. 藏恭敬, 行搏銳, 坦氣修通. 凡物開靜, 形生理, 閒[52]男女之畜, 修鄕閭之什伍, 量委積之多寡, 定府官之計數, 養老弱而

47) 리샹펑黎翔鳳에 의하면, 가을은 곡식이 익는 때로서, 곡식이 익는 것이 가을 수확의 시기이니, 이것이 기풍期風이다. 『管子校注』(上), 「幼官」 篇, 上同, 155頁 注2 참조.
48) 야스이 히라나라安井衡(1799-1876)에 의하면, 백작百爵은 백관百官이고, 黎翔鳳에 의하면, 박薄은 박迫이다. '迫近而驅之(가까이 가서 채찍으로 막 달려가게 하다)'의 박迫의 뜻이다. 『管子校注』(上), 「幼官」 篇, 上同, 156頁 注3 참조.
49) 탕샤오춘湯孝純에 의하면, 부사賦事는 군사훈련이다. 『新譯管子讀本』(上), 「幼官」 篇, 湯孝純注譯, 上同, 101頁 注6 참조.
50) 송상봉宋翔鳳(1777-1860)에 의하면, 여기서 4개의 묘卯는 유酉자의 착오이다. 『管子校注』(上), 「幼官」 篇, 上同, 156頁 注4 참조.
51) 黎翔鳳에 의하면, 쇠[金]의 수는 4인데, 5를 보태면 9이다. 『管子校注』(上), 「幼官」 篇, 上同, 156頁 注5 참조.
52) 정사함丁士涵(19세기 학자)에 의하면, 한閒(틈)은 열閱(검열하다)과 통한다. 『管子校注』(上), 「幼官」 篇, 上同, 157頁 注9 참조.

勿通,[53] 信[54]利周[55]而無私.]

이 글은 「그림」[幼官圖] 서쪽 방향 밖에 있다.
[此居於圖西方方外.]

### 2.5) 그림 북쪽방향 밖에 있음[圖北方方外]

겨울에 가을 정치를 시행하면 안개가 끼고, 여름 정치를 시행하면 천둥이 치고, 봄 정치를 시행하면 증기가 발생한다. 12일 뒤 「시한始寒」 절기에는 형벌 주는 것을 멈추어야 하며, 12일 뒤 「소유小逾」 절기에는 (신하와 백성들에게) 상주기를 해야 한다. 12일 뒤 「중한中寒」 절기에 (관청에서 생산물을) 징수하여 모은다. 12일 뒤 「중유中榆」 절기에 (수산물을) 크게 수확한다. 12일 뒤 「한지寒至」 절기에 (마음이) 편안하다. 12일 뒤 「대한大寒」 절기에 얼음을 캐어 빙실氷室에 둔다. 12일 뒤는 「대한종大寒終」 절기이다. 이 「삼한三寒」 기간에 똑같은 동冬절기 정치를 한다. 육六(물水의) 추운 겨울에 임금은 검은색의 옷을 입고, 짠맛을 맛보며, 징성徵聲의 노래를 들으며, 음기를 다스리고, 숫자 육六을 쓰고, (북방을 다스리는) 흑후黑后의 우물물을 마시며, 비늘 달린 짐승[魚類]의 불로 취사를 한다. 자상하고 후덕한 마음을 가지고 소박하고 순결하게 행동하

53) 黎翔鳳에 의하면, 通은 連比, 즉 연접連接의 뜻이다. 『管子校注』(上), 「幼官」 篇, 上同, 157頁 注10 참조.

54) 좌오소우정趙守正에 의하면, 신信은 신申(명백히 하다)으로 읽을 수 있다. 『管子通解』(上), 「幼官」 篇, 上同, 98頁 注5 참조.

55) 왕염손王念孫(1744-1832)에 의하면, 예서隸書의 해害자는 주周자와 유사하여, 오기된 것이다. 『管子校注』(上), 「幼官」 篇, 上同, 157頁 注11 참조.

며, 평탄한 마음으로 소통시켜야 한다. 무릇 만물은 고요함을 깨뜨릴 때 형태에서 조리條理가 생겨난다. 기물은 협력에서 생기고, 가르침은 미묘한 데까지 베풀어지며, 활동과 멈춤을 기록하지 않으면 실행과 멈춤을 헤아릴 수 없게 된다. 네 계절을 신중히 분별하여 휴식을 구분해 주고, 들고 나가는 것을 달리함으로써 두 사람이 농사짓는 것을 쉽게 해주고, 분명하게 먹고 살게 하여 재앙을 해결해 주고, 받을 것과 줄 것을 잘 알아서 취합해 준다.

1차 제후들을 소집하여 명령한다. "(북방을 다스리는) 현제玄帝의 명령 없이는 하루의 전쟁도 있을 수 없다." 2차 제후들을 소집하여 명령한다. "자손 없는 노인들을 양육하고, 병자를 먹여주고, 지아비 없는 과부들을 거두어 주어라." 3차 제후들을 소집하여 명령한다. "농지세는 100분의 5를 취하고, 시장세는 100분의 2만 취하고, 성문 세는 100분의 1만 취하고, 농사와 직물 기계를 결핍시키지 말라." 4차 제후들을 소집하여 명령한다. "도로를 정비하고, 도량度量의 척도를 통일하고, 무게의 '많고 적음[多少]'을 하나로 하고, 늪과 연못은 때에 따라 봉쇄하고 개방하라." 5차 제후들을 소집하여 명령한다. "봄, 가을, 겨울, 여름에 늘 있는 제사음식을 차려 제사하고, 천지 산천의 옛날 제사를 반드시 때를 맞춰서 하라." 6차 제후들을 소집하여 명령한다. "너희 토지에서 생산한 산물들을 현관, 즉 북문 현궁에 제공하고, (천자의) 네 보좌[四輔]에게 보고하라. (그리고) 장차 하느님[帝]을 받들라!" 7차 제후들을 소집하여 명령한다. "벼슬이 (천자의) 네 보좌[四輔]이나 무례한 자는 명령을 파괴한 죄명으로 유배시켜라!" 8차 제후들을 소집하여 명령한다. "네 의표儀表로 삼아도 비난이 없으면, 현궁玄宮에 천거하여 삼공

三公처럼 예우하라!" 9차 제후들을 소집하여 명령한다. "너희 봉토 내의 재물 및 나라에 있는 보물을 (천자에게 바칠) 폐례幣禮로 하라!" 아홉 번 조회에서 (천자의) 큰 명령이 여기서 나오니, 언제나 있는 일이다.

천리 밖, 2천 리 이내의 제후들은 삼 년마다 (천자를) 조회하고, 명령을 받으며; 삼경三卿들은 (천자의) 네 보좌로부터 명령을 받고; 매년 정월 초하루에 대부[귀족]들에게 명하여 와서 학습하고, (그들은) 삼공三公으로부터 명령을 받는다. 2천 리 밖과 3천 리 이내의 제후들은 5년마다 조회하기 위해 (왕도에) 이르고, (왕의) 명령에 익숙해지고, 3년마다 경卿들에게 명하여 할 일들을 (천자로부터) 청하고; 2년마다 대부들은 미리 (국정의) 길흉을 통보하며; 10년마다 중요한 적자嫡子를 (왕궁에) 들여보내 (제후들의) 예의를 바로 잡으며; 5년마다 대부[귀족]들은 해야 할 것들을 받았고; 3천 리 밖의 제후들은 30년에 한 번 (왕도에) 이르고, 대부를 파견하여 조정에서 연회를 베풀고, (또한) 공물을 납입하고 임금의 명령을 받아갔다.

[冬行秋政霧, 行夏政雷, 行春政蒸泄. 十二始寒, 盡[56]刑. 十二小榆, 賜予. 十二中寒, 收聚[57]. 十二中榆, 大收. 十二寒至, 靜[58]. 十二大寒之陰[59], 十二大寒終, 三寒同事. 六行[60]時節, 君服黑色, 味鹹味,

---

56) 리샹펑黎翔鳳에 의하면, 진盡은 지止(멈추다)이고, 유楡(느릅나무)는 유逾(넘어가다)와 통한다. 『管子校注』(上), 「幼官」 篇, 上同, 159頁 注2 참조.

57) 탕샤오춘湯孝純은, 『禮記 · 月令』에 말한 「命司徒循行積聚, 無有不斂.」 「命水虞漁師, 收水泉池澤之賦.」로 보아서, 수산물의 수확을 거두어들이는 것을 말한다고 했다. 『新譯管子讀本』(上), 「幼官」 篇, 湯孝純注譯, 上同, 103頁 注6 참조.

58) 黎翔鳳에 의하면, 정靜은 정竫(편안하다)이 빌려온 말이다. 『管子校注』(上), 「幼官」 篇, 上同, 160頁 注3 참조.

59) 湯孝純에 의하면, 지음之陰은 왕음往陰이다. 음陰은 능음凌陰이니, 장빙藏氷(어름을 숨겨두다)하는 장소이다. 어름을 캐서 빙실에 둔다는 뜻이다. 『新譯管子讀本』(上), 103頁 注10 참조.

聽徵聲, 治陰氣, 用六數, 飮於黑后之井, 以鱗獸之火爨. 藏慈厚, 行薄純, 坦氣修通. 凡物開靜, 形生理. 器成於僇[61], 敎行於鈔[62], 動靜不記, 行止無量. 戒審[63]四時以別息, 異出入以兩[64]易, 明養生以解固[65], 審取予以總之. 一會諸侯, 令曰: 「非玄帝之命, 毋有一日之師役.」 再會諸侯, 令曰: 「養孤老, 食常疾, 收孤寡[66].」 三會諸侯, 令曰: 「田租百取五, 市賦百取二, 關賦百取一, 毋乏耕織之器.」 四會諸侯, 令曰: 「修道路, 偕度量, 一稱數[67], 藪澤以時禁發之.」 五會諸侯令曰: 「修春秋冬夏之常祭食[68], 天壤山川之故祀必以時.」 六會諸侯, 令曰: 「以爾壤生物共玄官[69], 請四輔, 將以禮上帝.」 七會諸侯, 令曰: 「官處四體而無禮者, 流之焉莠命.」 八會諸侯, 令曰: 「立四義而毋議[70]者, 尙之于玄宮, 聽于三公.」 九會諸侯, 令曰: 「以爾封內之財

---

60) 黎翔鳳에 의하면, 물水의 수는 1인데, 중앙 토의 수 5를 더하여, 6이 되었다. 『管子校注』(上), 「幼官」 篇, 上同, 160頁 注4 참조.

61) 黎翔鳳에 의하면, 육僇은 육戮(죽이다, 힘쓰다)를 가차한 것이다. 『管子校注』(上), 「幼官」 篇, 上同, 160頁 注6 참조.

62) 대망戴望(1837-1873)에 의하면, 초鈔(약탈하다)는 묘眇(정미精微하다)의 가차假借이다. 『管子校注』(上), 「幼官」 篇, 上同, 160頁 注7 참조.

63) 정사함丁士涵(19세기)에 의하면, 심審은 쓸데없는 자이고, 계戒는 신愼(삼가다)의 뜻이다. 『管子校注』(上), 「幼官」 篇, 上同, 161頁 注8 참조.

64) 리샹펑黎翔鳳에 의하면, 양兩은 우耦(짝)와 같다. 『管子校注』(上), 「幼官」 篇, 上同, 161頁 注9 참조.

65) 장패륜張佩綸(1848-1903)에 의하면, 固는 故인데, 「大宗伯」 주석에 「故謂凶烖」라 했으니, 재앙의 뜻이다. 『管子校注』(上), 「幼官」 篇, 上同, 161頁 注10 참조.

66) 黎翔鳳에 의하면, 고노孤老는 '자손이 없다' (無子孫), 고과孤寡는 '지아비가 없다' (無父)의 뜻이다. 『管子校注』(上), 「幼官」 篇, 上同, 161頁 注12 참조.

67) 윤지장尹知章의 주석에 의하면, 해偕는 같이 하다(同)이고, 칭稱은 무게(斤兩)이고, 수數는 다소多少이다. 『管子校注』(上), 「幼官」 篇, 上同, 158頁 참조.

68) 黎翔鳳에 의하면, 祭食은 혈식血食, 또는 제향祭享(제사음식을 차려 제사하다)의 뜻이다. 『管子校注』(上), 「幼官」 篇, 上同, 161頁 注14 참조.

69) 黎翔鳳에 의하면, 관官은 관館(집)의 뜻이고, 현관玄官은 유관幼官의 북문北門이다. 북궁北宮을 위주로 하여, 아홉 제후들의 소집이 이곳에서 이루어졌음을 서술하였다. 『管子校注』(上), 「幼官」 篇, 上同, 161頁 注15 참조.

物´ 國之所有爲幣.」九會, 大命焉出, 常至[71]. 千里之外, 二千里之內, 諸侯三年而朝, 習命; 二年, 三卿使[72]四輔; 一年, 正月朔日, 令[73]大夫來修, 受命三公. 二千里之外, 三千里之內, 諸侯五年而會, 至, 習命; 三年, 名[74]卿請事; 二年, 大夫通吉凶; 十年, 重適[75]入正禮義; 五年, 大夫請受變[76], 三千里之外, 諸侯世一至, 置大夫以爲廷安[77], 入共[78]受命焉.]

이 글은 「그림」[幼官圖] 북쪽방향 밖에 있다.

[此居於圖北方方外.]

## 2.6) 중방부도中方副圖

---

70) 黎翔鳳에 의하면, 義는 옛날의 儀자이고, 「說文解字」에서 '議, 語也' 라 했으니, 어語는 논란論難이나 비난의 뜻이다.『管子校注』(上),「幼官」篇, 上同, 162頁 注18 참조.

71) 이카이 요시히로豬飼彦博(18세기)에 의하면, 언焉은 於此이고; 정사함丁士涵에 의하면, 常至는 常歲所至(보통 해에 있는 일)이다.『管子校注』(上),「幼官」篇, 上同, 162頁 注21 참조.

72) 黎翔鳳에 의하면, 사使는 수명受命(명령을 받아들이다)에 상당한다.『管子校注』(上),「幼官」篇, 上同, 162頁 注123 참조.

73) 丁士涵에 의하면, 영令은 명命이다.『管子校注』(上),「幼官」篇, 上同, 163頁 注23 참조.

74) 張佩綸에 의하면, 명경名卿은 명경命卿(天子가 임명한 諸侯의 卿)이다.『管子校注』(上),「幼官」篇, 上同, 163頁 注24 참조.

75) 黎翔鳳에 의하면, 적適은 적嫡(맏아들)이다.『管子校注』(上),「幼官」篇, 上同, 164頁 注24 참조.

76) 정사함丁士涵에 의하면, 변變은 변辯(말 잘하다)로 읽어야 한다. 辯은 治(정리하다)를 말한 것이다.『管子校注』(上),「幼官」篇, 上同, 163頁 注24 참조.

77) 黎翔鳳에 의하면, 정안廷安에서 安은 안晏이며, 연宴(연회)과 통한다. 따라서 廷安은 정연廷燕(조정의 잔치)이다.『管子校注』(上),「幼官」篇, 上同, 161頁 주25 참조.

78) 탕샤오춘湯孝純에 의하면, 入共은 곧 入供이니, 입공入貢(공물을 납입하다)의 뜻이다.『新譯管子讀本』(上), 湯孝純注譯, 上同, 105頁 注40 참조.

반드시 문관文官은 덕이 있고, 무관은 위세가 있고, 관리는 (하는 일에) 익숙해야 (적을) 이긴다. 이런 연유들에 힘써야 이기며, 원칙이 한쪽으로 치우침이 없어야 이긴다. 의義를 실천해야 승리하며, 명성과 실적이 이치에 맞으면 승리한다. 급하게라도 등급에 맞는 위세와 명분이 있으면 승리한다. 등급을 살피는 일을 하면 승리하며, 병기를 갖추면 승리한다. 원천이 드러나지 않으면 승리한다. 군대를 쓰는 근본이 확립되어 위임이 있으면 승리하고, 모책과 재원을 확정하면 승리하고, 적의 계책을 들어서 알고 대비책을 확정하면 승리하고, 정밀한 군사를 선발·확정하면 승리하고, 녹봉을 확정하면 승리하고, 역량을 비교하여 쓴다면 승리하고, 윤리가 확정되면 승리하고, 살고 죽고가 확정되면 승리하고, 승패가 확정되면 승리하고, 의지할 바가 확정되면 승리하고, 허실이 확정되면 승리하고, 왕성과 쇠퇴가 확정되면 승리한다. 병기를 발동함에 그 요점을 성실히 얻었다면 적은 헤아릴 수 없고, 교묘한 이점利點을 쓰기에 지성을 다하면 적은 대항할 수 없다. 명성을 밝혀주고 실적을 표창해 주면 군사들은 죽기로 싸울 것이며, 출병出兵이 기발하고 (적이 헤아릴 수 없게) 습격한다면 군사들은 즐겁게 쓰일 것이다. 방안方案에 따라 물건을 비교 대조해 보면 전투장비가 갖추어지고, 능력 있는 인재와 예리한 무기를 갖추면 요구하는 것을 얻을 수 있고, (임금이) 하고자 하는 일에 힘쓰고 해야 할 근본을 명확히 하면 군사들은 대충대충 할 수 없다. (적들이) 대응하지 못하는 것은 장비를 완벽하게 갖춘 것이다. 아주 미세한 것을 들을 수 있기에 아직 소리 나지 않은 것까지도 들을 수 있고, 아주 가까운 것을 볼 수 있기에 아직 형체가 없는 것도 볼 수 있고, 아주 깊은 데를 생각하기에 아직 시작하지 않은 것도 알 수 있고, 눈

깜작할 사이에 발동한 명령이기에 끝없는 데에 이를 수 있고, 선발대가 발동하기에 포로와 재물을 얻을 수 있고, 모책에 따랐기에 충실할 수 있고 변고는 있을 수 없다. 군비가 갖춰지고 교령을 굳게 지키면 (행군할) 길을 멀다고 보지 않으며, 호령을 잘 알고 가르쳐준 명령[敎命]이 시행되면 산과 강도 험난하지 않고, 넓고 한결같이 순수하고 단단하여 홀로 다녀도 (막을) 적이 없고, 명령을 신중하게 발동하고 깃발과 신호를 잘 알면 공격해도 동맹국을 기다릴 필요가 없고, 필승할 것이 밝혀지면 마음 약한 사람도 용기가 나며, 무기가 방향 없이 두루 쓰인다면 바보도 똑똑해지며, 수비하지 않는 곳을 공격하면 못난이도 능숙하게 되는 것이 필연적 도리[數]이다. 열 가지 호령에 신중하게 대처하고, 아홉 가지 기치旗幟를 명확히 숙지하고, 각종 무기를 열심히 익히고, 다섯 가지 가르침을 잘 배우며, 부지런히 삼관[북, 꽹과리, 깃발]을 배워야 한다. (군대의) 주[장수]는 반드시 항상 있어야 하고, 계책은 반드시 먼저 정해져야 하고, 천하의 영명한 인재들을 구하고, 여러 장인匠人이 예리한 무기들을 논의하고, 무기가 완성되면 좋은지 나쁜지 시합하여 시험해 보아야 한다. 천하의 호걸들을 모으고, 천하의 좋은 재료를 가지고 비바람처럼 기빠서 행군하고, 우레와 번개처럼 출격한다.

[必得[79]文威武, 官習勝務, 時[80]因勝之終,[81] 無方[82]勝之幾. 行義勝

---

79) 하여장何如璋(1838-1891)에 의하면, 得은 마땅히 덕德이어야 한다. 『管子校注』(上), 「幼官」 篇, 上同, 166頁 注1 참조.

80) 윤지장尹知章의 주석에 의하면, 時는 是이다. 『管子校注』(上), 「幼官」 篇, 上同, 164頁 참조.

81) 쏴오소우정趙守正에 의하면, 終은 총總으로 읽어야 한다. 總은 總則의 뜻이다. 『管子通解』(上), 「幼官」 篇, 上同, 102頁 注3 참조.

82) 黎翔鳳에 의하면, 無方은 편향偏向(한 쪽으로 치우침)의 없음이다. 『管子校注』(上), 「幼官」 篇, 上同, 167頁 注2 참조.

之理, 名實勝之急, 時分[83]勝之事, 察伐[84]勝之行, 備具勝之原, 無象勝之本. 定獨威[85]勝, 定計財勝, 定聞知[86]勝, 定選士勝, 定制祿勝, 定方[87]用勝, 定綸理勝, 定死生勝, 定成敗勝, 定依奇[88]勝, 定實虛勝, 定盛衰勝. 擧機誠要[89]則敵不量, 用利至誠則敵不校[90]. 明名章[91]實則士死節, 奇擧發不意則士歡用. 交[92]物因方則械器備, 因能利[93]備則求必得, 執務明本則士不偷.[94] 備具無常, 無方應也.[95] 聽

83) 장패륜張佩綸에 의하면, 時分은 마땅히 等分으로 보아야 한다. 等은 위등威等(등급에 맞는 위세)이고, 分은 名分이다. 『管子校注』(上), 「幼官」篇, 上同, 167頁 注2 참조.

84) 黎翔鳳에 의하면, 등급을 명확히 하는 것이 벌伐이다. 『管子校注』(上), 「幼官」篇, 上同, 167頁 注3 참조.

85) 윤지장尹知章(약669-약718)의 주석에 의하면, 군대를 쓰는 근본이 확립되어 홀로 위엄이 있는 자가 승리한다고 보았다. 『管子校注』(上), 「幼官」篇, 上同, 164, 165頁 참조.

86) 尹知章의 주석에 의하면, 적의 모책을 들어 알아서 방책을 잘 알아 결정한 자가 승리한다고 보았다. 『管子校注』(上), 「幼官」篇, 上同, 165頁 참조.

87) 黎翔鳳에 의하면, 方은 병선併船(배를 나란히 세우다)의 뜻과 통하며, 併船은 비병比併(시합하여 역량을 비교하다)의 뜻이 있다. 『管子校注』(上), 「幼官」篇, 上同, 167頁 注5 참조.

88) 왕염손王念孫(1744-1832)에 의하면, 의기依奇는 의의依倚[依, 의지하다, 倚, 의지하다]의 뜻이다. 『管子校注』(上), 「幼官」篇, 上同, 167頁 注6 참조.

89) 윤지장尹知章의 주석에 의하면, 성요誠要는 '그 요점을 성실하게 얻었다.'의 뜻이다. 『管子校注』(上), 「幼官」篇, 上同, 165頁 참조.

90) 탕샤오춘湯孝純에 의하면, 校는 비량比量(비교하다)하다, 대항하다로 이해해야 한다. 『新譯管子讀本』(上), 湯孝純注譯, 上同, 107頁 注16 참조.

91) 湯孝純에 의하면, 장章은 창彰(드러내다)과 통한다. 『新譯管子讀本』(上), 湯孝純注譯, 上同, 107頁 注17 참조.

92) 유월俞樾(1821-1907)에 의하면, 交는 校(비교하다)로 읽어야 한다. 『管子校注』(上), 「幼官」篇, 上同, 168頁 注9 참조.

93) 湯孝純에 의하면, 能은 재능있는 인재이고 利는 예리한 무기를 의미한다. 『新譯管子讀本』(上), 107쪽, 107頁 注20 참조.

94) 윤지장尹知章의 주석에 의하면, 임금이 하고자 하는 일에 힘쓰고, 해야 할 근본을 명확히 하면, 군사들은 대충대충 할 수 없다고 풀이했다. 『管子校注』(上), 「幼官」篇, 上同, 165頁 참조.

於鈔故能聞未極[96], 視於新故能見未形[97], 思於濬[98]故能知未始, 發於驚故能至無量, 動於昌故能得其寶[99], 立於謀故能實不可故[100]也. 器成敎守則不遠道里, 號審敎施則不險山河, 博[101]一純固則獨行而無敵, 愼號審章則其攻不待權與, 明必勝則慈者勇, 器無方則愚者智, 攻不守則拙者巧, 數也. 動愼十號, 明審九章, 飭習十[102]器, 善習五官[103], 謹修三官[104]. 必設常主[105], 計必先定. 求天下之精材, 論百工之銳器, 器成角試否臧. 收天下之豪傑, 有天下之稱[106]材, 說行若風

---

95) 리샹펑黎翔鳳에 의하면, 이 구는 도치倒置된 문구이다. 『管子校注』(上), 「幼官」篇, 上同, 168頁 注10 참조.

96) 하여장何如璋(1838-1891)에 의하면, 초鈔는 묘眇(아주 작음), 즉 세미細微(작고 은밀함)이다. 극極은 至이다. 『管子校注』(上), 「幼官」篇, 上同, 168頁 注11 참조.

97) 신환陳奐(Chen Huan, 1786-1863)에 의하면, 新은 親의 오기이다. 親은 가깝다(近)의 뜻이다. 아주 가까운 것을 볼 수 있으면, 아직 형체가 없는 것도 볼 수 있다는 의미이다. 『管子校注』(上), 「幼官」篇, 上同, 68頁 注12 참조.

98) 윤지장尹知章의 주석에 의하면, 아직 시작도 하지 않은 것은 일이 너무나 깊숙하여 생각하는 바가 깊은데 있기에, '아직 시작하지 않은 것'도 알 수 있다는 말이다. 『管子校注』(上), 「幼官」篇, 上同, 165頁 참조.

99) 黎翔鳳에 의하면, 창昌은 시始로 훈독할 수 있고, 창倡(선도하다)의 가차이다. 제齊나라 사람들은 부俘(포로)를 보寶라 했으니, 사람과 재물을 포괄한다. 『管子校注』(上), 「幼官」篇, 上同, 169頁 注14 참조.

100) 리샹펑黎翔鳳에 의하면, 不可故에서 故는 事變의 뜻이다. 『管子校注』(上), 「幼官」篇, 上同, 169頁 注15 참조.

101) 黎翔鳳에 의하면, 박博은 부溥(넓다, 광대하다)의 빌린 글자(假借)이다. 『管子校注』(上), 「幼官」篇, 上同, 169頁 注16 참조.

102) 黎翔鳳에 의하면, 十은 什이다. 『管子校注』(上), 「幼官」篇, 上同, 170頁 注20 참조.

103) 黎翔鳳에 의하면, 官은 관管(법칙)으로 훈독되며, 管이 있다는 가르침[敎]이 있음의 뜻이다. 『管子校注』(上), 「幼官」篇, 上同, 170頁 注21 참조.

104) 하여장何如璋(1838-1891)은, 『管子 · 兵法』 제17편에 의거하여, 삼관三官은 ①고鼓[북], ②금金[꽹과리] ③기旗[깃발]이라고 말하였다. 『管子校注』(上), 「幼官」篇, 上同, 170頁 注22 참조.

105) 정사함丁士涵(19세기)에 의하면, 이 구절은 '主必常設'로 마땅히 바뀌어야 한다. 설設은 立이다. 『管子校注』(上), 「幼官」篇, 上同, 170頁 注23 참조.

106) 리샹펑黎翔鳳에 의하면, 칭稱은 호好(좋다)로 훈독한다. 『管子校注』(上), 「幼官」

雨, 發如雷電.]

이 글은 「그림」[幼官圖] 방향의 가운데 있다.

[此居於圖方中.]

## 2.7) 동방부도東方副圖

(동방의) 깃발은 푸른색을 숭상하고, 병기는 창을 숭상하고, 형벌을 줄 때 칼과 차고를 썼다. 무기가 완성되면 (적들은 자신들을) 지킬 수가 없었고, (국경을) 지나가도 적들은 몰랐고, 훈련을 받고 자취를 드러내지 않고, (적이) 생각지 못한 곳을 공격했다. 국경을 지나도 (적이) 모르기 때문에 (적들은) 지킬 수가 없고, 생각하지 못한 곳을 치기 때문에 대응할 수 없었다. 대응할 수 없었기 때문에 온전히 승리하고 손해가 없었고, 막을 수 없었기 때문에 반드시 승리하고 (어딜 가나) 적이 없었다. 적의 정치, 적의 사정, 적의 장수와 적의 군사의 네 가지를 명확히 파악하지 못했다면, 9일이 못 되어 군인들은 흩어지고 군대는 놀라게 되며, 방어 요새를 잘 살피지 않으면 8일이 못 되어 외적들이 (침입할) 틈을 갖게 되고, 방비에 신중치 못하면 7일이 못 되어 내부에서 남을 참소하는 음모가 있게 되고, 속임수의 금지를 정비하지 않으면 6일이 못 되어 도적들이 들끓고, 사망한 자에게 제사를 못 지내면 5일 안에 군수물자는 적의 수중에 있게 된다.

[旗物尙青, 兵尙矛, 刑則交寒害釱.[107] 器成不守[108], 經[109]不知, 教

篇, 上同, 171頁 注24 참조.

107) 黎翔鳳에 의하면, 寒은 韓과 통하고, 韓은 정간井幹이니, 교校(칼, 형구)와 유사하

習不著, 發不意. 經不知, 故莫之能圉; 發不意, 故莫之能應. 莫之能應, 故全勝而無害; 莫之能圉, 故必勝而無敵. 四機[110]不明, 不過九日而游兵驚軍; 障塞不審, 不過八日而外賊得閒; 由守不愼, 不過七日而內有讒謀; 詭禁不脩, 不過六日而竊盜者起; 死亡不食, 不過四日[111]而軍財在敵.]

이 글은 「그림」 동쪽 방외에 있다.

[此居於圖東方方外.]

## 2.8) 남방부도南方副圖

(남방의) 깃발은 붉은색을 숭상하고, 병기는 창을 숭상한다. 형벌로는 척박한 땅을 불태워 개량하는 일이다. 반드시 만물의 근원[一]을 명확히 파악해야 하며, 반드시 장수를 명확히 파악해야 하며, 반드시 정치를 명확히 이해해야 하며, 반드시 사졸들을 명확히 파악해야 한다. 이 네 가지가 갖추어지면 질서 잡힘으로써 혼란을 타격하고, 성공으로써 패망

다. 해체害釱는 해체轄釱(차고, 발목에 채우는 형구)이다. 『管子校注』(上), 「幼官」 篇, 上同, 173頁 注2 참조.

108) 윤지장尹知章의 주석은, 무기가 완성되면 적은 방비할 수 없고, 경經은 법法이기에, '용법의 법을 적은 알 수 없다.' 라고 풀었다. 『管子校注』(上), 「幼官」 篇, 上同, 171頁 참조.

109) 왕염손王念孫(1744-1832)에 의하면, 經은 過(지나가다)이니, '국경 지나가도 적들은 몰랐다.' 로 풀이했다. 『管子校注』(上), 「幼官」 篇, 上同, 173頁 注3 참조.

110) 하여장何如璋(1838-1891)은, 「兵法」 제17편에 의거하여, 四機는 ①敵政, ②敵情, ③敵將, ④敵士라고 말한다. 『管子校注』(上), 「幼官」 篇, 上同, 174頁 注5 참조.

111) 黎翔鳳은, 「中方本圖」 에 의거하여, 4일은 마땅히 5일이 되어야 한다고 말한다. 『管子校注』(上), 「幼官」 篇, 上同, 174頁 注8 참조.

을 격퇴시켜야 한다. 여러 번 전투하면 사졸들이 지치고, 몇 번 승리하면 임금은 교만해진다. 교만한 임금이 피로한 군사들을 부리면 나라가 위태롭게 된다. 제일 좋은 것은 전쟁을 안 해도 이기는 것이요, 그 다음은 한 번으로 이기는 것이다. 대승이란 많은 사람을 모아서 승리하는 것이니, 정의로워야 대승할 수 있다. 대승은 이기지 않는 것이 없다.

[旗物尙赤, 兵尙戟. 刑則燒交疆郊[112]. 必明其一[113], 必明其將, 必明其政, 必明其士. 四者備, 則以治擊亂, 以成擊敗. 數戰則士疲, 數勝則君驕. 驕君使疲民, 則危國. 至善不戰, 其次一之. 大勝者積衆勝, 而無非義者, 焉可以爲大勝. 大勝, 無不勝也.]

이 글은 「그림」[幼官圖] 남쪽 방위 밖에 있다.

[此居於圖南方方外.]

## 2.9) 서방부도西方副圖

(서쪽의) 깃발은 흰색을 숭상하고, 병기는 검劍을 숭상하며, 형벌로는 (칼로) 단절시키는 것이다. (전투를) 시작했어도 꼭지가 없으며, 끝냈어도 결말이 없다. 시작해도 꼭지가 없는 것이 도道이다. 끝냈어도 결말이 없는 것이 덕德이다. 도는 헤아릴 수 없고, 덕은 셀 수 없다. 헤아릴 수 없으니 숫자가 많아도 도모할 수 없고, 셀 수 없기에 속임수가 감내할 방향이 없다. 도와 덕을 함께 쓰면 활동할 때나 정지해 있을 때도 공을

112) 짱빙린章炳麟(Zhang Binglin, 1869-1936)에 의하면, 강교疆郊에서 교郊는 요墝(척박한 땅)의 가차이다. 『管子校注』(上), 「幼官」 篇, 上同, 175頁 注1 참조.
113) 『노자老子』에서 만물의 근원으로서의 一, 즉 道와 같다.

세울 수 있다. (병사를) 도道로써 키우고, 덕德으로 양육한다. 도로써 키우면 백성들이 화합하고, 덕으로 양육하면 백성들이 화합하니, 따라서 (병사들은) 화목할 수 있고, 화목하기에 화합할 수 있으며, 화목하고 화합하기 때문에 (온 힘을) 다해도 그들을 해칠 수 없다.

[旗物尙白, 兵尙劍, 刑則紹昧[114]斷絕. 始乎無端, 卒乎無窮. 始乎無端, 道也. 卒乎無窮, 德也. 道不可量, 德不可數. 不可量則衆强不能圖, 不可數則爲詐不敢鄕. 兩者備施, 動靜有功. 畜之以道, 養之以德. 畜之以道則民和, 養之以德則民合, 故能習, 習故能偕, 偕習[115]以悉, 莫之能傷也.]

이 글은 「그림」[幼官圖] 서쪽 방향 밖에 있다.

[此居於圖西方方外.]

### 2.10) 북방부도北方副圖

(북방의) 깃발은 검은색을 숭상하고, 무기는 방패를 숭상하고, 형벌로는 코에 물을 들어붓는 것이다. 이치를 살피면 치군治軍할 줄 알게 되고, 병기를 잘 알면 승리를 알 수 있고, 모책을 파악하면 적을 이길 수 있고, 덕德에 능통하면 천하가 안정된다. 종묘를 안정시키고, 남녀를 (혼인시켜) 양육하고, 춘하추동의 넷으로 관직을 분리하면 위엄을 갖추고 덕을 시행하고, 법규를 제정하고, 호령을 할 수 있다. 가장 좋은 군대

---

114) 짱빙린章炳麟(1869-1936)에 의하면, 소매紹昧는 단절斷絕과 같은 뜻이다.『管子校注』(上),「幼官」篇, 上同, 176頁 注1 참조.

115) 정사함丁士涵에 의하면, 습習은 집輯(화목하다)의 가차이고, 해偕는 화합의 뜻이다.『管子校注』(上),「幼官」篇, 上同, 177頁 注3 참조.

사용은 영토를 추구하는 것이 아니고 백성을 벌하고 임금을 바르게 하는 것이다. 정의를 확립하고 거기에 승리를 보태고, 위엄을 일으키고 거기에 덕으로 채우고, 방어하고 나서 정비하고, 이기려는 마음은 천하를 (보호하는) 울타리다. 백성들에게 이로운 것은 세워주고, 해로운 것을 없애면 백성들은 따르게 된다.

6천 리의 제후를 세워주면 큰 귀족들이 따르게 된다. 임금[國君]으로 하여금 통치를 하게 하면 제후들이 따르게 된다. 제후들의 회합에서 하늘에게 명命을 청하여 땅이 온화한 기운을 접하게 되면 (모든) 생물들도 따르게 된다. 여유 있는 일과 급박한 일에 계책이 서면, 위태로운 일도 어려움이 없을 것이다. 군비의 이점을 명확히 파악하고 있으면, 어려움을 만나도 (태도가) 바뀌지 않는다. 선후의 이치를 살피면, 군대가 출동하여 곤란을 당하지 않는다. (적진을) 들고 나는 법도에 정통하면, 깊이 침입해도 위험하지 않다. (아군의) 활동과 정지의 의무를 잘 알고 있으면, 성공을 획득해도 손해가 없다. 주고받는 구분을 명시明示하면, 영토를 획득해도 두렵지 않다. 호령의 직분에 신중하면, 거사하여 공을 거둔다.

[旗物尙黑, 兵尙脅盾, 刑則游仰灌流. 察數而知治, 審器而識勝, 明謀而適勝,[116] 通德而天下定. 定宗廟, 育男女, 官四分,[117] 則可以立威行德, 制法儀, 出號令. 至善之爲兵也, 非地是求也, 罰人是[118]君也. 立義而加之以勝, 至[119]威而實之以德, 守之而後脩, 勝心焚[120]海內.

---

116) 왕염손王念孫(1744-1832)에 의하면, 적승適勝은 마땅히 승적勝適이 되어야 하고, 적適(적합하다)는 적敵[적군]이다. 『管子校注』(上), 「幼官」 篇, 上同, 178頁 注2 참조.

117) 리샹펑黎翔鳳에 의하면, 관사분官四分은 춘하추동春夏秋冬의 관官으로 나눔의 뜻이다. 『管子校注』(上), 「幼官」 篇, 上同, 178頁 注3 참조.

118) 黎翔鳳에 의하면, 人은 마땅히 민民이고, 당唐나라 이세민李世民의 피위避諱(임금의 이름피하기)이다. 是는 정正(바르게 하다)의 뜻이다. 『管子校注』(上), 「幼官」 篇, 上同, 178頁 注4 참조.

民之所利, 立之; 所害, 除之, 則民人從. 立爲六千里之侯, 則大人從. 使國君得其治, 則人君從. 會請命於天, 地知[121]氣和, 則生物從. 計緩急之事, 則危危而無難. 明於器械之利, 則涉難而不變. 察於先後之理, 則兵出而不困. 通於出入之度, 則深入而不危. 審於動靜之務, 則功得而無害也. 著於取與之分, 則得地而不執.[122] 愼於號令之官, 則擧事而有功.]

이 글은 「그림」[幼官圖] 북쪽 방향 밖에 있다.

[此居於圖北方方外.]

## 3. 수지ㅣ물과 땅水地【단어短語－13】

본편은 물[水]을 만물의 근원으로 논술하고 있다. 이 밖에도, 물의 성질과 작용 등을 말하며, 각종 사물과 물의 관계를 논증하고 있다. 끝으로 각 지역의 물의 성질[水性]과 토지와의 관계를 말하고 있다. 물을 논구한 전형적인 철학 논문으로, 『관자』의 중요 사상 중에 하나라 할 수 있다.

땅은 만물의 본원이며, 모든 생물이 열매 맺어 뿌리에 쌓아두니, 예

119) 유스페이劉師培(1884-1919)에 의하면, 지至(이르다)는 치致(일어나게 하다)자이다. 『管子校注』(上), 「幼官」 篇, 上同, 178頁 注5 참조.
120) 黎翔鳳에 의하면, 분焚(불태우다)는 번藩(울타리)이다. 『管了校注』(上), 「幼官」 篇, 上同, 179頁 注6 참조.
121) 黎翔鳳에 의하면, 知는 接이다. 『管子校注』(上), 「幼官」 篇, 上同, 179頁 注8 참조.
122) 유월兪樾(1821-1907)에 의하면, 집執은 집慹(두려워하다)이다. 『管子校注』(上), 「幼官」 篇, 上同, 179頁 注10 참조.

쁘고 미운 것, 현명[賢]하고 못난 것[不肖], 우둔[愚]과 잘남[俊]이 (모두) 여기에서 나온다. 물은 땅의 혈기血氣요 근육과 맥락이니 (몸속에서) 서로 통하고 흐른다. 그러므로 말한다.

"물은 공급하는 재료이다. 무엇으로 그렇다는 것을 아는가?"

따라서 말한다.

"물은 진흙 속에서 미약할 때 (자신을) 깨끗이 하여 남의 더러운 것을 즐거이 씻어내니 어질다."

(깊은) 물은 검게 보이나 (얕은 물은) 흰색이니, 알짜이다. (물의 양을) 잴 때 고르게 할 필요 없으니, 꽉 차기에 이르면 (스스로) 그치기에 바름[正]이다. 흐르지 않는 곳이 없으나, 잔잔함[平]에 이르면 그치니, 옳음[義]이다. 사람들은 모두 높은 곳에 오르려 하나, (물은) 스스로 홀로 아래로 향하니 겸손히 내려가는 것이다. 겸하謙下는 도道의 집이니, 임금이 될 그릇이요, 물이 괴는 곳이다.

수평기는 다섯 측정기구의 핵심이다. 흰색은 다섯 색깔의 바탕이다. 담백한 맛은 다섯 맛의 중심이다. 이 때문에 물은 만물을 평평하게 하는 기틀이고, 모든 생물에게 (영양을) 공급하니, 시비是非와 득실得失의 바탕이다. 이 때문에 (물은) 가득 차지 않음이 없으며, 있지 않은 곳이 없다. (물은) 하늘과 땅에 섞여 있고, 만물 속에 숨어 있고, 쇠와 돌에서도 나오며, 모든 생물에 섞여 있으니, 따라서 물은 신神에 비견된다. (물이) 초목에 모이면 뿌리가 일정한 깊이에 이르고, 꽃이 일정한 숫자를 얻게 되고, 열매도 일정량을 얻게 된다. 새와 짐승들이 물을 얻게 되면 몸집이 커지고, 깃털과 털이 풍성해지며, 색채가 분명해지며 무늬가 뚜렷하게 된다. 만물 중에 그 미묘함을 다하지 않은 것이 없으니, 그 불변의 도道에 되돌아감은, (그 속에) 포함된 수분이 적절함 때문이다.

옥이 귀중한 것은 아홉 가지 덕이 거기에서 나오기 때문이다. 옥은 따스하며 광택이 나니, 인자하다. 냉정하며 조리가 있으니, 지혜롭다. 굳세어 위축되지 않으니, 의기[義]가 있다. 예리하되 남을 상처 입히지 않았으니, 품행이 바르다. 참신하며 오점이 없으니, 깨끗하다. 부러지되 굴종은 없으니, 용기이다. 장단점이 다 보이니, 으뜸[精]이다. (옥이) 화려하고 광택이 나지만, 서로 통하고 서로 속이지 않으니, 관용이다. (옥을) 두드리면 소리가 맑아서 멀리까지 퍼지니 순수하여, 혼란하지 않으니 조리가 있다. 이 때문에 군주는 옥을 귀중하게 보고, 감추어서 보물로 여겼고, 갈라서 부서符瑞로 삼은 것은 아홉 가지 덕이 (옥에서) 나오기 때문이다.

사람은 물이다. 남자와 여자의 정기精氣가 합하여 물처럼 흘러서 모양을 이룬다. 삼 개월 간 (어머니의 혈관을) 입에 물고 있다. 입에 문다는 것은 무엇인가? 말한다.

"다섯 가지 맛이다."

다섯 가지 맛은 무엇인가? 말한다.

"다섯 가지 장기臟器이다."

신맛이 비장[脾]을 주관하고, 짠맛이 폐[肺]를 주관하고, 매운맛이 콩팥[腎]을 주관하고, 쓴맛이 간[肝]을 주관하고, 단맛이 심장[心]을 주관한다.

다섯 장기가 이미 갖추어졌으니, 나중에 오육五肉이 생겼다. 지라[肥]에서 횡경막이 생기고, 폐에서 뼈가 생기며, 콩팥[腎]에서 뇌[腦]가 생기고, 간肝에서 피부[革]가 생기며, 심장[心]에서 살[肉]이 생긴다. 지라에서 코로 발전하고, 간에서 눈으로 발전하고, 콩팥에서 귀로 발전하며, 폐에서 (아홉) 구멍[竅]으로 발전한다. 다섯 달에 (몸은) 완성되고, 10달이면 (아기가) 태어난다.

태어나면 눈으로 보고, 귀로 듣고, 심장으로 생각한다. 눈으로 보는 것은, (큰) 산의 능선만이 아니라 알아보기 힘든 것[恍惚]도 본다. 귀로 듣는 것은, (커다란) 우레나 북소리만이 아니라 작은 소리를 듣는 것이다. 마음이 생각하는 것은, 크고 거친 것을 아는 것만이 아니고 아주 작은 것을 살피는 것이니, 따라서 축약의 핵심이다. 이러므로 물은 옥玉에 모이며, 아홉 가지 덕이 거기서 나온다.

(물이) 응고하여 붙으면 사람이 되니, (이에) 아홉 감관[九竅]과 오관五官이 생겨난다. 이것[사람과 옥]은 (물의) 정기精氣이다. (정기가) 엉기어 붙었으니, 생존하며 없어질 수가 없는 것이다.

[地者, 萬物之本原, 諸生之根菀也,[123] 美、惡、賢、不肖、愚、俊之所生也. 水者, 地之血氣, 如[124]筋脈之通流者也. 故曰: 水, 具材也.[125] 何以知其然也? 曰: 夫水, 淖弱以淸,[126] 而好洒人之惡, 仁也. 視之黑而白, 精也. 量之不可使概, 至滿而止, 正也. 唯無不流, 至平而止, 義也. 人皆赴高, 己獨赴下, 卑也. 卑也者, 道之室, 王者之器也, 而水以爲都居.[127] 準也者, 五量之宗也.[128] 素也者, 五色之質也. 淡也者,

---

123) 리샹펑黎翔鳳에 의하면, 완菀은 결結、적積이니, 근완根菀은 (열매를) 맺어 뿌리에 쌓아 둔다는 뜻이다. 『管子校注』(中), 「水地」 篇, 黎翔鳳撰, 北京: 中華書局, 2013, 816頁 注1 참조.

124) 대망戴望(1837-1873)에 의하면, 如자가 없어야 한다. 『管子校注』(中), 「水地」 篇, 黎,翔鳳撰, 上同, 817頁 注2.

125) 黎翔鳳에 의하면, 具는 共置이니, 물은 만물이 필요로 하는 것을 공급한다. 『管子校注』(中), 「水地」 篇, 黎,翔鳳撰, 上同, 817頁 注3.

126) 黎翔鳳에 의하면, 뇨淖(진흙)는 니泥(진흙)이니, 물의 힘이 미약하여 다른 물건을 이기지 못하지만, 진흙 속에서 (자신을) 깨끗이 할 수 있다. 때문에 「뇨약이청淖弱以淸」이라 말한 것이다. 『管子校注』(中), 「水地」 篇, 黎,翔鳳撰, 上同, 817頁 注4.

五味之中也. 是以水者, 萬物之準也, 諸生之淡也,[129] 違非得失之質也, 是以無不滿, 無不居也. 集[130]於天地, 而藏於萬物, 產於金石, 集於諸生, 故曰水神. 集於草木, 根得其度, 華得其數, 實得其量. 鳥獸得之, 形體肥大, 羽毛豐茂, 文理明著. 萬物莫不盡其幾,[131] 反其常者,[132] 水之內度適也. 夫玉之所貴者, 九德出焉. 夫玉溫潤以澤, 仁也. 鄰[133]以理者, 知也. 堅而不蹙,[134] 義也. 廉而不劌,[135] 行也. 鮮而不垢,[136] 絜也. 折而不撓,[137] 勇也. 瑕適[138]皆見, 精也. 茂華光澤, 並通而不相陵,[139] 容也. 叩之其音淸搏徹遠,[140] 純而不殺, 辭

127) 야스이 히라나라安井衡(1799-1876)에 의하면, 도都와 저豬는 통한다. 저豬는 저瀦와 통하니, 물이 정渟(물이 괴다)한 모습이다. 『管子校注』(中), 「水地」 篇, 黎,翔鳳撰, 上同, 818頁 注8.

128) 인통양尹桐陽(1882-1950)에 의하면, 준準(수평기) 이외에, 규規, 구矩, 권權, 형衡, 승繩이 五量이다. 『管子校注』(中), 「水地」 篇, 黎,翔鳳撰, 上同, 818頁 注9.

129) 유월俞樾(1821-1907)에 의하면, 담淡은 담澹과 통하고, 澹은 섬贍(供給)의 古字이다. 『管子校注』(中), 「水地」 篇, 黎,翔鳳撰, 上同, 818頁 注10.

130) 리샹펑黎翔鳳에 의하면, 집集은 뭇 새들이 나무에 앉은 모습이니, 잡雜, 잡襍(섞이다)의 뜻이다. 『管子校注』(中), 「水地」 篇, 黎,翔鳳撰, 上同, 819頁 注12.

131) 黎翔鳳에 의하면, 기幾는 미묘[微]이다. 『管子校注』(中), 「水地」 篇, 黎,翔鳳撰, 上同, 820頁 注15.

132) 黎翔鳳에 의하면, 常은 불변의 道이니, 만물의 영원한 성질이다. 『管子校注』(中), 「水地」 篇, 黎,翔鳳撰, 上同, 820頁 注16.

133) 黎翔鳳에 의하면, 린鄰은 율栗과 통하니, 栗은 율慄(戰慄하다)의 뜻이다. 『管子校注』(中), 「水地」 篇, 黎,翔鳳撰, 上同, 820頁 注17.

134) 趙守正에 의하면, 축蹙은 축縮(오그라들다)의 뜻이다. 『管子通解』(下), 「水地」 篇, 39頁, 注3 참조.

135) 천꾸잉陳鼓應에 의하면, 염廉은 예리銳利함이고, 귀劌는 할상割傷이고, 行은 품행이다. 『管子四篇詮釋』, 陳鼓應著, 臺北: 三民書局, 2003, 287頁, 注3 참조.

136) 좌오소우정趙守正에 의하면, 구垢는 오점이다. 上同, 39頁, 注5 참조.

137) 趙守正에 의하면, 요撓는 만곡彎曲이다. 上同, 39頁, 注6 참조.

138) 趙守正에 의하면, 하瑕(옥의 티)는 결점이고, 석適은 좋은 점, 즉 장점이다. 上同, 39頁, 注7 참조.

139) 趙守正에 의하면, 능陵은 침릉侵凌(침범)이다. 上同, 40頁, 注8 참조.

140) 손성연孫星衍(1753-1818)에 의하면, 박搏은 부専, 즉 부敷(펴다)이다. 『管子校注』

也.[141] 是以人主貴之, 藏以爲寶, 剖以爲符瑞, 九德出焉. 人, 水也. 男女精氣合而水流形.[142] 三月如咀.[143] 咀者何? 曰: 五味. 五味者何? 曰五藏. 酸主脾, 鹹主肺, 辛主腎, 苦主肝, 甘主心. 五藏已具, 而後生肉.[144] 脾生隔,[145] 肺生骨, 腎生腦, 肝生革, 心生肉. 五肉已具, 而後發爲九竅. 脾發爲鼻, 肝發爲目, 腎發爲耳, 肺發爲竅. 五月而成, 十月而生. 生而目視、耳聽、心慮. 目之所以視,[146] 非特山陵之見也, 察於荒忽.[147] 耳之所聽, 非特雷鼓之聞也, 察於淑湫.[148] 心之所慮, 非特知於麤粗也, 察於微眇,[149] 故脩要[150]之精. 是以水集於玉, 而九

(中), 「水地」篇, 黎,翔鳳撰, 上同, 821頁 注20.

141) 좌오소우정趙守正에 의하면, 궈모뤄郭沫若(1892-1978)에 따라서, 살殺은 효殽(혼란)의 오기이다. 사辭는 治, 즉 條理이다. 上同, 40頁, 注10 참조.

142) 윤지장尹知章(660-718)은 주석에서, 「陰陽交感, 流布成形也.」(음양이 교감하여, 흘러 퍼져서 모양이 이루어진다.)라고 말한다. 『管子校注』(中), 「水地」篇, 黎,翔鳳撰, 上同, 815頁.

143) 리샹펑黎翔鳳에 의하면, 태아는 어머니의 혈관을 입에 물고서 生長한다. 입안에 물고서 맛보는 것이 저咀이다. 如는 而로 읽는다. 『管子校注』(中), 「水地」篇, 黎翔鳳撰, 上同, 822頁 注22.

144) 黎翔鳳에 의하면, 배태胚胎, 기노肌臚, 비간脾肝, 폐신肺腎이 모두 육肉을 따랐으니, 심혈心血에서 생긴 것이기 때문에 五肉이라는 이름이 있다. 五內는 의서醫書에 없다. 『管子校注』(中), 「水地」篇, 黎,翔鳳撰, 上同, 823頁 注24.

145) 야스이 히라나라安井衡(1799-1876)에 의하면, 격隔은 古本에 격膈(횡경막)으로 되어 있다. 『管子校注』(中), 「水地」篇, 黎,翔鳳撰, 上同, 823頁 注25.

146) 좌오소우정趙守正에 의하면, 유적본劉績本에 의거해 以자를 제거하였다. 『管子通解』(下), 「水地」篇, 上同, 41頁, 注7 참조.

147) 탕샤오춘湯孝純에 의하면, 황홀荒忽은 황홀恍惚과 같다. 숨겨져 모호하여, 알아보기 힘들음의 뜻이다. 『新譯管子讀本』(下), 542頁, 注10 참조.

148) 리샹펑黎翔鳳에 의하면, 숙추淑湫는 뇌고雷鼓와 대립하니, 작은 소리이다. 『管子校注』(中), 「水地」篇, 黎,翔鳳撰, 上同, 825頁 注29.

149) 黎翔鳳에 의하면, 추麤는 멀리 감이고, 조粗는 흩어짐이다. 미微는 몰래 감(隱行)이고, 묘眇는 한 쪽 눈이 작은 것이다. 『管子校注』(中), 「水地」篇, 黎,翔鳳撰, 上同, 825頁 注30.

150) 黎翔鳳에 의하면, 수요脩要는 축약縮約이다. 『管子校注』(中), 「水地」篇, 黎,翔鳳撰, 上同, 826頁 注31.

德出焉. 凝蹇[151]而爲人, 而九竅五慮出焉. 此乃其精也. 麤濁蹇, 能存而不能亡者也.[152]]

어두운 곳에 숨어서 생존할 수도 있고 없어질 수도 있는 것은, 천년 사는 거북과 용龍이다. 거북은 물에서 살지만, 불로 (껍질을) 지지면 곧 (갈라진 금으로 인해) 만물을 위해 앞서 알려주니, 화禍와 복福의 징표가 된다. 용은 물에서 살지만, 오색을 입고서 헤엄을 치니 따라서 신비롭다. (용은 몸집을) 작게 하면 누에[蠶]만 하지만, 크게 하면 천하를 받아들일 수 있고, 높이 올라가면 구름과 안개도 넘어서고, 아래로 내려가면 깊은 황천黃泉에 들어갈 수도 있다. (언제나) 변화하여 날짜에 매이지 않으니, 오르내리는 때가 일정치 않아 신비롭다고 말한다. 거북이와 용은 어두움 속에 숨어 사니 생존할 수도 있고 없을 수도 있다. 어느 세상에는 보이고 어느 세상에는 보이지 않는 것이 위蟡와 경기慶忌이다. 따라서 마른 연못이 수백 년이 되었고, 산곡山谷이 변동이 없으나, 물이 멈추지 않았다면 경기慶忌가 생긴다.

경기慶忌의 모양은 생김이 사람과 같으나, 크기가 네 치[寸]인데, 노란 옷을 입고, 노란 모자를 쓰며, 노란 우산을 들고, 작은 말을 타며, 아주 빨리 달린다. 그 이름을 부르면, 천리千里 밖이라도 하루 만에 되돌아와 답할 수 있다. 이것이 마른 연못의 요정이다. 마른 냇가의 요정이 태어

---

151) 黎翔鳳에 의하면, 응건凝蹇은 응완凝垸(결합하여 붙이다)이다. 五慮는 九竅 중에 있으니 五官이다. 『管子校注』(中), 「水地」 篇, 黎,翔鳳撰, 上同, 826頁 注32.

152) 장패륜張佩倫(1848-1903)에 의하면, 「此乃其精也」는 玉과 사람이 바로 물의 精이라는 말이다. 추麤는 연자衍字이고, 탁건濁蹇은 마땅히 응건凝蹇이니, 사람과 玉은 물의 정精이 결합한 것으로, 존재하며 없어질 수 없음을 말한 것이다. 『管子校注』(中), 「水地」 篇, 黎,翔鳳撰, 上同, 826, 827頁 注33.

나 위蝺가 된다. 위는 머리가 하나인데 몸이 둘이고, 그 몸은 뱀과 같고, 길이가 팔 척尺이다. 그 이름을 부르면 고기와 자라를 잡을 수 있다. 이 것이 마른 냇가의 요정이다. 이 때문에, 물의 요정은 거칠며 응축하여 모이니, 생존하여 없어지지 않는 것이기에 사람과 옥으로 태어난다.

암흑 속에 숨어서 생존할 수 있고 은몰隱沒할 수 있는 것이 장수하는 거북과 용이다. 어느 세상에는 보이고, 어느 세상에는 보이지 않는 것이 위蝺와 경기慶忌이다. 그러므로 사람들은 모두 (물을) 마시지만, 관자管子가 물을 본받았다. 사람들이 모두 (물을) 가지고 있으나, 관자가 이를 이용하였다.

[伏闇153)能存而能亡者, 蓍龜與龍是也.154) 龜生於水, 發之於火, 於是爲萬物先, 爲禍福正.155) 龍生於水, 被五色而游, 故神. 欲小則化如蠶蠋, 欲大則藏於天下,156) 欲尙則淩於雲氣, 欲下則入於深泉. 變化無日, 上下無時,157) 謂之神. 龜與龍, 伏闇能存而能亡者也. 或世見, 或世不見者, 生蝺與慶忌. 故涸澤數百歲, 谷之不徙, 水之不絕者, 生慶忌. 慶忌者, 其狀若人, 其長四寸. 衣黃衣, 冠黃冠, 戴黃蓋, 乘小馬, 好疾馳. 以其名呼之, 可使千里外, 一日反報. 此涸澤之精也. 涸川之精者, 生於蝺.158) 蝺者, 一頭而兩身, 其形若虵,159) 其長八尺. 以其名呼之, 可以

---

153) 복암伏闇은 어두운 곳에 숨어 있음의 뜻이다.

154) 黎翔鳳에 의하면, 시蓍, 호蒿屬는 千年을 산다. 시구蓍龜, 즉 기구耆龜이다. 『管子校注』(中), 「水地」 篇, 黎,翔鳳撰, 上同, 828頁 注1.

155) 趙守正에 의하면, 先은 先知이며, 正은 征이며 정조征兆, 정험征驗의 뜻이 있다. 『管子通解』(下), 「水地」 篇, 上同, 42頁, 注3 참조.

156) 손성연孫星衍(1753-1818)에 의하면, 『太平御覽』이나 『事類賦』 注二十八에는 「欲大則函天地」로 인용되어 있다. 『管子校注』(中), 「水地」 篇, 黎,翔鳳撰, 上同, 829頁 注3.

157) 윤지장尹知章은 「隨時而變, 不期於日」(수시로 변하여, 날짜에 얽매이지 않는다.)로 주석하고 있다. 『管子校注』(中), 「水地」 篇, 黎,翔鳳撰, 上同, 827頁.

158) 하여장何如璋(1838-1891)에 의하면, 『山海經 · 北山經』에 「혼석渾夕산의 뱀이, 머리 하나에 몸이 둘인데, 이름이 비유肥遺이다.」 郭沫若注에서 「『管子』의 귀蝺(전갈 류,

取魚鱉. 此涸川水之精也. 是以水之精, 麤濁蹇, 能存而不能亡者, 生人與玉. 伏闇能存而亡者, 蓍龜與龍. 或世見, 或不見者, 蟡與慶忌. 故人皆服之,[160] 而管子則之. 人皆有之, 而管子以之.[161]]

이 때문에 구색을 갖춘 것은 무엇인가? 물이다.

만물 중에 (물에 의하여) 살지 않는 것이 없으며, (물에) 의탁하였다는 것을 아는 사람만이 이것을 증명할 수 있다. (모든 것을) 갖춘 것은 물이다. 그러므로 말한다. "물이란 무엇인가?"

(물은) 만물의 본원이며, 모든 생명의 발원처이고, 아름답고 미운 것, 현명하고 못난 것, 바보와 준재가 생겨난 곳이다.

무엇으로 그렇다는 것을 아는가?

제齊나라의 물길은 급하게 맴도니, 따라서 그 백성들이 탐욕스럽고 거칠다. 초楚나라의 물은 부드럽고 맑아서, 그 때문에 백성들은 가볍긴 하지만 결단성이 있다. 월越나라의 물은 진하게 탁하여 걸쭉하기에, 따라서 그 백성들은 어리석고 씩씩하지만, 더럽다. 진秦나라 물은 탁한 것이 쌓여서 흐르지 못하니, 진흙으로 가라앉아 잡박雜駁하기 때문에 그 백성들이 탐욕스럽고 거칠며, 허망하고, 살벌하다. 진晉나라의 물은 말랐으나 빙빙 돌고, 진흙이 가라앉아 잡박하니, 따라서 그 백성들이 아첨하고 거짓을 감추고, 교언巧言 영색令色하며 이익을 좋아한다. 연燕나라의 물

---

지蚔)가 또한 이 종류다.」『管子校注』(中), 「水地」 篇, 黎,翔鳳撰, 上同, 830 頁 注9.

159) 리샹펑黎翔鳳에 의하면, 形과 狀은 같은 뜻이다. 귀蟡는 사蛇(뱀)와 같다. 『管子校注』(中), 「水地」 篇, 黎,翔鳳撰, 上同, 830頁 注9.

160) 하여장何如璋에 의하면, 服은 食, 用의 뜻이다. 『管子校注』(中), 「水地」 篇, 黎,翔鳳撰, 上同, 831頁 13.

161) 탕샤오춘湯孝純에 의하면, 以는 이용[用]이다. 『新譯管子讀本』(下), 「水地」 篇, 545頁, 注6 참조.

은 모이면 아래로 흘러 유약하고, 침체하여 잡박하니, 그러므로 그 백성들이 어리석고, 강직하여, 곧게 서는 것을 좋아하여, 급하고 죽는 것을 쉽게 여긴다. 송宋나라의 물은 가벼우면서도 강하며 깨끗하니, 그 때문에 그 백성들은 여유가 있고 평이平易하고 공정한 것을 좋아한다. 이 때문에 성인들이 세상을 교육함에, 그 해답은 물에 있었다. 따라서 물이 바로 서면 사람의 마음은 하나로 되니, 물이 맑으면 민심도 평이해진다. (마음이) 하나로 되면 욕심이 더러워지지 않으며, 사람 마음이 평탄하면 행동에 사악함이 없다. 이 때문에 세상을 다스림에, 사람에게 (일일이) 일러주는 것이 아니고, 집집마다 설명해주는 것도 아니니, 그 요점은 물에 있다.

[是故具者何也? 水是也. 萬物莫不以生, 唯知其託者能爲之正.[162] 具者, 水是也. 故曰：水者何也? 萬物之本原也, 諸生之宗室也, 美惡賢不肖愚俊之所產也. 何以知其然也？ 夫齊之水道躁而復, 故其民貪麤而好勇.[163] 楚之水淖弱而清, 故其民輕果而賊.[164] 越之水濁重而洎, 故其民愚疾而垢.[165] 秦之水泔㝡而稽, 淤滯而雜,[166] 故其民貪戾, 罔而好事齊.[167] 晉之水枯旱而運, 淤滯而雜, 故其民諂諛葆詐,[168] 巧佞

162) 湯孝純에 의하면, 탁託은 依託이고, 正은 증證(증명하다)이다. 『新譯管子讀本』(下), 「水地」 篇, 上同, 546頁, 注1과 2 참조.

163) 리샹펑黎翔鳳에 의하면, 연淵은 회수回水(도는 물)이고, 린림푸任林圃(Lin Limpu)가 복復을 복澓(水回流)으로 본 것이 마땅하다. 道는 水路이다. 『管子校注』(中), 「水地」 篇, 黎,翔鳳撰, 上同, 833頁 注3.

164) 黎翔鳳에 의하면, 적賊은 찰札과 같으니, 찰실札實(穩固, 믿을만한)이다. 과찰果札은 결단성이 있음이다. 『管子校注』(中), 「水地」 篇, 黎,翔鳳撰, 上同, 834頁 注4.

165) 리샹펑黎翔鳳에 의하면, 계洎는 걸쭉한 즙을 더 넣음의 뜻이고, 重濁과 뜻이 이어진다. 疾은 壯(씩씩하다)이다. 『管子校注』(中), 「水地」 篇, 黎,翔鳳撰, 上同, 834頁 注5.

166) 탕샤오춘湯孝純에 의하면, 淤는 어淤(진흙)와 같다. 「水地」 篇, 上同, 547頁, 注8 참조.

而好利.[169] 燕之水萃[170]下而弱, 沈滯而雜, 故其民愚戇而好貞, 輕疾而易死. 宋之水輕勁而清, 故其民閒易而好正.[171] 是以聖人之化世也, 其解在水. 故水一則人心正,[172] 水清則民心易. 一則欲不污, 民心易則行無邪. 是以聖人之治於世也, 不人告也, 不戶說也, 其樞在水.]

## 4. 이른바 『관자』 4편: 도가道家 철학

### 4.1) 심술(상)[마음의 기능, 心術(上), 第三十六]편

이 편은 마음의 기능을 논하고 있다. 당唐나라 성현영成玄英(608-669)의 소疏에 의하면, 술術은 능能이다. 심술心術은 말하자면 마음의 기능이다. 옛사람들은 심心을 사유의 기관으로 생각하여, 마음이 신체를 지

167) 湯孝純에 의하면, 泔은 쌀 씻은 물이나 수질이 혼탁混濁함을 말하며, 취冣는 쌓음의 뜻이고, 계稽(머무르다)는 停留, 어淤는 진흙이고, 罔은 虛妄이고, 事는 사剚(척살하다)와 통한다. 齊는 전剪(자르다)과 통한다. 「水地」 篇, 上同, 547頁, 注7, 9, 10과 11 참조.

168) 손성연孫星衍(1753-1818)에 의하면, 유諛 아래에 而자가 있다. 黎翔鳳에 의하면, 보葆는 「藏其詐」(거짓을 감추다)이다. 『管子校注』(中), 「水地」 篇, 黎,翔鳳撰, 上同, 835頁 注8.

169) 黎翔鳳에 의하면, 고한枯旱은 학涸(물이 마르다), 운運은 회선回旋(빙빙 돌다)와 같다. 『管子校注』(中), 「水地」 篇, 黎,翔鳳撰, 上同, 836頁 注9.

170) 좌오소우정趙守正에 의하면, 췌萃는 물이 모임의 뜻이다. 『管子通解』(下), 「水地」 篇, 上同, 44頁, 注8 参조.

171) 黎翔鳳에 의하면, 한閒은 不急이다. 『管子校注』(中), 「水地」 篇, 黎,翔鳳撰, 上同, 836頁 注9.

172) 타오홍칭陶鴻慶(1859-1918)에 의하면, 이 구절은 마땅히 「水正則人心一」이 되어야 한다. 黎翔鳳에 의하면, 방현령房玄齡(578-648)의 주석에 一은 不雜이라고 했다. 『管子校注』(中), 「水地」 篇, 黎,翔鳳撰, 上同, 836, 837頁 注11.

배한다고 여겼다. 따라서 심[마음]은 백성을 지배하는 임금에 대비되었다. 이 편의 기본내용은 마음의 기능과 내심을 수양하는 방법 등을 설명하고 있다.

『관자』에서, 「심술」(상)과 「심술」(하), 「백심白心」과 「내업內業」의 네 편은 철학 논문의 관점이 대체적으로 비슷하다. 전국戰國시대 도가道家 사상을 대표하고 있다. 네 편에서 말하는 무위無爲의 통치술은 전국시대 도道와 법法이 결합하는 추세를 보이고 있다. 본편에도 이런 경향이 뚜렷하다.

본편은 앞에는 경문經文이고 뒤는 해문解文이다. 경과 해가 모두 5장으로 나누어졌다. 경문과 해문의 제1장은 마음[心]과 감각기관[九竅]의 다른 직분, 즉 임금과 신하는 하는 일이 다름을 말하고 있다. 경문과 해문의 제2장에서는 성인聖人의 구함도 없고[無求] 설정도 없는[無設], 텅 빈 도[虛道]를 말하고 있다. 제3장에서 도덕과 의義, 예禮, 법法의 상호관계를 말하고 있다. 제4장에서 진인眞人은 주관을 설정하지 않는 인순因順의 태도를 말하고 있다. 제5장에서는 명名을 따져서 실實을 구하는 응물應物의 도道를 말하고 있다. 끝으로 제6장에서 성인聖人들이 속은 텅 비고 무위無爲하는 「고요함」[靜因]의 도道를 말하고 있다.

몸에서 마음은 임금의 자리이다. [신체의] 아홉 구멍[감각기관]들은 직분이 나뉘어 있다. 마음은 정도正道에 있고, 아홉 개의 구멍들은 그들의 순리에 따르고 있다. 하고 싶은 욕망이 가득 차면 눈은 색깔을 볼 수 없고, 귀는 소리를 들을 수 없다. 따라서 말한다. "임금이 자기 정도를 잃으면 신하들은 그들의 직분을 잃는다." 말을 대신하여 (뛰어) 달릴 수 없으니, 말이 자기 힘을 다 쓰게 하여야 한다. 새를 대신하여 날 수 없으니, 새들이 날개와 깃의 힘을 다 써야 한다. (임금은) 신하들보다 먼저 활동해서는 안 되며, 그들의 방식[則]을 관찰해야 한다. (임금이 먼저) 움직이면 자기 지위를 잃게 되고, 가만히 있어야 스스로 (지위)를 얻을 수 있다. 도리[道]는 멀리 있지 않지만 (그것에) 도달하기는 어렵고, 여러 사람과 함께 있다면 (도를) 파악하기 어렵다. 자기 욕심을 텅 비워야 정신이 장차 들어와서 쉰다. 깨끗이 소제되어 있지 않으면 정신은 머물기 어렵다. 사람들은 모두 지식을 원하지만, 지식의 근거를 찾지 않는다! 지식이여, 지식이여, (멀리) 바다 밖으로 던져버려도 자신에게서 빼앗아 갈 도리가 없으며, 그것을 찾아도 그것이 있는 곳을 모르겠구나! 바른 군자라도 찾을 수 없구나! 따라서 (마음을 텅) 비워야 한다. 텅 비어 (보이는) 형체가 없는 것이 도道이다. 모든 존재를 기르는 것이 덕德이다. 임금과 신하, 아버지와 아들 등, 인간의 일들이 의리[義]이다. 높은 이와 낮은 이가 손님과 주인으로 만나고, 그들 사이에 차등이 있고, 가까움과 멀음의 체통이 예禮이다. 간단하고 복잡하고 작고 큰 것은 같은 도리이며, 죽이고 욕보이고 금하고 벌주는 것이 법法이다. 큰 도리는 편안히 행할 수는 있으나 설명할 수는 없다. 곧은 사람의 말은 한곳으로 쏠림이 없다. 입에서도 나오지 않으며, 얼굴색에도 보이지 않으니, 온 세상 사람들은 누가 또한 (도道의) 법칙을 알겠는가?

[心之在體，君之位也．九竅之有職，官之分也．心處其道，九竅循理．嗜欲充益，目不見色，耳不聞聲．故日：上離其道，下失其事．毋代馬走，使盡其力．毋代鳥飛，使獘其羽翼．毋先物動，以觀其則．動則失位，靜乃自得．道不遠而難極也，與人並處而難得也．虛其欲，神將入舍．掃除不潔，神乃[173]留處．人皆欲智，而莫索其所以智乎![174] 智乎

智乎, 投之海外無自奪, 求之者不得處之者夫. 正人無求之也, 故能虛無. 虛無無形謂之道. 化育萬物謂之德. 君臣父子人間之事謂之義. 登降揖讓, 貴賤有等, 親疏之體謂之禮. 簡物小未[175]一道, 殺僇[176]禁誅謂之法. 大道可安而不可說. 直人之言, 不義不顧.[177] 不出於口, 不見於色, 四海之人, 又孰知其則?]

하늘은 텅 비었으며 땅은 고요하니, 실패함이 없다. 관장하는 곳[마음]을 깨끗이 하고, 문[아홉 구멍]을 개방하고, 사사로움을 버리고 말을 안 하면 신명神明이 보전될 것이다. 분분히 어지러우면, 이를 가라앉히고 자신을 다스려라. 억지로 하면 모두에게 합당할 수 없고, 지식도 (모든 일을) 다 계획할 수 없다. 사물이란 본래의 형체가 있고, 형체에는 본래의 이름이 있고, 이름에 들어맞으면, (그를) 성인聖人이라 한다. 따라서 말을 하지 않고 함도 없는 그것을 반드시 알고 난 다음에 도[道]의 실마리[端緖]를 알 수 있다. (만물들이) 형체가 같지 않고 형세가 달라도 만물들과 다른 이치가 아니니, 따라서 (도는) 천하의 시작이다. 사람을 죽일 수 있는 것은 사람들이 죽음을 싫어하기 때문이다. 그에게 이롭지

---

173) 리샹펑黎翔鳳에 의하면, 乃는 난難(어렵다)의 뜻이다. 『管子校注』, 「心術」 篇(中), 黎翔鳳撰, 上同, 761頁 注6.

174) 黎翔鳳에 의하면, 乎는 감탄사이다. 『管子校注』, 「心術」 篇(中), 上同, 761頁 注2.

175) 천꾸잉陳鼓應(1935生)에 의하면, 간簡과 물物은 대립하니, 物은 衆、雜과 통한다. 정사함丁士涵(19세기)의 설에 의하면, 未는 大의 誤字이다. 『管子四篇詮釋』, 北京: 商務印書館, 2006, 145頁, 注4 참조.

176) 黎翔鳳에 의하면, 육僇(욕보이다)은 욕辱(욕되게 하다)이다. 『管子校注』, 「心術」 篇(中), 上同, 763頁 注3.

177) 짱빙린章炳麟(1869-1936)에 의하면, 의義와 고顧는 뜻이 같다. 義는 아俄이고, 俄는 경모傾貌이고, 고顧는 환시環視이다. 우리 마음에 시어먹은 미음이 없으면 할 바가 없고, 한 사물에 쏠리지 않는다. 느낌이 있으면 응할 뿐이다. 『管子校注』, 「心術」 篇(中), 上同, 763頁 注14.

않게 할 수 있음은, 그가 이로운 것을 좋아하기 때문이다. 이 때문에 군자들은 좋아하는 것을 보고도 유혹받지 않고, 나쁜 것에도 핍박받지 않는다. 즐거이 무위無爲하니, 교묘한 꾸밈을 없앴다. 응대함도 (미리) 마음먹은 것이 아니다. 움직임도 (미리) 택한 것이 아니다. 잘못은 스스로 함에 있고, 죄는 (멋대로) 변화시킴에서 온다. 이 때문에 도리 있는 임금은 거처함에 아무것도 모르는 것과 같고, 사물을 대함에 우연히 짝지은 듯하니, (이것이) 고요함에 따른 도리[靜因之道]이다.

[天曰虛, 地曰靜, 乃不伐.[178] 潔其宮,[179] 開其門, 去私毋言, 神明若存. 紛乎其若亂, 靜之而自治. 强不能徧立, 智不能盡謀. 物固有形, 形固有名, 名當謂之聖人. 故必知不言無爲之事, 然後知道之紀. 殊形異執, 不與萬物異理,[180] 故可以爲天下始. 人之可殺, 以其惡死也. 其可不利, 以其好利也. 是以君子不怵乎好,[181] 不迫乎惡. 恬愉無爲, 去智與故.[182] 其應也, 非所設也. 其動也, 非所取也. 過在自用, 罪在變化. 是故有道之君, 其處也若無知, 其應物也若偶之, 靜因之道也.]

하늘의 도는 텅 비어서 형체가 없다. 비었으니 다함[끝]이 없고, 형체가 없으니 거스르는 자리도 없으며, 거스르는 자리가 없으니 그러므로

178) 리샹펑黎翔鳳에 의하면, 벌伐은 패敗이다. 『管子校注』(中), 「心術」 篇(上), 上同, 765頁 注1.
179) 장패륜張佩綸(1848-1903)에 의하면, 궁宮은 官의 오자이다. 『管子校注』(中), 「心術」 篇(上), 上同, 765頁 注2.
180) 하여장何如璋(1838-1891)에 의하면, 사물들이 번다하게 변하고, 형세가 비록 달라도, 그 이치는 하나이다. 『管子校注』(中), 「心術」 篇(上), 上同, 765頁 注4.
181) 왕염손王念孫(1744-1832)에 의하면, 출怵(두려워하다)은 수訹(꾀이다)와 통한다. 『管子校注』(中), 「心術」 篇(上), 上同, 765, 766頁 注5.
182) 쉬웨이위許維遹(1900-1950)에 의하면, 지고智故는 교식巧飾(교묘히 꾸미다)의 뜻이다. 『管子校注』(中), 「心術」 篇(上), 上同, 766頁 注6.

만물을 두루 다녀도 변함이 없다. 덕德은 도가 머무는 곳이니, 사물들이 살고 또 살 수 있으며, 도의 정기[精]를 알 수 있다. 그러므로 덕德은 얻는 것이다. 얻는다는 것은, 얻어서 그렇게 되었음을 말한다. '함이 없음' [無爲]이 도道이고, 그것이 머무는 곳이 덕德이다. 그러므로 도道와 덕德은 틈새가 없다. 그러므로 말로는 구별이 안 된다. 틈새의 도리는 그것에 머물 수 있음을 말한 것이다. 의義는 각각 그 마땅함에 처하는 것이다. 예禮는 인정人情에 따르고, 도의를 따라서 하니, 행동이 절도에 맞는 것이다. 그러므로 예는 도리가 있음을 말한 것이다. 도리는 분수를 밝히어 의義의 뜻을 알리는 것이다. 따라서 예는 의에서 나오고, 의는 도리[理]에서 나오며, 도리는 마땅함[宜]에서 말미암는다. 법法은 차이를 없이하여 그렇게 되지 않으면 안 되게 하는 것이다. 그러므로 (법에서는) 죽이고 욕보이고 금지하고 벌줌으로써, (백성들을) 하나로 하는 것이다. 그러므로 일은 법에 따라서 살피고, 법은 저울질하기[權衡]에서 나오고, 권형權衡은 도道에서 나온다. 도는 움직여도 그 모습을 볼 수 없고, 베풀어도 그 은덕은 보이지 않는다. 만물들은 모두 (도에서) 얻어진 것이나, 그러나 그 끝을 아무도 모른다. 그러므로 (우리는) 말한다. (도에서) 편히 쉴 수 있으나 (그것을) 설명할 수는 없다. (도를) 아무도 말할 수 없으니, 지극하다. (한쪽으로) 기울지 않았으니, 대응할 뿐이다. 대응함은, 내가 설정한 것이 아니고, 따라서 (한쪽으로) 기울어짐이 없다. (무엇을) 되돌아보고 말하는 것이 아니니, 따를 뿐이다. 따른다는 것은, 내가 (고의로) 뒤돌아보는 것이 아니기에, 따라서 뒤돌아봄[두리번거림]이 없다. (도는) 입에서 나오지도 않고, 얼굴색에도 보이지 않으니, 아무런 형체가 없음을 말한 것이다. 온 세상 사람들, 누가 그(도)의 법칙을 알겠는가? (도는) 깊은 우리[囿]라고 말한다. 하늘의 도는 텅 비었고, 땅의 도는 고요하다. 텅 비었으나 끝남이 없고, 고요하며 변하지 않으니, 변하지 않고 과실[잘못]이 없다. 따라서 말한다. (도는) 무너뜨림이 없다. 집을 깨끗이 하고, 대문을 열어둔다. 집은 마음[심장]이다. 마음은 지식이 머무는 곳이니, 따라서 집[宮]이다. 집을 깨끗이 함은 지나친 욕구를 버리는 것이다. 대문은 귀와 눈이다. 귀와 눈은 듣고 보는 수단이다. 사물은 진실로 형체가 있고, 형체는 진실로 이름이 있으니, 이것[이름]은 실제 내용을 넘을 수 없고, 실제 내용은 이름의 외연밖에 있을 수 없다. 형체를 추단하여 형체를 알고, 형체로 이름을 취하며, 말을 살펴서 이름을 바로잡기 때문에 성인聖人이라고 말한다. 말할 수 없는 말이 (진짜) 응답이다. 응답이란 그것이 (정말) 사람들을 위한 것이다. 이름을 잡고서 그 대응할 것으로 향하니, 이루어주는 근거는 대응의 도道일 뿐이다. '함이 없는' [無爲] 도道가 원인[因]이다. 이 원인은 함도 없고 덜어냄도 없다. (도가) 드러났기에 따라서 이름이 있는 것이니, 이것이 원인의 본받음[術]이다.

[天之道, 虛其無形. 虛則不屈, 無形則無所位[赶],183) 無所位[赶], 故徧流萬物而不變. 德者, 道之舍, 物得以生生, 知得以職184)道之精. 故德者得也. 得也者, 其謂所得以然也. 以無爲之謂道, 舍之之謂德. 故道之與德無閒, 故言之者不別也. 閒之理者, 謂其所以舍也. 義者, 謂各處其宜也. 禮者, 因人之情, 緣義之理, 而爲之節文者也. 故禮者, 謂有理也. 理也者, 明分以諭義之意也. 故禮出乎義, 義出乎理, 理因

---

183) 리샹펑黎翔鳳에 의하면, [赶]는 오啎, 즉 위역違逆(거스르다)의 뜻이다. 『管子校注』(中), 「心術」 篇(上), 上同, 771頁 注2.

184) 黎翔鳳에 의하면, 職은 識과 뜻이 통한다. 『管子校注』(中), 「心術」 篇(上), 上同, 772頁 注4.

乎宜者也. 法者, 所以同出[185]不得不然者也. 故殺僇禁誅以一之也. 故事督[186]乎法, 法出乎權, 權出乎道. 道也者, 動不見其形, 施不見其德; 萬物皆以得, 然莫知其極. 故曰: 可以安而不可說也. 莫[187]人言, 至也. 不宜,[188] 言應也. 應也者, 非吾所設, 故能無宜也. 不顧言, 因也. 因也者, 非吾所顧, 故無顧[189]也. 不出於口, 不見於色, 言無形也. 四海之人, 孰知其則? 言深囿也. 天之道虛, 地之道靜. 虛則不屈, 靜則不變, 不變則無過, 故曰不伐.[190] 潔其宮, 闕[191]其門. 宮者, 謂心也. 心也者, 智之舍也, 故曰宮. 潔之者, 去好過也.[192] 門者, 謂耳目也. 耳目者, 所以聞見也. 物固有形, 形固有名, 此言不得過實, 實不得延名.[193] 姑形以形, 以形務名,[194] 督言正名, 故曰聖人. 不言之

---

185) 궈모뤄郭沫若(1892-1978)에 의하면, 出은 참치參差(차이가 나다)이고, 동출同出은 차이를 갖게 함의 뜻이다. 『管子校注』(中), 「心術」 篇(上), 上同, 773頁 注10.

186) 윤지장尹知章(약669-약718)의 주석에 의하면, 독督은 찰察(살피다)이다. 『管子校注』(中), 「心術」 篇(上), 上同, 770頁.

187) 黎翔鳳에 의하면, 막莫은 무無와 같다. 『管子校注』(中), 「心術」 篇(上), 上同, 774頁 注11.

188) 좌오소우정趙守正에 의하면, 의宜는 의義와 통한다. 義는 아俄(기울다)에서 빌려온 것이니, 불아不俄는 '편사偏斜(기울어짐)가 없음' 의 뜻이다. 『管子通解』(下), 趙守正 撰, 上同, 8頁, 注2 참조.

189) 리샹펑黎翔鳳에 의하면, 『說文解字』에 「顧, 還視」(뒤돌아보다)라 했으니, 사물 그대로에 따르고, 배회하며 두리번거림이 없음을 말한다. 『管子校注』(中), 「心術」 篇(上), 上同, 774頁 注12.

190) 벌伐은 패괴敗壞(패배시키고 무너뜨림)의 뜻이다.

191) 黎翔鳳에 의하면, 궐闕은 불합不合(닫지 않음)이니, 개開(열어두다)의 뜻이다. 『管子校注』(中), 「心術」 篇(上), 上同, 774頁 注13.

192) 黎翔鳳에 의하면, 기호嗜好(즐거워함)에는 선악善惡을 따질 수 없으니, 모두 마음의 짐이 된다. 방현령房玄齡(578-648)의 주석에 「욕구의 지나침을 버린다.」(去欲好之過也)라고 했다. 『管子校注』(中), 「心術」 篇(上), 上同, 775頁 주14.

193) 리샹펑黎翔鳳에 의하면, 연延은 현대논리학의 外延이다. 『管子校注』(中), 「心術」 篇(上), 上同, 775頁 注16.

194) 黎翔鳳에 의하면, 고姑는 估計(추단하다)이고, 무務는 취趣(달리다, 향하다)이고 取와 같다. 『管子校注』(中), 「心術」 篇(上), 上同, 775頁 注16.

言, 應也.[195] 應也者, 以其爲之人者也.[196] 執其名, 務[197]其應, 所以成之, 應之道也. 無爲之道, 因也. 因也者, 無益無損也. 以其形, 因爲之名, 此因之術也.]

이름은, 성인이 만물들의 실마리를 잡는 근거이다. 사람들은 노력해야 (자기 자리를) 세울 수 있고, 좋은 일 하기에 힘쓰며, 마침내 할 수 있게 되고, 이유에 따라서 움직인다. 성인은 (사물들을) 주재할 마음이 없으니, (바로) 그것이 없기에 사물[백성]들과 다를 것이다. (성인들은) 다르기에 텅 비어 있고, 텅 빈 것이 만물의 시작이다. 따라서 (『노자老子』에서) 말한다. (도는) 천하의 시작이 될 수 있다. 사람들은 나쁜 짓에 쫓기면 좋은 것을 잃을 수도 있고, 좋은 것에 유혹되면[怵] 미워해야 할 곳도 잊어버리니, 도道와 맞지 않는다. 따라서 말한다. "좋은 것에 유혹되지도 말고, 나쁜 것에 쫓기지도 말아라!" 싫어해도 도리는 잃지 말 것이며, 욕구해도 실정을 넘지 말아야 하니, 그러므로 말한다. "군자들은 마음을 담담히 하여 (쓸데없이) 함이 없다." 지식과 연고[이유]를 버리라고 함은, (마음이) 소박하고 비어 있음을 말한 것이다. 대응해도, (미리) 계획[設]된 것이 아니다. 활동해도, (미리) 선택한 것이 아니다. 이것이 따름[因]이다. 따름이란 자기를 버리고 대상[物]을 법도로 삼은 것이다. 느낌이 있은 다음에 응대했으니, (미리) 설정한 것이 아니다. 도리를 따

195) 윤지장尹知章(660-718)의 주석에 의하면, 「말했다면 그 형태[껍질]만 말했을 뿐이고, 나에 대해서는 말한 바 없다.」(言則言彼形耳. 於我無言.) 『管子校注』(中), 「心術」 篇(上), 上同, 771頁.

196) 尹知章의 주석에 의하면, 「사람들에게 행한 바는, 따라서 성인은 不應할 뿐이다.」(人之所爲, 故聖人得不應.)라고 했다. 『管子校注』(中), 「心術」 篇(上), 上同, 771頁.

197) 리샹펑黎翔鳳에 의하면, 무務는 취趣(向하다)의 뜻이다. 『管子校注』(中), 「心術」 篇(上), 上同, 775頁 注17.

라서 움직였으니, (미리) 선택한 것이 아니다. 잘못은 (자기) 멋대로 함에 있으며, (자기 멋대로) 변화시킨 것에 죄가 있다. 자기 멋대로 하여 (마음을) 비우지 못했으니, 비우지 못했다면 사물들과 어그러졌을 것이다. (일을) 변화시키면 일이 생겨나니, (일이) 생겨났다면 어지러워질 것이다. 따라서 도는 따름[因]을 귀히 여긴다. 따름이란 할 수 있는 능력을 따라서 쓰이는 바를 말한다. 군자들이 머무름에 아무것도 모르는 것 같은 것은, (그들이) 지극히 비어 있음[至虛]을 말한 것이다. 그들이 사물에 대응함이, 마치 (잃은) 짝을 마주하는 것과 같음은 '때에 맞게끔(時宜)' 적절함을 말한 것이다. 그림자가 사물을 따르고, 메아리가 소리에 대응하는 것과 같다. 따라서 사물이 오면 (그에) 대응하고, 지나가면 그치는 것이다. 그친다는 것은 빈 것[虛]에 다시 처했음을 말한다.

[名者, 聖人之所以紀萬物也. 人者, 立於强, 務於善, 未[198]於能, 動於故者也. 聖人無之,[199] 無之則與物異矣. 異則虛, 虛者萬物之始也, 故曰: 可以爲天下始. 人迫於惡則失其所好, 怵於好則忘其所惡, 非道也. 故曰: 不怵乎好, 不迫乎惡. 惡不失其理, 欲不過其情, 故曰: 君子恬愉無爲. 去智與故, 言虛素也. 其應, 非所設也. 其動, 非所取也. 此言因也. 因也者, 舍己而以物爲法者也. 感而后應, 非所設也. 緣理而動, 非所取也. 過在自用, 罪在變化. 自用則不虛, 不虛則忤於物矣. 變化則爲生, 爲生則亂矣. 故道貴因. 因者, 因其能者, 言所用也. 君子之處也, 若無知, 言至虛也. 其應物也, 若偶之, 言時適也. 若影之象形, 響之應聲也. 故物至則應, 過則舍矣. 舍矣者, 言復所於虛也.]

198) 리샹펑黎翔鳳에 의하면, 未는 末이다. 『管子校注』(中), 「心術」 篇(上), 上同, 777頁 주1.

199) 윤지장尹知章의 주석에 의하면, (성인은) 사물을 주재할 마음이 없다(謂無宰物之心也.). 『管子校注』(中), 「心術」 篇(上), 上同, 776頁.

### 4.2) 심술(하)[마음의 기능, 心術(下), 第三十七]편

「심술心術」(하)편은 「심술」(상)편의 연속이나 발전이 아니다. 내재적인 연결 관계가 없다. 본편의 내용은 기본적으로 「내업內業」 편에 보인다. 본편이 간략한 개괄이라면, 「내업」 편의 서술이 상세하고 완결되어 있다. 많은 사람들은 본편이 「내업」 편의 별본別本으로 생각한다.

본편은 다섯 문단으로 나뉘었다. 첫 장에서는 마음[心]과 몸[形]을 닦아서 기를 모으고, 천도를 본받아 천하를 다스릴 것을 논하고 있다. 제2장은 심신心神의 정정靜定을 말하고 있다. 제3장은 마음[心]과 몸[形], 임금[君]과 백성[民]의 관계를 말하고 있다. 제4장은 성인의 도의 특성과, 도를 정확히 이해하지 못하고 도를 응용하면 난亂이 발생함을 말하고 있다. 제5장은 속마음[內心]을 정정正靜하면 도를 얻고, 도를 얻으면 천지天地 경계에 도달할 수 있음을 말하고 있다.

몸이 바르지 않다는 것은, 덕德이 (마음속에) 오지 않은 것이며, 속이 정밀하지 않으면 마음이 다스려지지 않는다. 몸이 바르고 덕을 정비했다면, 만물을 다 이해할 수 있다. 새가 날아오듯 신명神明의 끝을 알 수 없구나! 천하를 소상히 알며, 사방에 통달한다. 이 때문에 말한다. "외물 때문에 감관을 어지럽히지 말며, 감관으로 마음을 어지럽히지 말라! 이것이 마음속의 얻음이다." 이 때문에 의기意氣가 안정된 후에 (다시) 돌이켜 바로 잡는다. 기氣는 몸을 채우고 있다. (그래야) 행동이 '바름'의 뜻을 가진다. (기가) 몸을 채운 것이 아름답지 않으면 마음은 제대로 작동할 수 없고, (임금의) 행동이 바르지 못하면 백성들은 복종하지 않는다. 이 때문에 성인들은 마치 하늘과도 같으니, 사사로이 덮어주는 일이 없고, 마치 대지大地와 같이, 사사로이 싣고 있음이 없다. 사사로움은 천하를 어지럽히는 것이다.

무릇 사물은 이름이 있고, 성인들은 그에 따라 이들을 다루니 천하가 다스려진다. 실질이 다치지 않으니 천하에 난리가 없어서 천하가 다스려진다.

[形不正者德不來,[200] 中不精者心不治. 正形飾德,[201] 萬物畢得. 翼然自來, 神莫知其極. 昭知天下, 通於四極. 是故曰: 無以物亂官, 毋以官亂心, 此之謂內德.[202] 是故意氣定然後反正.[203] 氣者, 身之充也. 行者, 正之義也. 充不美則心不得, 行不正則民不服. 是故聖人若天然, 無私覆也; 若地然, 無私載也. 私者, 亂天下者也. 凡物載名而來, 聖人因而財之,[204] 而天下治; 實不傷, 不亂於天下, 而天下治.]

뜻에 오로지 하고, 마음을 하나로 하여, 이목[눈과 귀]이 단정해지면, 미래의 길흉을 실제로 나타낼[徵] 수도 있다. (뜻을) 완전히 할 수 있는가? (마음을) 하나로 할 수 있는가? 복卜점이나 서筮점을 안치고 (미래의)

200) 윤지장尹知章(660-718)의 주석: 「마음속에 있는 것은 반드시 밖으로 나타나니, 그 때문에 덕이 와서 마음속에 있으면, 외형이 스스로 바르다.」(有諸內必形於外, 故德來居中, 外皃自正.), 『管子校注』(中), 「心術」(下)篇, 黎翔鳳撰, 上同, 778頁 참조.

201) 리저밍李哲明(1857-?)에 의하면, 식飾은 마땅히 칙飭(정비하다)으로 訓讀해야 한다. 『管子校注』(中), 「心術」(下)篇, 黎翔鳳撰, 上同, 779頁 注1.

202) 대망戴望(1837-1873)에 의하면, 덕德은 득得이다. 『管子校注』(中), 「心術」(下)篇, 黎翔鳳撰, 上同, 頁

203) 黎翔鳳에 의하면, 反은 복환復還(다시 돌아감)이다. 『管子校注』(中), 「心術」(下)篇, 黎翔鳳撰, 上同, 779頁 注5.

204) 유적劉績(15세기)에 의하면, 재財는 재裁(마름질하다)와 같다. 『管子校注』(中), 「心術」(下)篇, 黎翔鳳撰, 上同, 779頁 注6.

길흉을 알 수 있는가? 뜻을 지닌 채 고요히 안정할 수 있는가? 남에게 묻지 않고서도 스스로 깨우침이 있지 않은가? 따라서 말한다. "생각하고 (또) 생각해도 알 수 없으면, 귀신이 가르쳐 준다. 귀신의 힘이 아니라 정기精氣가 극치에 달한 것이로다!"

기氣에 전일하면 변화하여 정묘精妙해지며, 한 일에 전념하면 변화를 터득하여 예지叡智를 갖게 된다. 간택하여 선발하기에, 일이 순조롭다. 끝까지 변화하는 것이 사물을 대하는 길이다. 간택하여 선발하니 혼란이 없고, 끝까지 변화하나 번잡하지 않은 것이 하나[道]를 붙들고 있는 군자君子로다. 하나[道]를 붙들고서 잃지 않으니 만물을 주재할 수 있고, 해와 달과 (찬란한) 빛을 함께 하고, 하늘과 땅과 이치[理]를 함께 하니, 성인들이 만물들을 재단하되 외물에 의해 부림을 당하지 않는다.

[專於意, 一於心, 耳目端, 知遠之證.[205] 能專乎? 能一乎? 能毋卜筮而知凶吉乎? 能止乎? 能已乎? 能毋問於人而自得之於己乎?[206] 故曰: 思之思之, 不得, 鬼神教之. 非鬼神之力也, 其精氣之極也. 一氣能變曰精, 一事能變曰智. 慕選者,[207] 所以等事也. 極變者, 所以應物也.[208] 慕選而不亂, 極變而不煩, 執一之君子. 執一而不失, 能君萬物, 日月之與同光, 天地之與同理, 聖人裁物, 不爲物使.]

---

205) 리상펑黎翔鳳에 의하면, 「知遠」은 곧 「미래의 길흉」을 말한다. 증證은 험譣(따져 물음)의 뜻이니, 징徵(證驗하다)의 뜻이다. 『管子校注』(中), 「心術」(下)篇, 黎翔鳳撰, 上同, 780頁 주1.

206) 천꾸잉陳鼓應(1935生)에 의하면, 이已는 지止와 같다. 모두 '뜻을 지니고 고요히 안정함을 말한다(持意靜定)' 로 보고 있다. 「自得之於己」는 자기 마음에 깨달음이 있음(己心有所悟覺)을 말한다. 『管了四篇詮釋』, 北京: 商務印書館, 171頁, 注2 참조.

207) 黎翔鳳에 의하면, 모선慕選은 모선募選(간택하여 뽑다)이다. 『管子校注』(中), 「心術」(下)篇, 黎翔鳳撰, 上同, 781頁 注4.

208) 陳鼓應에 의하면, 等은 제齊(고르다)´ 순順(순조롭다)의 뜻이다. 끝까지 변화하여 사물에 응대함이다. 『管子四篇詮釋』, 北京: 商務印書館, 174頁, 注2 참조.

(임금의) 마음이 편하면, 이는 나라가 편안한 것이다. (임금의) 마음이 다스려지면, 이는 나라가 다스려진 것이다. 다스리는 것은 마음이다. 편안한 것도 마음이다. 다스리는 마음은 (마음)속에 있으며, 다스리는 말은 (임금의) 입에서 나오며, 다스리는 일들이 백성들에게 더해진다. 따라서 업적이 이루어지면 백성들이 따르니, 백성들이 다스려질 것이다. (백성들을) 장악하는 것은 형벌이 아니다. (백성들이) 경외하는 것은 (임금의) 분노가 아니다. 백성들이 도道를 가지고 있으면, 백성들은 다스려진다. 도道는 지극한 근본이니, 지극히 크고 지극히 풍부하지만, (쓰는 이가 마땅한) 그 사람이 아니라면 혼란이 생긴다. 무릇 관리들이 (백성들을) 제약하는 법칙들은 도道가 아니다. 성인의 도는 있는 것 같기도 하고 없는 것 같기도 하나, (그것을) 끌어다 쓰면, 평생 잊을 수 없다. (도는) 시대와 더불어 변하지만 변함이 없고, 사물들을 응대하나 바뀌지 않으며, 매일 매일 사용해도 변함이 없다.

[心安, 是國安也. 心治, 是國治也. 治也者, 心也. 安也者, 心也. 治心在中,[209] 治言出於口, 治事加於民. 故功作[210]而民從, 則百姓治矣. 所以操者,[211] 非刑也. 所以危者,[212] 非怒也. 民人操,[213] 百姓治, 道其本至也,[214] 至不至無,[215] 非所人而亂.[216] 凡在有司執制者

---

209) 黎翔鳳에 의하면, 「內業」 편에 「治心在於中, 治言出於口, 治事加於人」이 세 구절이 모두 같은데, 오직 民은 피휘避諱하여 人으로 고쳤으며, 在 아래 於자가 있다. 『管子校注』(中), 「心術」(下)篇, 黎翔鳳撰, 上同, 782頁 注1.

210) 천꾸잉陳鼓應은 공작功作을 공성功成(공이 이루어짐)으로 보았다. 『管子四篇詮釋』, 北京: 商務印書館, 174頁, 注6 참조.

211) 陳鼓應은 조操를 파지把持(잡다), 장관掌管(장악하다)으로 보았다. 上同, 注7 참조.

212) 陳鼓應은 위危를 외畏(경외하다)로 보았다. 上同, 注8 참조.

213) 陳鼓應은, 조操를 도道를 가지고 있음으로 해석한다. 上同, 注9 참조.

214) 천꾸잉陳鼓應(1935生)에 의하면, 其는 乃이고, 本至는 마땅히 至本(지극한 근본)으로 바뀌어야 한다. 『管子四篇詮釋』, 上同, 177頁, 注1 참조.

之利,[217] 非道也. 聖人之道, 若存若亡. 援而用之, 歿世不亡.[218] 與時變而不化, 應物而不移, 日用之而不化.]

사람이 바르게 평안할 수 있으면 근육이 부드러워지면서 질기고 뼈가 강하다. 하늘을 (머리에) 지니고 땅을 밟고서 달을 보며 해를 본다. (사람이 마음을) 바르고 고요하게 하여 과실이 없으며, 날로 (자기) 덕을 새롭게 하여, 천하를 환히 알고서, 네 극단[우주]에까지 통한다. 속에서 마음을 닫았다 해도 숨길 수는 없으니, 밖으로 얼굴에 나타나기에 안색에서 알 수 있다. 선한 기운으로 사람을 맞으면 친밀하기 형제와 같으나, 나쁜 기운으로 사람을 맞으면 무기보다 해롭다. 말 없는 말이 우레나 북소리보다 (크게) 들린다. 마음을 닫았어도 드러남이 해와 달보다 밝으니, 부모보다 잘 살핀다. 옛날에 유명한 임금들이 천하를 사랑하기 때문에 천하 사람들이 귀부歸附할 수 있었고, 폭군이 천하 사람들을 미워했기 때문에 세상 사람들이 떠날 수 있었다. 그러므로 재화는 사랑이 되기에 부족하고, 형벌은 악이 되기에 부족하다. 재화는 사랑의 말단이고, 형벌은 악의 말단이다.

[人能正靜者, 筋肕[219]而骨强. 能戴大圓者, 體乎大方; 鏡大淸者視乎

---

215) 리샹펑黎翔鳳에 의하면, 궈모뤄郭沫若(1892-1978)가 不를 비조(크다)로 본 것이 옳다. 無는 풍豐(풍성하다)의 뜻이다. 『管子校注』(中), 「心術」(下)篇, 黎翔鳳撰, 上同, 782頁 注2.

216) 陳鼓應에 따르면, 所는 其와 같고, 쉬웨이위許維遹(1900-1950)에 의하면, 而는 則이다. 上同, 注3 참조.

217) 하여장何如璋(1838-1891)에 의하면, 利는 마땅히 則이다. 관리가 (백성들을) 제약하는 법도를 말하는 것이니, 道라고 말할 수 없다. 『管子校注』(中), 「心術」(下)篇, 黎翔鳳撰, 上同, 783頁 注4.

218) 대망戴望(1837-1873)에 의하면, 「沒世不亡」에서 亡은 마땅히 忘(잊다)이다. 옛날에는 서로 통했다. 『管子校注』(中), 「心術」(下)篇, 黎翔鳳撰, 上同, 783頁 注5.

大明.[220] 正靜不失, 日新其德, 昭知天下, 通於四極. 金[221]心在中不可匿, 外見於形容, 可知於顏色. 善氣迎人, 親如弟兄; 惡氣迎人, 害於戈兵.[222] 不言之言, 聞於雷鼓. 金心之形, 明於日月, 察於父母. 昔者明王之愛天下, 故天下可附; 暴王之惡天下, 故天下可離. 故貨之不足以爲愛, 刑之不足以爲惡. 貨者, 愛之末也; 刑者, 惡之末也.]

무릇 사람의 품성은 반드시 올바르게[正] 되어야 한다! 그것을 잃게 하는 것은 반드시 기쁨, 즐거움, 애통과 분노이다. 분노를 절제함에는 음악[樂]만 한 것이 없고, 쾌락을 절제함에는 예禮만 한 것이 없으며, 예의禮儀를 지킴에는 공경만한 것이 없다. 밖으로 공경하고 (마음) 속에서 고요하면, 반드시 (사람의) 품성을 회복할 것이다. 어찌 이利를 탐할 일이 없겠는가? 나는 이를 좇을 마음이 없다. 어찌 안주하려는 마음이 없겠는가? 나는 편안하려는 마음이 없다. 어지러운 마음속에 또한 (고요하고 바른) 마음이 있으니, 생각[意念]이 말보다 먼저 생긴다. 생각이 있으면 드러나고, 드러난 다음에 생각하고, 생각하고 나면 (이치를) 알게 된다. 무릇 마음이 드러날 때 지나치게 알거나 왕성함을 앞세우기에, 이

---

219) 리저밍李哲明(1857-?)에 의하면, 인肕은 인靭(부드러우나 질김)의 뜻이다. 『管子校注』(中), 「心術」(下)篇, 黎翔鳳撰, 上同, 784頁 注1.

220) 야스이 히라나라安井衡(1799-1876)에 의하면, 「內業」편에 체體는 리履(밟다)로 되어 있다. 『管子校注』(中), 「心術」(下)篇, 黎翔鳳撰, 上同, 784頁 注2. 陳鼓應에 의하면, 장쑨후이張舜徽(1911-1992)는 두 개의 者는 모두 마땅히 而자라고 말하며, 大圓은 하늘을 가리키고, 大方은 땅을 가리키고, 경鏡(거울)은 시視(보다)의 뜻이고, 대청大淸은 달을 가리키고, 대명大明은 해를 가리킨다. 『管子四篇詮釋』, 170頁, 注2 참조.

221) 리샹펑黎翔鳳에 의하면, 金은 금禁이니, 금噤(입을 다물다)의 뜻이다. 『管子校注』(中), 「心術」(下)篇, 黎翔鳳撰, 上同, 785頁 注3.

222) 유적劉績(15세기)에 의하면, 과戈는 「內業」 편에는 융戎(병기)으로 되어 있다. 『管子校注』(中), 「心術」(下)篇, 黎翔鳳撰, 上同, 785頁 注5.

때문에 (마음을) 속으로 모은 것을 바탕으로 해야 한다. 원천이 고갈되지 않고, 겉과 속이 마침내 (서로) 통하니, 원천이 마르지 않고 사지四肢가 튼튼하다. (마음) 속으로 수렴한다면 (그 몸도) 튼튼해질 것이다. 따라서 성인들은 한 마디로 말하였다. "(도는) 위로 하늘에 통하고, 아래로 땅에 이른다."

[凡民之生也,[223] 必以正乎! 所以失之者, 必以喜樂哀怒. 節怒莫若樂,[224] 節樂莫若禮, 守禮莫若敬. 外敬而內靜者, 必反其性. 豈無利事哉? 我無利心. 豈無安處哉? 我無安心. 心之中又有心,[225] 意以先言. 意然後形, 形然后思, 思然后知.[226] 凡心之刑, 過知先王,[227] 是故內聚以爲原. 泉之不竭, 表裏遂通; 泉之不涸, 四支堅固. 能令用之, 被服四固.[228] 是故聖人一言解之,[229] 上察於天, 下察於地.[230]]

## 4.3) 내업[마음을 닦아서 정기를 유지하는 공부, 內業, 第四十九]편

223) 천꾸잉陳鼓應에 의하면 生은 性이다. 『管子四篇詮釋』 上同, 182頁, 注1 참조.
224) 리샹펑黎翔鳳에 의하면, 여기서 樂은 禮樂의 뜻이고, 아래 문장의 節樂은 쾌락의 의미이다. 『管子校注』(中), 「心術」(下)篇, 黎翔鳳撰, 上同, 786頁 注2.
225) 윤지장尹知章(약669-약718)의 주석은, 「혼란한 마음속에 또한 정정靜正한 마음이 있다.」(動亂之心中, 又有靜正之心也.) 『管子校注』(中), 「心術」(下)篇, 黎翔鳳撰, 上同, 頁
226) 尹知章은 이렇게 말한다. 「생각하고 나면 理를 얻기 때문에 알 수가 있다.」(思然後得理, 故能知也.) 『管子校注』(中), 「心術」(下)篇, 黎翔鳳撰, 上同, 786頁.
227) 리샹펑黎翔鳳에 의하면, 刑은 形과 통하고, 王은 旺(왕성함)으로 읽어야 한다. 『管子校注』(中), 「心術」(下)篇, 黎翔鳳撰, 上同, 786頁 注3.
228) 黎翔鳳에 의하면, 用令은 內聚(마음속으로 수렴하다)의 뜻이고, 房玄齡의 주석에 「堅固被及其身」이라고 했다. 『管子校注』(中), 「心術」(下)篇, 黎翔鳳撰, 上同, 785頁 注4.
229) 좌오수우정趙守正에 의하면, 「內業」 편: "道滿天下, 普在民所, 民不能知也. 一言之解, 上察於道, 下極於地."라 했으니, 이 구절은 총결하는 말로써, 道에 대하여, 한마디 말로 하면, 또한 위로 하늘에 통하고 아래로 땅에 미친다는 뜻이다. 『管子通解』(下), 「心術」 篇(下), 20頁, 注3 참조.
230) 趙守正에 의하면, 찰察은 제際(가깝다)와 통한다. 上同, 20頁, 注4 참조.

이 편은 어떻게 내심內心을 수양하고 정기精氣를 유지할까를 다룬 하나의 철학 논문이다. 이 편의 저자는, 정기精氣란 사람의 생명과 의식의 본원本原이며, 정기를 보유하는 기본 방법은 내심을 텅 비우고 고요하게 하는 것[虛靜]이라 말한다. 또한 그는 밖의 사물들이 자기의 감관感官들이나 내심內心을 어지럽히지 못하게 할 것과 음식, 생각, 언행 등도 중정中正하게 하고 화평하게 할 것을 말하고 있다.

무릇 사물들의 정기精氣, 이것이 생명의 바탕이다. (이것이) 아래에서 오곡五穀을 생산하고, 위에서 별들이 되었다. 하늘과 땅 사이를 흘러 다니니, 신묘한 움직임이라 말한다. (이것을) 가슴 속에 감추고 있으면, 성인이라 말한다. 이런 까닭에 백성들의 기氣는 밝기로는 하늘에 올라간 것 같고, 어두우면 심연深淵에 들어간 것 같고, 축축하기로는 바다에 있는 것 같고, 높이 올라간 모습은 풀 없는 민둥산에 있는 것 같다. 이러하기에 이 (정)기는 힘으로써 멈추게 할 수 없고, 덕德으로 안정시킬 수 있다. (정기는) 소리로는 부를 수 없지만, 뜻으로는 맞이할 수 있다. (정기를) 공경스럽게 지키고 잃지 않으면, 그것이 덕德을 이루는 것이다. 덕이 이루어지면 지혜가 나오니, 만물이 모두 (적절함을) 얻는다. 무릇 마음의 모습은, (정기가) 스스로 채워지고 스스로 차는 것이요, 스스로 생겨나고 스스로 이루는 것이다. 마음이 (정기를) 잃어버리면 반드시 우울하거나 즐겁거나, 기쁘거나 분노하거나, 욕구하거나 (혼자만) 이롭게 하고자 한다. 우울, 즐거움, 기쁨, 분노, 욕구와 이기심(의 감정)을 없앨 수만 있다면, 마음은 이에 되돌아와서 제대로 된다. 저 마음의 실정은 편안한 것이 이로운 것이다. (그것을) 번거롭게 하지 말고 혼란스럽게 하지 말아야 조화를 이뤄 스스로 완성된다. (정기는) 밝기가 옆에 있는 것과 같고, 어둡고 미세하여 얻을 수 없는 것과 같고, 아득히 멀어서 끝이 없는 것과 같다! 이 마음의 준칙은 멀리 있지 않으니, (우리는) 매일매일 (정기의) 덕德을 쓰고 있다. 도道는 몸을 채워주는 근거이지만, 사람들은 (그것을) 고정固定할 수 없다. 정기는 사라진다면 회복되지 않으며, 돌아오더라도 머물지 않는다. 어둑어둑하여 그 소리를 들을 수 없고, 모여들면 마음속에 있게 된다. (그것은) 어두워서 모양을 볼 수 없고, 스며들어 우리와 함께 산다. (보아도) 그 형태는 볼 수 없고, 들으려 해도 그 소리를 들을 수 없으나, 완성을 말하는 것이 도道라고 한다.

[凡物之精, 此則爲生.[231] 下生五穀, 上爲列星. 流於天地之閒, 謂之鬼神.[232] 藏於胷中, 謂之聖人. 是故民氣, 杲乎如登於天,[233] 杳乎如入於淵, 淖乎如在於海, 卒乎如在於己.[234] 是故此氣也, 不可止以力, 而可安以德. 不可呼以聲, 而可迎以音.[235] 敬守勿失, 是謂成德. 德成而智出, 萬物果得.[236] 其所以失之, 必以憂樂喜怒欲利. 能去憂樂

231) 천꾸잉陳鼓應에 의하면, 장쑨후이張舜徽(1911-1992)는 「此則爲生」가 '이 氣가 바로 생명의 本이다.' 라고 말했다. (張舜徽, 『周秦道論發微』 참조) 『管子四篇詮釋』, 上同, 90頁, 注1 참조.

232) 陳鼓應에 의하면, 鬼神은 자연계의 신묘한 작용으로 풀이 하였다. 上同, 90頁, 注2 참조.

233) 윤지장尹知章(약669-약718)은, 고杲(밝다)를 밝음으로 주석하고 있다. 931頁.

234) 이카이 요시히로豬飼彥博(18세기)에 의하면, 卒은 줄崒과 같으니, 고준모高峻貌이다. 『管子校注』(中), 「內業」 篇, 黎翔鳳撰, 上同, 933頁 注4. 좌오소우정趙守正에 의하면, 己는 기屺(민둥산)와 草木이 없는 산과 같다. 『管子通解』(下), 「內業」 篇, 122頁, 注6 참조.

235) 왕염손王念孫(1744-1832)에 의하면, 音은 곧 의意이다. 「言不可呼之以聲, 而但可迎之以意也.」(소리로는 부를 수 없고, 다만 뜻으로 맞이할 수 있음을 말한 것이다.) 『管子校注』(中), 「內業」 篇, 黎翔鳳撰, 上同, 933頁 注5 참조.

236) 왕염손王念孫에 의하면, 과果는 마땅히 필畢이다. 『管子校注』(中), 「內業」 篇, 黎翔鳳撰, 上同, 934頁 注6.

喜怒欲利, 心乃反濟. 彼心之情, 利安以寧. 勿煩勿亂, 和乃自成. 折折乎如在於側,[237] 忽忽乎如將不得,[238] 渺渺乎如窮無極. 此稽不遠,[239] 日用其德. 夫道者, 所以充形也, 而人不能固. 冥冥乎不見其形, 淫淫乎與我俱生.[240] 不見其形, 不聞其聲, 而序其成, 謂之道.[241]]

무릇 도란 (있는 일정한) 곳이 없고, 좋은 마음속에 편안히 거한다. 마음이 고요하고 기맥氣脈이 다스려지면, 도는 이에 머무를 수 있다. 저 도는 멀리 있지 않으니, 사람들이 (도를 통해) 생명을 얻는다. 저 도는 (만물을) 펼쳐놓지 않지만, 사람들은 그로 인해 지혜를 얻는다. 이 때문에 (도는) 모여 있으면 함께 찾을 수 있으나, 미묘하여 있는 곳을 알 수 없다! 도의 실정을 받아들이면, 음악과 소리를 싫어한다. 마음을 닦고 뜻을 고요히 해야 도를 이에 얻을 수 있다. 도란 입으로 말할 수 없고, 눈으로 볼 수 없고, 귀로 들을 수 없으나, 마음을 닦을 수 있고 몸을 바르게 해주는 근거이다. 사람이란 그것을 잃으면 죽고, 얻으면 산다. 일도 (도를) 잃으면 실패하고, 얻으면 성공한다.

---

237) 리샹펑黎翔鳳에 의하면, 방현령房玄齡(578-648)注에 절절折折은 밝은 모습[明皃]이니, 철哲(밝다)과 통한다. 『管子校注』(中), 「內業」 篇, 黎翔鳳撰, 上同, 934頁 注7.

238) 천꾸잉陳鼓應에 의하면, 홀홀忽忽은 유미모幽微貌이다. 『管子四篇詮釋』, 「內業」 篇, 上同, 94頁, 注6 참조.

239) 궈모뤄郭沫若(1892-1978)에 의하면, 위 문장에서, 心之形, 心之情을 말했으니, 此는 此心이고, 계稽는 法式이다. 『管子校注』(中), 「內業」 篇, 黎翔鳳撰, 上同, 934頁 注8.

240) 좌오소우정趙守正에 의하면, 음淫은 침윤侵潤(스며들다)이다. 『管子通解』(下), 「內業」 篇, 趙守正撰, 上同, 123頁, 注5 참조.

241) 손성연孫星衍(1753-1818)에 의하면, 『文選 · 辨命論』 注에 인용하여, 「視之不見其形, 聽之不聞其聲, 而序其成者, 道也.」(보려 해도 그 형태가 보이지 않으며, 들으려 해도 그 소리를 들을 수 없으나, 완성을 말하는 것이 道이다.)를 말하였다. 『管子校注』(中), 「內業」 篇, 黎翔鳳撰, 上同, 935頁 注10.

[凡道無所, 善心安愛.[242] 心靜氣理, 道乃可止. 彼道不遠, 民得以産.[243] 彼道不離,[244] 民因以知. 是故卒乎其如可與索,[245] 眇眇乎其如窮無所. 修心靜音,[246] 道乃可得. 道也者, 口之所不能言也, 目之所不能視也, 耳之所不能聽也, 所以修心而正形也. 人之所失以死, 所得以生也. 事之所失以敗, 所得以成也.]

무릇 도란 뿌리도 없고 줄기도 없으며, 잎도 없고 꽃도 없다. (그것 때문에) 만물들이 살고, 만물들이 완성되니, 도라고 이름 한다. 하늘은 공평을 주관하고, 땅은 균평均平을 주관하고, 사람들은 편안과 고요함[安靜]을 주관한다. 봄과 가을, 겨울과 여름은 자연[天]의 계절이다. 산과 언덕, 냇가와 골짜기는 땅의 팔다리이다. 기쁨, 분노, 받기와 주기는 사람들이 꾀하는 것이다. 이 때문에 성인들은 계절과 더불어 변화했으나 동화同化된 것은 아니고, 사물들을 따랐으나 바뀌지 않는다. (마음을) 바르게 할 수 있고 고요히 할 수 있다면, 그 다음에 (마음을) 안정할 수 있다. 안정된 마음이 속에 있고, 귀와 눈이 총명하고, 팔다리[四肢]가 튼튼하면, (몸은) 정기精氣의 집이 된다.

정精이란 기氣의 정화精華이다. 기氣는 통하면 살아나고, 살아나면 이

242) 타오훙칭陶鴻慶(1859-1918)에 의하면, 애愛는 처處의 오기이며, 소所 또한 處이다. 『管子校注』(中), 「內業」 篇, 黎翔鳳撰, 上同, 935頁 注1.

243) 윤지장尹知章은, 산産을 生으로 주석했다. 『管子校注』(中), 「內業」 篇, 黎翔鳳撰, 上同, 935頁.

244) 리샹펑黎翔鳳에 의하면, 이離는 옛날에는 나羅(진열하다)로 읽었다. 『管子校注』(中), 「內業」 篇, 黎翔鳳撰, 上同, 936頁 注2

245) 黎翔鳳에 의하면, 졸卒은 취聚(모이다)이다. 『管子校注』(中), 「內業」 篇, 黎翔鳳撰, 上同, 936頁 注3.

246) 이카이 요시히로豬飼彦博(18세기)에 의하면, 정음靜音은 마땅히 정의靜意이다. 『管子校注』(中), 「內業」 篇, 黎翔鳳撰, 上同, 936頁 注5.

에 생각할 수 있고, 생각하면 이에 알 수 있고, 안다면 이에 처신함으로 일을 할 수 있다. 무릇 마음의 형체는 지나치게 알면 본성을 잃는다.

[凡道無根無莖, 無葉無榮. 萬物以生, 萬物以成, 命之曰道. 天主正, 地主平, 人主安靜. 春秋冬夏, 天之時也. 山陵川谷, 地之枝也.[247] 喜怒取予, 人之謀也. 是故聖人與時變而不化, 從物而不移. 能正能靜, 然後能定. 定心在中, 耳目聰明, 四枝堅固, 可以爲精舍. 精也者, 氣之精者也. 氣, 道乃生,[248] 生乃思, 思乃知, 知乃止矣.[249] 凡心之形, 過知失生.[250]]

한 사물에 하나로 집중하여 (세월이 가면) 변화시킬 수 있으니 신묘하고, 하나의 일에 집중하여 (세월이 가면) 변화시킬 수 있으니 지혜라 한다. (사물은) 변하나 기氣는 바뀌지 않고, (일은) 변하나 지혜는 바뀌지 않는다. 오직 집중하는 군자들만이 이렇게 할 수 있구나! 하나에 집중하여 잃지 않으면 만물을 주재主宰할 수 있다. 군자들은 외물들을 주재하지, 외물들에 의해 주재당하지 않기에, (이것이) 하나에의 집중을 얻는 도리이다. 닦으려는 마음이 속에 있어서, 다스리려는 말씀이 입에서 나오고, 다스리려는 일들을 사람들에게 부가시킬 수 있으면, 그렇다면 천하는 다스려질 것이다! 도道를 장악하면 천하가 복종할 것이고, 도가 확립되면 천하가 말을 들을 것이니, 이것이 공공公共을 (위한 것)이다.

---

247) 리샹펑黎翔鳳에 의하면, 지枝(가지)는 지肢(팔다리)와 통한다. 『管子校注』(中), 「內業」篇, 黎翔鳳撰, 上同, 937頁 注1.

248) 대망戴望(1837-1873)에 의하면, 道는 通이다. 「氣道乃生」은 氣가 통하면 산다는 뜻이다. 『管子校注』(中), 「內業」篇, 黎翔鳳撰, 上同, 940頁 注4.

249) 천꾸잉陳鼓應에 의하면, 止는 行止이니, 處身行事를 말한다. 『管子四篇詮釋』, 「內業」篇, 上同, 100頁, 注4 참조.

250) 陳鼓應에 의하면, 生은 性이다. 上同, 100頁, 注5 참조.

[一物能化謂之神, 一事能變謂之智.[251] 化不易氣, 變不易智. 惟執一之君子能爲此乎! 執一不失, 能君萬物. 君子使物, 不爲物使, 得一之理. 治心在於中, 治言出於口, 治事加於人, 然則天下治矣. 一言得而天下服, 一言定而天下聽,[252] 公之謂也.]

몸이 바르지 않으면 덕德이 오지 않고, (마음) 속이 고요하지 않으면 마음은 다스려지지 않는다. 몸을 바르게 하고 덕德을 닦아서, 하늘처럼 인자하고 땅처럼 의義로우면, (정기精氣가) 면면히 이어져 올 것이다. 신명神明이 지극하게 되고 만물들을 밝게 안다면, 마음은 의義롭기에 지킴에 틀림이 없을 것이다. 외물 때문에 감관感官을 어지럽히지 않고, 감관 때문에 마음[內心]을 어지럽히지 않는 것, 이것이 속마음[內心]을 얻는 것이다. 정기가 스스로 몸에 있으니, 한 번 나가고 한 번 들어오니 신묘하여 (무엇인지) 생각할 수 없다. 그것을 잃어버리면 반드시 혼란이 생기고, 그것을 얻으면 반드시 다스려진다. 삼가 그것[정기]이 머무를 집을 청소하면 정기는 장차 스스로 올 것이다. 정순精純한 속마음으로 생각하고, 잡스러운 생각을 잠재우고 (마음을) 다스린다. 외모를 엄숙히 하고 삼가 경외하면, 정기는 장차 올바름[正]에 이를 것이다. 그것을 얻었으면 버리지 말 것이며, 귀와 눈도 방탕해서는 안 되고, 마음에 다른 잡생각이 없어야 한다. 바른 마음이 (마음) 속에 있어야 만물들은 (알맞은) 법도를 얻게 된다.

[形不正, 德不來; 中不靜, 心不治. 神明之極, 照乎知萬物,[253] 中義

251) 천꾸잉陳鼓應에 의하면, 장쑨후이張舜徽는 一은 專一이라고 말한다. 上同, 104頁, 注1 참조.

252) 陳鼓應에 의하면, 一言은 道를 가리킨다. 得은 장악이고, 定은 확립이다. 上同, 104頁, 注3 참조.

守不忒.[254] 不以物亂官, 不以官亂心, 是謂中得. 有神自在身,[255] 一往一來, 莫之能思. 失之必亂, 得之必治. 敬除其舍, 精將自來. 精想思之,[256] 寧念治之. 嚴容畏敬, 精將至定.[257] 得之而勿捨, 耳目不淫. 心無他圖. 正心在中, 萬物得度.]

도道가 천하에 가득 차고, 백성들이 있는 곳에 두루 있어도 백성들은 (그 사실을) 알지 못한다. 도道의 이치는, 위로 하늘에 이르고, 아래로는 땅 끝까지 가고, 온 세상[九州]에 가득 펼쳐져 있다.

어떻게 그것을 이해할 수 있는가?

마음을 다스림에 있다. 내 마음이 다스려지면 감관感官들도 이에 다스려진다. 내 마음이 편안하면 감관도 이에 편안해진다. 다스리는 것도 마음이요, 편안하게 하는 것도 마음이다. 마음은 마음속에 감추어 있지만, 마음속에 또 마음이 있다. 저 마음속의 마음은, 뜻[意]이 말[言]보다 앞선다. 뜻이 있은 다음에 (말이) 나타나며, (뜻이) 나타난 뒤에 말이 되고, 말이 있은 다음에 (사람들을) 시킬 수 있고, 시킨 다음에 다스려짐이 있다. 다스리지 않으면 반드시 혼란이 있고, 혼란이 생기면 이에 (사람들이) 죽게 된다.

---

253) 홍이훤洪頤煊(1765-1837)에 의하면, 조照는 마땅히 소昭(밝다)이다. 『管子校注』(中), 「內業」 篇, 黎翔鳳撰, 上同, 940頁 注7.

254) 리샹펑黎翔鳳에 의하면, 中은 心을 가리킨다. 『管子校注』(中), 「內業」 篇, 黎翔鳳撰, 上同, 940頁 注8.

255) 천꾸잉陳鼓應에 의하면, 神은 精氣를 가리킨다. 『管子四篇詮釋』, 「內業」 篇, 上同, 108頁, 注1 참조.

256) 탕샤오춘湯孝純에 의하면, 정상精想은 정순精純한 內心의 생각이다. 『新譯管子讀本』(下), 「內業」 篇, 628頁, 注3 참조.

257) 黎翔鳳에 의하면, 定은 正의 뜻이다. 『管子校注』(中), 「內業」 篇, 黎翔鳳撰, 上同, 941頁 注11.

[道滿天下，普在民所，民不能知也．一言之解，上察於天，下極於地，蟠滿九州．[258] 何謂解之？在於心安．[259] 我心治，官乃治．我心安，官乃安．治之者心也，安之者心也．心在藏心，心之中又有心焉．彼心之心，音以先言．[260] 音然後形，形然後言．言然後使，使然後治．不治必亂，亂乃死．]

정기精氣가 있으니 (사람들이) 스스로 생존할 수 있고, 밖으로 광채가 난다. (정기를) 안에 저장하니 (생명의) 원천이 되며, 광활하며 화평하니 기氣의 연원淵源이 된다. 연원이 고갈되지 않으니, 사지四肢가 이에 튼튼해진다. 샘이 막히지 않으니 (사람 몸의) 아홉 구멍이 마침내 막힘없이 통한다. (세상을 다스리면) 공로가 하늘과 땅에 다 미칠 것이고, 덕德은 사해四海에 퍼질 것이다. 마음속에 미혹할 만한 뜻이 없고, 밖으로 사악한 재앙이 없다. 마음이 속에서 온전하고, 몸이 밖에서 건전하다. 하늘의 재앙도 만나지 않고, 인화人禍도 만나지 않으니, 성인이라 말할 수 있다. 사람이 (마음이) 바르고 (뜻이) 고요하면 피부가 윤기 나고 풍만하며, 귀와 눈이 밝으며, 근육이 펼쳐지고 뼈가 강해져서, 이에 큰 하늘을 머리에 올려놓을 수 있고, 큰 대지를 밟고 설 수 있다. 텅 빈 하늘을 관찰하고, 해와 달을 보면서, 공경하며 근신하면 잘못이 없을 것이니, 매일 덕을 새로이 하여 천하를 두루 알고, 사방의 아주 먼 데까지 이른다.

---

258) 陳鼓應에 의하면, 一言은 道이고, 解는 道理이다. 察은 至(이르다)의 의미이고, 반蟠은 파播이니, 파포播布이다. 上同, 「內業」篇, 110頁, 注1 참조.

259) 궈모뤄郭沫若(1892-1978)에 의하면, 安은 마땅히 治여야 되며, 위 문장의 之와 韻이 맞는다. 『管子校注』(中), 「內業」篇, 黎翔鳳撰, 上同, 941頁 注14.

260) 陳鼓應에 의하면, 왕염손王念孫(1744-1832)의 교정에 의하면, 音은 意이다. 上同, 「內業」篇, 111頁, 注4 참조.

정기의 충만을 삼가 발전시킴, 이것이 (마음) 안의 득得과 실實이다. 그러나 (정기를) 반환하지 못하는 것, 이것이 생명의 파탄이다.

[精存自生, 其外安榮.[261] 內藏以爲泉原, 浩然和平, 以爲氣淵. 淵之不涸, 四體乃固. 泉之不竭, 九竅遂通.[262] 乃能窮天地, 被四海.[263] 中無惑意, 外無邪菑. 心全於中, 形全於外. 不逢天菑, 不遇人害, 謂之聖人. 人能正靜, 皮膚裕寬, 耳目聰明, 筋信而骨强, 乃能戴大圜, 而履大方. 鑒於大淸, 視於大明,[264] 敬愼無忒, 日新其德, 徧知天下, 窮於四極. 敬發其充,[265] 是謂內得. 然而不反,[266] 此生之忒.]

무릇 도는 반드시 주밀周密해야 하고, 반드시 관후하고 화평하며, 반드시 견고해야 한다. 선한 것을 지키고 버리지 말 것이며, 사악한 것을 내쫓고 부박浮薄한 것을 버리고, 일단 이런 준칙을 알았다면 도道와 덕德으로 돌아와야 한다. 온전한 마음이 속에 있는 것을 가려두고 숨길 수 없다. (그것이) 얼굴에 나타남을 알 수 있고, 피부 색깔에도 보인다. 착한 기운은 사람들을 맞아들이니, 형제들처럼 가깝다. 나쁜 기운도 사람들

---

261) 왕염손王念孫에 의하면, 安은 乃이다. 榮은 光色을 가리킨다. 『管子校注』(中), 「內業」篇, 黎翔鳳撰, 上同, 942頁 注16.

262) 王念孫에 의하면, 通은 達이다. 『管子校注』(中), 「內業」篇, 黎翔鳳撰, 上同, 942頁 注17.

263) 탕샤오춘湯孝純에 의하면, 궁窮은 功窮이요, 이것은 공진功盡의 의미다, 피被는 덕포德布나 택시澤施의 의미이다. 『新譯管子讀本』(下), 「內業」篇, 湯孝純注譯, 上同, 630頁, 注6과 7 참조.

264) 湯孝純에 의하면, 대청大淸은 虛空, 즉 天空이요, 대명大明은 日月을 가리킨다. 上同, 「內業」篇, 注13과 14 참조.

265) 陳鼓應에 의하면, 充은 사람 몸의 精氣를 충실히 함의 뜻이다. 『管子四篇詮釋』, 上同, 「內業」篇, 116頁, 注4 참조.

266) 陳鼓應에 의하면, 反은 復이니, 精氣가 밖으로 발산되지만, 또한 끊임없이 반환返還하여 보충한다는 뜻이다. 上同, 「內業」篇, 116頁, 注5 참조.

을 맞이하니, 무기들보다 해롭다. 말 없는 소리가 우레[雷]나 북[鼓]보다 빠르다. 심기心氣가 (밖으로) 표현되는 것은 해나 달보다 (더) 명확하고, 부모들보다도 (먼저) 살핀다. 상賞도 착한 것을 권면하기에 부족하고, 형벌도 잘못을 징계하기에 부족하다. 기氣의 뜻이 통하면 천하가 복종하고, 마음의 뜻이 확정되면 천하 사람들이 귀 기울인다. 정기精氣에 전념하여 신(의 경지)에 도달하면, (마음) 속에 만물들이 갖추어진다. '마음을 오로지[專心]할' 수 있는가? 한결같을 수 있는가? 복卜점이나 서筮점 없이도 길흉을 알 수 있는가? (멈추려고 해도) 멈출 수 있는가? (끝내려고 해도) 끝낼 수 있는가? 남에게서 찾지 않고서도 자기 (마음)에서 깨달을 수가 있는가? 생각하라, 생각하라, 거듭 생각하라! 생각해도 통하지 않으면, 귀신이 통하게 해줄 것이다. 귀신의 힘이 아니고, 정기精氣가 (이미) 극치에 이른 것이다. 몸이 단정하고, 혈기가 일단 고요하고, 같은 뜻으로 마음에 전념하면, 눈도 귀도 혼란을 못 일으키며, 멀리 있는 것이라도 가까이 있는 것처럼 보인다.

[凡道必周必密, 必寬必舒, 必堅必固. 守善勿舍, 逐淫澤薄,[267] 既知其極,[268] 反於道德. 全心在中, 不可蔽匿. 和於形容,[269] 見於膚色. 善氣迎人, 親於弟兄. 惡氣迎人, 害於戎兵. 不言之聲, 疾於雷鼓. 心氣之形, 明於日月, 察於父母. 賞不足以勸善, 刑不足以懲過. 氣意得而天下服, 心意定而天下聽. 摶氣如神,[270] 萬物備存. 能摶乎? 能一

267) 좌오소우정趙守正에 의하면, 택澤은 석釋(버리다)와 통한다. 『管子通解』(下), 「內業」篇, 趙守正撰, 上同, 128頁, 注1 참조.

268) 陳鼓應에 의하면, 극極은 준칙準則이다. 『管子四篇詮釋』, 「內業」篇, 上同, 118頁, 注2 참조.

269) 유적劉積(15세기)에 의하면, 和는 知의 誤記이다. 『管子校注』(中), 「內業」篇, 黎翔鳳撰, 上同, 944頁 注2.

270) 천꾸잉陳鼓應에 의하면, 단기摶氣는 專氣이니, 精氣를 포섭하여 모으는 것이다.

乎? 能無卜筮而知吉凶乎?[271] 能止乎? 能已乎?[272] 能勿求諸人而之己乎?[273] 思之思之, 又重思之. 思之而不通, 鬼神將通之. 非鬼神之力也, 精氣之極也. 四體旣正, 血氣旣靜, 一意摶心, 耳目不淫, 雖遠若近.]

사색은 지혜를 낳고, 태만과 경시는 우울을 불러오고, 폭력과 오만은 원한을 낳고, 우울은 병을 생기게 하고, 질병과 곤궁으로 이에 죽는 것이다. 사색하더라도 쉬지 않으면 안으로 곤궁해지고 밖으로 압박을 받게 된다. 일찍이 도모하지 않으면 생명은 장차 떠나서 죽을 것이다. 먹는 데는 포식하지 않는 것만 한 것이 없고, 사색해도 탈진하지는 말아라! 절제가 적절하여 중화中和에 이르면, 저것[生命]은 장차 스스로 이를 것이다. 무릇 사람의 인생은 하늘이 정기精氣를 내놓고, 땅이 형체를 내놓으니, 이것들을 합쳐서 사람이 된다. (하늘과 땅 둘이) 화합하면 이에 살아나고, 화합하지 못하면 살지 못한다. 화합하는 방식을 살펴보면, 그 정기精氣는 보이지 않고 그 징조도 같지 않다. 화평과 중정中正이 가슴을 채우고, 이치를 따지는 것이 마음에 있으니, 이러면 오래 살 수 있다. 분노가 정도를 잃었다면, 이에 그것에 대비對備해야 한다. 다섯 개(이耳, 목目, 구口, 비鼻, 심心)의 욕구를 절제하고, 두 개의 흉물[희喜와 노怒]을 제거하여, 기뻐하지도 말고 분노하지도 말며, 화평和平과 중정中正으

---

如는 達到(이른다)의 뜻이다. 『管子四篇詮釋』, 「內業」 篇, 上同, 120頁 注1 참조.

271) 왕염손王念孫(1744-1832)에 의하면, 吉凶은, 「心術」 편에는 凶吉로 되어있다. 『管子校注』(中), 「內業」 篇, 黎翔鳳撰, 上同, 944頁 注7.

272) 탕샤오추湯孝純에 의하면, 이已는 완필完畢이다. 『新譯管子讀本』(下), 「內業」 篇, 上同, 632頁, 注2 참조.

273) 陳鼓應에 의하면, 「得之己」는 자기 마음의 깨달음[悟覺]을 말한다. 上同, 「內業」 篇, 120頁 注4 참조.

로 가슴을 채워라!

[思索生知, 慢易生憂,[274] 暴傲生怨, 憂鬱生疾, 疾困乃死. 思之而不舍, 內困外薄. 不蚤爲圖, 生將巽舍.[275] 食莫若無飽, 思莫若勿致.[276] 節適之齊,[277] 彼將自至. 凡人之生也, 天出其精, 地出其形, 合此以爲人. 和乃生, 不和不生.[278] 察和之道, 其精不見, 其徵不醜.[279] 平正擅匈,[280] 論治在心,[281] 此以長壽. 忿怒之失度, 乃爲之圖. 節其五欲, 去其二凶, 不喜不怒, 平正擅匈.]

무릇 사람의 삶은 반드시 화평하고 발라야[正] 하는데, 이것을 잃었다면 반드시 기쁨, 분노, 우울, 걱정 때문이다. 이렇기에 분노를 그치게

---

274) 윤지장尹知章(660-718)은, 「疏慢輕易, 必致凶禍, 故生憂.」(태만怠慢과 경시輕視는 반드시 凶禍를 불러오니, 따라서 근심을 낳는다.)라고 주석하고 있다. 『管子校注』(中), 「內業」 篇, 黎翔鳳撰, 上同, 945頁.

275) 좌오소우정趙守正에 의하면, 손巽은 손遜과 통하니, 遜은 양보하다, 떠남의 뜻이다. 舍는 육체이니, 손사巽舍는 육체를 떠남[死亡]이다. 『管子通解』(下), 「內業」 篇, 趙守正撰, 上同, 130頁, 注8 참조.

276) 尹知章은, 「治思者, 多困竭.」(사색하게 되면, 자주 탈진된다.)라고 주석했다. 『管子校注』(中), 「內業」 篇, 黎翔鳳撰, 上同, 945頁.

277) 黎翔鳳에 의하면, 제齊는 中이다. 『管子校注』(中), 「內業」 篇, 黎翔鳳撰, 上同, 946頁 注3. 陳鼓應은, 절적節適은 절제가 적당하다는 뜻이고, 之는 이르다, 齊는 中和로 주석하였다. 『管子四篇詮釋』, 「內業」 篇, 116頁, 注9 참조.

278) 리샹펑黎翔鳳에 의하면, 방현령房玄齡(578-648)은 「二氣和乃成其生」([하늘과 땅의] 두 기운이 화합하면 이에 人生이 이루어진다.)고 말했지, 人和는 말하지 않았다. 『管子校注』(中), 「內業」 篇, 黎翔鳳撰, 上同, 946頁 注4.

279) 黎翔鳳에 의하면, 추醜는 同이다. 『管子校注』(中), 「內業」 篇, 黎翔鳳撰, 上同, 946頁 注6.

280) 趙守正에 의하면, 천擅은 천전擅專(占有하다)이니, 점거占據의 뜻이다. 「平正擅匈」은 和平과 中正으로 가슴을 점거한다는 뜻이다. 흉匈은 흉胸이다. 『管子通解』(下), 「內業」 篇, 趙守正撰, 上同, 130頁, 注2 참조.

281) 黎翔鳳에 의하면, 논論은 변辨이고, 治는 理이다. 『管子校注』(中), 「內業」 篇, 黎翔鳳撰, 上同, 947頁 注8.

하는데 시詩만 한 것이 없고, 근심을 없애는데 음악만 한 것이 없고, 환락을 절제하는데 예禮만 한 것이 없고, 예를 지키는데 경건하고 엄숙함[敬肅]만 한 것이 없고, 경건하고 엄숙함을 지키는데 허정虛靜만 한 것이 없다. 안으로 허정虛靜하고 밖으로 경건하고 엄숙하여 본성으로 되돌아올 수 있고, (평정한) 본성은 장차 크게 안정될 것이다. 무릇 먹는 도리는 아주 배부르면 (몸이) 상하고, 아주 절제하면 뼈가 마르고 피가 굳어진다. 배부른 것과 절제의 중간이면, 이것이 조화가 이루어진 것이다. 정기精氣가 머무를 수 있으면, 지식이 생겨난다. 배고픔과 포만이 정도를 잃었으면, 이에 대비해야 한다. 배부르면 행동이 재빠르나, 굶으면 생각이 느려지고, (나이를 먹어서) 늙게 되면 오래도록 생각한다. 배가 불러서 빨리 움직일 수 없으면 기氣가 사지四肢에 통하지 못한다. 굶더라도 생각을 느리게 하지 말아야 하며, 배부르더라도 배고픔을 멈출 수 없다. 늙었다고 오래도록 생각하지 않으면 (심신이) 막혀서 빨리 쇠약해진다. 마음을 크게 하여 진취적으로 되고, 정기精氣를 넉넉히 하여 (사유를) 넓혀라! 몸을 안정시키고 (마음은) 흐리멍덩하게[游移] 하지 말고, (마음을) 하나로 하여 지켜야 한다. 온갖 질병을 버려 버리고, 이익을 보고도 유혹받지 말고, 해害를 보고도 두려워하지 말며, (마음을) 넉넉히 가지고 인자하며, 홀로 자신을 즐기라. 이것을 운기運氣라고 말하니, 뜻이 하늘처럼 돌아다닌다.

[凡人之生也, 必以平正, 所以失之, 必以喜怒憂患. 是故止怒莫若詩. 去憂莫若樂, 節樂莫若禮, 守禮莫若敬,[282] 守敬莫若靜. 內靜外敬,

---

282) 좌오소우정趙守正에 의하면, 敬은 경신敬愼이나 경숙敬肅의 뜻이다. 「內靜外敬」은 내심은 허정虛靜하고 밖은 경숙敬肅의 뜻이다. 『管子通解』(下), 「內業」 篇, 趙守正撰, 上同, 131頁, 注2 참조.

能反其性, 性將大定. 凡食之道, 大充傷而形不臧, 大攝骨枯而血沍. 充攝之閒, 此謂和成. 精之所舍, 而知之所生. 飢飽之失度, 乃爲之圖. 飽則疾動, 飢則廣思,[283] 老則長慮. 飽不疾動, 氣不通於四末. 飢不廣思, 飽而不廢.[284] 老不長慮, 困乃遬竭. 大心而敢,[285] 寬氣而廣. 其形安而不移, 能守一而棄萬苛,[286] 見利不誘, 見害不懼, 寬舒而仁, 獨樂其身, 是謂雲氣,[287] 意行似天.]

무릇 사람의 본성은 반드시 즐거워야 한다. 근심하면 질서를 잃어버리고, 분노하면 단서端緖를 잃어버린다. 근심하고 비통해하고, 기뻐하고 분노하면, 도道는 이에 (있을) 곳이 없게 된다. 사랑도 욕심도 그것을 잠잠하게 해야 하며, 어리석음과 혼란도 그것을 바로 잡아야 한다. (일부러) 끌어당기거나 밀어내지 말라. 복은 장차 스스로 돌아올 것이다. 저 도道는 스스로 온 것이지만, 우리는 (도道를) 빌려서 모책을 낼 수 있다. 조용하면 (도를) 얻을 수 있고, 조급하면 그것을 잃는다. 영기靈氣가 마음에 있으나, 한 번은 오고 한 번은 가버린다. 작다고 하면 안[內]이

283) 대망戴望(1837-1873)에 의하면, 광廣은 완緩(느슨하다)이니, 「飢則緩思者, 亦恐傷其精氣.」(굶으면 생각이 느려지니, 또한 아마도 그 精氣를 해칠 것이다.)라고 말한다. 『管子校注』(中), 「內業」 篇, 黎翔鳳撰, 上同, 949頁 注4.

284) 趙守正에 의하면, 폐廢는, 尹知章은 지止로 해석한다. 廢는 기아飢餓를 멈추게 할 수 없음을 말한다. 『管子通解』(下), 「內業」 篇, 趙守正撰, 上同, 132頁, 注10 참조.

285) 리샹펑黎翔鳳에 의하면, 大는 태泰와 같고, 감敢은 진취進取이다. 『管子校注』(中), 「內業」 篇, 黎翔鳳撰, 上同, 949頁 注5.

286) 천꾸잉陳鼓應에 의하면, 수일守一은 「營魄抱一」에서 포일抱一과 같으니, 마음과 몸이 서로 지키고 合一이 됨을 말한다. 가苛는 가疴(질병)의 가차假借이다. 『管子四篇詮釋』, 上同, 121頁, 注13 참조.

287) 야스이 히라나라安井衡(1799-18765)에 의하면, 운雲은 옛날에는 云이었다. 云은 運이다. 『管子校注』(中), 「內業」 篇, 黎翔鳳撰, 上同, 949頁 注7.

없고, 크다고 하면 밖[外]이 없다. (사람들이) 이것을 잃어버리는 이유는 조급함이 해害가 되기 때문이다. 마음이 허정虛靜한 곳에 머무를 수 있으면 도는 장차 스스로 안정될 것이다. 도를 얻은 사람은 (나쁜 기운들이) 살갗 틈과 머리털에서 밖으로 발산되어, 가슴속에 썩은 것들이 없다. 욕심을 줄이는 도를 실행하니, 만물들이 해를 끼칠 수 없다.

[凡人之生也, 必以其歡. 憂則失紀,[288] 怒則失端. 憂悲喜怒, 道乃無處. 愛慾靜之, 遇亂正之.[289] 勿引勿推, 福將自歸. 彼道自來, 可藉與謀. 靜則得之, 躁則失之. 靈氣在心, 一來一逝. 其細無內, 其大無外. 所以失之, 以躁爲害. 心能執靜, 道將自定. 得道之人, 理丞而屯泄,[290] 匈中無敗. 節欲之道, 萬物不害.]

### 4.4) 백심[마음을 깨끗이 함, 白心, 第三十八]편

백심白心은 마음을 깨끗이 한다는 뜻이다. 그것은 「심술」(상)편의 '결기궁潔其宮' 이나 '허기욕虛其欲' 과 비슷한 뜻을 가지고 있다. 임금은 욕심을 없애고 텅 빈 마음을 가지고, 고요한 마음을 가지려는 속마음[內心]의 수양을 말한다. 요컨대 (임금의) 무위無爲의 도가 사상을 말하고 있다. 작자는 임금이 허정虛靜을 바탕으로 하여 자연규칙에 순응하는 도가 정치철학을 전개하고 있다.

---

288) 좌오소우정趙守正에 의하면, 紀는 강기綱紀이니, 질서의 의미다. 『管子通解』(下), 「內業」 篇, 趙守正撰, 上同, 133頁, 注2 참조.

289) 왕염손王念孫(1744-1832)에 의하면, 우란遇亂은 우란愚亂이다. 『管子校注』(中), 「內業」 篇, 黎翔鳳撰, 上同, 950頁 注1.

290) 왕인지王引之(1766-1834)에 의하면, 승丞은 증蒸으로 읽는다. 蒸은 승升(오르다)이고, 설泄은 發이다. 둔屯은 모毛이다. 陳鼓應에 의하면, 理는 주리腠理, 피부의 틈이다. 증丞은 증蒸과 같다. 『管子校注』(中), 「內業」 篇, 黎翔鳳撰, 上同, 950頁 注3.

상법常法을 세워서 도道를 정하고, 고요함[靜]을 근본으로 삼고, 올바름[正]을 법도로 삼고, 이로우면 오래간다. 나의 법이 아니면, 비록 이롭다 해도 하지 않는다. 나에게 합당치 않다면, 이롭다 해도 실행하지 않는다. 나의 도道가 아니면, 비록 이롭다 해도 취하지 않는다. 첫째가 하늘을 따르는 것이고, 그 다음에 사람의 도리를 따르는 것이다. 인도人道는 누가 외치지 않으면 따르지 않고, 천도天道는 누가 먼저 발동하지 않으면 따르지 않는다. 따라서 발언한 내용은 또한 폐기되지 않고, 종사한 일도 실패가 없다. 사물의 근원을 탐구하고 실질을 연구하여 생성된 근거를 이해하게 되면, 그 형상[象]을 알게 되니 그 모양[形]을 찾게 된다. 그 이치에 따라서 그 사물의 실정을 알게 되니, 그 실마리를 찾으면 그 이름을 알 수 있다. 따라서 만물을 포괄함에 하늘과 땅보다 큰 것은 없고, 만물을 화육化育함에 해와 달보다 많은 것은 없고, 사람에 긴급한 것은 물과 불보다 더 긴급한 것이 없다. 그러나 하늘도 한 사물 때문에 천시天時를 어길 수 없으니, 명군明君이나 성인聖人 또한 (임금) 한 사람 때문에 법도를 어길 수 없다. 하늘은 자기가 갈 길을 가지만 만물들이 그 혜택을 입고, 성인 또한 자기 갈 길을 가지만 백성들이 그 이로움을 받는다. 이 때문에 만물들은 모두 다양하고 잡다한 것이다. 그러므로 성인들의 다스림은 몸을 고요히 하고 기다릴 뿐이며, 일이 생기면 그 이름 (또한) 스스로 다스려진다. 이름이 바르면 스스로 다스려지고, 몸이 성치 않으면 이름 (또한) 폐기되니, 이름이 바르고 법이 완비되면 성인들은 할 일이 없다. 항상 (한) 곳에서 살 수도 없지만, 집을 없애버리는 것은 안 되며, 변화를 따라서 결단해야 하니, 시기時機를 알아서 법도로 삼아야 한다. 큰 것은 여유 있고, 작으면 옹색하니, (어떤) 사물에 여유가 있다면 어디에는 부족함이 있다.

[建當立有, 以靖爲宗, 以時爲寶, 以政爲儀, 和則能久.[291] 非吾儀, 雖利不爲. 非吾當, 雖利不行. 非吾道, 雖利不取. 上之隨天, 其次隨人. 人不倡不和, 天不始不隨. 故其言也不廢, 其事也不隨.[292] 原始計實,[293] 本其所生,[294] 知其象則索其形; 緣其理則知其情, 索其端則知其名. 故苞物衆者莫大於天地, 化物多者莫多於日月, 民之所急莫急於水火. 故苞物衆者莫大於天地, 化物多者莫多於日月, 民之所急莫急於水火. 然而天不爲一物枉其時, 明君聖人亦不爲一人枉其法.[295] 天行其所行而萬物被其利, 聖人亦行其所行而百姓被其利, 是故萬物均既誇衆矣.[296] 是以聖人之治也, 靜身以待之, 物至而名自治之.[297] 正名自治之, 奇身名廢,[298] 名正法備, 則聖人無事. 不可常居也, 不可

---

291) 왕염손王念孫(1744-1832)에 의하면, 當은 常이고, 有는 首, 즉 道이다. 정靖은 정靜과 같고, 政은 正과 같고, 의儀는 法이다. 타오홍칭陶鴻慶(1859-1918)에 의하면, 和는 利의 오기이다. 『管子校注』(中), 「白心」 篇, 黎翔鳳撰, 上同, 789頁 注1.

292) 왕염손王念孫에 의하면, 수隨는 마땅히 타墮(廢하다)이니, 괴壞(무너지다)의 뜻이다. 『管子校注』(中), 「內業」 篇, 黎翔鳳撰, 上同, 791頁 注3.

293) 좌오소우정趙守正에 의하면, 「原始計實」은 사물의 내원來源을 탐색하고 사물의 실질을 연구함이다. 『管子通解』(下), 「白心」 篇, 趙守正撰, 上同, 24頁, 注1 참조.

294) 趙守正에 의하면, 「本之所生」은 그 사물의 생성된 근거를 이해하는 것이다. 上同, 「白心」篇, 注2 참조.

295) 리샹펑黎翔鳳에 의하면, 法을 어긴다면 聖人이 왜 필요한가? 明君은 또한 존재하니, 明君은 衍字가 아니다. 『管子校注』(中), 「白心」 篇, 黎翔鳳撰, 上同, 791頁 注4.

296) 黎翔鳳에 의하면, 『論語』에 「不使勝食旣」가 있는데, 食은 정찬正餐이고 기旣는 '샤오츠小吃(간단한 음식)' 이다. 과誇는 과侉、과夸와 통한다. 과夸는 사奢와 통하니, 과중誇衆은 사중奢衆이며, 다양하며 많음의 뜻이다. 『管子校注』(中), 「白心」 篇, 黎翔鳳撰, 上同, 792頁 注5.

297) 리샹펑黎翔鳳에 의하면, 본문에 「自治之」는 다른 사람의 힘을 빌리지 않음의 뜻이다. 『管子校注』(中), 「白心」 篇, 黎翔鳳撰, 上同, 792頁 注6.

298) 黎翔鳳에 의하면, 『方言』에 「倚、踦, 奇也.」라 했으니, 體不具(몸이 성치 않음)가 기신奇身(기이한 몸)이다. 이름이 바르면 스스로 다스려지고, 몸이 성치 못하면 이름도 폐기되니, 한 字도 잘못이 없다. 『管子校注』(中), 「白心」 篇, 黎翔鳳撰, 上同, 792頁 注7.

廢舍也, 隨變斷事也, 知時以爲度. 大者寬, 小者局, 物有所餘, 有所不足.]

무기가 (몸에서) 나오니, 사람에게서 나온 것이다. 그것이 (다른 병사의 몸에) 들어갔으니, 몸에 들어간 것이다. 병기의 승리는 적합함에서 오는 것이다. 도덕 수양은 자기(수양)에게서 오는 것이다. 따라서 말한다. "귀신에게서 복 받는 것은 사람들에게 올바르게[義] 했기 때문이다."

무기를 옳지 않은 데 쓰면, 안 된다. 강하되 교만하면 그 강력함이 손상되고, 약하면서 교만하면 빨리 죽게 된다. 강하면서 (몸을) 낮추면, 그 강함을 발전시킬 수 있다. 약하면서 몸을 낮추면, 벌 받기를 면할 수 있다. 이 때문에 교만의 끝은 겸비謙卑이고, 겸비의 끝은 교만이다. 도道는 (임금) 한 사람이 그것을 썼다 해도 남았다는 말을 들어본 적이 없고, 온 세상 사람이 그것을 따랐다 해도 부족했다는 말을 들은 적이 없다. 이것이 도道라고 하겠다. (임금이) 작게 취했으면 복福을 적게 받고, 크게 취했으면 크게 복을 받으며, (세상 사람들이) 다 실행했다면 천하가 복종하였을 것이다. (도에서) 취한 것이 하나도 없으면 멸망하고, (임금) 자신에까지 미치니 죽임을 면할 수 없다. 왼쪽은 출동을 주관하고, 오른쪽은 응대[應接]를 주관한다. (사물이) 나타났다고 결코 사람을 해치는 것이 아니고, 응대할 때 스스로 손상된다. (좋은) 날 (좋은) 달을 따지지 않고 일을 추진하면 순조롭고도 합당하며, 복卜점도 안치고 서筮점을 치지 않아도 좋을지 흉할지를 잘 알 수 있다. 이렇게 되면 (임금의) 몸은 한가로이 평온하고, 가만히 있어도 이름을 얻는다. (임금이) 좋은 말을 하고, 좋은 일을 하면, 일은 이루어지고 무명無名의 상태로 되돌아간다. 능력 있는 (임금)이 찾는다고 해도 종사한 일은 (분명히) 드러나지 않는 일[업적]이다. 사물의 발생과 그 처리가 합당한지를 깊이 따져보고, 사물과 그 이름이 (서로) 들어맞는지를 본다. 누가 법法을 따르되 법에 따른 자취가 없는가? 시작은 있되 시작한 자취가 없는가? 끝냈으나 끝낸 자취는 없는가? 연약함을 지켰으나 약함의 흔적은 없는가? 그러므로 말한다. "(도는) 어둠침침하나 아름답구나!" 따라서 말한다. "가운데[中]다 가운데다 하지만, 누가 과연 가운데의 속뜻을 얻었는가?"

따라서 말한다. "공은 이루어졌다면 무너지고, 이름은 이루어졌다면 찌그러진다."

따라서 말한다. "누가 이름과 공로를 버리고, 또한 일반 백성들과 같아질 수 있는가? 누가 공로와 이름을 버리고, 또한 아무 성과도 없는 것으로 돌아올 수 있겠는가?"

성과가 없으면 또 성과 있는 것을 귀하게 보고, 성과가 있으면 아직 성공하지 못한 그때를 중시하게 된다. 해가 끝에 가면 기울어지고, 달도 차면 줄어든다. (달도) 끝에 가면 기울고, 꽉 찼으면 기울고, 커졌으면 작아진다. 누가 끝냈어도 끝나지 않을 수 있는가? 하늘과 땅의 법칙을 본받은 이일 것이다.

[兵之出, 出於人. 其人入, 入於身.299) 兵之勝, 從於適. 德之來, 從於身. 故曰: 祥於鬼者義於人.300) 兵不義, 不可. 强而驕者損其强, 弱而驕者亟死亡. 强而卑義, 信其强.301) 弱而卑義,302) 免於罪. 是故驕之

299) 왕염손王念孫에 의하면, 其人의 人은 앞의 人자 때문에 삽입된 연자衍字이다. 리샹펑黎翔鳳에 의하면, 兵은 무기이고, 士卒이 아니다. 사람이 손에 병기를 잡았으니, 「出於人」(사람에게서 나왔다)라고 말한 것이다. 그 사람이, 병기가 몸에 찔러서 상처를 입었으니, 「入於身」이라 말한 것이다. 『管子校注』(中), 「內業」 篇, 黎翔鳳撰, 上同, 794頁 注1.

300) 윤지장尹知章(660-718)은 주석에서, 「사람들에게 義로우면 귀신이 도와주니, 복상福祥이다.」라고 말했다. 『管子校注』(中), 「內業」 篇, 黎翔鳳撰, 上同, 793頁.

餘卑，卑之餘驕.[303] 道者，一人用之，不聞有餘；天下行之，不聞不足. 此謂道矣. 小取焉則小得福，大取焉則大得福，盡行之而天下服. 殊無取焉，則民反其身，不免於賊.[304] 左者，出者也. 右者，入者也.[305] 出者而不傷人，入者自傷也. 不日不月而事以從,[306] 不卜不筮而謹[307]知吉凶. 是謂寬[308]乎刑,[309] 徒居而致名.[310] 去善之言，爲善之事，事成而顧反無名.[311] 能者無[求],[312] 從事無事. 審量出入，而觀物所載.[313] 孰能法，無法乎？ 始，無始乎？ 終，無終乎？ 弱，

---

301) 尹知章의 주석에 의하면, 信은 신申, 즉 신伸(펴다)이다.『管子校注』(中),「內業」篇, 黎翔鳳撰, 上同, 793頁.

302) 정사함丁士涵(19세기)에 의하면, 두 개의 義자는 마땅히 者의 오기이다.『管子校注』(中),「內業」篇, 黎翔鳳撰, 上同, 795頁 注4.

303) 탕샤오춘湯孝純에 의하면, 여餘는 '끝에 가서는', '반대로'의 뜻이다.『新譯管子讀本』(下), 湯孝純注譯, 上同, 526頁, 注7 참조.

304) 야스이 히라나라安井衡(1799-1876)에 의하면, 수殊는 절絕(절대로)이고, 대망戴望(1837-1873)에 의하면, 民은 마땅히 민泯(멸滅하다)이고 反은 급及(미치다)의 오자이다. 적賊은 살육의 뜻이다.『管子校注』(中),「內業」篇, 黎翔鳳撰, 上同, 795頁 注5.

305) 윤지장尹知章은 주석에서,「左는 陽이니, 生을 주관하기에 出이요; 右는 陰이니, 死를 주관하기에 入이다.」라고 말한다.『管子校注』(中),「內業」篇, 黎翔鳳撰, 上同, 794頁.

306) 천꾸잉陳鼓應(1935生)은 종從을 순당順當(순조롭고 합당함)으로 보았다.『管子四篇詮釋』, 陳鼓應著, 上同, 198頁, 注3 참조.

307) 陳鼓應에 의하면, 근謹은 선善(『楚辭 · 懷沙』, 漢 王逸注)이다. 上同, 199頁 注4 참조.

308) 탕샤오춘湯孝純에 의하면, 관寬은 관한寬閒이니, 한적閒適(한가하고 편하다)의 뜻이다. 上同, 527頁, 注8 참조.

309) 刑은 形과 통한다.

310) 陳鼓應에 의하면, 도徒는 마음을 비우고 침묵함이고, 치致는 반환返還의 뜻이다. 上同, 199頁 注5 참조.

311) 좌오소우정趙守正에 의하면, 거去는 出의 오기이며, 고顧는 환還(돌려보내다)의 뜻이다. 上同,「白心」篇, 26頁, 注4와 注5 참조.

312) 리샹펑黎翔鳳에 의하면, [ ]은 宋本에는 결문缺文이었는데, 각종 판본에 名으로 한 것은 모두 잘못이다. 방현령房玄齡(578-648)의 주석에는 求名(이름을 찾다)의 뜻이 있다. 그러므로 求의 뜻이지, 名은 결코 아니다. 797頁 注10.

313) 陳鼓應에 의하면,「審量出入, 而觀物所載」는, 사물의 발생과 그 처리가 합당한지 아닌지를 깊이 따져보고, 사물과 그 이름이 상부하는지를 따져보는 것이다. 上同,

無弱乎？ 故曰: 美哉岪岪.[314] 故曰: 有中有中, 孰能得夫中之衷乎？ 故曰: 功成者隳, 名成者虧. 故曰: 孰能棄名與功, 而還與衆人同？ 孰能棄功與名, 而還反無成？ 無成, 有[315]貴其成也; 有成, 貴其無成也. 日極則仄, 月滿則虧. 極之徒仄, 滿之徒虧, 巨之徒滅. 孰能已無已乎？[316] 效夫天地之紀.]

사람들이 좋게 말했다고 (쉽게) 믿지 말 것이며, 남들이 나쁘게 말했다고 (쉽게) 믿지 말 것이다. 그대로 두고 기다릴 뿐이며, 공연스레 짝이 되지 말 것이며, 잡탕이 가라앉으면 (물이) 맑아져 스스로 깨끗해지듯, 옆 사람의 말을 진실로 보지 말라! 잘 관찰하여 증험하고, (옆 사람들의) 잡담을 듣지 말 것이다. 모든 일은 귀결되니, 아름다운 것과 미운 것이 이에 스스로 나타난다. 하늘은 무엇이 지탱하고 있고, 땅은 무엇이 싣고 있다. 하늘은 무엇이 지탱하고 있지 않으면 하늘은 추락할 것이고, 땅은 무엇이 싣고 있지 않다면 땅은 (깊이) 내려앉을 것이다. 하늘이 추락하지 않고, 땅이 (깊이) 빠지지 않는다면, 무엇이 (하늘을) 지탱해주고 (땅을) 싣고 있는 것이리라! 또 하물며 사람들이야 어떻겠는가? 사람에게는 또한 다스리는 이가 있으니, 비유하면 (누가 쳐야만) 팔면八面의 북에서 소리가 나는 것과 같다! 스스로 움직일 수 없는 것은, 무엇인가가

---

199頁 注7 참조.

314) 陳鼓應에 의하면, 불불岪岪은 혼혼昏昏과 같다. 어둠침침한 모양(幽晦)이다. 『管子四篇詮釋』, 陳鼓應著, 上同, 199頁, 注9 참조.

315) 여기서 有는 又(또, 다시)와 통한다.

316) 하여장何如璋(1838–1891)에 의하면, 「已無已」는, 「돌아갔으면 다시 시작하고, 갔으면 다시 오는 것이니, 따라서 하늘과 땅의 주기를 본받을 수 있다.」(周而復始, 往而復來, 故可以法夫天地之紀也.)의 뜻이다. 『管子校注』(中), 「內業」 篇, 黎翔鳳撰, 上同, 798頁 注15.

그것을 움직여준다. 그럼, 무엇인가는 무엇인가? (그것은) 그러한 것과 같다. 보려고 해도 보이지 않고, 들으려고 해도 들리지 않고, 확 퍼져서 천하에 가득해도 그 꽉 찬 것이 보이지 않는다. (그것[道]은) 색깔에도 보이고, 피부로서도 (감촉하여) 알 수 있으나, 그것이 오고 간 것을 물으면 그가 온 때를 알 수 없다. (도道란) 넓이가 네모 같고, 동그라니 원圓과 같고, 막연하여 (들어가는) 문을 모르겠다! 그러므로 입은 소리를 내고, 귀로 듣고, 눈으로 보고, 손으로 가리키고, 발로 걸으니, 사물은 (그것[道]에게) 의지한 곳이 있다. "마땅히 살 것은 생겨나고, 마땅히 죽을 것은 죽어 없어지니." (달이) 서쪽에서 뜨고 (해가) 동쪽에서 뜨는 것처럼, 각자 자기 방향을 주관함을 말한다.

[人言善亦勿聽, 人言惡亦勿聽. 持而待之, 空然勿兩之,[317] 淑然自淸,[318] 無以旁言爲事成. 察而徵之, 無聽辯.[319] 萬物歸之, 美惡乃自見. 天或維之, 地或載之. 天莫之維則天以墜矣, 地莫之載則地以沈矣. 夫天不墜, 地不沈, 夫或維而載之也夫. 又況於人? 人有治之, 辟之若夫靁鼓[320]之動也. 夫不能自搖者, 夫或搖之. 夫或者何? 若然者也. 視則不見, 聽則不聞, 灑乎天下滿, 不見其塞. 集於顔色, 知於肌膚, 責其往來, 莫知其時. 薄乎其方也,[321] 韕乎其圜也, 韕韕乎莫得其門.[322]

---

317) 리샹펑黎翔鳳에 의하면, 兩은 우耦(짝, 상대자)의 뜻이니, 「勿兩之」는 '더불어 짝이 되지 말라!' 의 뜻이니, 좋다고 말해도 좋게 여기지 않으며, 나쁘다고 말해도 나쁘게 여기지 않음을 말한다. 『管子校注』(中), 「內業」 篇, 黎翔鳳撰, 上同, 800頁 注1.

318) 黎翔鳳에 의하면, 숙淑은 청담淸湛의 뜻이고, 담湛과 침沈은 古今字이니, 심침深沈(물이 깊다)의 뜻이다. 잡색의 물질이 가라앉으면 (물이) 맑아질 것이다. 『管子校注』(中), 「內業」 篇, 黎翔鳳撰, 上同, 800頁 注2.

319) 천꾸잉陳鼓應에 의하면, 징徵은 증험證驗이다. 『管子四篇詮釋』, 陳鼓應著, 上同, 「白業」 篇, 200頁, 注17 참조.

320) 좌오소우정趙守正에 의하면, 뇌고靁鼓는 八面鼓[팔면체의 북]이다. 『管子通解』(下), 「白業」 篇, 趙守正撰, 上同, 28頁, 注3 참조.

321) 陳鼓應에 의하면, 박薄은 地勢가 광대한 모양이며, 其는 道를 가리킨다. 上同,

故口爲聲也, 耳爲聽也, 目有視也, 手有指也, 足有履也, 事物有所比也.[323] "當生者生, 當死者死," 言有西有東,[324] 各死其鄕.[325]]

상규常規를 세우고 상법常法[儀]을 수립하여 올바름[正]을 지킬 수 있는가? 일함에 도道를 따르며 백성들을 관리할 수 있는가? 따라서 서책들은 찌꺼기요, 말[言]은 멸시할 것이다. 최고의 성인은 입으로 뜻 없는 소리를 지르지 않았고, 손으로 허투루 가리키지 않았으니, 사물이 나타나면 (비로소 그것에게) 이름 지었을 뿐이다. 이름도 소리도 있으며, 피부 색깔도 있다면, 이것[道]은 (무엇인지) 알 수 있다. 이름도 소리도 없으며, 피부 색깔도 없다면, 이것은 (무엇인지) 알 수 없다. 지극한 도道에 이르면, 가르침이 있어도 되고 없어도 된다. 따라서 말한다. "배로 물을 건너는 사람은 물과 화합해야 한다. 사람들에게 올바르게[義] 하면 귀신에게 복 받을 것이로다!"

[置常立儀, 能守貞乎?[326] 常事通道,[327] 能官人乎?[328] 故書其惡

---

204頁, 注4 참조.

322) 야스이 히라나라安井衡(1799-1876)에 의하면, 돈沌、돈豚、돈韓은 소리도 같고 뜻도 통하니, 『莊子』의 혼돈渾沌과 같다. 장패륜張佩倫(1848-1903)에 의하면, 순순純純은 둔둔沌沌과 통한다. 黎翔鳳에 의하면, 순淳(순박함)은 옛날에 돈敦(도탑다)으로 읽었다. 『管子校注』(中), 「內業」 篇, 黎翔鳳撰, 上同, 801頁 注8.

323) 陳鼓應에 의하면, 比는 비부比附, 귀속歸屬이다. 上同, 204頁, 注5 참조.

324) 陳鼓應에 의하면, 西는 달이 서쪽에서 뜨고, 東은 해가 동쪽에서 나옴이다. 上同, 204頁, 注6 참조.

325) 인통양尹桐陽(1882-1950)에 의하면, 사死는 시尸(시동)와 통하니 主이다. 『管子校注』(中), 「內業」 篇, 黎翔鳳撰, 上同, 802頁 注9.

326) 탕샤오춘湯孝純에 의하면, 정貞은 正과 통한다. 『新譯管子讀本』(下), 「白業」 篇, 上同, 531頁, 注3 참조.

327) 陳鼓應에 의하면, 常은 當과 같고, 當事는 곧 應事와 같다. 通은 順이다. 上同, 「白業」 篇, 208頁, 注3 참조.

328) 좌오소우정趙守正에 의하면, 官은 관管(관리하다)과 통한다. 『管子通解』(下), 「白

者, 言其薄者.[329] 上聖之人, 口無虛習也,[330] 手無虛指也, 物至而命之耳. 發於名聲, 凝於體色, 此其可諭者也. 不發於名聲, 不凝於體色, 此其不可諭者也. 及至於至[331]者, 敎存可也, 敎亡可也. 故曰: 濟於舟者, 和於水矣. 義於人者, 祥其神矣.[332])]

일이란 적합해야 하나, 적합지 않다면 이에 적합하게 된다. 뿔송곳은 (매듭을) 풀어야 하는데, 풀 수 없는 그런 다음에 풀 수 있다. 따라서 일을 잘하는 사람이 있으면, 나라 사람들은 그의 실마리를 모른다. 잘했는가? 반드시 편안히 살폈다고 할 수 없다. 좋지 못했는가? 장차 형벌을 받을 것이다. 좋았든 못했든, 신용을 얻는 것으로 그칠 뿐이다! 혹 부족하거나 넘쳐나도 정 중간일 뿐이다. (정 중간의 도는) 해와 달처럼 높이 달려 있으니, 영원히 그침이 없다. 가슴을 확 트고, 천하 때문에 근심하지 않는다. (이리저리) 마음 쓰면서, 만물들 때문에 즐겁지 못하다. 누가 다급한 유위有爲를 버리고서 가슴통이 큰 무위無爲를 하겠는가!

[事, 有適而無適, 若有適.[333] 觿, 解不可解, 而后解. 故善擧事者, 國人莫知其解. 爲善乎, 毋提提.[334] 爲不善乎, 將陷於刑. 善不善, 取

業」篇, 趙守正撰, 上同, 29頁, 注4 참조.

329) 천꾸잉陳鼓應에 의하면, 두 개의 其자는 乃이고, 오惡는 염기厭棄(싫어서 버리다)의 뜻이고, 박薄은 천시함의 뜻이다. 上同, 「內業」篇, 208頁, 注5 참조.

330) 천꾸잉陳鼓應에 의하면, 장쑨후이張舜徽(1911-1992)는 습習을 창唱(소리 지름)으로 보았다. 上同, 「內業」篇, 208頁, 注6 참조.

331) 陳鼓應에 의하면, 지至는 至道이다. 上同, 「內業」篇, 208頁, 注7 참조.

332) 야스이 히라나라安井衡(1799-1876)에 의하면, 古本에는 其를 於자로 썼다. 『管子校注』(中), 「內業」篇, 黎翔鳳撰, 上同, 803頁 注6.

333) 유월俞樾(1821-1907)에 의하면, 若은 乃여야 한다. 『管子校注』(中), 「內業」篇, 黎翔鳳撰, 上同, 805頁 注1.

334) 손성연孫星衍(1753-1818)에 의하면, 제제提提는 안체安諦(편안히 살피다)의 뜻이다. 『管子校注』(中), 「內業」篇, 黎翔鳳撰, 上同, 805頁 注2.

> 信而止矣. 若左若右,335) 正中而已矣. 縣乎日月,336) 無已也. 愕愕者, 不以天下爲憂. 刺刺者, 不以萬物爲筴.337) 孰能弃刺刺, 而爲愕愕乎!]

법령정책을 선포하기란 어려우니, 반드시 (일반 사람들과 마음이) 상통相同해야만 발표할 수 있다. 말을 더 보탤 것도 없고 더 뺄 것도 없으니, (일반 사람들과 상통해야) 거의 잘못을 면할 수 있다. 따라서 말한다. "안다면 무엇을 아는가? 꾀를 낸다면 무슨 꾀를 내겠는가?"

(사람 마음을) 잘 알아서 (법령을) 반포하면, 그들은 스스로 따라올 것이다. 스스로 아는 것은 따져보는 것이요[稽], 남을 아는 것은 헤아려 봄이다. 자기도 알고 남도 알 수 있게 되면, 천하의 임금이 될 수 있다. 내심內心에 진실로 도를 가지고 있으면 오래 장생할 수 있고, 시기를 잘 택하여 그것을 쓴다면 천하의 주인이 될 수 있다. 천도天道를 보면서 (사람이) 정밀해져서, 사방四方에 통달하고 인정과 물리까지 알게 되었다. 토양이 살 수 있는 자료들을 주었다. 바람 불고 파도가 치듯 자연스럽게 마음이 바라던 그대로인가? 진실로 자식이 아버지를 대신하는 것은 의롭다[義] 하고, 신하가 자기 임금을 대신하면 반역이라고 한다. 찬탈인

---

335) 천꾸잉陳鼓應에 의하면, 若은 或과 같고, 左는 下, 또는 不及이고, 右는 上, 또는 지나치다[過]의 뜻이다. 上同, 「內業」 篇, 197頁, 注12 참조.

336) 탕샤오춘湯孝純에 의하면, 현縣은 현懸(매달리다)와 같다. 『新譯管子讀本』(下), 「內業」 篇, 湯孝純注譯, 上同, 532頁, 注6 참조.

337) 陳鼓應에 의하면, 악악愕愕은 낙낙落落으로 읽고(郭沫若說), 협筴은 협愜(상쾌함)(兪樾說)으로 읽고, 자자刺刺는 극극棘棘, 극극亟亟과 통하니, 극극亟亟은 『莊子 逍遙遊』의 수수數數와 같은 뜻이다. 이것은 「落落無爲者不以天下事爲憂, 亟亟有爲者不以有萬物爲快.」(가슴 크게 無爲하는 이가 천하 일로 근심하지 않고, 긴박하게 有爲하는 이가 만물을 위해 껄껄 웃지 못하는 도다!)의 뜻이다. 197, 「內業」 篇, 209頁, 注13 참조.

데, 왜 찬양의 노래인가? (주周나라) 무왕武王이 그런 예이다. 따라서 말한다. "누가 말재주와 재간꾼을 제거할 수 있고, 일반 백성과 함께 같은 도리를 신봉할 수 있겠는가?"

따라서 말한다. "사색이 과도하면 분명한 정신이 쇠퇴하고, 덕행을 지나치게 닦으면 왕도王道가 협소해지며, 명리名利를 버리면 근심을 털어버릴 수 없다. 지능을 세상에 두루 쓰면, 삶에 어려움을 만남을 나는 안다."

(잔에 물이) 가득 차 있으면, 곧 위태로울 것이다. 이름이 천하에 꽉 찼다고 하면, 그것을 (빨리) 끝냄만 못하다. 이름이 완수되면 몸은 물러나는 것이 하늘의 도道이다. 충만하고 왕성한 나라에는 벼슬살이를 말아야 한다. 충만하고 왕성한 집안에는 딸을 시집보내서는 안 된다. 교만하고 거친 사람과는 친구가 되어서는 안 된다.

[難言憲術, 須同而出.338) 無益言, 無損言, 近339)可以免. 故曰: 知何知乎? 謀何謀乎? 審而出者彼自來. 自知曰稽, 知人曰濟.340) 知苟適, 可爲天下周.341) 內固之一, 可爲長久,342) 論而用之,343) 可以爲天下

338) 좌오소우정趙守正에 의하면, 헌술憲術은 法令 정책이고, 「難言憲術」은 법령정책을 선포하는 것은 어려운 일이라는 뜻이고, 同은 보통사람들의 마음과 같다는 의미이다. 『管子通解』(下), 「內業」 篇, 趙守正撰, 上同, 30頁, 注1과 2 참조.

339) 리샹펑黎翔鳳에 의하면, 근近은 기幾(거의)와 같다. 『管子校注』(中), 「內業」 篇, 黎翔鳳撰, 上同, 808頁 注1.

340) 黎翔鳳에 의하면, 제濟는 제齊이니, 齊는 탁度(헤아리다)이다. 『管子校注』(中), 「內業」 篇, 黎翔鳳撰, 上同, 808頁 注2.

341) 천꾸잉陳鼓應에 의하면, 적適은 達到(다다르다)의 뜻이니, 「知苟適」은 '자기도 알고[自知] 남도 알 수 있다면' 이다. 유월俞樾(1821-1907)에 의하면, 周는 君이다. 『管子四篇詮釋』, 「內業」 篇, 陳鼓應著, 上同, 210頁, 注17 참조.

342) 陳鼓應에 의하면, 之는 於와 같고, 一은 道요(許維遹說), 장문호張文虎(1808-1885)에 의하면, 長久는 마땅히 久長이 되어야 한다. 上同, 「內業」 篇, 210頁, 注18 참조.

343) 陳鼓應에 의하면, 論은 륜掄(선택하다), 즉 선택, 택시擇時이니, 「論而用之」는 시

王.[344] 天之視而精, 四璧而知請.[345] 壤土而與生.[346] 能若夫風與波乎? 唯其所欲適. 故子而代其父日義也, 臣而代其君曰簒也. 簒何能歌? 武王是也. 故曰: 孰能去辯與巧, 而還與衆人同道? 故曰: 思索精者明益衰, 德行脩者王道狹, 臥名利者寫生危.[347] 知周於六合之內者, 吾知生之有爲阻也.[348] 持而滿之, 乃其殆也. 名滿於天下, 不若其已也. 名進而身退,[349] 天之道也. 滿盛之國, 不可以仕任. 滿盛之家, 不可以嫁子. 驕倨傲暴之人, 不可與交.[350]]

도道란 크기가 하늘과 같고, 넓기가 땅덩이 같고, 무게가 돌덩이 같으며, 가볍기가 깃털과 같다. (이를) 알고 쓰는 사람은 적다. 따라서 말한다. "도는 왜 이리도 가까이 있는가? 그러나 더불어 쓰는 이가 없구나!"

---

기를 택하고 일을 따져서 씀의 뜻이다. 上同, 「內業」 篇, 210頁, 注19 참조.

344) 리저밍李哲明(1857-?)에 의하면, 王은 마땅히 主이다. 『管子校注』(中), 「內業」 篇, 黎翔鳳撰, 上同, 808頁 注5.

345) 陳鼓應에 의하면, 而는 能이니, 天道를 보면 사람이 똑똑해질 수 있음을 말한다. 그리고 벽璧은 마땅히 벽闢, 즉 開、通이고, 청請은 정情이니, 四方에 통하고 物理를 알 수 있음의 뜻이다. 上同, 「內業」 篇, 213頁, 注1과 2 참조.

346) 陳鼓應에 의하면, 토양이 사람에게 생존 자료를 제공하였다. 上同, 「內業」 篇, 213頁, 注3 참조.

347) 리샹펑黎翔鳳에 의하면, 와臥는 휴休(그만두다)이니 사거舍去(버리다)의 뜻이고, 사寫는 사瀉(쏟다)와 통하니, 사우寫憂는 소수消愁(근심을 쓸어버리다)의 뜻이다. 『管子校注』(中), 「內業」 篇, 黎翔鳳撰, 上同, 809頁 注9.

348) 윤지장尹知章(660-718)은 주석에서 「周其智於六合則神傷竭, 故於其生有阻難也.」(세상[六合]에 지식을 두루 쓰면 정신이 상하고 고갈되기 때문에, 사는 것에 어려움을 만난다.)라고 쓰고 있다. 『管子校注』(中), 「內業」 篇, 黎翔鳳撰, 上同, 807頁.

349) 장패륜張佩倫(1848-1903)에 의하면, 『老子』: 「功成名遂身退, 天之道.」(공이 이루어지고 이름이 완수되면 몸은 물러나는 것이 하늘의 도이다.) 따라서 進은 수遂의 오기이다. 『管子校注』(中), 「內業」 篇, 黎翔鳳撰, 上同, 809頁 注10.

350) 왕염손王念孫(1774-1832)에 의하면, 交는 마땅히 友이다. 『管子校注』(中), 「內業」 篇, 黎翔鳳撰, 上同, 810頁 注12.

사람들은 왜 힘들게 자기를 버리고 멀리 찾아 나가는가? 따라서 말한다. "내 몸을 알려면 먼저 내 실정을 알아야 한다. 천지 만물과 친하려면 내 몸을 살펴야 한다."

이것으로 방법을 알아낸다. 이에 실행할 실정을 파악하게 되니, 이에 살길[養生]을 알게 된다. 좌우 전후에서 찾고, 돌아와 다시 그 자리이다. 상례[儀]를 따르고 법식을 채용하여 공손히 (도道를) 맞아들인다. 이제 (도가) 온 것은 자기의 길을 따라온 것이다. (세월을) 질질 끌어온 것도 없으니, 생명은 장구할 것이다. 화합하여 중정中正에 돌아왔으니, 몸과 품성이 서로 보호를 한다. (마음이) 오로지[一]하여 두 가지 뜻이 없으니, 이것이 도道를 아는 것이다. (사람들이) 도를 실행하려면 반드시 처음부터 한마음으로, (그것을) 굳건히 지켜야 한다. (도의) 왕래를 알려고 하면, 그 시기를 알 수 없다. 어두운 데서 도를 찾자면 서로 만날 수도 있으나, 이런 어두운 데서의 만날 시기를 놓치지 말아야 이에 도를 얻을 수 있다. 그러므로 말한다. "내가 너희에게 말하노니, 해와 달은 하늘 꼭대기까지 올라간다."

해와 달의 광명은 가려진 것이 아니고 사람들이 그것을 찬양하지 않은 것이다. (도와) 같으면 서로 따르고, (도와) 반대면 서로 어긋난다. 나는 (지금 세상에 도와) 반대되어 서로 배척하는 것을 보았기에, 옛날에는 (도와) 같은 것을 따랐음을 진실로 아는 것이다.

[道之大如天, 其廣如地, 其重如石, 其輕如羽. 民之所以[351]知者寡. 故曰: 何道之近, 而莫之與能服也! 棄近而就遠, 何以費力也?[352] 故

351) 리샹펑黎翔鳳에 의하면, 以는 用이다. 『管子校注』(中), 「內業」 篇, 黎翔鳳撰, 上同, 811頁 注1.

352) 천꾸잉陳鼓應에 의하면, 이 구절은 마땅히 이렇게 되어야 한다. 「何以費力去捨近

曰: 欲愛吾身, 先知吾情. 君[353]親六合, 以考內身. 以此知象,[354] 乃知行情. 旣知行情, 乃知養生. 左右前後, 周而復所.[355] 執儀服象,[356] 敬迎來者. 今夫來者, 必道其道. 無遷無衍,[357] 命乃長久. 和以反中, 形性相葆. 一以無貳, 是謂知道. 將欲服之, 必一其端, 而固其所守. 責其往來, 莫知其時. 索之於天, 與之爲期,[358] 不失其期, 乃能得之. 故曰: 吾語若, 大明之極.[359] 大明之明非愛, 人不予也.[360] 同則相從, 反則相距也. 吾察反相距, 吾以故[361]知古從之同也.[362]]

## 5. 음양오행사상

求遠呢?」近은 己身이고, 遠은 身外이다. 『管子四篇詮釋』, 「內業」 篇, 陳鼓應著, 上同, 217頁, 注3 참조.

353) 黎翔鳳에 의하면, 君은 羣으로 훈독된다. 『管子校注』(中), 「內業」 篇, 黎翔鳳撰, 上同, 812頁 注3.

354) 陳鼓應에 의하면, 象은 방법이다. 上同, 「內業」 篇, 217頁 注5 참조.

355) 黎翔鳳에 의하면, 所는 處이다. 『管子校注』(中), 「內業」 篇, 黎翔鳳撰, 上同, 812頁 注4.

356) 탕샤오춘湯孝純에 의하면, 象은 법식이나 규칙이다. 『新譯管子讀本』(下), 「內業」 篇, 535頁, 注6 참조.

357) 유월兪樾(1821-1907)에 의하면, 연衍자는 마땅히 연延(끌다)으로 읽어야 한다. 衍과 延은 옛날에 통용되었다. 여기서는 천연遷延(시간을 끌다)의 의미이다. 『管子校注』(中), 「內業」 篇, 黎翔鳳撰, 上同, 812頁 注5.

358) 陳鼓應에 의하면, 天은 명명冥冥(昏暗, 어두운 곳)이고 위기爲期는 상합相合(相符)와 같다. 上同, 「內業」 篇, 218頁, 注11 참조.

359) 湯孝純에 의하면, 「內業」 편에서 大明은 日月이다. 해와 달은 '하늘 꼭대기[頂空]' 까지 올라온다. 之는 往(가다)이다. 上同, 「內業」 篇, 535頁, 注9 참조.

360) 湯孝純에 의하면, 愛는 애薆(은폐하다)와 통하고, 여予는 여與와 통하고, 與는 찬양讚揚과 통한다. 上同, 「內業」 篇, 535頁, 注10과 11 참조.

361) 고故는 고固(진실로)와 통한다.

362) 정사함丁士涵(19세기)에 의하면, 마땅히 「古之從同」으로 되어야 한다. 今本에 착오가 있다. 『管子校注』(中), 「內業」 篇, 黎翔鳳撰, 上同, 812頁 注8.

## 5.1) 사시[四時, 第四十]편

이 편은 4계절에 응당 실시해야 할 정사政事와 호령을 설명하고 있다. 여기에서 3개 요점이 말해지고 있으니, 첫째 정치는 계절의 명령[時令]에 순종할 것을 말하고 있다. 둘째 네 계절 각각의 정사와 호령이다. 셋째 성왕聖王의 정치는 반드시 형덕刑德을 굳게 지켜서 하늘을 본받고, 천지天地 운행의 규칙에 합치하도록 힘써야 한다는 것이다.

음양오행과 사계절을 자연과 인간이 만나는 합치점으로 생각하여 하늘을 통해서 정치해야 하며, 백성들을 긍휼히 여기고, 언제나 정령政令이 시의時宜를 잃지 않을 것을 강조하고 있다.

관자가 말했다. "(임금이) 명령을 내릴 때는 시기時期가 있으니, 시기가 없다면 반드시 하늘[자연]의 운행을 살피고 순종해야 한다. (자연의 운행이) 엉망진창인데, 누가 그것을 알겠는가! 오직 성인들만이 네 계절을 안다. 네 계절을 모른다면, 이에 나라의 기초를 잃게 된다. 다섯 가지 곡식이 나고 자라는 도리를 모른다면, 나라는 이에 망한다. 따라서 하늘은 믿을 수 있는 빛이며, 땅은 믿어서 통할 수 있으니, 네 계절은 바르다고 말할 수 있다. 그 왕이 믿을 수 있고, 밝을 수 있고, 통할 수 있다면, 그 신하들도 이에 바로잡힌다. 무엇으로 그 임금이 믿을 수 있고, 밝을 수 있고, 통할 수 있음을 아는가?

(대답하여) 말한다. '(임금이) 신중하게 능력 있는 신하를 쓸 수 있고, (그들의 말을) 잘 듣고 믿으면 된다.'

능력 있는 신하를 쓰는 것이 (임금의) 밝음이요, (그들의 말을) 듣고서 믿는 것이 (임금의) 소통[通]이다. (임금의) 믿음, 밝음, 통함은 모두 하늘의 상급賞給이요, 능력 없는 이를 쓰는 것은 사리事理를 모르는 것이다. 사리가 분명치 못해 잊어버렸다면, 모두 하늘의 벌을 받는다. 이 때문에 임금이 일이 성사됨을 보고 결과를 귀히 여기니, 백성들이 하는 일이 민첩하여 수고로우나 (다른) 많은 생각이 없다. 임금이 (일의) 결과를 보고 경시한다면, 아랫사람들은 강직하여 고집을 부리며, 임금은 교만해진다. 그러므로 음양은 하늘과 땅의 큰 이치이다. 네 계절은 음양의 큰길이다. 형벌과 은덕은 네 계절에 순응하는 조치이다. 형벌과 은덕이 계절에 맞으면 복福이 생기고, 처벌받게 되면 화禍가 생긴다. 그렇다면 봄, 여름, 가을과 겨울은 장차 어찌 흘러가야 하나?"

[管子曰: 令有時, 無時則必視順天之所以來. 五漫漫, 六惛惛,[363] 孰知之哉! 唯聖人知四時. 不知四時, 乃失國之基. 不知五穀之故,[364] 國家乃路.[365] 故天曰信明, 地曰信聖,[366] 四時曰正. 其王信明聖, 其臣乃正. 何以知其王之信明信聖也? 曰: 愼使能, 而善聽信之. 使能之謂明, 聽信之謂聖. 信明聖者, 皆受天賞, 使不能爲惛.[367] 惛而忘也者, 皆受天禍. 是故上見成事而貴功, 則民事接, 勞而不謀.[368] 上見

---

363) 좌오소우정趙守正에 의하면, 만漫은 사물의 '漫無邊際' 이고, 혼惛은 인식이 '미호迷糊 불청不淸함' 이다. 「五漫漫, 六惛惛」은 요즈음 亂七八糟(엉망진창)이다. 『管子通解』(下), 「四時」 篇, 上同, 48頁, 注1 참조.

364) 趙守正에 의하면, 고故는 원인, 도리의 뜻이다. 上同, 「四時」 篇, 49頁, 注2 참조.

365) 왕염손王念孫(1744-1832)에 의하면, 노路는 노露와 같으니, 패敗의 뜻이다. 『管子校注』(中), 「四時」 篇, 黎翔鳳撰, 上同, 839頁 注3.

366) 리샹펑黎翔鳳에 의하면, 『說文解字』에서 성聖은 통通의 뜻이다. 『管子校注』(中), 「四時」 篇, 黎翔鳳撰, 上同, 840頁 注4.

367) 유월兪樾(1821-1907)에 의하면, 망忘은 망芒이니, 매昧(어둡다)와 통하고, 혼惛(사리가 불명不明함)의 뜻이다. 『管子校注』(中), 「四時」 篇, 黎翔鳳撰, 上同, 840頁 注6.

368) 黎翔鳳에 의하면, 정사함丁士涵(19세기)이 接을 첩捷(빠르다)으로 본 것이 옳다. 모謀는 여란慮難이니, 일을 빨리하여 수고스럽지만 많이 고려하지 않는다. 管子校

功而賤, 則爲人下者直,[369] 爲人上者驕. 是故陰陽者, 天地之大理也. 四時者, 陰陽之大經也.[370] 刑德者, 時之合也. 刑德合於時則生福, 詭[371]則生禍. 然則春夏秋冬將何行?]

동쪽은 별이고, 그 계절은 봄이고, 그 기운은 바람이다. 바람에 나무와 열매가 생긴다. 봄은 즐거이 (생장을) 충만하게 함을 얻고, 절기가 있는 계절을 낳게 한다. 봄에 내릴 (임금의) 명령은 제신諸神들의 신위神位를 깨끗이 청소하고, 삼가 예물을 차려 신께 복을 비는 것이다. (봄은 양陽이니) 정양正陽을 주로 삼고, 제방을 고치고, 밭 갈고 김매고 과수를 기르며, 부두와 교량을 바로 하고, 물길을 정리하고, 지붕의 기와와 물길을 정리하고, (백성들의) 원한을 풀어주고, 죄를 사면하여, 사방(의 백성들)이 소통하게 한다. 이렇게 하면 부드러운 바람과 단비가 올 것이니, 백성들이 오래 살고, 각종 동물들이 번식하니, 이것이 별의 덕德이다. 별은 바람을 관장하고 발산한다. 이 때문에 봄에 겨울 정치를 하면 (나무) 잎사귀들이 떨어지고, 가을 정치를 하면 서리가 내리고, 여름 정치를 하면 내시[宦官]가 된 것 같다. 이 때문에 봄의 석 달 동안은 갑甲이나 을乙 날에 다섯 가지 정책을 발표한다. 첫째 정책은 어린아이들을 돌보아 주기 위해 죄인들을 용서해 준다. 둘째 정책은 관작을 부여하고, 녹봉을 수여한다. 셋째 정책은 얼은 땅이 녹게 되면 도랑[溝瀆]을 정비하

---

注』(中), 「四時」 篇, 黎翔鳳撰, 上同, 841頁 注9.

369) 黎翔鳳에 의하면, 직直은 식植이니, 강직하여 말을 듣지 않음의 뜻이다. 『管子校注』(中), 「四時」 篇, 黎翔鳳撰, 上同, 842頁 注4.

370) 리샹펑黎翔鳳에 의하면, 경經은 마땅히 경徑(방도, 길)이다. 趙(用賢)本이 經으로 고친 것은 옳지 않다. 『管子校注』(中), 「四時」 篇, 黎翔鳳撰, 上同, 842頁 注11.

371) 黎翔鳳에 의하면, 궤詭는 책責(처벌)이다. 『管子校注』(中), 「四時」 篇, 黎翔鳳撰, 上同, 842頁 注12.

고, 죽은 사람의 분묘를 돌본다. 넷째 정책은 험한 길을 평탄하게 하고, 농지경계를 정리하여 (농지의) 두렁길을 바로 잡는다. 다섯째 정책은 새끼 양이나 알[卵]을 죽이지 말고, 잘 자라나는 농작물을 뽑지 말고, 채소들을 자르지 말라. 다섯 가지 정책이 절기에 맞으니, 이에 봄비가 온다.

[東方曰星, 其時曰春, 其氣曰風. 風生木與骨.372)其德喜嬴, 而發出373)節時.374) 其事號令, 修除神位, 謹禱獘梗.375) 宗正陽, 治隄防, 耕芸樹藝, 正津梁, 修溝瀆, 甃376)屋行水, 解怨赦罪通四方. 然則柔風甘雨乃至, 百姓乃壽, 百蟲乃蕃,377) 此謂星德. 星者掌發爲風.378) 是故春行冬政則雕, 行秋政則霜, 行夏政則欲.379) 是故春三月, 以甲乙之日380)發五政. 一政曰: 論幼孤, 舍有罪.381) 二政曰: 賦爵列, 授

---

372) 黎翔鳳에 의하면, 『說文解字』에 「骨, 肉之覈也」이니, 단옥재段玉裁(1735-1815)注에 「覈, 實也. 肉中骨曰覈.」라 했고, 채옹蔡邕주注 『典引』에 「肴覈, 食也. 肉曰肴, 骨曰覈.」이라 했으니, 핵물核物은 梅李의 종류다. 핵覈과 핵核은 古今字이다. 골骨은 곧 과실의 核이다. 『管子校注』(中), 「四時」 篇, 黎翔鳳撰, 上同, 843頁 注2.

373) 좌오소우정趙守正에 의하면, 발출發出은 出生이다. 『管子通解』(下), 「四時」 篇, 上同, 50頁, 注2 참조.

374) 리샹펑黎翔鳳에 의하면, 節時는 절기가 있는 계절이고, 德은 得의 뜻이다, 각 계절이 얻은 것이 시덕時德이다. 영嬴(차다)은 영贏(이利가 남다)의 가차假借이고, 영盈(차다)과 같은 뜻이다. 『管子校注』(中), 「四時」 篇, 黎翔鳳撰, 上同, 843頁 注3.

375) 혜사기惠士奇(Hui Shiqi, 1671-1741)에 의하면, 폐獘는 마땅히 폐幣(돈, 예물)이다. 왕인지王引之(1766-1834)에 의하면, 경梗은 도제禱祭(소원을 비는 제사)이다. 『管子校注』(中), 「四時」 篇, 黎翔鳳撰, 上同, 844頁 注4.

376) 추甃는 지붕의 기와와 도랑을 고치고 정리함의 뜻이다.

377) 탕샤오춘湯孝純에 의하면, 충蟲은 각종 동물을 가리키니, 백충百蟲은 각종 동물이다. 『新譯管子讀本』(下), 「四時」 篇, 湯孝純注譯, 上同, 552頁, 注10 참조.

378) 대망戴望(1837-1873)에 의하면, 者자는 잘라버리고, 發자를 보충해야 한다. 『管子校注』(中), 「四時」 篇, 黎翔鳳撰, 上同, 844頁 注5.

379) 黎翔鳳에 의하면, 欲은 탁椓(음부를 제거하다)과 통하니, 엄閹(내시, 거세하다)의 뜻이다. 『管子校注』(中), 「四時」 篇, 黎翔鳳撰, 上同, 844頁 注6.

380) 湯孝純에 의하면, 음양오행으로 말하자면, 甲乙은 木王의 날이다. 따라서 星氣와 상응한다. 上同, 「四時」 篇, 552頁, 注15 참조.

381) 손성연孫星衍(1753-1818)에 의하면, 사舍는 사赦이다. 『管子校注』(中), 「四時」 篇,

祿位. 三政曰: 凍解, 修溝瀆, 復亡人.[382] 四政曰: 端險阻, 修封疆, 正千伯.[383] 五政曰: 無殺麑夭,[384] 毋蹇華絕芋.[385] 五政苟時,[386] 春雨乃來.]

남쪽방향은 태양이고, 그 계절은 여름이고, 그 기운은 양陽이다. 양은 불[火]과 기氣를 낳고, 그(여름)의 덕은 베풀어주고 즐기는 것이다. 여름에 할 일과 (임금의) 호령은 상을 내리고 작위를 부여하며, 녹봉을 주고, 향읍鄕邑을 순시하고, 삼가 신께 제사를 올리고, 공적을 헤아려 현자에게 상급을 주어서, 양기陽氣를 돕는 것이다. 극심한 더위가 오고, 이에 시기에 맞춰 비가 내리니, 오곡과 백과가 이에 익는다. 이것이 해의 덕이다. (오행에서) 중앙은 흙[土]이고, 흙의 덕이 실로 네 계절을 도우니, 바람과 비가 들고 나는 일이 가장 많다. 흙의 덕은 비가 많아서 생장 능력을 북돋우고, 흙에서 자란 나무들이 실제로 피와 살을 이루니, 토덕土德은 화평하고 균일하며 중정中正하여 사사로움이 없으니, 실로

黎翔鳳撰, 上同, 845頁 注7.

382) 장패륜張佩綸(1848-1903)에 의하면, 복토復土는 묘혈墓穴을 열거나 막는 일을 주관함을 말한다. 亡人은 죽은 사람이다. 『管子校注』(中), 「四時」 篇, 黎翔鳳撰, 上同, 845頁 注8.

383) 윤지장尹知章(약669-718)에 의하면, 천백千伯은 천백阡陌(두렁)이다. 『管子校注』(中), 「四時」 篇, 黎翔鳳撰, 上同, 843頁.

384) 손성연孫星衍에 의하면, 요夭는 난卵이다. 『管子校注』(中), 「四時」 篇, 黎翔鳳撰, 上同, 845頁 注9.

385) 黎翔鳳에 의하면, 건화蹇華는 흔흔향영欣欣向榮하는 농작물을 뽑음의 뜻이고, 절우絕芋는 채소를 자름의 뜻이다. 『管子校注』(中), 「四時」 篇, 黎翔鳳撰, 上同, 846頁 注10.

386) 손성연孫星衍(1753-1818)에 의하면, 『太平御覽』이나 『事類賦』 注에 「五政徇時」로 인용되었으니, 순徇과 순循(좇다)은 같은 뜻이다. 『管子校注』(中), 「四時」 篇, 黎翔鳳撰, 上同, 846頁 注12.

네 계절을 도와준다. 봄은 잉태하여 기르고, 여름은 양육하여 키우고, 가을은 모아서 수확하고, 겨울은 닫아두고 감춰둔다. (한 해가) 대한大寒 절기에서 끝나니, 나라가 이에 창성昌盛하고, 사방(의 나라들)이 복종하니, 이것이 세덕歲德이다. 해가 상급賞給을 장악하니, 상급은 더위이다. 한 해는 화합을 장악하니, 화합이 비[雨]이다. 여름에 봄의 정치를 하면 바람이 많고, 가을 정치를 하면 홍수가 생기고, 겨울 정치를 하면 (나뭇잎들이) 떨어진다. 그러므로 여름 석 달 동안은 병丙과 정丁의 날에 다섯 가지 정책을 발표한다. 첫째 정책은 (나라에) 공로 있는 사람을 구하니, 그렇게 노력하는 사람을 추천한다. 둘째 정책은 오래 묵힌 곡식을 열고, 묵은 창고를 개방하고, 묵은 지하 동굴을 열어서 (가난한 이들에게) 대여해 준다. 셋째 정책은 (문의) 빗장을 금지하고 열쇠를 버리며, 옷깃을 (멋대로) 쑤셔 넣지 말고 모자는 (꼭) 쓰고, 밭 가운데 집에 급하게 (비) 새는 곳을 처리하라고 명령한다. 넷째 정책은 (임금의 상급을) 얻기를 추구하여, 상급을 백성들에게 베풀어 (백성들이) 상을 받는다. 다섯째 정책은 그물을 펼쳐서 짐승을 잡는 것을 금지하고, 나는 새들은 죽이지 말라고 명령하라! 다섯 가지 정책이 절기에 맞으니, 여름비가 이에 온다.

[南方曰日, 其時曰夏, 其氣曰陽. 陽生火與氣, 其德施舍修樂. 其事號令, 賞賜賦爵, 受祿順鄕,[387] 謹修神祀, 量功賞賢, 以動陽氣.[388] 九暑乃至,[389] 時雨乃降, 五穀百果乃登,[390] 此謂日德. 中央曰土, 土德

387) 야스이 히라나라安井衡(1799-1876)에 의하면, 수受는 마땅히 수授(주다)이다. 좌오소우정趙守正에 의하면, 순향順鄕은 순향巡鄕, 즉 향읍鄕邑을 순시巡視함이다. 『管子通解』(下), 「四時」 篇, 上同, 848頁 注2 참조.

388) 왕염손王念孫(1744-1832)에 의하면, 動은 마땅히 助의 誤字이다. 『管子校注』(中), 「四時」 篇, 黎翔鳳撰, 上同, 848頁 注3.

389) 리샹펑黎翔鳳에 의하면, 九는 究[끝]와 통하므로, 구서九暑는 극열極熱하니, 대서大暑와 같은 뜻이다. 『管子校注』(中), 「四時」 篇, 黎翔鳳撰, 上同, 848頁 注4.

實輔四時, 入出以風雨.[391] 節土益力, 土生皮肌膚,[392] 其德和平用均, 中正無私, 實輔四時. 春嬴育, 夏養長, 秋聚收, 冬閉藏. 大寒乃極, 國家乃昌, 四方乃服, 此謂歲德.[393] 日掌賞, 賞爲暑. 歲掌和, 和爲雨. 夏行春政則風, 行秋政則水, 行冬政則落. 是故夏三月, 以丙丁之日發五政. 一政曰: 求有功發, 勞力者而擧之.[394] 二政曰: 開久墳,[395] 發故屋, 辟闢故窌以假貸. 三政曰: 令禁扇去笠,[396] 毋扱免, 除急漏田廬.[397] 四政曰: 求有德,[398] 賜布施於民者而賞之. 五政曰: 令禁罝設禽獸,[399] 毋殺飛鳥. 五政苟時, 夏雨乃至也.]

---

390) 탕샤오춘湯孝純에 의하면, 등登은 성숙成熟이다. 『新譯管子讀本』(下), 「四時」篇, 湯孝純注譯, 上同, 553頁, 注7 참조.

391) 黎翔鳳에 의하면, 夏至로부터 立秋에 이르기까지 여름이 다 지나니, 한 해에 風雨가 가장 많은 계절이다. 그러므로 「入出以風雨」라고 했다. 『管子校注』(中), 「四時」篇, 黎翔鳳撰, 上同, 848頁 注5.

392) 윤지장尹知章은 주석에서 「土德雨遍, 益其生植之力」(토덕은 비가 많아서, 그 생식시키는 힘을 보탠다.)라고 했다. 그리고 「土所生木, 實成皮與肌膚.」(흙에서 생겨난 나무들이 실제로 피부와 살을 이룬다.)라고 했다. 『管子校注』(中), 「四時」篇, 黎翔鳳撰, 上同, 847頁.

393) 리샹펑黎翔鳳에 의하면, 土는 一歲를 운행하는데, 立春에서 大寒에 이르면 끝이니, 立春으로부터 大寒에 이르러 끝나기에, 세덕歲德이라 한다. 『管子校注』(中), 「四時」篇, 黎翔鳳撰, 上同, 848頁 注6.

394) 야스이 히라나라安井衡에 의하면, 발發과 벌伐은 통한다. 『管子校注』(中), 「四時」篇, 黎翔鳳撰, 上同, 849頁 注8.

395) 리우스페이劉師培(1844-1919)에 의하면, 분墳은 적積의 와訛(거짓)이다. 『管子校注』(中), 「四時」篇, 黎翔鳳撰, 上同, 849頁 注9.

396) 하여장何如璋(1838-1891)에 의하면, 선扇은 비扉(빗장)이고, 립笠은 후모戶牡(열쇠)를 말한다. 『管子校注』(中), 「四時」篇, 黎翔鳳撰, 上同, 849頁 注10.

397) 리샹펑黎翔鳳에 의하면, 제除는 치治(다스리다)이다. 『管子校注』(中), 「四時」篇, 黎翔鳳撰, 上同, 850頁 注12.

398) 黎翔鳳에 의하면, 德은 得이니, 임금의 상급賞給을 얻어서 백성들에게 보시함의 뜻이다. 『管子校注』(中), 「四時」篇, 黎翔鳳撰, 上同, 850頁 注13.

399) 黎翔鳳에 의하면, 설設은 흡翕이니, 취聚(모으다)의 뜻이다. 그물을 펴서 합해 모이는 것이 設이다. 『管子校注』(中), 「四時」篇, 黎翔鳳撰, 上同, 850頁 注14.

서쪽은 방성房星[辰][400]이니, 계절은 가을이고, 그 기운은 음陰이다. 음陰기에서 쇠붙이와 갑옷이 나오고, 그 덕德은 근심과 슬픔이기에, (마음을) 고요히 바르게 하고 엄격하게 순명하며, 집에 있을 때라도 음탕하거나 안일할 수 없다. (가을의) 할 일과 (임금의) 호령은 백성들로 하여금 음탕하고 사납게 하지 말며, 농사꾼들을 신중히 다루고 수확을 모아야 한다. 백성들의 재력을 헤아려서 재물을 모으고, 목재를 채집하고, 많은 재료를 모아들이니, 많은 물건이 이에 모인다. 백성들로 하여금 나태하지 못하게 하며, (그들이) 싫어하는 것을 반드시 살피고, 얻고자 하는 것은 반드시 얻게 하고, (백성들이) 신의信義가 있으면 (성취)할 수 있으니, 방성房星은 (농작물의) 수확을 관장하고, 수확은 음陰의 일이다. 가을에 봄의 정치를 하면 꽃이 피고, 여름 정치를 하면 홍수洪水가 나며, 겨울 정치를 하면 손실이 있게 된다. 이 때문에 가을 석 달 동안에 경庚이나 신辛 날에 다섯 가지 정책을 발표한다. 첫째 정책은 도박을 금지하고, 작은 말다툼을 제한하고, 말 때문에 싸우는 것을 (금지한다.) 둘째 정책은 오종 무기들을 감추어 두는 일이다. 셋째 정책은 이주해 온 농민들을 신중히 대하고, (수확을) 많이 거둬들인다. 넷째 정책은 (창고의) 결함을 보충하고 갈라진 틈을 막는다. 다섯째 정책은 담장과 주위의 대문[마을 문]을 수리한다. 다섯 가지 정책이 절기에 맞으니, 오곡들이 모두 들어온다.

[西方日辰, 其時日秋, 其氣日陰. 陰生金與甲,[401] 其德憂哀, 靜正嚴

---

400) 28수宿 중 동쪽의 일곱별 중 방수房宿이다. 현대의 천갈天蝎 자리에 있는 네 번째 별.

401) 黎翔鳳에 의하면, 여기서 진辰은 방성房星이고, 房星은 농사에 상서롭고, 四時를 지켜본다. 불이 초가을에 이르면, 저녁에 서쪽에 보인다. 그래서 서쪽별이라 했다. 甲은 갑주甲冑의 甲이고, 가을은 刑을 주관하니, 大刑[重刑]에 甲兵을 쓰니, 「蔭生金與甲」이라 한 것이다. 『管子校注』(中), 「四時」 篇, 黎翔鳳撰, 上同, 852頁 注1.

順, 居不敢淫佚. 其事號令, 毋使民淫暴, 順旅聚收.[402] 量民資以畜聚, 賞彼羣幹,[403] 聚彼羣材, 百物乃收. 使民毋怠, 所惡其察,[404] 所欲必得, 我信則克,[405] 辰掌收, 收爲陰. 秋行春政則榮, 行夏政則水, 行冬政則耗. 是故秋三月, 以庚辛之日發五政. 一政曰: 禁博塞,[406] 圉小辯,[407] 鬪譯跽.[408] 二政曰: 毋見五兵之刃.[409] 三政曰: 愼旅農, 趣聚收.[410] 四政曰: 補缺塞坼. 五政曰: 修牆垣, 周門閭.[411] 五政苟時, 五穀皆入.]

북쪽은 달이고, 그 시기는 겨울이며, 그 기운은 춥다. 한기에서 물과 피[血]가 생기고, 그 품덕[德]은 순박하고 맑으며, 노기[怒]를 감추고 있

402) 홍이훤洪頤煊(1765-1837)에 의하면, 순順은 신愼으로 읽어야 하며, 여旅는 여농旅農(衆農)의 뜻이다. 『管子校注』(中), 「四時」 篇, 黎翔鳳撰, 上同, 852頁 注3.
403) 리우스페이劉師培에 의하면, 賞은 운賈(떨어지다)의 잘못이니, 운隕(덜어지다)와 같으니 落으로 落實(관철하다, 결과를 낳다)의 의미이다. 『管子校注』(中), 「四時」 篇, 黎翔鳳撰, 上同, 852頁 注4.
404) 유월俞樾(1821-1907)에 의하면, 其察은 마땅히 必察로 바뀌어야 한다. 『管子校注』(中), 「四時」 篇, 黎翔鳳撰, 上同, 852頁 注5.
405) 黎翔鳳에 의하면, 아我는 옛날 의義자이다. 『管子校注』(中), 「四時」 篇, 黎翔鳳撰, 上同, 853頁 注6.
406) 박새博塞는 도박賭博이다.
407) 좌오소우정趙守正에 의하면, 어圉는 제한이다. 『管子通解』(下), 「四時」 篇, 上同, 53頁, 注9 참조.
408) 黎翔鳳에 의하면, 많은 사람들이 기휘忌諱가 많아서, 본 것에 따라서 전하는 말이 끝이 없으니, 이것이 역기譯諆이다. 방현령房玄齡(578-648)注에 「譯傳言語相疾忌爲鬪訟.」(전해진 말로써 서로 시기했으니 투송鬪訟이다.)라고 했다. 『管子校注』(中), 「四時」 篇, 黎翔鳳撰, 上同, 854頁 注8.
409) 리샹펑黎翔鳳에 의하면, 무견毋見은 장藏(저장하다, 감추다)이다. 『管子校注』(中), 「四時」 篇, 黎翔鳳撰, 上同, 854頁 注9
410) 리우스페이劉師培에 의하면, 『事類賦』 注五에는 趣를 추趍(많다)로 인용하고 있다. 『管子校注』(中), 「四時」 篇, 黎翔鳳撰, 上同, 854頁 注10.
411) 黎翔鳳에 의하면, 주周는 요繞(둘러싸다)의 뜻이다. 『管子校注』(中), 「四時」 篇, 黎翔鳳撰, 上同, 845頁 注11.

되 두루 엄밀하다. (겨울의) 할 일과 (임금의) 호령은 이사를 금지하고, 백성들에게 고요하게 지내도록 명령하고, 땅의 기운이 새나가지 않게 하고, 형벌을 내려 벌을 주되 죄진 자를 용서하지 않으니, 음기陰氣와 부합한다. 대한大寒 절기가 오면 갑옷과 무기들도 강해지고, 오곡들이 이에 성숙되며, 나라는 이에 번창하고, 사방(의 이웃 나라들은) 이에 신중하게 되니, 이것이 달의 덕분이다. 달은 형벌을 관장하고, 형벌을 내리면 춥다. 겨울에 봄의 정치를 하면 (양기陽氣가) 새어나가고, 여름 정치를 하면 우레가 치고, 가을 정치를 하면 가뭄이 든다. 이 때문에 봄에 (농작물이) 시들고, 가을에 꽃이 피고, 겨울에 우레가 치고, 여름에 서리와 눈이 있다면, 이것은 모두 해치는 것이다. 형벌과 은덕의 절기가 바뀌고, 순서를 잃게 되면 해로운 기운이 급속히 오게 되고, 해로운 기운이 급속히 오면 나라에는 재앙이 많게 된다. 이 때문에 성왕들은 ① 계절에 (맞게) 힘을 썼고 그에 맞는 정치를 했으며, ② 가르침을 만들어서 (계절마다) 사냥을 시행하였으며, ③ 제사를 받들어서 (임금의) 덕을 기탁하였다. 이 세 가지는, 성왕들이 하늘과 땅의 운행에 부합하는 근거이다. 태양은 양陽을 장악하고, 달은 음陰을 장악하고, 별들은 화합을 장악하고 있다. 양陽이 덕이고, 음陰은 형刑이고, 화합은 일이다. 이 때문에 일식日蝕이 있으면 덕을 잃은 나라가 그것을 싫어했고, 월식月蝕이 있으면 형벌(의 정당성)을 잃은 나라가 그것을 싫어했고, 혜성彗星이 보이면 화합을 상실한 나라가 그것을 싫어했고, 바람과 태양이 광명을 다투면 어버이를 봉양하지 못하는 나라가 그것을 싫어했다. 이 때문에 성왕들은 일식이 생기면 덕을 베풀었고, 월식이 생기면 형벌을 개선했고, 혜성이 나타나면 화합을 닦았으며, 바람과 태양이 광명을 다투면 부모의 봉양을 중시했다. 이 네 가지가 성왕들이 하늘과 땅의 형벌을 면한 이유이다. 신실하게 이런 것들을 실천하면 오곡들이 번성하고, 가축들이 늘어나고 군대가 강해진다. 치적이 잘되면 (나라가) 창성昌盛하고, 폭력과 학대가 쌓이면 (나라는) 망한다. 이 때문에 겨울 석 달 기간에, 임壬이나 계癸날에 다섯 가지 정책을 발표한다. 첫째 정책은 아비 없는 어린애나 자식 없는 늙은이를 돌보고, 늙은이들을 가엽게 여긴다. 둘째 정책은 음陰에 잘 순응하고, 제사를 잘 받들고, 작록爵祿을 부여하며, 직위를 주고 마련한다. 셋째 정책은 회계(장부)를 잘 살펴보되, 산과 하천의 보물은 캐지 않는다. 넷째 정책은 나쁜 짓거리하고 숨은 자를 잡아끌어서 도적을 잡았으면 상을 받는다. 다섯째 정책은 이사를 금지하고, 유민流民들을 저지하고, 분가分家를 엄금하는 것이다. 다섯 가지 정책이 절기에 맞으니, 겨울의 정사는 과실이 없고, 찾는 것은 반드시 얻고, 싫어하는 것은 반드시 굴종屈從시킨다.

[北方曰月, 其時曰冬, 其氣曰寒. 寒生水與血, 其德淳越,[412] 溫怒周密.[413] 其事號令, 修禁徙, 民令靜止, 地乃不洩, 斷刑致罰, 無赦有罪, 以符陰氣. 大寒乃至, 甲兵乃强, 五穀乃熟, 國家乃昌, 四方乃備,[414] 此謂月德. 月掌罰, 罰爲寒. 冬行春政則泄, 行夏政則雷, 行秋政則旱. 是故春凋、秋榮、冬雷、夏有霜雪, 此皆氣之賊也. 刑德易節, 失次則賊氣遬至, 賊氣遬至, 則國多菑殃. 是故聖王務時而寄政焉, 作教而寄武焉,[415] 作祀而寄德焉. 此三者, 聖王所以合於天地之行也.

412) 순월淳越은 순박하고 맑음의 뜻이다.
413) 하여장何如璋(1838-1891)에 의하면, 온溫은 온蘊(쌓다, 저축하다)과 통하니 장藏의 뜻이다. 『管子校注』(中), 「四時」 篇, 黎翔鳳撰, 上同, 856頁 注1.
414) 리샹펑黎翔鳳에 의하면, 비備는 신愼의 뜻이 있다. 『管子校注』(中), 「四時」 篇, 黎翔鳳撰, 上同, 856頁 注3.
415) 장패륜張佩綸(1848-1903)에 의하면, 기무寄武는 춘수春蒐, 하묘夏苗, 추선秋獮과 동

日掌陽, 月掌陰, 星掌和. 陽爲德, 陰爲刑, 和爲事.[416] 是故日食則失德之國惡之, 月食則失刑之國惡之, 彗星見則失和之國惡之, 風與日爭明則失生之國惡之.[417] 是故聖王日食則修德, 月食則修刑, 彗星見則修和, 風與日爭明則修生. 此四者, 聖王所以免於天地之誅也. 信能行之, 五穀蕃息, 六畜殖而甲兵强. 治積則昌, 暴虐積則亡. 是故冬三月, 以壬癸之日發五政. 一政曰: 論孤獨, 恤長老. 二政曰: 善順陰, 修神祀, 賦爵祿, 授備位. 三政曰: 效會計,[418] 毋發山川之藏. 四政曰: 攝奸遁得盜賊者有賞.[419] 五政曰: 禁遷徙, 止流民, 圉分異.[420] 五政苟時, 冬事不過, 所求必得, 所惡必伏.]

도道에서 하늘과 땅이 생기고, 덕德에서 현인賢人들이 나온다. 도에서 덕德이 생기고, 덕에서 정치가 생기며, 정치에서 일거리[事]가 생긴다. 이 때문에 성왕들이 천하를 다스리는데, 궁하면 되돌아오고 끝나면 (다시) 시작한다. 덕德은 봄에서 시작하고, 여름에 자라나며, 형벌은 가을에 시작하고, 겨울로 옮겨간다. 형벌과 은덕에는 실수가 없으니, (춘하추

---

수冬狩를 말한다. 『管子校注』(中), 「四時」 篇, 黎翔鳳撰, 上同, 856頁 注4.

416) 黎翔鳳에 의하면, 세화歲和란 土德이고, 별들이 화합을 관장하니, 日德이 되고, 日德은 歲德 중에 포괄되니, 네 계절[四時]은 봄이 첫째이다. 『管子校注』(中), 「四時」 篇, 黎翔鳳撰, 上同, 856頁 注5.

417) 黎翔鳳에 의하면, 生은 養이니, 失生은 失養(부모를 봉양하지 못함)이다. 『管子校注』(中), 「四時」 篇, 黎翔鳳撰, 上同, 856頁 注6.

418) 黎翔鳳에 의하면, 효效는 고考(살펴보다)이다. 『管子校注』(中), 「四時」 篇, 黎翔鳳撰, 上同, 857頁 注9.

419) 리샹펑黎翔鳳에 의하면, 섭攝은 引持(잡아끌다)이니, 간둔자姦遁者를 보고 그를 끌어다 관아에 보내면 상금을 받는데, 관리가 체포하면 상금은 없다. 『管子校注』(中), 「四時」 篇, 黎翔鳳撰, 上同, 857頁 注10.

420) 장패륜張佩綸에 의하면, 어圉는 금禁이고, 쉬웨이위許維遹(1900-1950)에 의하면, 이異는 이廙와 통하고, 이廙는 居의 뜻이니, 「圉分異」는 「禁分居」(분거를 금지하다)의 뜻이다. 『管子校注』(中), 「四時」 篇, 黎翔鳳撰, 上同, 857頁 注11.

동) 네 계절은 한결같다. 형벌과 은덕이 방향을 바꾸면 계절들은 이에 거꾸로 흐른다. 일 해도 결과가 없으며, 반드시 대재앙이 있게 된다. 달마다 '세 가지 정치[三政]' 가[421] 있으니, 임금이 일하더라도 반드시 그 도리를 지키면 오래 갈 수 있다. (삼정三政의 도리와) 부합하지 않으면 사멸하고, 그 도리를 잃으면 쇠망한다. 나라에는 네 계절에 따른 (다른 정사들이) 있으니, 굳세게 임금의 정사를 집행하라! 네 계절의 (해당) 정사를 지키고 제 자리를 찾으라, (그리고) 세 가지 정책으로 도우라!

[道生天地, 德出賢人. 道生德, 德生正,[422] 正生事. 是以聖王治天下, 窮則反, 終則始. 德始於春, 長於夏. 刑始於秋, 流於冬.[423] 刑德不失, 四時如一. 刑德離鄉, 時乃逆行. 作事不成, 必有大殃. 月有三政, 王事必理, 以爲久長.[424] 不中者死,[425] 失理者亡. 國有四時, 固執王事. 四守有所,[426] 三政執輔.]

## 5.2) 오행[五行, 第四十一]편

---

421) 좌오소우정趙守正에 의하면, 三政은 위에서 말한 '務時而寄政, 作教而寄武, 作祀而寄德' 을 가리킨다. 『管子通解』(下), 「四時」 篇, 上同, 56頁, 注3 참조.

422) 왕염손王念孫(1744-1832)에 의하면, 正은 政과 같다. 『管子校注』(中), 「四時」 篇, 黎翔鳳撰, 上同, 858頁 注1.

423) 야스이 히라나라安井衡(1799-1876)에 의하면, 유流는 이移와 같다. 『管子校注』(中), 「四時」 篇, 黎翔鳳撰, 上同, 858頁 注2.

424) 윤지장尹知章은 주석에서, 「月三旬政異, 故日: 三政也. 王者行事, 必順三政之理, 然後可以長久.」(달에는 旬이 셋이니 정치가 (각각) 다르다. 따라서 三政이라 말한다. 임금이 행사를 하는데, 반드시 三政의 도리에 순종해야, 그 다음에 장구할 수 있다.)라고 했다. 『管子校注』(中), 「四時」 篇, 黎翔鳳撰, 上同, 857頁.

425) 尹知章의 주석에 의하면, 中은 合과 같다. 『管子校注』(中), 「四時」 篇, 上同.

426) 尹知章의 주석: 「謂守四時, 令得其所.」(네 계절을 지키고, (임금의) 호령은 제 자리를 얻을 것을 말함.) 『管子校注』(中), 「四時」 篇, 上同.

본 편은 주로 정사政事와 오행五行의 관계를 서술하고 있다. 오행을 다섯 방향[五方]과 네 계절[四時]로 배열하니, 1년은 360일이 되고, 오행이 각기 72일日을 장악하니, 임금의 정사는 반드시 오행과 합치되어야 한다. 합치하면 복을 받고, 어그러지면 화禍를 당한다.

첫째는 농상農桑의 근본이요, 둘째는 이것들을 다루는 도구요, 셋째는 이에 들어맞는 인력人力이다. (백성들을) 다스림이 넷째요, 가르침이 다섯째요, (관직을 세워) 지키는 것이 여섯째이고, 일을 만드는 것이 일곱째이고, (일을) 분별하는 것이 여덟째이고, 결말을 짓는 것이 아홉째이니, 그 다음 열째로 다섯 관직[五官]을 설치하고, 육부六府를 두었으니, 오음五音[궁宮, 상商, 각角, 치徵, 우羽]을 육율六律[태주太簇, 고선姑洗, 유빈蕤賓, 이칙夷則, 무역無射, 황종黃鍾]에 배열한 것과 같다. 여섯 달이면 동지나 하지가 오니, 이 때문에 사람들은 (순양純陽이든 순음純陰이든) 육六이 많다고 보는데, 육이 많은 것은 하늘과 땅 사이의 통로이기 때문이다. 하늘의 도는 9수數로 이루어지며, 땅의 도리는 8수로 이루어지며, 사람의 도는 6수로 이루어진다. 하늘을 아버지로 삼고, 땅을 어머니로 삼아, 만물을 개발하여, 모두 하나로 이룬다. 구제九制, 육부六府와 세 기氣에 통하면 영명한 천자天子가 된다. 관개灌漑한 물을 정리하고, 위로 하늘의 기근[饉]을 기다리며, 오곡의 저장창고로 돌아와서 (기근이) 오지 않았음을 보게 된다. (물의 신神에게) 제사를 올리고, 아래로 (물이) 땅에서 흐른 위치를 살핀다. 거북 뼈[龜]와 옥玉을 사당[祠廟]에 진설하고 복을 비니, 정기精氣와 합치한다. 이미 (정기와) 화합하니 상도常度가 있게 되고, 상도가 있게 되니 (정사政事가 따를 수 있는) 법전[經]을 갖게 된다. 세심하게 (천뢰天

籟의) 소리에 감응하여, (양陽의) 육율六律과 (음陰의) 육려六呂의 종鐘과 합치하여, 인정人情을 규범으로 삼는다. 인정人情을 이미 얻었다면 사물의 이치를 끝까지 추구한 것이니, 그런 다음에 (임금은) 덕德이 있는 것이다. 그러므로 양기陽氣에 통달하는 것이 하늘을 섬기는 근거이니, 해와 달의 (운행규칙을) 따져서 백성들에게 응용한다. 음기陰氣에 통달하면 땅을 섬기는 근거이니, 성력星曆의 (규칙을) 따져서 그 운행의 순서를 살핀다. 이런 (음양, 해, 달, 별들의) 도리에 통달하면, 그 다음에 실천할 수 있다. 이렇게 되면 신령한 서筮점도 영험하지 않으며, 신령한 거북 뼈도 점괘가 나오지 않으니, 황제黃帝는 간택하여 참조하니 지극한 통치에 이른다.

[一者本也, 二者器也, 三者充也,[427] 治者四也, 敎者五也, 守者六也,[428] 立者七也,[429] 前者八也,[430] 終者九也, 十者然後具五官於六府也, 五聲於六律也.[431] 六月日至, 是故人有六多, 六多所以街天地

---

427) 윤지장尹知章(660-718)의 주석에 의하면, 本은 농상農桑이고, 기器는 農桑을 다스리는 도구이며, 人力이 本과 器에 상칭相稱함이 충充이다. 『管子校注』(中), 「五行」 篇, 黎翔鳳撰, 上同, 859頁.

428) 尹知章은 이렇게 말한다. 「人旣奉法從敎, 則設官以守之.」(사람들이 일단 법을 받들고 가르침을 따르면, 관직을 세워서 그것을 지킨다.) 참조. 『管子校注』(中), 「五行」 篇, 黎翔鳳撰, 上同.

429) 尹知章의 주석에 의하면, 立은 立事(일을 만들다)이다. 『管子校注』(中), 「五行」 篇, 黎翔鳳撰, 上同.

430) 장패륜張佩綸(1848-1903)에 의하면, 전前은 마땅히 별別, 즉 分別의 뜻이다. 『管子校注』(中), 「五行」 篇, 黎翔鳳撰, 上同, 860頁 注2.

431) 장패륜張佩綸에 의하면, 『淮南 · 天文訓』에 「何謂五官? 東方爲田, 南方爲司馬, 西方爲理, 北方爲司空, 中央爲都. 何謂六府? 子午、丑未、寅申、卯酉、辰戌、已亥是也.」(무엇이 五官인가? 동쪽(관리)는 전田이고, 남쪽(관리)는 사마司馬이고, 서쪽(관리)는 이理, 북쪽(관리)는 사공司空이며, 중앙은 도都이다, 무엇이 육부六府인가? 자오子午, 축미丑未, 인신寅申, 묘유卯酉, 무술辰戌, 기해己亥, 이것이다.) 그리고 『孟子』에 「不以六律不能正五音」에 대해, 조기趙崎의 注에 「六律: 陽律 太簇、姑洗、蕤賓、夷則、無射、黃鐘. 五音: 宮、商、角、徵、羽也.」(六律에 태주, 고선, 유빈, 이칙, 무역, 황종; 五音에 궁, 상, 각, 치, 우가 있다.). 『管子校注』(中), 「五行」 篇, 黎翔鳳撰, 上同, 861頁 注3 참조.

也.[432] 天道以九制, 地理以八制, 人道以六制. 以天爲父, 以地爲母, 以開乎萬物, 以總一統. 通乎九制、六府、三充[433]而爲明天子.[434] 修槩水, 上以待乎天堇. 反五藏以視不親.[435] 治祀之, 下以觀地位.[436] 貨曋神廬, 合於精氣.[437] 已合而有常, 有常而有經. 審合其聲, 修十二鍾,[438] 以律[439]人情. 人情已得, 萬物有極, 然后有德.[440] 故通乎

---

432) 리샹펑黎翔鳳에 의하면, 「六月日至」란, 방현령房玄齡(578-648)의 주석에 따르면, 여섯 달[六月] 있으면 冬至, 여섯 달 있으면 夏至라는 뜻이다. 六多란, 房注에 따르면, 「陽至六, 爲純陽之多也. 陰至六, 爲純陰之多也.」(陽이 여섯에 이르면 純陽이 많고; 음이 여섯에 이르면, 純陰이 많다.)는 뜻이다. 가街는 밭 사이의 길이다. 『管子校注』(中), 「五行」 篇, 黎翔鳳撰, 上同, 861頁 注4.

433) 좌오소우정趙守正에 의하면, 九制六府三充은, 리저밍李哲明(Li Zheming, 1857-?)의 설說에 따르면, 九功六府三事이다. 『書 · 大禹謨』: 「以水、火、金、木、土、穀爲六府, 以正德、利用、厚生爲三事. 合而稱爲九功.」(水, 火, 金, 木, 土, 穀이 六府요; 正德, 利用, 厚生이 三事이니, 합하면 九功이라 한다.) 九功은 六府와 三事의 功이다. 『管子通解』(下), 「五行」 篇, 上同, 62頁, 注4 참조.

434) 리샹펑黎翔鳳에 의하면, 『管子』에 充은 氣를 말한 것이다. 『管子校注』(中), 「五行」 篇, 黎翔鳳撰, 上同, 862頁 注5.

435) 黎翔鳳에 의하면, 「修槩水」는 「修治灌溉之水」(관개한 물을 다스리다)의 뜻이고, 근堇은 근饉(흉년)이며, 오장五藏은 오곡五穀을 장藏한 것이며, 친親은 지至이니, 「視不親」은 「視其不至也」(그것이 오지 않음을 보다)의 뜻이다. 『管子校注』(中), 「五行」 篇, 黎翔鳳撰, 上同, 862頁 注6.

436) 黎翔鳳에 의하면, 물을 다스리려면 물의 神에게 제사하고, 물이 땅에서의 흐름을 보아서 물의 위치를 안정시켜야 한다. 『管子校注』(中), 「五行」 篇, 黎翔鳳撰, 上同, 863頁 注7.

437) 黎翔鳳에 의하면, 태양이 머문 곳이 담曋(해우자리), 즉 전躔(궤도)과 같다. 화貨는 구옥龜玉이다. 신려神廬는 사묘祠廟이다. 구옥龜玉을 사묘祠廟에 진열하고 기도를 한다. 『管子校注』(中), 「五行」 篇, 黎翔鳳撰, 上同, 863頁 注8.

438) 탕샤오춘湯孝純에 의하면, 십이종十二鍾은 12달에 상응하는 육율六律 육려六呂의 鐘과 합치한다. 즉 황종黃鐘은 대려大呂, 태주太簇는 협종夾鐘, 고선姑洗은 중려仲呂, 유빈蕤賓은 임종林鐘, 이칙夷則은 남려南呂, 그리고 무역無射은 응종應鐘과 합치한다. 『新譯管子讀本』(下), 「五行」 篇, 湯孝純注譯, 上同, 563頁, 注19 참조.

439) 탕샤오춘湯孝純에 의하면, 율律은 규범이나 도야陶冶의 뜻이다. 『新譯管子讀本』(下), 「五行」 篇, 湯孝純注譯, 上同, 注20 참조.

440) 윤지장尹知章의 주석: 「得人情則物理極, 極於物理, 可謂有德也.」(人情을 얻었다면 物理를 끝까지 추구한 것이요, 物理를 끝까지 추구했다면 德이 있다고 말할 수 있다.) 『管

陽氣, 所以事天也, 經緯日月, 用之於民. 通乎陰氣, 所以事地也, 經緯星曆, 以視其離.[441] 通若道然后有行.[442] 然則神筮不靈, 神龜不卜,[443] 黃帝澤參,[444] 治之至也.]

옛날에 황제黃帝는 치우蚩尤를 얻어서 천도天道에 밝았고, 대상大常을 얻어서 지리地利를 잘 살폈고, 사룡奢龍을 얻어서 동쪽을 분명히 살폈고, 축융祝融을 얻어서 남쪽을 잘 살폈고, 대봉大封을 얻어서 서쪽을 잘 살폈고, 후토后土를 얻어서 북쪽을 잘 살폈다. 황제는 여섯 명의 재상을 얻어서 하늘과 땅을 다스렸으니, 영명함이 지극하였다. 치우蚩尤는 천도天道에 밝으니, 따라서 천시天時를 주관하게 하였다. 대상大常은 지리地利를 잘 살폈으니, 따라서 (양식) 창고를 맡겼다. 사룡奢龍은 동쪽을 잘 살폈으니, 따라서 집[巢] 짓는 토사土師가 되었고; 축융祝融은 남쪽을 잘 살폈으니, 따라서 (농무農務를 주관하는) 사도司徒가 되게 했다. 대봉大封은 서쪽을 잘 살폈으니, 따라서 (군사를 담당하는) 사마司馬가 되게 하였다. 후토后土는 북쪽을 잘 살폈으니, 따라서 (옥관獄官을 담당하는) 옥관이 되게 하였다. 이 때문에 봄의 특성은 (집짓기를 주관하는) 토사土師, 여름 특성은 (농사를 주관하는) 사도司徒, 가을 특성은 (전쟁을 주관하는) 사마司馬, 겨울 특

子校注』(中), 「五行」篇, 黎翔鳳撰, 上同, 860頁 참조.

441) 장패륜張佩綸(1848-1903)에 의하면, 이離는 역歷(지내다)이다. 『管子校注』(中), 「五行」篇, 黎翔鳳撰, 上同, 864頁 注10.

442) 쉬웨이위許維遹(1900-1950)에 의하면, 약若은 차此이다. 『管子校注』(中), 「五行」篇, 黎翔鳳撰, 上同, 860頁 注11.

443) 자오소우징趙守正은, 소용현본趙用賢本에 의거하여, '神龜衍不卜'에서 연衍자를 제거하였다. 『管子通解』(下), 「五行」篇, 上同, 64頁, 注4 참조.

444) 리샹펑黎翔鳳에 의하면, 택참澤參은 「擇而參之」(간택하여 참조하다)이다. 『管子校注』(中), 「五行」篇, 黎翔鳳撰, 上同, 865頁 注12.

성은 옥관獄官에 있다. 옛날에 황제가 (소리) 감응의 완급緩急에 따라 오음五音[궁宮, 상商, 각角, 치徵, 우羽]을 만들고, 종鐘의 다섯 가지를 바로 잡았다. 다섯 가지 종의 (음조音調의) 명칭: 첫째 푸른 종[靑鍾]은 대음大音이고, 둘째 붉은 종[赤鍾]은 붉은 노을[重心]이고, 셋째 노란 종[黃鐘]은 세척하여 밝은 근본[洗光]이고, 넷째 영종[影鐘]은 밝은 빛을 어둡게 한 것이고, 다섯째 검은 종[黑鐘]은 본모습을 가린 것이다. 오음이 일단 조화를 이룬 연후에 오행五行을 처음으로 세워서, 시령時令의 계절[天時]을 바로 잡고, 오관五官을 두어서 사람들의 서열[位次]을 바로 잡는다. 사람과 하늘 간에 조화가 되면, 그 다음에 하늘과 땅 사이에서 아름다운 일이 생긴다.

[昔者黃帝得蚩尤而明於天道, 得大常而察於地利, 得奢龍而辯於東方,[445] 得祝融而辯於南方, 得大封而辯於西方, 得后土而辯於北方. 黃帝得六相而天地治,[446] 神明至.[447] 蚩尤明乎天道, 故使爲當時.[448] 大常察乎地利, 故使爲廩者. 奢龍辯乎東方, 故使爲土師;[449] 祝融辨乎南方, 故使爲司徒. 大封辨於西方, 故使爲司馬. 后土辨乎北方, 故使爲李. 是故春者土師也, 夏者司徒也, 秋者司馬也, 冬者李也. 昔黃帝以其緩急作五聲,[450] 以政五鍾. 令其五鍾:[451] 一曰靑鍾, 大音. 二曰

---

445) 좌오소우정趙守正에 의하면, 변辯은 변辨(분별하다)과 통하니, 명찰明察의 뜻이다. 『管子通解』(下), 「五行」 篇, 上同, 64頁, 注6 참조.

446) 왕염손王念孫(1744-1832)이 「天地治」를 「天下治」로 바꾸었으나, 黎翔鳳에 의하면, 위의 문장에서 「天父地母, 天董地位, 事天事地」를 말했고, 모두 天地를 나누어 말했으니, 天地가 본래이다. 『管子校注』(中), 「五行」 篇, 黎翔鳳撰, 上同, 866頁 注3.

447) 탕샤오춘湯孝純에 의하면, 「신명지神明至」는 영명英名함이 최고점에 도달했다는 뜻이다. 『新譯管子讀本』(下), 「五行」 篇, 湯孝純注譯, 上同, 565頁, 注12 참조.

448) 리우스페이劉師培(1844-1919)에 의하면, 당當은 상尙이다. 『管子校注』(中), 「五行」 篇, 黎翔鳳撰, 上同, 866頁 注4.

449) 리샹펑黎翔鳳에 의하면, 古代에 나무를 엮어서 집[巢]을 만들었으며, 나무를 톱질하여 옥屋을 만들 수는 없었다. 공空은 토혈土穴을 따른 것이니, 토사土師가 맞다. 『管子校注』(中), 「五行」 篇, 黎翔鳳撰, 上同, 867頁 注5.

赤鍾, 重心.[452] 三曰黃鍾, 洒光.[453] 四曰景鍾, 昧其明. 五曰黑鍾, 隱其常.[454] 五聲旣調, 然后作立五行,[455] 以正天時, 五官以正人位. 人與天調, 然后天地之美生.]

동지 뒤에 갑자甲子날을 만나야 목행木行에 의해 일을 한다. 천자께서 명령을 내리면, 좌우의 사사士師[즉 司空]에게 내치內治를 맡기고, 각급 관작들을 분별하고, 현명하거나 어리석은 관리를 평가하여, 전국의 관리들에게 노고에 따라 상급을 내린다. 저장한 양식을 개방함에 농지면적으로 계산하였고, 도성을 나가서 자연물에 세금을 매길 때 산림을 신중하게 대하여, 백성들에게 벌목을 금지한 것은 초목을 아꼈기 때문이다. 그러면 물이 풀리고 얼음이 녹으면 초목들은 새싹이 튼다. 칩거하던 해충을 제거하고, 순채蓴菜는 봄 농사에 (심지만, 소득을) 기대하지 않

---

450) 손성연孫星衍(1753-1818)에 의하면, 『서초書鈔』 一百八에, 作 아래에 立이, 政은 正으로 인용되었고, 아래 문장: 「立五行以正天時」이 이를 증명한다. 그러나 왕염손王念孫(1744-1832)에 의하면, 今本에는 立자가 보이지 않는다. 立作은 始立의 뜻이다. 『管子校注』(中), 「五行」 篇, 黎翔鳳撰, 上同, 867頁 注7.

451) 타오홍칭陶鴻慶(1859-1918)에 의하면, 영令은 명命과 통하고, 명命은 명名과 통한다. 아래의 「靑鍾大音」은 尹知章의 주석에 의하면 「皆鐘名」이다. 『管子校注』(中), 「五行」 篇, 黎翔鳳撰, 上同, 867頁 注8.

452) 黎翔鳳에 의하면, 적赤은 혁赫(붉다)이니 太陽의 색이고, 重은 壬을 따르고 東聲이다. 東은 해가 나무에 걸려 있는 모습이다. 『爾雅. 釋天』에 〈太歲在辛日重光〉이니, 해가 지고 붉은 노을의 뜻을 취했다.

453) 리샹펑黎翔鳳에 의하면, 쇄洒는 척滌(씻다)이다. 『月令』에 「律中姑洗」(율律에 고선姑洗이 있다.)의 구절이 있으니, 쇄洒는 세洗와 같다. 쇄灑자는 맞지 않는다. 『管子校注』(中), 「五行」 篇, 黎翔鳳撰, 上同, 867頁 注9.

454) 黃은, 장패륜張佩綸의 말대로, 땅의 색이고, 從田從光이니, 따라서 「황종쇄광黃鐘洒光」이다. 쇄洒는 고릉高陵(높은 언덕)이다. 경景은 영影이다. 『管子校注』(中), 「五行」 篇, 黎翔鳳撰, 上同, 868頁 注10.

455) 黎翔鳳에 의하면, 作은 始이니, 作立은 始立이다. 『管子校注』(中), 「五行」 篇, 黎翔鳳撰, 上同, 868頁 注11.

고, (봄에 난) 싹[苗]은 바탕을 감싸야 하고, 병아리는 죽이지 말며, 어린 사슴을 일찍 죽게 하지 말고, 사슴 새끼들을 압박하지 말고, 포대기에 싼 아이는 다치게 하지 말고, 계절에 따라 (농작물들을) 시들게 하지 말아야 한다. 72일이면 (봄 농사가) 끝난다.

[日至, 睹甲子木行御.456) 天子出令, 命左右士師內御, 總別列爵, 論賢不肖士吏, 賦秘賜賞於四境之內.457) 發故粟以田數, 出國衡, 順山林,458) 禁民斬木, 所以愛草木也. 然則水解而凍釋, 草木區萌.459) 贖蟄蟲, 卯菱春辟460)勿時,461) 苗足本, 不癘雛鷇,462) 不夭麑麇,463) 毋傅速,464) 亡傷繈褓,465) 時則不凋. 七十二日而畢.]

---

456) 장패륜張佩綸(1848-1903)에 의하면, 도睹(보다)는 견見이다. 冬至 뒤 甲子날을 보니, 곧 「木行御」이다. 黎翔鳳에 의하면, 冬至날이 반드시 甲子는 아니지만, 반드시 甲子날을 보아야 木行御라 할 수 있다. 동방이 甲子이다. 『管子校注』(中), 「五行」篇, 黎翔鳳撰, 上同, 869頁 注1.

457) 黎翔鳳에 의하면, 『說文解字』에 비秘자가 없으니, 본래 비祕이다. 분로상사分勞賞賜(수고하여 상을 내리다)의 뜻이다. 『管子校注』(中), 「五行」篇, 黎翔鳳撰, 上同, 870頁 注3.

458) 黎翔鳳에 의하면, 순順은 신愼이다. 『管子校注』(中), 「五行」篇, 黎翔鳳撰, 上同, 870頁 注4.

459) 좌오소우정趙守正에 의하면, 『史記 · 樂書』: 「區萌達」에 대해, 『正義』에는, 「曲出曰區, 菽豆之屬; 直出曰萌, 稻稷之屬也.」(꼬부라져 나오는 것이 區싹이니, 콩 종류요; 곧게 나오는 것이 싹이니, 벼와 기장 종류이다.) 『管子通解』(下), 「五行」篇, 上同, ? 頁, 注6 참조.

460) 탕샤오춘湯孝純에 의하면, 춘벽春辟은 춘경春耕이다. 『新譯管子讀本』(下), 「五行」篇, 湯孝純注譯, 上同, 567頁, 注12 참조.

461) 야스이 히라나라安井衡(1799-1876)에 의하면, 古本에는 난卵이 묘卯이다. 卯를 묘茆(부규鳧葵, 해바라기 씨)로 읽었다. 속贖은 역貿이니, 방현령房玄齡(578-648)은 거去(버리다)로 훈독하였다. 時는 期待(기대하다)의 뜻이다. 『管子校注』(中), 「五行」篇, 黎翔鳳撰, 上同, 870頁 注6.

462) 윤지장尹知章의 주석에는, 족足은 옹擁(옹호)이다. 여癘는 살殺(죽이다)이다. 『管子校注』(中), 「五行」篇, 黎翔鳳撰, 上同, 869頁.

463) 장한江瀚(Jiang Han, 1857-1935)에 의하면, 오麌는 미麋(큰 사슴)의 새끼이다. 『管子校注』(中), 「五行」篇, 黎翔鳳撰, 上同, 871頁 注7.

(여름 명령은) 병자丙子 날을 만나야 화행火行에 의거하여 일을 한다. 천자께서 명령을 내리니, 행사行使의 관리에게 내치內治를 맡기고 명령으로 물길을 파게 하고, 옛날 물길을 터주며, 창고에 쌓아둔 곡식을 내놓아 임금은 상급을 내린다. 몇몇 신하들은 깃발을 정비하고 말을 달려서 땅의 기운을 퍼뜨리고, 모피와 비단을 꺼냈으며, 행사行使 관리에게 천하에 춘추의 예禮를 닦게 하여 몇몇 제후들을 만나니, 천하에서 만난 이들은 함께 회합하였다. 이러하니 하늘에는 질풍疾風이 없었고, 초목들이 왕성히 생장하여 우울한 기색이 끝나고, 백성들은 질병이 없이 영화롭게 번성하였다. 72일 (뒤에 여름 농사가) 끝났다.

[睹丙子, 火行御. 天子出令, 命行人內御,466) 令掘溝澮, 津舊塗, 發臧任467)君賜賞. 君子修游馳以發地氣,468) 出皮幣, 命行人修春秋之禮於天下諸侯, 通天下, 遇者兼和.469) 然則天無疾風, 草木發奮, 鬱氣息, 民不疾而榮華蕃. 七十二日而畢.]

(가을 명령은) 무자戊子날을 만나야 토행土行에 의거하여 일을 한다. 천자께서 명령을 내리니, 좌우의 사도司徒에게 내치를 맡기고, (점쳐서) 물

464) 리샹펑黎翔鳳에 의하면, 속速은 예오麛麌(사슴 새끼)의 족적足跡이다. 부傅는 박迫(다그치다)이다. 『管子校注』(中), 「五行」篇, 黎翔鳳撰, 上同, 871頁 注8.

465) 탕샤오춘湯孝純에 의하면, 강보繈葆는 강보襁褓(포대기)이다. 『新譯管子讀本』(下), 「五行」篇, 湯孝純注譯, 上同, 567頁, 注19 참조.

466) 윤지장尹知章의 주석에 의하면, 항인行人은 행사行使의 관리이다. 『管子校注』(中), 「五行」篇, 黎翔鳳撰, 上同, 872頁.

467) 尹知章의 주석에 의하면, 임任은 위委이니, 창고에 쌓아둔 양식을 개방함을 말한다. 『管子校注』(中), 「五行」篇, 黎翔鳳撰, 上同, 872頁.

468) 黎翔鳳에 의하면, 君은 군羣으로 읽는다. 유游는 정기旌旗(깃발)의 부류이다. 『管子校注』(中), 「五行」篇, 黎翔鳳撰, 上同, 873頁 注2.

469) 黎翔鳳에 의하면, 우遇는 봉逢(만나다)이다. 겸兼은 同이고, 화和는 회會(만나다)이다. 『管子校注』(中), 「五行」篇, 黎翔鳳撰, 上同, 頁.

어보지 않았다고 책망하지 않았으며, 농사가 긴급하니 좋은 말씀을 크게 선양하여, 형을 받아 죽는 죄도 너그럽게 대하고, 죄인에게도 (형을) 완화시켜 준다. 성 밖으로 나가면, 사도司徒는 순종하는 백성들의 공력功力을 발동하는 명령을 내려서, 오곡을 기른다. (통치하는) 군자들은 가만히 기거하되, 농부들은 그들의 공력功力을 긴급하게 닦는다. 이러하면 하늘은 답답한 기운을 없애 버리니, 초목들이 크게 자라나며, 오곡들이 번성하여 결실이 크며, 가축들과 제물들이 갖추어지고, 백성들은 재산이 풍족하고, 나라가 부유하여, 윗사람과 아랫사람들이 화친하고, 제후들이 화목하다. 72일 뒤에 (가을 농사가) 끝이 난다.

[睹戊子, 土行御. 天子出令, 命左右司徒內御, 不誅不貞,[470] 農事爲敬,[471] 大揚惠言,[472] 寬刑死, 緩罪人. 出國, 司徒令命順民之功力,[473] 以養五穀. 君子之靜居, 而農夫修其功力極.[474] 然則天爲粵宛,[475] 草木養長, 五穀蕃實秀大, 六畜犧牲具, 民足財, 國富, 上下親, 諸侯和. 七十二日而畢.]

---

470) 리샹펑黎翔鳳에 의하면, 정貞은 복문卜問이다. 주誅는 책責(꾸짖다)이다. 『管子校注』(中), 「五行」 篇, 黎翔鳳撰, 上同, 873頁 注3.

471) 왕염손王念孫(1744-1832)에 의하면, 경敬은 극亟(긴급하다)이다. 『管子校注』(中), 「五行」 篇, 黎翔鳳撰, 上同, 875頁 注2.

472) 黎翔鳳에 의하면, 혜언惠言은 「관형사寬刑死, 완죄인緩罪人」을 가리킨다. 『管子校注』(中), 「五行」 篇, 黎翔鳳撰, 上同, 875頁 注3.

473) 黎翔鳳에 의하면, 國은 城內이고, 영令은 사使이고, 명命은 호령을 발함이다. 『管子校注』(中), 「五行」 篇, 黎翔鳳撰, 上同, 875頁 注4.

474) 黎翔鳳에 의하면, 극極은 극亟(긴급)과 통한다. 『管子校注』(中), 「五行」 篇, 黎翔鳳撰, 上同, 875頁 注5.

475) 홍이훤洪頤煊(1765-1837)에 의하면, 월粵은 월越이다. 고유高誘의 注에, 월越은 산散이다. 완宛은 완菀이나 원苑과 통하니, 모두 울결鬱結이다. 『管子校注』(中), 「五行」 篇, 黎翔鳳撰, 上同, 875頁 注6.

경자庚子날을 만나면 금행金行에 의거해서 일을 한다. 천자께서 명령을 내리니, (제사를 주관하는) 축종祝宗에 명하여 (제사에 쓸) 짐승을 택하여 (살육을) 금지하고, 먼저 익은 오곡五穀을 조상의 사당과 오사五祀에 올린다. 귀신들로 하여금 이것들의 기운을 흠향하도록 하고, 군자들은 그들의 맛을 본다. 이러면 찬바람이 이르고, 백로白露가 내린다. 천자께서 명령을 내리시어, 좌우의 사마司馬에게 내치를 맡기시고, 갑옷을 만들고 무기를 조련하고, (군대 조직을) 열 명씩 합치고 다섯 명씩 참여시키며, 국내에서 군비를 조련하여 화평하게 백성들에게 전쟁이 있음을 알리고, 결국 (가을에) 하늘과 땅이 살육殺戮하기를 기다리는 것이다. 이렇게 되면 낮은 태양이 뜨겁고, 저녁에는 이슬이 내리니, 오곡들이 서로 연접해서 숙성하니, 초목들이 왕성하다. 가득 수확한 해이니 농사가 풍족하여, (그 외 각종 사업도) 이 해에는 크게 풍성하다. 72일 뒤에 (농사가) 끝난다.

[睹庚子, 金行御. 天子出令, 命祝宗選禽獸之禁, 五穀之先熟者, 而薦之祖廟與五祀.476) 鬼神饗其氣焉, 君子食其味焉. 然則涼風至, 白露下. 天子出令, 命左右司馬衍477)組甲厲兵,478) 合什爲伍,479) 以修於四境之內, 諛然告民有事,480) 所以待天地之殺斂也. 然則晝炙陽, 夕

---

476) 윤지장尹知章의 주석에 의하면, 오사五祀(다섯 곳의 제사)는 ①門(대문), ②行(다니는 길목), ③戶(출입구), ④조竈(부엌)과 ⑤중류中霤(방의 중앙)에 지내는 제사이다. 『管子校注』(中), 「五行」 篇, 黎翔鳳撰, 上同, 576頁.

477) 장패륜張佩綸(1848-1903)에 의하면, 연衍자는 내어內御를 잘못 쓴 것이다. 『管子校注』(中), 「五行」 篇, 黎翔鳳撰, 上同, 877頁 注2.

478) 좌오소우정趙守正에 의하면, 여병厲兵은 여병礪兵이다. 『管子通解』(下), 「五行」 篇, 上同, 69頁, 注4 참조.

479) 리상펑黎翔鳳에 의하면, 「合其什而參伍之」([군대조직을] 열 명으로 합치고, 다섯 명씩 참여시켰다.) 『管子校注』(中), 「五行」 篇, 黎翔鳳撰, 上同, 877頁 注3.

480) 黎翔鳳에 의하면, 유諛는 和同의 뜻과 가깝다. 『管子校注』(中), 「五行」 篇, 黎翔鳳撰, 上同, 877頁 注4.

下露, 地競環,481) 五穀鄰熟,482) 草木茂. 實歲農豐,483) 年大茂. 七十二日而畢.]

임자壬子날을 만나면, 수행水行에 의거해서 일을 한다. 천자께서 명령을 내리시니, 좌우의 사람들을 시켜서 내치를 하도록 명령한다. (겨울) 기운이 충족하면 (옥관獄官들이 범죄인들을) 고발하는 데서 그치나, (냉)기가 부족하면 도랑에 (숨어서) 도적들을 살피고, 자주 죽전竹箭을 깎아서 화살을 만들고, 박달나무[단檀]와 산뽕나무[자柘]를 베어서 활을 만들며, 백성들에게 명령하여 나가서 짐승들을 사냥하게 하니, 크고 작고를 가리지 않고 (모두) 죽였으니, 하늘과 땅이 (모든 것을) 막고 감추는 것을 귀하게 본 것이다. 이렇게 되면 (새) 알들이 곯아 죽는 것이 없고, 태아胎兒가 죽지 않으며, 임신한 여인이 달이 차지 않고 (영아를) 낳는 일도, 버리는 일도 없이, 초목들도 또한 뿌리가 튼튼하고 아름답다. 72일 뒤에 (하던 일들이) 끝난다.

[睹壬子, 水行御. 天子出令, 命左右使人內御. 其氣足則發而止, 其氣不足則發撊瀆盜賊,484) 數剽竹箭,485) 伐檀柘, 令民出獵禽獸, 不釋

481) 홍이훤洪頤煊에 의하면, 환環은 영營으로 읽는다. 地利를 다 쓰게 할 수 있음의 뜻이다. 『管子校注』(中), 「五行」 篇, 黎翔鳳撰, 上同, 877頁 注6.

482) 黎翔鳳에 의하면, 인鄰은 연連이니, 서로 연접連接함이다. 『管子校注』(中), 「五行」 篇, 黎翔鳳撰, 上同, 878頁 注7.

483) 黎翔鳳에 의하면, 실實은 만滿이다. 『管子校注』(中), 「五行」 篇, 黎翔鳳撰, 上同, 878頁 注8.

484) 리샹펑黎翔鳳에 의하면, 한撊은 간瞯(엿보다)과 같으니, 규사窺伺(살피다)의 뜻이 있다. 한독撊瀆은 瀆에서 사람을 살핌의 뜻이 있다. 『管子校注』(中), 「五行」 篇, 黎翔鳳撰, 上同, 879頁 注2.

485) 윤지장尹知章(660-718)의 주석에 의하면, 삭초數剽는 죽전竹箭을 자주 깎아서 화살(矢)을 만드는 것을 말한다. 『管子校注』(中), 「五行」 篇, 黎翔鳳撰, 上同, 878頁.

巨少而殺之,[486] 所以貴天地之所閉藏也. 然則羽卵者不段,[487] 毛胎者不贖, 腝婦不銷棄,[488] 草木根本美. 七十二日而畢.]

갑자甲子날을 만나면, 목행木行에 의거해서 일을 한다. 천자께서 부여賦與하지도 않고, 상급을 주지도 않으면서, 크게 (죄인을) 수레에 찢어 죽이는 일을 하여 (백성들에게) 상처를 주면, 임금은 위태로워진다. (임금이) 쇠퇴하고 약해지지 않았다면 태자太子가 위태로울 것이고, 가족이나 부인이 죽을 것이고, 그렇지 않다면 장자長子가 죽을 것이다. (이런 재난은) 72일 뒤에는 끝날 것이다.

병자丙子날을 만나면, 화행火行에 의거하여 일을 한다. 천자께서 자주 긴급한 정치를 하면 가뭄이 들고 병으로 사람들이 죽고, 새싹들이 죽으며, 백성들은 역병에 걸린다. (이런 재앙도) 72일 뒤에 끝난다.

무자戊子날을 만나면, 토행土行을 위주로 일을 한다. 천자께서 궁실을 수리하고, 누각과 정자를 지으면 임금이 위태롭다. 밖으로 성곽을 건축하면 신하들이 죽는다. (이런 재난도) 72일 뒤에 끝난다.

경자庚子날을 만나면, 금행金行에 의거해서 일을 하니, 천자께서 산을 개발하여 광석을 캐내고, 무기를 갖게 되나, 전쟁하면 실패하여 군졸들

---

486) 黎翔鳳에 의하면, 석釋은 제除, 사捨(버리다)의 가차假借이다. 『管子校注』(中), 「五行」篇, 黎翔鳳撰, 上同, 879頁 注3.

487) 홍이훤洪頤煊(1765-1837)에 의하면, 단段은 단鍛이다. 고유高誘의 注에 「胎不成獸曰贖, 卵不成鳥曰鍛.」(태가 짐승이 안 된 것이 독贖이고, 알이 새가 못 된 것이 단鍛이다.) 『管子校注』(中), 「五行」篇, 黎翔鳳撰, 上同, 879頁 注4 참조.

488) 정사함丁士涵(19세기)에 의하면, 『玉篇』에 腝은 잉孕자이다. 장패륜張佩綸(1848-1903)에 의하면, 소銷(녹이다)는 마땅히 소消(약해지다)이어야 한다. 소消는 달수가 부족하게 태어나는 것을 말하고, 기棄는 땅에 떨어져도 들어 올리지 않음을 말한다. 『管子校注』(中), 「五行」篇, 黎翔鳳撰, 上同, 879頁 注5.

이 죽고 집정자들이 사망한다. (이런 재난도) 72일 뒤에 끝난다.

임자壬子날을 만나면, 수행水行에 의거해서 일을 한다. 천자께서 큰물을 트거나 막거나 하면 왕후와 부인들이 죽을 것이다. 그렇지 않다면, (새들의) 알은 곯아서 죽을 것이요, 태아는 영아嬰兒가 못 되어 죽을 것이고, 잉태한 여인은 영아가 달이 차지 않았거나 땅에 버려지니, 초목들의 뿌리들조차도 아름답지 못하다. (이런 재앙은) 72일 뒤에 끝난다.

[睹甲子, 木行御. 天子不賦, 不賜賞, 而大斬伐傷,[489] 君危. 不殺,[490] 太子危, 家人夫人死, 不然則長子死. 七十二日而畢. 睹丙子, 火行御. 天子敬[491]行急政, 旱札苗死, 民厲.[492] 七十二日而畢. 睹戊子, 土行御. 天子修宮室, 築台榭, 君危. 外築城郭, 臣死. 七十二日而畢. 睹庚子, 金行御, 天子攻山擊石, 有兵, 作戰而敗, 士死喪執政. 七十二日而畢. 睹壬子, 水行御. 天子決塞動大水, 王后夫人薨. 不然, 則羽卵者段, 毛胎者贖, 䏶婦銷棄, 草木根本不美. 七十二日而畢也.]

## 6. 농가農家사상: 지원地員편 | 토지와 물산의 종류

---

489) 리샹펑黎翔鳳에 의하면, 상傷은 창創이다. 참斬은 거렬車裂이니, 큰 죄이다. 天子는 상급을 내리지 않는 이유를 선포하지 않을 뿐만 아니라, 크게 거렬車裂의 刑을 쓰면, 상해를 입은 자들도 격분할 것인데, 이렇게 되면 백성들의 분노가 깊어져서 임금이 위태롭게 된다. 『管子校注』(中), 「五行」 篇, 黎翔鳳撰, 上同, 頁.

490) 黎翔鳳에 의하면, 살殺은 쇠감衰減(쇠퇴하고 약해지다)의 뜻이다. 『管子校注』(中), 「五行」 篇, 黎翔鳳撰, 上同, 880頁 注1.

491) 왕염손王念孫(1744-1832)에 의하면, 경敬은 극亟이니, 數(자주)이다. 『管子校注』(中), 「五行」 篇, 黎翔鳳撰, 上同, 881頁 注3.

492) 좌오소우정趙守正에 의하면, 한旱은 天旱不雨(하늘이 가물어 비가 안 옴)이고, 찰札은 疫病으로 죽은 사람들이고, 여厲는 재역災疫이다. 『管子通解』(下), 「五行」 篇, 上同, 71頁, 注4 참조.

농가農家사상을 대표하는 문헌으로는 『관자』에서 「지원地員」(제58)편을 뽑을 수 있다. 이 편은 토지의 성질과 물산物産의 종류를 말하고 있다. 토지의 종류와 그 성질, 거기에 적합한 물산 및 그 종류들을 자세히 설명하고 있으니, 농가農家의 대표적인 작품이다.

관중이 천하를 보좌할 때, (땅 깊이를 재는) 짧은 창[시施](의 길이)는[493] 7자[尺]이었고, 도랑이 있는 밭으로 (백성들이) 모두 이사를 오니, 다섯 가지 (작물)이 적합하지 않은 것이 없었다. (도읍지를) 후덕한 땅에 세우니 손으로 결실을 취했으며, 나무로는 느릅나무[杬楡], 팥배나무[甘棠]와 소나무[松]가 적합하였고, 식물로는 가시덤불이 적합하였다.

이런 흙이 보이면, 5시施라 이름하고, 5×7, 35자를 파 내려가야 샘물에 이르렀고, (거기서) 부르면 그 소리는 각角음에 맞았고, 그 물은 파랬으며, 그 백성들은 강했다. (땅은) 붉은색이나, 단단한 흙을 파헤쳐 놓으니 비옥하여, 다섯 작물이 적합하지 않은 것이 없다. 그곳의 삼[麻]은 흰색이나, 베는 노란색이었으며, 식물[草]로는 백모白茅와 물 억새[雚]가 적합하였고, 나무는 붉은 팥배나무[赤棠]가 적합하였다.

이런 흙이 보이면, 4시施라 이름하고, 4×7, 28자를 파야 샘물에 이르고, (거기서) 부르면 그 소리는 상商음에 맞았고, 물은 흰색이나 (맛이) 달았으며, 백성들은 장수하였다. 누런 진흙이 있는 오목하고 낮은 곳은 (작물들을 심기에) 적합한 곳이 없었다. 오직 기장[黍]과 차조[秫]만 적합하

493) 장빙린章炳麟(1869-1936)에 의하면, 시施는 반드시 땅에 구멍을 뚫어 깊이 들어가는 물건이다. 시施는 사鉈(짧은 창)를 가차한 것이다. 단모短矛(짧은 창)는 사鍦(짧은 창)인데, 지금은 7자[尺]이다. 이것으로 땅을 뚫어서 물이 있고 없고를 시험하였다. 『管子校注』(下), 「地員」 篇, 黎翔鳳撰, 上同, 1,073頁 注1 참조.

였다. 흘러나온 물이 모이기에 적합하고, 울타리를 진열陳列해도 땅이 습하여 자주 망가지니, 도읍都邑을 세우거나 창고를 만들기는 어렵다. 식물로는 기장, 차조와 띠[茅]가 적합하며, 나무로는 참죽나무[樚], 감탕나무[杻]와 뽕나무[桑]가 적합하다.

이런 흙이 보이면, 3시施로 이름하고, 3×7, 21자를 파야 샘물에 이르는데, (거기서) 부르면 그 소리는 궁宮음에 맞았고, 그 샘물은 누런색이나 볶은 쌀과 보리의 향기가 난다. (물 때문에) 흙이 흘러서 움직이면 소금기 있는 점토黏土이니, (곡식으로) 큰 콩과 보리, 식물로는 하늘타리[蕢], 물 억새[萑]에 적합하고, 나무는 구기자나무[杞]가 적합하다.

이런 흙이 보이면, 2시施로 이름하고, 2×7, 14자를 파야 샘물에 이르렀는데, (거기서) 부르면 그 소리는 우羽음에 맞았고, 그 샘물은 짜다. 짠물이 흐르면 (땅이) 이동하는데, 검은 비옥한 점토黏土여서 벼와 보리에 적합하고, 식물로는 개구리밥과 참소리쟁이가 적합하며, 나무로는 흰색 밭배나무[白棠]가 적합하다.

이런 흙을 보면, 1시施로 이름하고, (1×7), 7자를 파면 샘물에 이르는데, (거기서) 부르면 그 소리가 치徵음에 맞았고, 그 물은 검은색이고 (맛이) 쓰다.

[夫管仲之匡天下也, 其施七尺, 瀆田悉徙,494) 五種無不宜. 其立后而手實,495) 其木宜蚖菕與杜、松,496) 其草宜楚棘. 見是土也, 命之曰五

---

494) 리샹펑黎翔鳳에 의하면, 독瀆(도랑)은 구溝(봇도랑)이다. 『管子校注』(下), 「地員」篇, 黎翔鳳撰, 上同, 1,074頁 注2.

495) 黎翔鳳에 의하면, 后는 후厚의 가차이고, 여기서 立은 도읍을 세움의 뜻이니, 도읍을 세운 곳의 토질이 후하여, 손으로 결실을 취한다는 뜻이다. 『管子校注』(下), 「地員」篇, 黎翔鳳撰, 上同, 1,075頁 注3.

496) 장패륜張佩綸(1848-1903)에 의하면, 원론蚖菕은 원륜杬榆(느릅나무)이다. 리샹펑黎翔鳳에 의하면, 두杜는 감당甘棠, 즉 팥배나무이다. 『管子校注』(下), 「地員」篇, 黎

施, 五七三十五尺而至於泉, 呼音中角, 其水倉,[497] 其民彊. 赤壚, 歷强肥,[498] 五種無不宜. 其麻白, 其布黃, 其草宜白茅與雚, 其木宜赤棠. 見是土也, 命之曰四施, 四七二十八尺而至於泉, 呼音中商, 其水白而甘, 其民壽. 黃唐,[499] 無宜也, 唯宜黍秫也. 宜縣澤,[500] 行廧落,[501] 地潤數毁, 難以立邑置廧.[502] 其草宜黍秫與茅, 其木宜櫄擾桑.[503] 見是土也, 命之曰三施, 三七二十一尺而至於泉, 呼音中宮. 其泉黃而糗.[504] 流徙, 斥埴,[505] 宜大菽與麥, 其草宜萯、雚, 其木宜杞. 見是土也, 命之曰再施, 二七十四尺而至於泉, 呼音中羽, 其泉鹹.

---

翔鳳撰, 上同, 1,075頁 注4.

497) 좌오소우정趙守正에 의하면, 창倉은 창蒼(푸르다)와 통한다. 『管子通解』(下), 「地員」篇, 趙守正撰, 上同, 222頁, 注8 참조.

498) 왕소란王紹蘭(1760-1835)에 의하면, 노壚는 소疏(트이다)이고, 역강歷彊에서 歷은 소疏이고 彊은 견堅(굳다)이다. 이 땅의 색깔은 붉고, 성질은 단단함을 약화했으니 비옥하기에, 따라서 五種이 적합하지 않은 것이 없다. 『管子校注』(下), 「地員」篇, 黎翔鳳撰, 上同, 1,076頁 注5.

499) 리샹펑黎翔鳳에 의하면, 唐은 당塘(못)이니, 오목하고 낮은 곳이다, 누런 진흙이 있고 오목하게 아래가 내려앉았으면, 그런 곳에 (작물을) 심기에는 적합하지 않음을 말한 것이다. 『管子校注』(下), 「地員」篇, 黎翔鳳撰, 上同, 1,077頁 注7.

500) 장패륜張佩綸에 의하면, 물이 모여드는 곳이 택澤이고, 현출縣出은 下出(아래로 흘러나옴)이다. 땅이 아래가 옴폭하니, 따라서 비온 뒤에 쌓인 물이 곧바로 떨어져 합쳐짐을 말한다. 『管子校注』(下), 「地員」篇, 黎翔鳳撰, 上同, 1,077頁 注8.

501) 장패륜張佩綸에 의하면, 장廧(담)은 옛날의 장墻(담)이고, 낙落은 이杝(울타리)이다. 黎翔鳳에 의하면, 行은 陳列이다. 『管子校注』(下), 「地員」篇, 黎翔鳳撰, 上同, 1,077頁 注9.

502) 장패륜張佩綸에 의하면, 치장置廧은 마땅히 치늠置廩(창고를 설치함)이어야 한다. 그 땅이 습기 차서 도읍을 세우거나 창고를 둘 수 없음을 말한다. 『管子校注』(下), 「地員」篇, 黎翔鳳撰, 上同, 1,077頁 注10.

503) 왕인지王引之(1766-1834)에 의하면, 요櫌, 즉 요擾는 뉴杻(감탕나무)이다. 1,078頁 注12.

504) 黎翔鳳에 의하면, 구糗는 볶은 쌀과 보리이다. 볶아서 누런 향기가 있다. 흙이 끈끈하면서 미끄러우면 쉽게 흘러 가버린다. 『管子校注』(下), 「地員」篇, 黎翔鳳撰, 上同, 1,078頁 注13.

505) 좌오소우정趙守正에 의하면, 척식斥埴은 소금 끼 있는 진흙이다. 『管子通解』(下), 「地員」篇, 趙守正撰, 上同, 223頁, 注1 참조.

水流徙,506) 黑埴,507) 宜稻麥, 其草宜苹蓨,508) 其木宜白棠. 見是土也, 命之曰一施, 七尺而至於泉, 呼音中徵. 其水黑而苦.]

무릇 (1시施의 땅에서) 치徵음을 들으면, 돼지들이 꼬리를 들어 올림으로써 사람들을 경각시키고 놀라게 하는 것과 같다. 무릇 (2시施의 땅에서) 우羽음을 들으면, 마치 말이 들판에서 울부짖는 것과 같다. 무릇 (3시의 땅에서) 궁宮음을 들으면, 마치 소가 지하[窌]에서 우는 것과 같다. 무릇 (4시의 땅에서) 상商음을 들으면, 마치 양의 무리가 떠나는 것과 같다. 무릇 (5시의 땅攢에서) 각角음을 들으면, 마치 꿩이 나무에 올라가 우는 것처럼 음이 빠르고 맑다. 무릇 다섯 음音의 음률을 정할 때, 먼저 일[一]을 위주로 하여 이것을 셋(3)으로 나누고, 이 셋(3)을 네 번 곱하니(3×3×3×3), 이로써 황종黃鐘 율律의 본수本數[81]가 생겨서 궁宮음이 이루어졌다. (황종黃鐘 81에서) 3으로 나누어 1을 보태니(4/3), 108이 되어, 치徵 음音이 되었다. (소리[音]에는 대응하는 음音이) 없을 수 없으니, 3으로 나누어 나머지[1/3]를 빼니, 마침 이것으로 충분히 상商음이 생긴다. 3으로 나누고 그 자리로 돌아가니, 이것으로 우羽음이 이뤄진다. 3분하여 그 나머지 1[1/3]을 빼니, 마침 이것으로 각角음을 얻기에 충분하다.

[凡聽徵, 如負猪豕,509) 覺而駭. 凡聽羽,510) 如鳴馬在野. 凡聽宮,511)

---

506) 리샹펑黎翔鳳에 의하면, 짠물은 (땅을) 쉽게 갈라놓으니, 물이 흐르면 (흙이) 이동한다(鹹水易裂, 水流則徙也.) 『管子校注』(下), 「地員」 篇, 黎翔鳳撰, 上同, 1,079頁 注14.

507) 왕소란王紹蘭에 의하면, 『禹貢』의 「厥土黑墳」에서 분墳은 그 땅이 비옥함을 말하고, 식埴은 점토黏土(진흙)이다. 『管子校注』(下), 「地員」 篇, 黎翔鳳撰, 上同, 1,079頁 注15.

508) 리샹펑黎翔鳳에 의하면, 평苹은 부평초浮苹草가 아니고 뇌호賴蒿이니, 빈蘋(개구리밥)이다. 조蓧(참소리쟁이)는 수蓨의 異文이다. 『管子校注』(下), 「地員」 篇, 黎翔鳳撰, 上同, 1,079頁 注16.

如牛鳴窌中. 凡聽商,512) 如離羣羊. 凡聽角,513) 如雉登木以鳴, 音疾以淸. 凡將起五音凡首,514) 先主一而三之, 四開以合九九,515) 以是生黃鍾小素之首以成宮.516) 三分而益之以一, 爲百有八, 爲徵.517)不無有, 三分而去其乘,518) 適足以是生商. 有三分而復於其所, 以是成羽.519) 有三分去其乘, 適足以是成角.520)]

---

509) 리샹펑黎翔鳳에 의하면, 부負는 꼬리를 들음으로써 사람들을 경각시키고 놀라게 함이다. 왕소란王紹蘭(1760-1835)에 의하면 1施의 땅에서 들으면, 부르는 소리가 치徵음에 맞음을 말한 것이다.『管子校注』(下),「地員」篇, 黎翔鳳撰, 上同, 1,081頁 注1.

510) 왕소란王紹蘭에 의하면, 2시施의 땅에서 들으면 부르는 음이 우羽음에 맞음을 말한 것이다.『管子校注』(下),「地員」篇, 黎翔鳳撰, 上同, 1,081頁 注2.

511) 王紹蘭에 의하면, 3시의 땅에서 들으면 부르는 음이 궁宮음에 맞음을 말한 것이다.『管子校注』(下),「地員」篇, 黎翔鳳撰, 上同, 1,081頁 注3.

512) 王紹蘭에 의하면, 4시의 땅에서 들으면 부르는 음이 상商음에 맞음을 말한 것이다.『管子校注』(下),「地員」篇, 黎翔鳳撰, 上同, 1,081頁 注4.

513) 王紹蘭에 의하면, 5시의 땅에서 들으면 부르는 음이 각角음에 맞음을 말한 것이다.『管子校注』(下),「地員」篇, 黎翔鳳撰, 上同, 1,081頁 注5.

514) 장빙린章炳麟(1869-1936)에 의하면, 범凡자는 風자가 생략된 것이다. 풍율風律(즉 音律)의 風이다. 首는 조調이니, 歌曲의 樂律, 즉 音律이다.『管子校注』(下),「地員」篇, 黎翔鳳撰, 上同, 1,082頁 注6.

515) 전당錢塘(Qian Tang, 19세기)에 의하면, 3이 첫 번째이고, 9(3×3)가 두 번째이고, 27(3×3×3)이 세 번째이고, 81(3×3×3×3)이 네 번째이니, 따라서「以合九九」(9×9=81)이기에, 황종黃鐘[12音律중 하나의 音]의 합산이다. 黎翔鳳에 의하면,「三分益一, 三分損一」(셋으로 나누어서 하나를 보태고, 셋으로 나누어서 하나를 보탠다.)했으니, 數를 나누어서[分數로] 계산했으나, 그 정수整數는 반드시 1을 主로 하였다.『管子校注』(下),「地員」篇, 黎翔鳳撰, 上同, 1,082頁 注7.

516) 장패륜張佩綸(1848-1903)에 의하면, 소素는 本이다. 황종黃鐘음의 大數를 적분積分하면 17만7천1백47이니, 그러므로 81이 소수素數, 즉 本數이다. 리샹펑黎翔鳳은, 황종黃鐘에서 11律[音]이 생기니, 모두 12律[音]이라고 말한다.『管子校注』(下),「地員」篇, 黎翔鳳撰, 上同, 1,083頁 注8.

517) 黎翔鳳에 의하면, 3이 主가 되니, 여기에 하나를 보태면 4/3이 되고, 하나를 빼면 2/3이다. 황종黃鐘은 81인데, 3으로 나눈 뒤에 하나를 보탰으니, 즉 81×4/3=108이 되어, 치徵음[音]을 얻었다.『管子校注』(下),「地員」篇, 黎翔鳳撰, 上同, 1,083頁 注9.

518) 黎翔鳳에 의하면, 소리에는 반드시 대응하는 音이 있어야 하니,「無不有」(있지 않음이 없다.) 즉 있음이다. 108[徵]에서 2/3=72, 즉 상商음을 얻었다.『管子校注』(下),「地員」篇, 黎翔鳳撰, 上同, 1,084頁 注10.

물가의 봉긋한 땅과 평퍼짐한 땅이 6시施이니, 6×7, 42자를 파야 샘물에 이른다. 협소한 땅 곁은 7시施이니, 7×7, 49자를 파야 샘물에 이른다. (풀이 자라지 않는) 민둥산이 좁은데 (땅의 두께는) 8시이니, 7×8, 56자를 파야 샘물에 이른다. 토산土山은 9시施이니, 7×9, 63자를 파야 샘물에 이른다. 연릉延陵 땅은 10시施이니, (7×10), 70자를 파야 샘물에 이른다. 영릉㷶陵의 땅은 11시施이니, (7×11), 77자를 파야 샘물에 이른다. 길고 완만한 산은 12시施이니, (7×12), 84자를 파야 샘물에 이른다. (산 위에) 의지한 산은 13시施이니, (7×13), 91자를 파야 샘물에 이른다. (산 위에) 산의 하얀 흙은 14시施이니, (7×14), 98자를 파야 샘물에 이른다. 능陵 중에 높은 곳은 15시施이니, (7×15), 105자를 파야 샘물에 이른다. 청산靑山은 16시施이니, (7×16), 112자를 파야 샘물에 이른다. 청룡靑龍이 사는 곳이라, 마르고 견고한 진흙이어서 샘물을 얻을 수 없다. 붉은 흙과 돌 많은 산은 17시施이니, (7×17), 119자를 파야 샘물에 이른다.

[墳延者六施,[521] 六七四十二尺而至於泉. 陜之芳七施,[522] 七七四十

519) 黎翔鳳에 의하면, 72×4/3=96, 우羽음을 얻는다. 『管子校注』(下), 「地員」 篇, 黎翔鳳撰, 上同, 1,084頁 注11.

520) 黎翔鳳에 의하면, 96×2/3=64, 각角음을 얻는다. 1×3×3×3×3=81이니, 네 번 곱하여 9×9=81이 되었다. 3분하여 1을 보태니, 81×4/3=108, 즉 치徵음이다. 3분하여 1을 빼니, 108×2/3=72, 즉 상商을 얻는다. 3분하여 장소로 돌아가니, 72×4/3=96, 즉 우羽음을 얻는다. 3분하여 그 나머지를 빼니, 96×2/3=64, 즉 각角음을 얻는다. 『管子校注』(下), 「地員」 篇, 黎翔鳳撰, 上同, 1,084頁 注12.

521) 웨이잉夏緯瑛(Xia Weiying, 1896-1979)에 의하면, 『周官 · 大司徒』에 「一日山林, 二日川澤, 三日丘陵, 四日墳衍, 五日原隰」이 있다. 분연墳延은 분연墳衍이니, 구릉丘陵과 원습原隰 사이에 끼는데, 平原보다 약간 높으나, 넝쿨이 뻗은 비스듬한 땅[蔓坡地]을 말한다. 이하의 14종의 토지는, 地勢가 하나씩 높아가고, 샘물은 하나씩 깊어가나, 통털어 귀결하자면 구릉丘陵의 땅이다. 『管子校注』(下), 「地員」 篇, 黎翔鳳撰, 上同, 1,085頁 注1.

522) 왕소란王紹蘭(1760-1835)에 의하면, 협陜은 애隘(좁다)이고, 방芳은 方인데, 방旁(곁)을 말한다. 「陜之芳」은 협애陜隘한 땅의 곁을 말한다. 『管子校注』(下), 「地員」

九尺而至於泉. 祀陝八施,[523] 七八五十六尺而至於泉. 杜陵九施,[524] 七九六十三尺而至於泉. 延陵十施,[525] 七十尺而至於泉. 環陵十一施,[526] 七十七尺而至於泉. 蔓山十二施,[527] 八十四尺而至於泉. 付山十三施,[528] 九十一尺而至於泉. 付山白徒十四施,[529] 九十八尺而至於泉. 中陵十五施,[530] 百五尺而至於泉. 青山十六施, 百一十二尺而至於泉. 青龍之所居, 庚泥不可得泉.[531] 赤壤勢山十七施,[532] 百一十九尺而至於泉.]

---

篇, 黎翔鳳撰, 上同, 1,086頁 注2.

523) 리샹펑黎翔鳳에 의하면, 사祀는 마땅히 사巳자여야 한다. 巳는 기屺(민둥산)와 통한다. 그리고 인구세[口算]에서는 七八이라 하지, 八七이라고 하지 않는다. 『管子校注』(下), 「地員」篇, 黎翔鳳撰, 上同, 1,086頁 注3.

524) 王紹蘭에 의하면, 두杜는 土이다. 桑土를 상두桑杜로, 自土를 자두自杜로 말하는 것과 같다. 『管子校注』(下), 「地員」篇, 黎翔鳳撰, 上同, 1,086頁 注5.

525) 王紹蘭에 의하면, 『史記 · 吳世家』에 「季札封于延陵」이라 하니, 연릉延陵의 이름은 이것에서 시작되었다. 黎翔鳳에 의하면, 延陵은 公名이지 私名이 아니다. 『管子校注』(下), 「地員」篇, 黎翔鳳撰, 上同, 1,086頁 注6.

526) 王紹蘭에 의하면, 환릉環陵은 능陵의 형태가 빙 도는 것이 고리와 같음을 말한다. 환環은 환還(돌아오다)과 통하고, 還은 영營을 말하니, 환릉環陵은 『漢書 · 地理志』에서 말하는 영릉營陵인 것 같다. 『管子校注』(下), 「地員」篇, 黎翔鳳撰, 上同, 1,086頁 注7.

527) 王紹蘭에 의하면, 산 모양이 길고 완만緩慢하게 늘어져 있기 때문에, 비유로 만산蔓山이라고 했다. 『管子校注』(下), 「地員」篇, 黎翔鳳撰, 上同, 1,087頁 注8.

528) 리샹펑黎翔鳳에 의하면, 부산付山은 山上에 의부依附해 있기 때문에 작은 土山이 아니고, 만산蔓山보다 높은 산이다. 『管子校注』(下), 「地員」篇, 黎翔鳳撰, 上同, 1,087頁 注9.

529) 王紹蘭에 의하면, 도徒는 土를 말한다. 『管子校注』(下), 「地員」篇, 黎翔鳳撰, 上同, 1,087頁 注10.

530) 黎翔鳳에 의하면, 中陵은 능 중에서 높은 곳이다. 『管子校注』(下), 「地員」篇, 黎翔鳳撰, 上同, 1,087頁 注11.

531) 안창야오顔昌嶢(An Changyao, 1868-1944)에 의하면, 경庚은 단단하고 강한 모양이다. 경니庚泥는 발라서 견고해진 진흙이니, 샘이 없다. 『管子校注』(下), 「地員」篇, 黎翔鳳撰, 上同, 1,088頁 注12.

532) 손이양孫詒讓(1848-1908)에 의하면, 오勢는 마땅히 오磝(돌 많은 산)이다. 『管子校注』(下), 「地員」篇, 黎翔鳳撰, 上同, 1,088頁 注13.

그 아래에 신괴神怪인 청상靑商이 있는데, 샘물을 얻을 수 없다. 산이 절단됐는데 흰색 토양은 18施이니, (7×18), 126자를 파야 샘물에 이른다. 그 아래에 돌들이 줄지어 연결되었으니, 샘물을 얻을 수 없다. 맨땅에 석회 흙은 19시이니, (7×19), 133자를 파야 샘물에 이른다. 그 아래는 석회 흙이라, 샘물을 얻을 수 없다. 높은 구릉丘陵의 흙산은 20시이니, (7×20), 140자를 파야 샘물에 이른다. 산 위에 있으면 현천縣泉이라 이름 했고, 그 땅은 마르지 않으니, 식물은 띠[茅]와 오랍초[走] 같은 것이 있고, 나무로는 홍송紅松이 있으며, 2자만 파면 이에 샘물에 이른다. 산 위에서 산등성마루로 다시 흐른다고 이름 하니, 풀로는 어장魚腸 대나무와 누린내풀이 있고, 나무로는 버드나무[柳]인데, 3자만 파면 샘물에 이른다. 산 위에 있는 아름다운 샘이라 부르니, 식물로는 당귀當歸와 창포菖蒲가 있고, 나무로는 산양山楊이 있고, 5자를 파면 샘물에 이른다. 산의 가파른 곳에, 식물은 금苓[속서금풀]과 여뀌[澤蓼]이고, 나무는 자작나무[椵]이며, (2×7), 14자를 파면 샘물에 이른다. 산의 옆에는 식물로 순채蓴菜와 물쑥[水蒿]이 있고, 나무로는 시무나무[刺楡]가 있으며, (땅을) 3×7, 21자를 파면 샘물에 이른다.

[其下淸商,533) 不可得泉. 陞山白壤十八施,534) 百二十六尺而至於泉. 其下駢石, 不可得泉. 徙山十九施,535) 百三十三尺而至於泉. 其下有

533) 윤지장尹知章(660-718)의 주석에 의하면, 청상靑商은 신괴神怪의 이름이다. 『管子校注』(下), 「地員」 篇, 黎翔鳳撰, 上同, 1,085頁.

534) 리샹펑黎翔鳳에 의하면, [陞]는 마땅히 좌坐(앉다)인데, 坐는 좌挫(꺾다)와 통한다. 挫는 골절이 절단된 것인데, 산이 절단된 모양이 [陞]이다. 『管子校注』(下), 「地員」 篇, 黎翔鳳撰, 上同, 1,088頁 注14.

535) 왕소란王紹蘭(1760-1835)에 의하면, 사徙(옮기다)는 元나라 板本에는 척陟(오르다)이다. 黎翔鳳에 의하면, 척陟은 단袒(웃통을 벗다)이니, 그 위에는 草木이 자라지 못하기에, 단로袒露(아무 가린 것이 없음)이다. 아래에 석회토가 하얀 진흙이 있는데, 조개

灰壤, 不可得泉. 高陵土山二十施, 百四十尺而至於泉. 山之上命之曰縣泉,536) 其地不乾, 其草如茅與走,537) 其木乃樠, 鑿之二尺乃至於泉. 山之上命曰復呂,538) 其草魚腸與蕕,539) 其木乃柳, 鑿之三尺而至於泉. 山之上命之曰泉英,540) 其草蘄、白昌, 其木乃楊,541) 鑿之五尺而至於泉. 山之材,542) 其草兢與薔,543) 其木乃格, 鑿之二七十四尺而至於泉. 山之側, 其草葍與蔞,544) 其木乃品榆,545) 鑿之三七二十一尺

---

겁질이 변화한 것이다. 『管子校注』(下), 「地員」 篇, 黎翔鳳撰, 上同, 1,089頁 注15.

536) 샤웨이잉夏緯瑛(1896-1987)에 의하면, 현천縣泉은 高山의 머리에 있는 샘이다. 산에 자라는 초목을 보면, 그 산의 高度를 알 수 있으니, 현천은 해발 고도가 2000에서 3000m이다. 『管子校注』(下), 「地員」 篇, 黎翔鳳撰, 上同, 1,090頁 注17.

537) 샤웨이잉夏緯瑛에 의하면, 주走는 차藘와 같으니, 지금의 오랍초[烏臘草, 烏拉草]이다. 고산식물이다. 만樠은 紅松이다. 해발 2000~3000m에서 숲을 이루고 있다. 『管子校注』(下), 「地員」 篇, 黎翔鳳撰, 上同, 1,091頁 注18.

538) 리샹펑黎翔鳳에 의하면, 여呂는 척골脊骨(등골뼈)이니, 산척山脊(산등성마루)이다. 복復은 산등성마루로 다시 흐름[復流]을 말한다. 『管子校注』(下), 「地員」 篇, 黎翔鳳撰, 上同, 1,092頁 注19.

539) 왕소란王紹蘭에 의하면, 어장魚腸은 죽류竹類이다. 당시 竹도 草로 간주했다. 유蕕(누린내 풀)는 물가 식물이고, 유柳는 키 작은 버드나무이다. 웨이잉夏緯瑛은, 중국 동북지방에 해발 1천500m~2천m에 총생叢生하는 관목灌木들이 많은데, 대부분 버드나무 종류에 속한다고 말한다. 『管子校注』(下), 「地員」 篇, 黎翔鳳撰, 上同, 1,092頁 注20.

540) 장패륜張佩綸(1848-1903)에 의하면, 英은 美이다. 『管子校注』(下), 「地員」 篇, 黎翔鳳撰, 上同, 1,092頁 注21.

541) 王紹蘭에 의하면, 산기山蘄는 당귀當歸이다. 백창白昌은 창포菖蒲로 불린다. 夏緯瑛에 의하면, 산양山楊은 해발 1천500m~2000m에서 생장한다. 『管子校注』(下), 「地員」 篇, 黎翔鳳撰, 上同, 1,093頁 注22.

542) 黎翔鳳에 의하면, 재材는 세속에 재巉로 쓰니, 참巉(가파르다, 높다)과 통한다. 『管子校注』(下), 「地員」 篇, 黎翔鳳撰, 上同, 1,094頁 注23.

543) 장패륜張佩綸에 의하면, 긍兢과 긍矜은 통하니, 긍矜은 금芩(속서금 풀)이다. 일종의 水草이다. 王紹蘭은 장薔은 택료澤蓼(여모, 여뀌)이니, 水草의 일종이다. 유월俞樾(1821-1907)에 의하면, 격格은 가椵(유자柚子나무의 일종)의 가차이다. 『管子校注』(下), 「地員」 篇, 黎翔鳳撰, 上同, 1,095頁 注.24

544) 왕소란王紹蘭(1760-1835)에 의하면, 복葍(메꽃)은 경蔓(순채蓴菜)이고, 누蔞(물쑥)는 누호蔞蒿(흰 쑥), 또는 수호水蒿(흰 쑥)인데, 물고기를 삶을 때 쓴다. 『管子校注』(下),

而至於泉.]

풀과 흙이 적절하게 (어울리면) 각기 잡다한 것들이 생긴다. 어느 것은 높고, 어느 것은 낮으니, 각각 풀과 흙이 적합하다. 노랑어리연꽃[水荇]은 마름[虈]보다 (고도가) 낮은 곳에서 자라고, 마름은 왕골[莞]보다 낮은 곳에서 자라고, 왕골은 부들[蒲]보다 아래에서 자라고, 부들은 갈대[葦]보다 낮은 곳에서 자라고, 부들은 물 억새[雚]보다 낮은 곳에서 자라고, 물억새는 물쑥[蔞]보다 낮은 곳에서 자라고, 물쑥은 마추馬帚보다 낮은 곳에서 자라며, 마추는 쑥[蕭]보다 낮은 곳에서 자라며, 쑥은 당귀當歸보다 낮은 곳에서 자라고, 당귀는 익모초[茺蔚]보다 낮은 곳에서 자라고, 익모초는 띠[茅]보다 낮은 곳에서 자란다. 무릇 식물들은 12종의 차등이 있어 각각 그것에 귀속한다.

[凡草土之道, 各有穀造.[546] 或高或下, 各有草土. 葉下於虈,[547] 虈下於莧,[548] 莧下於蒲, 蒲下於葦, 葦下於雚, 雚下於蔞, 蔞下於荓,[549] 荓下於蕭,[550] 蕭下於薛, 薛下於萑,[551] 萑下於茅. 凡彼草物,

---

「地員」篇, 黎翔鳳撰, 上同, 1,095頁 注25.

545) 왕인지王引之(1766-1834)에 의하면, 품유品楡는 마땅히 구유區楡이고, 區楡는 오늘날 자유刺楡(시무나무)이다. 웨이잉夏緯瑛에 의하면, 자유刺楡는 灌木으로, 산록山麓이나 평지 가까운 곳에서 자란다. 『管子校注』(下), 「地員」篇, 黎翔鳳撰, 上同, 1,096頁 注26.

546) 왕소란王紹蘭에 의하면, 곡穀에는 生의 뜻이 있고, 조造는 草貌이니, 추잡蓫雜은 풀이 잡다함이다. 黎翔鳳에 의하면, 草土는 풀과 흙이 적절함을 말한다. 『管子校注』(下), 「地員」篇, 黎翔鳳撰, 上同, 1,097頁 注1.

547) 黎翔鳳에 의하면, 葉의 盛은 접接과 같으니, 접䔆(개 연꽃)과 같다. 접䔆은 수행水荇(노랑어리 연꽃)이다. 샤웨이잉夏緯瑛에 의하면, 虈은 옛날의 기芰(마름)이고, 지금의 능菱(마름)이다. 『管子校注』(下), 「地員」篇, 黎翔鳳撰, 上同, 1,098頁 注2.

548) 왕염손王念孫(1744-1832)에 의하면, 현莧은 마땅히 완莞(왕골)이어야 한다. 『管子校注』(下), 「地員」篇, 黎翔鳳撰, 上同, 1,098頁 注3.

有十二衰,552) 各有所歸.]

구주九州의 토양에 90가지 종류가 있다. 매 토양마다 특징이 있고, 종류에는 차등이 있다.

[九州之土, 爲九十物. 每州有常,553) 而物有次.]

여러 토양 중에 최고는 다섯 곡식의 토양이다. 다섯 (지역) 곡물의 토양에는 혹 붉은 것, 혹 푸른 것, 혹 흰 것, 혹 검은 것, 혹 누런 것이 있다. 다섯 지역 곡식의 땅은 다섯 가지 특징이 있다. 다섯 (지역) 곡식의 땅[粟土]은 축축하나 끈적거리지 않고, 건조하나 척박하지 않고, 수레바퀴를 진창에 빠지게 하지 않으며, 손발을 더럽히지 않는다. 그 땅에 큰 늦벼, 작은 늦벼를 심는데, 줄기가 흰색이고, 이삭도 흰색인데, 적합하지 않은 것이 없다. 다섯 (지역의) 속토粟土는 혹 언덕이나 산에 있고, 물가나 평원에도 있다. 음지이건 양지이건 모두 오동나무[桐]와 떡갈나무[柞]가 적합하여, 수미秀美하고 장대長大하지 않은 것이 없다. 느

549) 黎翔鳳에 의하면, 병荓은 말을 쓸어주는 솔[馬刷]을 만드는 데 쓰이기 때문에 마추馬帚라고 말한다. 『管子校注』(下), 「地員」 篇, 黎翔鳳撰, 上同, 1,099頁 注4.

550) 탕샤오춘湯孝純에 의하면, 소蕭(맑은 대 쑥)는 애호艾蒿(쑥)를 가리킨다. 『新譯管子讀本』(下), 「地員」 篇, 上同, 730頁, 注6 참조.

551) 장문호張文虎(1808-1885)에 의하면, 추萑는 원울초芫蔚草인데, 원芫은 충茺이 잘못된 것이니, 충울茺蔚은 익모초益母草이다. 『管子校注』(下), 「地員」 篇, 黎翔鳳撰, 上同, 1,099頁 注5.

552) 왕소란王紹蘭에 의하면, 쇠衰는 差等이다. 웨이잉夏緯瑛은, 12종 식물은 그 생장지에 따라 각기 等次가 있다고 말한다. 『管子校注』(下), 「地員」 篇, 黎翔鳳撰, 上同, 1,099頁 注6.

553) 王念孫에 의하면, 「每州有常」은 「每土有常」이다. 아래문장에서 上土, 中土, 下土에 각 30종을 말했기 때문에, 每州는 있을 수 없다. 『管子校注』(下), 「地員」 篇, 黎翔鳳撰, 上同, 1,100頁 注1.

릅나무[榆], 버드나무[柳], 산뽕나무[염檿], 뽕나무, 산뽕나무[자柘], 상수리나무[역櫟], 회화나무[괴槐], 사시나무[楊], 여러 나무가 번식하여, 빨리 크고 가지들이 곧으며 길다. 그 연못에는 물고기들이 많다. 가축을 방목하면 소와 양들에게 알맞다. 그 땅과 그 기슭에는 대나무[竹], 이대[箭], (그리고) 무늬 있는 가래나무[藻楸], 졸참나무[楢]와 박달나무[檀], 모두에게 적합하고, 다섯 가지 향기가 난다. 백려白荔나 백지白芷[구릿대의 뿌리], 천궁이[蘼蕪], 후추[椒]와 난蘭에서 다섯 가지 향내가 난다. (백성들은) 질병이 적고 늙지 않으며, 남자나 여자가 모두 건강하며, 그 백성들은 솜씨가 좋다. 샘물은 누렇고 흰색이며, 사람들은 평이平易하고 후덕하다. 다섯 (지역의) 속토粟土는 건조하나 마르지 않았고, 말랐다 해도, 축축하여 흩어지지 않으니, 높은 데나 낮은 데나 가릴 것 없이, (흙이) 흩어짐을 보호하며 살아가니, 이것이 (곡식을 키우는) 속토粟土이다.

[羣土之長, 是唯五粟. 五粟之物, 或赤, 或青, 或白, 或黑, 或黃. 五粟五章.[554] 五粟之狀, 淖而不肕,[555] 剛而不觳,[556] 不濘車輪,[557] 不汚手足. 其種大重、細重[558], 白莖、白秀, 無不宜也. 五粟之土, 若

---

554) 湯孝純에 의하면, 장章은 표기標記이니, 특징이다. 『新譯管子讀本』(下), 「地員」篇, 上同, 731頁, 注5 참조.

555) 張佩綸에 의하면, 「濡甚」 曰淖(매우 젖은 것을 뇨淖라고 한다.) 인肕(질기다)은 마땅히 닐韧(붙다)인데, 韧은 교膠(끈끈하다)이다. 『管子校注』(下), 「地員」 篇, 黎翔鳳撰, 上同, 1,101頁 注2.

556) 王紹蘭에 의하면, 곡觳은 척脊(등마루)과 같다. 런린푸任林圃(Ren Linpu)에 의하면, 강剛과 뇨淖가 對文이니, 剛은 여기서 乾燥의 뜻이고, 곡觳은 척박瘠薄이다. 『管子校注』(下), 「地員」 篇, 黎翔鳳撰, 上同, 1,101頁 注3.

557) 尹知章의 주석에 의하면, 녕濘은 진창[泥]이다. 『管子校注』(下), 「地員」 篇, 黎翔鳳撰, 上同, 1,100頁.

558) 王紹蘭에 의하면, 種은 마땅히 동穜(늦벼)이어야 한다. 『說文解字』에 「穜, 先穜後孰也.」(穜은 먼저 심으나 늦게 성숙한다.) 重은 동穜이다. 『管子校注』(下), 「地員」 篇, 黎翔鳳撰, 上同, 1,102頁 注4.

在陵在山，在隫在衍.[559] 其陰其陽，盡宜桐柞，莫不秀長. 其榆其柳，其檿其桑，其柘其櫟，其槐其楊，羣木蕃滋，數大條直以長.[560] 其澤則多魚. 牧則宜牛羊. 其地其樊,[561] 俱宜竹、箭，藻龜楢檀,[562] 五臭生之. 薜荔白芷，蘪蕪椒連,[563] 五臭所校. 寡疾難老，士女皆好，其民工巧. 其泉黃白，其人夷姤.[564] 五粟之土，乾而不挌,[565] 挌，湛而不澤,[566] 無高下，葆澤以處，是謂粟土.]

속토粟土의 다음은 다섯 지역의 옥토[五沃]다. 다섯 옥토의 종류는 어느 지역은 붉고, 어느 지역은 파랗고, 어느 지역은 누렇고, 어느 지역은 흰색이고, 어느 지역은 검은 색이다. 다섯 옥토의 다섯 종류는 각각 다

559) 王紹蘭에 의하면, 분隫은 마땅히 분墳인데, 墳은 濆(물가水邊)의 假借이다. 『管子校注』(下), 「地員」篇, 黎翔鳳撰, 上同, 1,102頁 注5. 湯孝純에 의하면, 衍은 低平한 땅, 즉 평원이다. 『新譯管子讀本』(下), 「地員」篇, 上同, 731頁, 注12 참조.

560) 趙守正에 의하면, 數는 音義가 速(빠르다)와 같다. 『管子通解』(下), 「地員」篇, 上同, 229頁, 注6 참조.

561) 장패륜張佩綸(1848-1903)에 의하면, 번樊은 애崖(언덕)이니, 안변岸邊(기슭)이다. 『管子校注』(下), 「地員」篇, 黎翔鳳撰, 上同, 1,102頁 注7.

562) 리샹펑黎翔鳳에 의하면, 구龜는 추楸(가래나무)로 볼 수 있다. 조藻는 무늬이다. 유楢(졸참나무)는 강목剛木(굳은 나무)이니, 수레의 재료이다. 『管子校注』(下), 「地員」篇, 黎翔鳳撰, 上同, 1,103頁 注8.

563) 장패륜張佩綸에 의하면, 벽려薜荔는 香草이고, 백지白芷는 그 잎이 藥이다. 미무蘪蕪는 천궁川芎, 또는 천궁이(또는 궁궁이)로 불리는데, 궁궁이의 싹을 혈청제로 쓴다. 초椒는 후추이며, 연連은 난蘭과 통한다. 『管子校注』(下), 「地員」篇, 黎翔鳳撰, 上同, 1,104頁 注9.

564) 왕소란王紹蘭(1760-1835)에 의하면, 이夷는 平이고, 구姤는 후垕로 읽을 수 있으니, 후垕는 厚의 古字이다. 『管子校注』(下), 「地員」篇, 黎翔鳳撰, 上同, 1,104頁 注11.

565) 진환陳奐(1786-1863)에 의하면, 격挌은 격垎(마르다, 단단하다)으로 읽어야 한다. 격垎은 흙이 마른 것을 말한다. 『管子校注』(下), 「地員」篇, 黎翔鳳撰, 上同, 1,105頁 注12.

566) 손이양孫詒讓(1848-1908)에 의하면, 택澤은 석釋의 假借(빌려온 말)이니, 釋은 해解(풀어지다)의 뜻이다. 『管子校注』(下), 「地員」篇, 黎翔鳳撰, 上同, 1,105頁 注13.

른 등급이다.

오옥五沃의 모양은 가볍고 밀집됐으나 구멍들이 많은 흙이니, 벌레들이 쉽게 온전할 수 있다. (흙이) 차지나 가볍고, 흰색이 아니고, 아래에는 수분水分이 있다. 거기에 큰 모, 작은 모를 심으면 줄기는 붉고, 이삭은 검은색이나, 화살처럼 길어진다.

오옥五沃의 토양은 혹 ① 언덕[丘]과 ② 산에, ③ 큰 흙산[陵]과 ④ 산마루[岡]에, 혹 ⑤ 산모퉁이[陬]에 있다. 언덕[陵] 가운데서, 왼쪽과 오른쪽에, 저들 여러 나무: 오동나무[桐], 떡갈나무[柞], 산앵두나무[扶栘], 참죽나무[櫄]가 적합하며, 저들 흰색 가래[白梓], 매실[梅], 살구[杏], 복숭아[桃]와 자두[李]가 적합하며, 그 꽃들이 피고 줄기가 일어섰다. 멧대추나무[棘], 팥배나무[棠], 회화나무[槐], 사시나무[楊], 느릅나무[榆], 뽕나무[桑], 구기자나무[杞], 소방蘇方나무[枋, 다목] 등, 여러 나무가 빨리 커서, 줄기가 곧바르고 길다.

음지에는 사리樝梨가 자라고, 양지에는 다섯 종의 삼을 심는다. 혹 높게도 혹 낮게도 심으니, 심을 곳을 택할 필요 없다. 삼[麻] 중에 큰 것은 이대[箭]나 갈대[葦]와 같아서, 크고 길어서 아름답고, 작은 것은 왕골과 작은 땔나무 같고, 큰 삼은 마디가 없고, 작은 것도 잘 정돈되었으니, (젖은 삼을) 때려서 (물기를 빼내고) 갈무리 잘 해두면 마침내 백색 실이 된다.

다섯 향기로운 식물을 구역을 따라서 심으니 (싹이) 생겼는데, (이들은) 연蓮, 걸여芎輿, 천궁이[蘼蕪], 고본藁本과 백지白芷이다.

연못에는 물고기가 많으며, 방목으로는 소와 양이 적합하다. 샘물은 흰색에 푸르스름하고, 사람들은 견강하여 굽힘이 없고, 옴 같은 피부병이 적고, 마침내 두통이나 술[酒] 어지럼증은 없다. 이 다섯 (지역의) 옥토는 건조하나 굳지는 않으며, 축축하여 흩어지지 않으니, 높은 곳이나 낮은 곳이나 가릴 것 없이, (토사가) 흩어짐을 보호하고 살아가니, 이것이 옥토이다.

[粟土之次曰五沃. 五沃之物, 或赤, 或青, 或黃, 或白, 或黑. 五沃五物, 各有異則.[567] 五沃之狀, 剽怸橐土, 蟲易全處.[568] 怸剽不白, 下乃以澤. 其種大苗、細苗, 赨莖、黑秀、箭長.[569] 五沃之土, 若在丘在山, 在陵在岡, 若在陬.[570] 陵之陽, 其左其右, 宜彼羣木, 桐、柞、枎、櫄, 其彼白梓, 其梅其杏, 其桃其李, 其秀生莖起. 其棘其棠,[571] 其槐其楊, 其榆其桑, 其杞其枋, 羣木數大, 條直以長. 其陰則生之楂藜, 其陽則安樹之五麻.[572] 若高若下, 不擇疇所. 其麻大者如箭如葦, 大長以美, 其細者如雚如蒸,[573] 欲有與各,[574] 大者不類,[575] 小者則治,

567) 왕소란王紹蘭에 의하면, 『史記 · 夏本紀集解』에 「三壤, 上中下各三等也.」(세 토양은, 上中下, 각 세 등급이다.)라 했는데, 이것 또한 등等으로 칙則을 해석한 것이다. 여기서 말하는 「五沃五物各有夷則」은, 五物이 마땅히 5등급으로 차이가 남을 밝히고 있다. 『管子校注』(下), 「地員」 篇, 黎翔鳳撰, 上同, 1,107頁 注1.

568) 왕인지王引之(1766-1834)에 의하면, 역易은 마땅히 치豸이다. 발 있는 벌레는 충蟲이고, 발 없는 벌레는 치豸이다. 黎翔鳳에 의하면, 표剽는 마땅히 경輕으로 훈독해야 하고, 실怸(모두)은 출秫이니, 秫은 나稬(찰벼), 즉 나糯(찰벼)이다. 『管子校注』(下), 「地員」 篇, 黎翔鳳撰, 上同, 1,107頁 注2.

569) 장패륜張佩綸에 의하면, 동赨(붉다)은 적색赤色이고, 전장箭長은 볏짚을 말한다. 『管子校注』(下), 「地員」 篇, 黎翔鳳撰, 上同, 1,107頁 注3.

570) 리샹펑黎翔鳳에 의하면, 1)구丘, 2)산山, 3)능陵, 4)강岡과 5)추陬, 이것이 오옥五沃[다섯 지역의 옥토]이다. 「陵之陽」은, 능陵 가운데 있다는 말이다. 『管子校注』(下), 「地員」 篇, 黎翔鳳撰, 上同, 1,108頁 注4.

571) 탕샤오춘湯孝純에 의하면, 긍兢은 멧대추(酸棗)나무이다. 『新譯管子讀本』(下), 「地員」 篇, 上同, 733頁, 注10 참조.

572) 왕소란王紹蘭에 의하면, 오마五麻(다섯 가지 삼)는 ①시마枲麻, ②저마苴麻, ③호마胡麻, ④저마紵麻와 ⑤경마緜麻이다. 黎翔鳳에 이하면, 安은 乃이다. 『管子校注』(下), 「地員」 篇, 黎翔鳳撰, 上同, 頁.

573) 탕샤오춘湯孝純에 의하면, 증蒸은 작은 땔감이다. 정현鄭玄(127-200)注에, 「木大曰薪, 小曰蒸.」(나무가 크면 신薪이고, 작으면 증蒸이다.)라고 말했다. 『新譯管子讀本』(下), 「地員」 篇, 上同, 注13 참조.

揣而藏之, 若衆練絲.[576] 五臭疇生,[577] 蓮與蘼蕪,[578] 藁本白芷. 其澤則多魚, 牧則宜牛羊. 其泉白靑, 其人堅勁, 寡有疥騷, 終無痟酲. 五沃之土, 乾而不斥,[579] 湛而不澤, 無高下, 葆澤以處. 是謂沃土.]

다섯 (지역의) 옥토 다음이 다섯 (지역의) 진흙[黏土]이다. 다섯 (지역의) 점토(진흙)는 다섯 색깔이 뒤섞이고, 각각 다른 특징이 있다. 다섯 (지역) 점토의 상태는 딱딱해서 붙지 않거나 재[灰]처럼 흩어지지도 않으니, 푸른색이 도나 따듯하여 이끼[苔]처럼 붙어 있다. 거기에 큰 갈대와 작은 갈대를 심으니 무성하고, 줄기는 붉으나 이삭은 흰색이다. 다섯 지역의 점토 흙은 혹 ① 산마루[岡]에, ② 큰 흙산[陵]에, ③ 물가 높은 지역[墳]에, ④ 평지[衍]에, ⑤ 언덕[丘]이나 산에 있는데, 모두 (수레 만드는 재료인) 대나무들[竹과 箭], (수레 부품들을 묶는) 대나무 껍질[출멸茉篾], 졸참나무[楢]와 박달나무[檀]에 적합하다. 산의 낮은 곳에는 개여뀌[蘢]와 질경이

574) 黎翔鳳에 의하면, 有는 取의 뜻이다. 各은 낙絡(장시간 물에 담그다)이다. 生絲를 아직 물에 담가서 부드럽게 하지 않은 것이 낙絡이다. 『管子校注』(下), 「地員」 篇, 黎翔鳳撰, 上同, 1,109頁 注9.

575) 유적劉積(15세기)에 의하면, 유類는 마땅히 뇌纇(실마디)이다. 『管子校注』(下), 「地員」 篇, 黎翔鳳撰, 上同, 1,109頁 注10.

576) 왕소란王紹蘭에 의하면, 췌揣는 추捶(종아리를 치다)이다. 장패륜張佩綸(1848-1903)에 의하면 衆은 終이다. 湯孝純에 의하면, 사마絲麻나 포백布帛을 삶으면 부드럽고 하얀색이 된다. 따라서 연사練絲는 白絲가 된다. 『新譯管子讀本』(下), 「地員」 篇, 上同, 注20 참조.

577) 탕샤오춘湯孝純에 의하면, 룽隴은 지역을 구분하여 심음을 말한다. 『新譯管子讀本』(下), 「地員」 篇, 上同, 注21 참조.

578) 장패륜張佩綸에 의하면, 與는 마땅히 輿가 되어야 한다. 輿는, 걸여藒輿는 香草이다. 걸차藒車가 걸여藒輿이다. 『管子校注』(下), 「地員」 篇, 黎翔鳳撰, 上同, 1,111頁 注12.

579) 진환陳奐(1786-1863)에 의하면, 척斥과 탁坼(터지다, 갈라지다)은 같다. 불척不斥은 불격不垎(마르다, 굳다)[굳지 않음]과 같다. 『管子校注』(下), 「地員」 篇, 黎翔鳳撰, 上同, 1,111頁 注14.

[鳥]가 있고, 여러 나무들이 여기에서 강함을 다투니 가지들이 길고 빨리 큰다. 뽕나무, 소나무, 구기자나무, 용나무[楫]가 있고, 서楈[종려棕櫚나무의 일종], 벵골보리수[榕], 느릅나무[榆], 복숭아나무[桃], 버드나무[柳]와 멀구슬나무[연楝]의 유묘幼苗들을 심었다. 모든 약초가 여기서 자라니, 생강, 도라지, 족두리 풀[小辛]과 새삼[大蒙]이다. 산의 높은 곳에는 도라지, 귀목 풀[苻, 즉 白英], 느릅나무[榆]가 많다. 산의 제일 볼록한 데에는 산매山梅와 개미취[紫菀]가 있다. 산의 옆면에 노란 패모[蝱] 및 흰 창포菖蒲[白昌]가 있다. 산 명아주[山藜], 참억새[葦芒] 등 여러 약초가 여기에 모여 있어서, 백성들의 재앙을 막아준다. 산림 산기슭에는 회화내무[槐], 모감주나무[楝], 떡갈나무[柞], 닥나무[穀] 등 여러 나무가 여기에서 강함을 다툰다. 새와 짐승들이 여기에서 재주를 펼치니, 사불상이나 고라니들이 있고, 또한 사슴들이 많다. 샘물은 푸른색에 검은색을 띠며, 사람들은 청렴하고 깨끗하며, 일을 줄이고 음식을 절약한다. 높은 데 낮은 데를 가리지 않고 (토사가) 흩어짐을 보호하고 살아가니, 이것이 점토黏土이다.

[沃土之次曰五位.[580] 五位之物, 五色雜英, 各有異章. 五位之狀, 不塥不灰, 青恋以落及.[581] 其種大葦無,[582] 細葦無, 赨莖白秀. 五位之土, 若在岡在陵, 在隫在衍, 在丘在山, 皆宜竹箭求黽楢檀.[583] 其

---

580) 리샹펑黎翔鳳에 의하면, 春秋시대에는 位자가 없고, 立을 썼다. 立이 입粒되었고, 粒은 삼糂으로 訓하여, 삼糁이 점黏과 통한다. 그래서 五位가 점토黏土(진흙), 즉 上土가 되었다. 『管子校注』(下), 「地員」 篇, 黎翔鳳撰, 上同, 1,113頁 注1.

581) 黎翔鳳에 의하면, 실恋은 난渜(따뜻하다)로 훈독訓讀되고, 태菭는, 방현령房玄齡(578-648)에 의하면, 태苔(이끼)이다. 及은 연連이니, 태급菭及은 태련苔連(이끼처럼 이어져있음)이다. 『管子校注』(下), 「地員」 篇, 黎翔鳳撰, 上同, 1,114頁 注2.

582) 리샹펑黎翔鳳에 의하면, 『說文解字』에 「無, 豐也.」(無는 풍성함이다.)라고 했는데, 사람들이 이것을 모른다. 『管子校注』(下), 「地員」 篇, 黎翔鳳撰, 上同, 1,114頁 注3.

山之淺, 有蘢與斥,[584] 羣木安逐,[585] 條長數大. 其桑其松, 其杞其茸,[586] 種木胥容,[587] 榆、桃、柳、楝.[588] 羣藥安生,[589] 薑與桔梗、小辛、大蒙.[590] 其山之梟,[591] 多桔、符、榆. 其山之末,[592] 有箭與苑.[593]

---

583) 黎翔鳳에 의하면, 졸참나무[楢]와 박달나무[檀]는 수레를 만드는 나무재료이다. 민黽은 민筤(대 꺼풀)이고, 이것은 멸篾(대 껍질)이니, 수레의 부품들을 묶는데 쓰인다. 求는 취聚로 訓讀하니, 구민求黽은 총집하는 민筤(대 꺼풀)이다. 죽전竹箭, 구민求黽[묶는 대 꺼풀], 유楢와 단檀, 모두가 수레 만드는데 쓰인다. 『字統』에, 「箭者竹之別形, 大身小葉曰竹, 小身大葉曰箭.」(箭은 대나무의 별난 모양이니, 큰 몸에 작은 잎이면 竹이고, 작은 몸에 큰 잎이면 箭이다.)로 설명되어 있다. 『管子校注』(下), 「地員」篇, 黎翔鳳撰, 上同, 1,115頁 注4.

584) 장패륜張佩綸에 의하면, 천淺(얕다)은 깊지 않음이다. 용蘢은 紅草인 농고蘢古(개여뀌)이고, 큰 것은 귀蘬(개여뀌)이다. 척斥은 석舃인데 능둔陵屯(언덕)에서 자라며, 車前草(질경이)로 불린다. 『管子校注』(下), 「地員」篇, 黎翔鳳撰, 上同, 1,116頁 注5.

585) 왕염손王念孫(1744-1832)에 의하면, 安은 於是이다. 黎翔鳳에 의하면, 축逐은 경강競彊(강함을 다툼)의 뜻이다. 『管子校注』(下), 「地員」篇, 黎翔鳳撰, 上同, 1,117頁 注6.

586) 좌오소우정趙守正에 의하면, 용茸은 용榵(용나무)과 통한다. 박달나무[檀]과 비슷하다. 『管子通解』(下), 「地員」篇, 上同, 232頁, 注7 참조.

587) 정사함丁士涵(19세기)에 의하면, 種은 동橦(木棉나무)의 誤字이고, 서용胥容은 서楈와 용榕이니, 橦, 楈, 榕은 세 종의 나무이다. 黎翔鳳에 의하면, 『說文解字』에, 「種, 先穜後孰也.」(먼저 늦벼를 심지만 늦게 여문다.)했으니, 이것을 本義로 한다면 앙묘秧苗,즉 유묘幼苗를 심은 것이다. 『管子校注』(下), 「地員」篇, 黎翔鳳撰, 上同, 1,117頁 注9.

588) 왕소란王紹蘭(1760-1835)에 의하면, 연楝은 란欄이며 난목欒木(모감주나무)과 비슷하다. 난목欒木이 연楝과 비슷하다. 『管子校注』(下), 「地員」篇, 黎翔鳳撰, 上同, 1,117頁 注10.

589) 王紹蘭에 의하면, 군약羣藥은 百藥이고, 강薑은 강薑(생강)이다. 길경桔梗은 도라지이다. 『管子校注』(下), 「地員」篇, 黎翔鳳撰, 上同, 1,118頁 注11.

590) 王紹蘭에 의하면, 세신細辛(족두리 풀)이 小辛이다. 몽蒙은 여라女蘿, 또는 토사菟絲(새삼)이다. 당唐은 大의 뜻이니, 당몽唐蒙은 大蒙이다. 『管子校注』(下), 「地員」篇, 黎翔鳳撰, 上同, 1,118頁 注12.

591) 장패륜張佩綸에 의하면, 효梟(얼빼미)는 요澆(물을 대다)와 같다. 효梟는 요堯의 假借이다. 『白虎通』에, 堯는 요요嶢嶢(산이 높다)와 같으니, 至高의 모습이다. 『管子校注』(下), 「地員」篇, 黎翔鳳撰, 上同, 1,119頁 注13.

592) 張佩綸에 의하면, 末은 마땅히 山의 수추首脊, 즉 제일 튀어나온 부분이다. 『管子校注』(下), 「地員」篇, 黎翔鳳撰, 上同, 1,120頁 注15.

593) 왕염손王念孫(1744-1832)에 의하면, 전箭은 마땅히 전葥(질경이)이다. 원苑은 완莞

其山之旁, 有彼黃虻,[594] 及彼白昌. 山藜、葦芒, 羣藥安聚, 以圉民殃. 其林其漉,[595] 其槐其楝, 其柞其榖,[596] 羣木安逐. 鳥獸安施,[597] 旣有麋麃, 又且多鹿. 其泉靑黑, 其人輕直,[598] 省事少食. 無高下, 葆澤以處, 是謂位土.]

점토 다음은 다섯 가지 부드럽지만 뭉친 것이 많은 땅이다. 다섯 (지역의) 부드러우나 뭉친 것이 많은 땅은 검은 흙에 검은 '돌 옷[菭]'이 있으며, 푸르지만 부드러운 흙이라 기름지며, (흙의) 가루는 재와 같다. 거기에 벼[穉葛]를 심었는데, (그것은) 붉은 줄기[동경軸莖]와 노란 이삭[黃秀]이 있으며, 능소화[鬼目=恚目]는 그 잎이 개미취[紫菀]와 같다. 과일나무를 심어 키우는데, 세 가지 토양[粟土, 沃土와 黏土]의 10분의 2가 못되니, 이것이 부드럽지만 뭉친 것이 많은 땅이다.

[位土之次曰五隱.[599]五隱之狀, 黑土黑菭,[600] 靑怵以肥,[601] 芬然若

(즉 자완紫菀)과 통한다. 장패륜張佩綸에 의하면, 전蔪은 山梅이다. 『管子校注』(下), 「地員」篇, 黎翔鳳撰, 上同, 1,120頁 注16.

594) 왕소란王紹蘭에 의하면, 맹蝱은 맹䖟인데, 맹䖟은 패모貝母(백합과에 속하는 여러해살이풀)이다. 『管子校注』(下), 「地員」篇, 黎翔鳳撰, 上同, 1,120頁 注17.

595) 王紹蘭에 의하면, 녹漉은 마땅히 녹麓(산기슭)이 되어야 한다. 『管子校注』(下), 「地員」篇, 黎翔鳳撰, 上同, 1,121頁 注19.

596) 하여장何如璋(1838-1891)에 의하면, 곡榖은 나무이름인데, 껍질이 희면 곡榖이고, 얼룩진 무늬[斑]가 있으면 저楮(닥나무)라고 한다. 『管子校注』(下), 「地員」篇, 黎翔鳳撰, 上同, 1,121頁 注20.

597) 리샹펑黎翔鳳에 의하면, 施는 시전施展(展開하다)의 뜻이다. 『管子校注』(下), 「地員」篇, 黎翔鳳撰, 上同, 1,122頁 注21.

598) 염결廉潔은 청렴하고 깨끗함이다.

599) 黎翔鳳에 의하면, 은隱은 예시隸書의 別體이니, 「恋上多心, 隱土多州」(부드러운 흙에 뭉친 것이 많고, 은토隱土에는 풀이 많다.)은 같은 뜻이다. 『管子校注』(下), 「地員」篇, 黎翔鳳撰, 上同, 1,122頁 注1.

600) 윤지장尹知章(약669-약718)은 주석에서, 태菭는 '돌 옷[地衣, 이끼]'이라고 말한다. 『管子校注』(下), 「地員」篇, 黎翔鳳撰, 上同, 1,122頁.

灰.602) 其種櫑葛,603) 秫莖黃秀; 恚目, 其葉若苑.604) 以蓄殖果木, 不若三土以十分之二, 是謂蘟土.]

부드럽지만 뭉친 것이 많은 땅 다음은 다섯 토양이다. 다섯 토양의 모습은 언덕이 올라 솟은 것처럼 봉긋하며 기름지다. 거기에 큰 벼, 작은 벼를 심는데, (그것은) 붉은 줄기[秫莖]와 노란 이삭[黃秀]이니, 번식하였다. 가뭄을 견디는데 적합하지 않은 점이 없다. (그 흙에) 과일나무를 심고 키우는데, 삼토[粟土, 沃土와 黏土]에 비해 (수확이) 10분지 2가 못하니, 이것이 양토壤土이다.

[蘟土之次曰五壤. 五壤之狀, 芬然若澤若屯土.605) 其種大水腸, 細水腸,606) 秫莖黃秀, 以慈.607) 忍水旱無不宜也. 蓄殖果木, 不若三土以十分之二, 是謂壤土.]

---

601) 야스이 히라나라安井衡(1799-1876)에 의하면, 출怵과 출怷(부드러운 흙)은 같다. 『管子校注』(下), 「地員」 篇, 黎翔鳳撰, 上同, 1,122頁 注2.

602) 손이양孫詒讓(1848-1908)에 의하면, 분芬은 분粉(가루)의 假借(빌린 말)이다. 『管子校注』(下), 「地員」 篇, 黎翔鳳撰, 上同, 1,123頁 注2.

603) 장패륜張佩綸에 의하면, 뇌갈櫑葛은 마땅히 [穤]葛이다. 벼[稻]의 이름이다. 벼가 길기에 갈[穤]이다. 『管子校注』(下), 「地員」 篇, 黎翔鳳撰, 上同, 1,123頁 注3.

604) 런린푸任林圃에 의하면, 에목恚目은 귀목鬼目(능소凌霄花)이다. 왕염손(1744-1832)에 의하면, 원苑은 완莞과 通하니, 자완紫菀(개미취)이다. 『管子校注』(下), 「地員」 篇, 黎翔鳳撰, 上同, 1,123頁 注4.

605) 장패륜張佩綸에 의하면, 土는 衍文이고, 둔屯은 마땅히 전澱(앙금, 찌꺼기)으로 읽어야 한다. 五壤의 흙은 찌꺼기 같아서 비유肥濡하고 和美하다. 리저밍李哲明(1857-?)에 의하면, 분芬은 분坌(언덕이 솟은 모양)이니, 인분隱坌은 언덕이 솟은 모양이다. 「芬然若澤」은 「華然如芬以脤」과 같으니, 신脤은 신脣이니, 헌기軒起(들어 올리다)의 뜻이다. 管子校注』(下), 「地員」 篇, 黎翔鳳撰, 上同, 1,124頁 注1.

606) 왕스란王紹蘭에 의하면, 수장水腸은 벼의 종류이다. 『管子校注』(下), 「地員」 篇, 黎翔鳳撰, 上同, 1,125頁 注2.

607) 좌오소우정趙守正에 의하면, 자慈는 자滋(번식하다)로 읽어야 한다. 자滋는 多(많음)이다. 『管子通解』(下), 「地員」 篇, 上同, 233頁, 注3 참조.

양토壤土의 다음은 (씨가 싹이 트는) 부토孚土이다. 다섯 (지역의) 부토孚土의 상태는 단단하여 쌀처럼 잘게 부서져도 (흙이) 흩어지지 않고 습기를 보존하니, 흐트러지지도 않고 갈라지지도 않는다. 거기에 메기장[忍薼]을 심으면, 메기장의 잎은 왕골과 같고, 잎으로 야생 쌀의 이삭, 노랑줄기, 검은 줄기와 이삭이 검은데, 그 곡식은 커서, 적합하지 않은 데가 없다. (거기에) 과일나무를 심고 키우면, (수확이) 삼토[粟土, 沃土와 黏土]의 10분의 2가 못 된다.

[壤土之次曰五浮.608) 五浮之狀, 捍然如米以葆澤,609) 不離不坼. 其種忍薼,610) 忍葉如藿, 葉以長狐茸,611) 黃莖黑莖黑秀, 其粟大, 無不宜也. 蓄殖果木, 不如三土以十分之二.]

무릇 최고의 흙[上土]에 30종류, (각) 종류에 12가지 작물이 있다.

[凡上土三十物, 種十二物.]

중간토양[中土]은 다섯 (차조를 심는) 출토怸土이다. 다섯 (지역) 출토의 상태는 창고가 높은 지대에 있는 것 같고, 찰벼로 살아간다. 거기에 큰 기장, 작은 기장을 심는데, (그것들은) 붉은 줄기와 노랑 이삭이고, 더욱

608) 리샹펑黎翔鳳에 의하면, 부浮는 부孚(미쁘다)이니, 부갑孚甲, 즉 씨가 분열하여 싹틈을 말한다. 『管子校注』(下), 「地員」 篇, 黎翔鳳撰, 上同, 1,125頁 注1.

609) 黎翔鳳에 의하면, 방현령房玄齡(578-648)注에, 「捍, 堅貌, 其土屑碎如米」(한捍은, 굳은 모양이니, 그 흙이 쌀처럼 잘게 부서진다.)는 옳은 말이다. 『管子校注』(下), 「地員」 篇, 黎翔鳳撰, 上同, 1,126頁 注2.

610) 좌오소우징趙守正에 의하면, 인은忍薼은 방莠, 즉 방황䅋䅿(메기장)이다. 『管子通解』(下), 「地員」 篇, 上同, 234頁, 注2 참조.

611) 손이양孫詒讓(1848-1908)에 의하면, 호狐(여우)는 아마도 고菰, 또는 고蓏자 같고, 고용孤茸은 고수菰穗이다. 고菰는 야생 쌀(wild rice)이다. 『管子校注』(下), 「地員」 篇, 黎翔鳳撰, 上同, 1,127頁 注4.

인내함으로써 물이 가물어도 작은 곡식이 삼[麻]처럼 번식하여 아름답다. (거기에) 과일나무를 심어 키우면, (수확이) 삼토[粟土, 沃土와 黏土]의 10분의 3이 못된다.

[中土曰五恋.612) 五恋之狀, 廩焉如塪,613) 潤溼以處. 其種大稷、細稷, 赨莖黃秀, 慈忍,614) 水旱細粟如麻.615) 蓄殖果木, 不若三土以十分之三.]

(차조를 심는) 출토恋土의 다음은 다섯 (지역의) 검은 흙이다. 다섯 검은 토양의 모양은, 강하지만 부드럽고 튼튼하다. 거기에 큰 이移곡식, 작은 이移곡식을 심으니, 잎과 줄기가 산앵두나무[扶移], 참죽나무[櫄] 같으며, 알곡이 크다. (거기에) 과일나무를 심고 키우면, (수확이) 삼토[粟土, 沃土와 黏土]보다 10분의 3이 못하다.

[恋土之次曰五纑.616) 五纑之狀, 彊力剛堅.617) 其種大邯鄲、細邯鄲,618) 莖葉如扶櫄, 其粟大. 蓄殖果木, 不若三土以十分之三.]

---

612) 黎翔鳳에 의하면, 출恋(부드러운 흙)은 출朮(차조)인데, 그 뜻은 나稬(찰벼), 즉 나糯이다. 그 땅에 출朮을 심기에, 출토朮土, 또는 출토恋土이다. 『管子校注』(下), 「地員」篇, 黎翔鳳撰, 上同, 1,129頁 注1.

613) 黎翔鳳에 의하면, 함塪(단단한 땅)은 함檻(우리)이다. 난함闌(가로막다)檻은 高地이며, 윤습潤濕은 나稬(찰벼)이다. 『管子校注』(下), 「地員」篇, 黎翔鳳撰, 上同, 1,129頁 注2.

614) 장패륜張佩綸에 의하면, 자慈 위에 以가 탈락되었다. 慈는 자滋(더하다)와 통한다. 『管子校注』(下), 「地員」篇, 黎翔鳳撰, 上同, 1,129頁 注3.

615) 윤지장尹知章의 주석에 의하면, 「其繁美如麻也.」(그것이 삼처럼 번식하여 아름답다.)이다. 『管子校注』(下), 「地員」篇, 黎翔鳳撰, 上同, 1,128頁.

616) 黎翔鳳에 의하면, 黑은 노纑와 통하고, 노纑는 노盧(검은색)이다. 『管子校注』(下), 「地員」篇, 黎翔鳳撰, 上同, 1,130頁 주1.

617) 黎翔鳳에 의하면, 강인彊刃은 강인彊紉(강하지만 부드럽고 튼튼함)이다. 『管子校注』(下), 「地員」篇, 黎翔鳳撰, 上同, 1,130頁 주1.

618) 장패륜張佩綸에 의하면, 이移는 화명禾名이다. 이移가 곧 한단邯鄲이다. 『管子校注』(下), 「地員」篇, 黎翔鳳撰, 上同, 1,131頁 注2.

검은 흙[盧土]의 다음은 다섯 (지역의) 단단한 흙[壏土]이다. 다섯 (지역의) 단단한 흙은 쌀겨처럼 많으나 무르다. 거기에 큰 여지茘枝, 작은 여지를 심고, (그것들은) 푸른 줄기와 노란 이삭이다. 과일나무를 심어서 키우면, (수확이) 삼토[粟土, 沃土와 黏土]보다 10분의 3이 못하다.

[櫨土之次曰五壏. 五壏之狀, 芬焉若糠以肥.619) 其種大茘、細茘, 青莖黃秀. 蓄殖果木, 不若三土以十分之三.]

단단한 흙[壏土]의 다음은 다섯 (지역의) 가벼운 흙이다. 다섯 가벼운 흙의 상태는 아름다운 가루처럼 연약하다. (거기에) 큰 기장을 심는데, (그것은) 검은 줄기와 푸른 이삭이다. (거기에) 과일나무를 심어 키우면, (수확이) 삼토[粟土, 沃土와 黏土]보다 10분의 4가 못하다.

[壏土之次曰五剽.620) 五剽之狀, 華然如芬以脤.621) 其種大秬、黑莖青秀. 蓄殖果木, 不若三土以十分之四.]

가벼운 흙[剽土]의 다음은 다섯 (지역의) 모래흙(五沙)이다. 다섯 모래흙은 상태는 낟알 부스러기처럼 분말이 되어 뛰어오른다. 여기에 큰 찰기장[秬], 작은 찰기장을 심는데, (이것들의) 하얀 줄기와 푸른 이삭들은 널리 번지어 퍼진다. 과일나무를 (이 땅에) 심고 키우면, (수확은) 삼토보다 10분의 4가 못하다.

---

619) 정사함丁士涵(19세기)에 의하면, 비肥는 취脆(무르다, 약하다)의 誤字이다. 『管子校注』(下), 「地員」 篇, 黎翔鳳撰, 上同, 1,132頁 注1.

620) 왕계배汪繼培(Wang Jipei, 19세기)에 의하면, 표剽와 표票(가볍다)는 古字가 통했다. 『管子校注』(下), 「地員」 篇, 黎翔鳳撰, 上同, 1,132頁 注1.

621) 손이양孫詒讓(1848-1908)에 의하면, 「華然如芬以脃」은 마땅히 「華然如粉以脆」(아름다운 가루처럼 연약하다.)가 되어야 한다. 『管子校注』(下), 「地員」 篇, 黎翔鳳撰, 上同, 1,133頁 注1.

[剽土之次曰五沙. 五沙之狀, 粟焉如屑塵厲.[622] 其種大萯、細萯,[623] 白莖青秀, 以蔓.[624] 蓄殖果木, 不如三土以十分之四.]

모래흙의 다음은 다섯 (지역의) 굳고 단단한 흙이다. 다섯 굳고 단단한 흙의 상태는 달팽이들을 쌓아놓은 것 같으니, 가뭄을 견딜 수 없다. 거기에 큰 올벼와 그 싹, 그리고 작은 올벼와 그 싹을 심는데, (그것들은) 검은 줄기와 검은 이삭이다. (이 흙에) 과일나무를 심고 키우면, (수확은) 삼토보다 10분의 4가 못하다.

[沙土之次曰五塥.[625] 五塥之狀, 累然如僕累,[626] 不忍水旱. 其種大樛杞、細樛杞,[627] 黑莖黑秀. 蓄殖果木, 不如三土以十分之四.]

무릇 중간 토양에 30종류가 있고, 종마다 12작물이 있다.

[凡中土三十物, 種十二物.]

---

622) 좌오소우정趙守正에 의하면, 속粟은 낟알처럼 잘게 부서진 모양이고, 설屑은 분말粉末이고, 여厲는 용기踊起(뛰어오름)이다. 『管子通解』(下), 「地員」篇, 上同, 235頁, 注1 참조.

623) 왕인지王引之(1766-1834)에 의하면, 곡식종류나 심지[種], 풀은 種이라 하지 않는다. 부萯는 하늘타리풀이다. 부萯는 거秬(찰기장)를 말한다. 『管子校注』(下), 「地員」篇, 黎翔鳳撰, 上同, 1,134頁 注2.

624) 만蔓(뻗어나감)은 만연蔓延(널리 번지어 퍼짐)이다. 『管子校注』(下), 「地員」篇, 黎翔鳳撰, 上同, 1,134頁 注3.

625) 리샹펑黎翔鳳에 의하면, 견격堅垎은 견고하고 格(굳고 단단함)함이다. 『管子校注』(下), 「地員」篇, 黎翔鳳撰, 上同, 1,135頁 注1.

626) 곽박郭璞(Guo Pu, 276-324)의 주석에, 복류僕纍는 달팽이이다. 『管子校注』(下), 「地員」篇, 黎翔鳳撰, 上同, 1,135頁 注2.

627) 왕염손王念孫(1744-1832)에 의하면, 규樛는 마땅히 육穋(올벼)이고, 기杞는 마땅히 기䄫이다. 䄫는 기芑이다. 육穋과 기芑(하얀 싹)는 한 종류인데, 빨리 성숙한다. 『管子校注』(下), 「地員」篇, 黎翔鳳撰, 上同, 1,135頁 注3.

가장 나쁜 토양[下土]에 다섯 (지역의) 누린내 나는 땅이 있다. 다섯 누린내 나는 땅은 똥과 같다. 거기에 큰 기장[黍]과 작은 기장을 심는데, (그것은) 흰색의 줄기와 검은 이삭이다. (그 흙에) 과일나무를 심고 키우면, 삼토보다 10분의 5가 못하다.

[下土曰五猶.[628] 五猶之狀如糞. 其種大華、細華,[629] 白莖黑秀. 蓄殖果木, 不如三土以十分之五.]

누린내 나는 땅[蕕土] 의 다음은 다섯 (지역의) 붉은 흙[紅土]이다. 붉은 흙의 상태는 쥐의 간肝처럼 (붉은 색)이다. 거기에 (호북湖北성의) 푸른 보리를 심는데, (그것은) 검은 줄기에 검은 이삭이 있다. (그 땅에) 과일나무를 심고 키우면, (수확이) 삼토보다 10분의 5가 못하다.

[猶土之次曰五弡.[630] 五弡之狀, 如鼠肝. 其種青梁,[631] 黑莖黑秀. 蓄殖果木, 不如三土以十分之五.]

붉은 흙[紅土]의 다음은 다섯 (지역의) 점토粘土이다. 다섯 점토의 상태는 (장마에) 매우 축축해지면 (흙이) 엉성해지고, (가물면 흙이) 갈라지고 터져서 척박하게 된다. 거기에 줄[雁膳]을 심는데, (그것에는) 검은 열매[黑實]이고, 붉은 꽃받침[朱跗]과 노란 열매[黃實]가 있다. (그 땅에) 과일나무

628) 장패륜張佩綸(1848-1903)에 의하면, 유猶는 유蕕(누린내 풀)이다. 『管子校注』(下), 「地員」 篇, 黎翔鳳撰, 上同, 1,136頁 注1.

629) 하여장何如璋(1838-1891)에 의하면, 화華는 서黍(기장)의 別名이다. 『管子校注』(下), 「地員」 篇, 黎翔鳳撰, 上同, 1,136頁 注2.

630) 리샹펑黎翔鳳에 의하면, 弡은 홍紅자인데, 五弘이라 썼는데, 흙이기 때문에 土를 집어넣어, 弡가 되었다. 『管子校注』(下), 「地員」 篇, 黎翔鳳撰, 上同, 1,137頁 注1.

631) 黎翔鳳에 의하면, 청량靑粱은 湖北성의 보리이다. 『管子校注』(下), 「地員」 篇, 黎翔鳳撰, 上同, 1,137頁 注2.

를 심고 키우면 (수확은) 삼토三土보다 10분의 6이 못된다.

[[弫]土之次曰五殖.[632] 五殖之狀, 甚澤以疏, 離坼以臛塉.[633] 其種鴈膳,[634] 黑實, 朱跗黃實. 蓄殖果木, 不如三土以十分之六.]

다섯 점토의 다음은 메마른 흙[觳]이다. 다섯 (지역의) 메마른 땅의 상태는 듬성듬성해서 가뭄을 이겨내지 못한다. 거기에 큰 콩의 2종류를 심는데, 흰 열매가 많다. (그 땅에) 과일나무를 심고 키우면, (수확이) 삼토三土보다 10분의 6이 못하다.

[五殖之次曰五觳.[635] 五觳之狀, 婁婁然,[636] 不忍水旱. 其種大菽、細菽,[637] 多白實. 蓄殖果木, 不如三土以十分之六.]

메마른 땅[觳土]의 다음은 다섯 (지역의) 오리 모양의 땅이다. 다섯 오리 모양의 땅 상태는 딱딱하며, 볼품없는 마른 뼈 같지 않음은 면했지만 (심을 곡식이) 별로 없는 땅이다. 거기에 밭벼[陸稻], 메밀[蕎麥]과 자운

---

632) 왕계배汪繼培(19세기)에 의하면, 식殖은 식埴(점토)이다. 『管子校注』(下), 「地員」篇, 黎翔鳳撰, 上同, 1,138頁 注1.

633) 黎翔鳳에 의하면, 심甚은 담湛과 통한다. 「湛而以疏」는 빗물이 많아지면 흙이 엉성해짐을 말하고, 「離坼以臛」는 가뭄이 오면 흙이 갈라지고 터져서 척박하게 됨을 말한다. 『管子校注』(下), 「地員」篇, 黎翔鳳撰, 上同, 1,138頁 注2.

634) 양신楊愼(Yang Shen, 1488-1559)에 의하면, 고菰(줄)는, 기러기(雁)가 그것을 먹기 때문에 안선雁膳이라 부른다. 『管子校注』(下), 「地員」篇, 黎翔鳳撰, 上同, 1,138頁 注3.

635) 왕계배汪繼培에 의하면, 곡觳은 확确(자갈 땅)의 가차이다. 곡觳은 척토瘠土(메마른 흙)이다. 『管子校注』(下), 「地員」篇, 黎翔鳳撰, 上同, 1,139頁 注1.

636) 黎翔鳳에 의하면, 누婁는 속이 빔(中空)이다. 둥근 돌이 쌓여서 물이 새기 때문에, 「婁婁然」(듬성듬성함)이라 말한다. 『管子校注』(下), 「地員」篇, 黎翔鳳撰, 上同, 1,140頁 注2.

637) 숙菽은 '큰 콩[大豆]'으로, 큰 콩의 두 가지 품종이다. 자오소우정趙守正, 『管子通解』(下), 「地員」篇, 上同, 237頁, 注3 참조.

영[馬夫]을 심는다. (그 땅에) 과일나무를 심고 키우면, (수확은) 삼토보다 10분의 7이 못하다.

[𣪞土之次日五鳧.[638] 五鳧之狀, 堅而不骼. 其種陵稻, 黑鵝、馬夫.[639] 蓄殖果木, 不如三土以十分之七.]

오리 모양의 흙[鳧土]의 다음은 다섯 (바닷물을 빼낸) 땅이다. 다섯 (바닷물 빼낸) 땅[磔土]의 상태는 매우 짜고 쓰며, 최하 등급의 땅이다. 거기에 흰 검부기[白稻]를 심으면 (낟알이) 가늘고 길다. (거기에) 과일나무를 심고 키우면, (수확이) 삼토보다 10분의 7이 못하다.

[鳧土之次日五桀.[640] 五桀之狀, 甚鹹以苦, 其物爲下. 其種白稻長狹. 蓄殖果木, 不如三土以十分之七.]

무릇 가장 나쁜 토양에 30종류가 있는데, 각각 마다 12작물이 있다.

[凡下土三十物, 其種十二物.]

무릇 땅에서 나는 식물이 90종이며, 종류는 36가지이다.

[凡土物九十, 其種三十六.]

---

638) 리샹펑黎翔鳳에 의하면, 이것은 높은 지대의 땅으로 생김이 오리(鳧) 같다. 산 옆에 걸려 있는 땅이다. 『管子校注』(下), 「地員」 篇, 黎翔鳳撰, 上同, 1,141頁 注1.

639) 왕소란王紹蘭(1760-1835)에 의하면, 육도陸稻가 능도陵稻(땅 벼)이다. 인통양尹桐陽(Yin Dongyang, 1882-1950)에 의하면, 아鵝는 비부蚍蜉(왕개미)인데, 모양이 왕개미와 비슷하나 검은 색으로, 지금의 메밀(蕎麥)이다. 馬夫는, 주부柱夫, 또는 교요翹搖(자운영)로 불린다. 『管子校注』(下), 「地員」 篇, 黎翔鳳撰, 上同, 1,141頁 注3.

640) 리샹펑黎翔鳳에 의하면, 걸桀은 책磔(찢다)이니, 나무 위에 교차로 걸쳐놓음이다. 닭들이 책磔에 사는데, 계책雞柵(닭 목책)모양이다. 이것은 해변의 땅으로 염전鹽田이 안 되고, 나무를 걸어서 물을 빼낸 땅이니, 흙 중에 제일 못하여 작물의 수확이 가장 적다. 『管子校注』(下), 地員」 篇, 黎翔鳳撰, 上同, 1,143頁 注1.

## 〈참고문헌〉

『管子』(『管子校注』 全三冊), 黎翔鳳撰, 北京: 中華書局, 2004;

『管子』(『管子通解』 全二冊), 趙守正撰, 北京: 北京經濟學院出版社, 1988;

『管子』(『新譯管子讀本』 全二冊), 湯孝純注譯, 臺北: 三民書局, 1995;

『管子四篇詮釋』, 陳鼓應著, 北京: 商務印書館, 2006;

『周秦道論發微』, 張舜徽著, 北京: 中華書局, 1982.

# 제 12 장

# 혜시의 상대주의적 논리와 공손룡의 절대고립주의의 논리

혜시惠施(약 전370-전310)는 전국시대의 유명한 논변가이다. 그는 일찍이 위魏나라에 가서 위나라 재상 백규白圭와 논변을 벌렸고, 나중에 위魏[즉, 양梁] 혜왕惠王(통치 369-319)의 재상이 되어 '합종合縱' 설을 펴다가 장의張儀(전 ?-전310)의 '연형連衡' 설이 득세함에 따라서 위魏에서 쫓겨나 남방의 초楚나라에 갔다. 거기서 북방의 송宋으로 되돌아오면서 장자莊子와 사귀게 된 것 같다. 그리고 몇 년 뒤, 송에서 위魏로 환국하였으며, 위나라를 위해 다시 초나라에 유세 갔다가, 그곳에서 황료黃繚를 만나서, 그를 위해 천지자연의 이치에 대하여 달변을 토했다고 전해진다.

그의 저작은 한漢초에 이미 일실逸失되어 버렸으며, 『한서漢書』, 「예문지藝文志」에는 단지 『혜자惠子』 1편만이 기록되어 있다. 그러나 그의 사적事跡에 관한 것들은 『장자』, 『순자荀子』, 『한비자韓非子』, 『전국책戰國策』과 『여씨춘추呂氏春秋』 등에 나타나 있다. 그의 학설에 대한 대체적인 서술은 『장자』, 「천하天下」 편에 기술되어 있다.

「천하」 편에 나타나 있는 그의 주장을 보면, 그는 아마도 장자와 마찬가지로 상대주의적인 관점에서, 만물의 본질적 차이를 부정하고 "천지가 하나의 몸"[天地一體]임을 주장하였다.

장자가 당시의 명변론자들을 '합동이合同異'와 '난견백難堅白'[堅白不同의 문제]으로 구분하고 있는데, 혜시의 주장은 전자의 대표이고, 공손룡公孫龍(전325-전250)은 후자의 대표라고 볼 수 있겠다. 전자가 사물의 상대적 일면성을 과장하여 사물의 자기 규정성을 부정하려는 논변을 폈다면, 후자는 개개 사물의 구체성에만 주목하여 상호 연결될 수 없는 개념적 고립주의의 논변을 폈다는 생각이 든다. 이러한 상이한 관점은 그들 각각의 사물을 바라보는 형이상학적 세계관의 상위성과 연관된다고 보고 싶다.

『장자』, 「천하」 편에 제시되고 있는 혜시의 열 가지 명제는 그 결론만이 나와 있을 뿐, 그의 저작이 일실되었기 때문에 확실한 그의 추론의 근거는 알 수 없지만, 거기에는 상당한 정도로 상대주의적인 인식의 관점과 동시에 발전된 과학적 인식들이 논변의 소재로 등장하고 있음을 알 수 있다. 여기에서는 우선 「천하」 편에 나타난 혜시의 "역물厤物"의 열 가지 명제[十事]를 소개하고, 이어서 혜시와 다른 논자들이 함께 제시한 21가지 논리적 명제들을 소개하고자 한다. 혜시의 〈역물십사厤物十事〉 이외에 『장자』, 「천하」 편에 소개된 혜시와 기타 논변자들의 이러한 궤변 명제들은 대체로 〈합동이合同異〉와 〈난견백難堅白〉의 두 관점으로 나누어 생각해 볼 수 있다. 특히 이들 논제 중에는, 현실적 경험세계에서의 운동의 가능성을 〈사변적 논리적 세계〉에서 완전히 부인함으로써, 물체를 무한 분할할 수 있다는 사유에까지 이른 것은 중국 고

대사상의 이해에 〈순수 논리적인 사변 세계〉에 대한 접근이 있었다는 특이한 사상적 면모를 전해 준다는 면에서 매우 흥미롭다고 하겠다. 그리고 그다음으로 혜시의 사상을 조금 더 가까이 이해하기 위하여, 『장자』와 『순자』에 소개된 혜시에 대한 모습을 소개하고자 한다.

그리고 공손룡에 관하여 말하자면, 그는 일찍이 조趙나라 평원군平原君의 문객으로서 '무장해제' [偃兵]론을 주장하였다고 한다. 현재 전해오는 공손룡의 저작으로는 『공손룡자公孫龍子』 한 권이 있다. 본래 당唐 때까지는 『공손룡자』가 모두 14편으로 전해져 내려왔다고 한다. 그러나 북송시대에 이미 8편이 산실散失되어 겨우 6편 1권만이 지금 전해져 내려온다. 그 중 「적부跡府」 편은 후대의 사람들이 공손룡의 생애와 언행에 관한 기록을 여기저기에서 찾아 기록한 것으로서, 그의 약전이라 할 수 있다. 여기에서는 「백마론白馬論」, 「견백론堅白論」과 「지물론指物論」 편만을 뽑아서 소개하였다.

공손룡은 특히 '구체적 개념들이란 서로 범주적으로 다르기에 서로 '하나' 로 통합될 수 없다는 논리적인 난제들을 제시하고자 하였다. 「백마론」은 공손룡의 가장 중요한 논문이며, 대화 형식으로 기록되어 있다. 이 글의 기본 논점은 '백마白馬는 말[馬]이 아니다' [白馬非馬] 라는 것이다. 그의 논증에 의하면 '말' 은 말의 형체를 나타내는 〈구체적〉 개념이며, '백白' 은 말의 색깔을 나타내는 〈구체적〉 개념이다. 따라서 형체를 나타내는 〈구체적〉 개념과 색깔을 나타내는 〈구체적〉 개념을 〈하나로〉 동일시할 수 없기에, 〈백마는 말이 아니다〉라는 논리적 추리를 하고 있다. 만일 백마가 말이라면, 백마를 요구할 때 모든 종류의 말이 다 올 수 있지만, 실제로 '백마인 경우 오직 와야 할 말은 단지 백마일 뿐이며, 다른 종류의 말은 해당하지 않기 때문이라는 것이다. 따라서 공손룡의 추론에 의하면, 백마는 말이 아닌 셈이다. 이러한 논거에서 '말' 이라는 오직 〈형체〉 개념과 '백마' 라는 〈색깔+형체〉 개념은 동일시될 수 없다는 것이다. 단순개념[개체]과 복합개념을 구별한 것은 고대 논리학사에서 하나의 공헌이라 할 수 있다. 그러나 그는 이러한 구별을 과장함으로써 이들 양자의 개념적 연관을 부정하고 있다. 말하자면, 논리적 〈절대 고립주의〉의 입장에서 〈개체〉와 〈보편〉 간의 관계를 지나치게 배타적으로 파악함으로써, 〈개체〉 안의 〈보편성〉의 내재 가능성을 부정하고 있는 것이다.

이와 같은 논리적 맥락에서 공손룡은 또한 〈견백 부동의 논리〉[堅白論]를 펴고 있다. '굳음' [堅]이라는 구체 개념과 '흰색' [白]이라는 구체 개념은 '돌' [石]이라는 실체와 각기 분리되어 종속된 것임으로, 단지 '굳은 돌' [堅石]과 '흰 돌' [白石]은 존재하지만, 결코 '굳으며 흰 돌' [堅白石]은 존재할 수 없다는 주장이다. 그의 논증에 의하면, 눈으로는 단지 돌의 흰색만을 볼 수 있고, 손으로 만질 때는 돌의 견고함만을 느낄 수 있기에 '굳은 돌' [堅石]과 '흰 돌' [白石]은 '하나' 로 통일할 수 없다는 것이다. 따라서 흰색을 볼 때는 견고함은 존재하지 않으며, 견고함을 느낄 때는 흰색은 존재하지 않는다. 따라서 견고함과 흰색은 돌 속에 함께 존재하지 않는다. 그러므로 본질상 〈굳음〉과 〈흰색〉을 갖추고 있는 물건은 돌만이 있는 것이 아니다. 따라서 '굳음' 과 '흰색' 은 원래 돌을 떠나서 독립적으로 존재하는 그 자체 〈실체〉 개념인 것이기 때문이다. 따라서 '굳음', '흰색', 그리고 '돌' 은 각각 따로 존재하는 '실체 개념' 인 것이다. 그리고 더 나아가서, 눈은 빛이 없으면 흰색을 볼 수가 없지만, 빛은 시각을 갖고 있지 않다. 따라서 눈과 빛은 각각 고립하여서는 사물의 성질을 인식할 수 없다는 것이다. 이렇게 정신적 사유도 '대상적 사물' 과 유리되어 오직 그 자체만으로는 사물에 대한 인식을 획득할 수 없다는 것이다. 이렇게 분석해보면, 인간의 인식 작용은 각각 여러 부분이 서로 독립되어 있다고 볼 수 있다는 것이다. 따라서 이러한 인식 고리의 각 부분은 각각 따로 독립되어 존재하는 것이기 때문에, 이것들을 내재적 필연적으로 연결하는 '본질적인 연관 관계' 는 없다고 공손룡은 보는 것이다. 따라서 오직 각각의 부분들만이 서로 떨어져서 모두 고립적으로 존재할 뿐이라는 것이다. 이러한 논리적 설명은 모든 사물을 오로지 고정된 실체로만 파악하고, 그것들 사이의 상호 연관이나 변환을 부정하는 형이상학적 고립주의의 입장에서 제기한 논리적 난제라고 볼 수 있다. 따라서 '굳음' 과 '흰색' 등의 속성은 어느 때는 속성으로 쓰이지만, 어떤 때는 구체적 물체를 떠나 독립적으로 스스로 존재하는 '실체' 이기 때문에, 공손룡은 이런 실체 간의 임시적 연결, 즉 '속성' 관계는 결코 본질적일 수 없다는, 극단적인 '절대 고립주의' 의 논변을 끌어낼 수 있었다.

그리고 「지물론指物論」에서는 경험적 세계에 존재하는 개개체[즉 物]와 그것들을 〈지칭하는〉(指) '명칭指' 들과의 관계에 대한 논리적인 난문제를 제기하고 있다. 실제로 경험적 세계에는 무수한 '개체物' 들만이 존재하지만, 이것들은 경험적으로 이 세상에 존재하지 않는 '명칭' (즉 指)에 의하여 드러니기 때문이다. 여기에서 공손룡은 이런 사물에 대한 인식 작용과 관련하여, 특히 사물을 지시하는 인식행위(즉 指)의 이중성에 주목하고 그의 논리적 사고를 전개하고 있다. 「지물론」에서 말하는 인식작용[指]은 첫째 사물을 지칭하는 행위, 즉 〈指〉(지칭하다)라는 동사의 용법으로 쓰이는 경우와, 둘째 '지칭되어 얻어진', 〈명칭〉으로 구분될 수 있기 때문이다. 따라서 「지물론」을 해석함에는 이 두 가지의 개념 구별이 명확하지 않고서는 그 의미가 쉽게 통하지 않는다.[1] 여기에서의 문제는 어떻게 현실세계에 실제로 존재하지 않는 '명칭'이 '실재하는 개체[物]'로 이해될 수 있는가에 대한 극단적인 회의론과 거기에서 파생된 논리적 난제들을 토구討究하고 있다.

이런 공손룡의 극단적인 '절대 고립주의'의 입장에 서서, 특히 〈개념적 실재〉로서의 〈명칭〉(指)과 실재하는 〈개체〉(物)에 대한 극단적인 분리, 말하자면 사물에 대한 인식 고리들 하나하나에 대한 분리와 고립은 결국 종합적 추리와 분석의 가능성에 대한 부정으로 귀결될 수밖에 없다고 본다. 그리고 이런 중국 고대의 논리 사상의 연구는 실제로 더욱더 깊이 연구되어야 할 시급한 과제 중의 '하나'라고 하겠다.

## 1. 혜시惠施의 "역물厤物"[사물관찰]의 열 가지 명제

혜시[의 학술]은 다방면이다. 그의 책은 다섯 수레에 실을 정도로 많지만, 그가 말한 도리는 서로 맞지 않고 잡박하니, 그의 말은 도리에 맞지 않는다. 그가 사물을 관찰하여 분석한 것[厤物]은 다음과 같다.

---

1) 『中國邏輯思想史教程』, 楊沛蓀主編, 蘭州: 甘肅人民出版社, 1988, 67-68쪽 참조.

1) 지극히 큰 것은 바깥이 없으니, 태일太一이라고 한다. 지극히 작은 것은 안이 없으니, 소일小一이라고 한다.
[상대주의적인 무규정성]

2) 두께가 없으면 쌓을 수 없어도, 그 크기는 천리千里까지 갈 수 있다.
[기하학적 정의: 두께 없는 면적]

3) [상대주의적인 입장에서 볼 때,] 하늘은 땅보다 낮고, 산은 못과 똑같이 평평하다.

4) 태양은 정중의 위치에 서자마자 기울기 시작하고, 만물은 태어나자마자 죽기 시작한다.
[모든 상태는 '도'의 무궁한 변화의 시각에서 보면 찰나적 순간으로 상대화된다]

5) [부분적인 차이의 관점에서 볼 때] 대동大同과 소동小同은 다르니 이것이 '소동이小同異'라고 한다. [그러나 상대주의적인 입장에서 볼 때,] 사물은 완전히 같게도 볼 수 있고 완전히 다르게도 볼 수 있으니, 이것을 '대동이大同異'라고 한다.

6) 남방은 끝이 없으나, 끝은 있다.
[공간상의 상대주의적 관점]

7) 오늘 월나라를 떠났으나, 어제 도착하였다.
[시간상의 상대주의적 관점]

8) 둥근 고리는 풀 수가 있다.
[개념적 정의의 상대주의적인 관점]

9) 나는 천하의 중앙은 연나라 북쪽, 월나라 남쪽임을 안다.
[공간상의 상대주의적 관점]

10) 모든 사물을 사랑하면 천지간의 모든 것은 한 몸이다.
[상대주의적인 입장에서 본 만물 일체적 관점] (『장자』, 「천하」 편)
[惠施多方, 其書五車. 其道舛駁, 其言也不中. 厤物之意,日: 至大无外,謂之大一. 至小无內,謂之小一. 无厚, 不可積也, 其大千里. 天與地卑, 山與澤平. 日方中方睨, 物方生方死. 大同而與小同異, 此之謂小同異; 萬物畢同畢異, 此之謂大同異. 南方无窮而有窮. 今日適越而昔來. 連環可解也. 我知天下之中央, 燕之北越之南是也. 氾愛萬物, 天地一體也.]

## 2. 혜시와 다른 논변가들의 21가지 논리적 궤변명제

혜시는 이러한 논제를 대단한 것으로 여기어, 이 세상에 내보이고 논변자를 가르치니, 천하의 논변사들이 이런 것들을 서로 함께 즐기며 담론하였다:

1) 알에는 털이 있다.
[알 속에 깃털의 인소가 있다는 설]

2) 닭의 발은 3개이다.
['닭발' 이라는 말과 실제 두개의 발의 합계]

3) 영郢[초楚 나라의 서울] 땅에 세계가 있다.
[중국中國이 천하의 한 부분이기에, 중국을 천하로 보면, 중국의 한 부분인 영郢 또한 천하라고 볼 수 있다. 크기의 상대주의적 관점]

4) 개는 양이 될 수 있다.
[개나 양이나 사람이 부친 임시적인 부호이다. 이름의 상대성]

5) 말(馬)에도 알이 있다.
[태胎의 근원은 알[卵]인 것이다.]

6) 두꺼비도 꼬리가 있다.
[올챙이는 꼬리가 있다]

7) 불은 뜨겁지 않다.
['불' 이라는 개념은 뜨겁지 않다]

8) 산에도 입이 있다.

[아마도 산의 울림, 즉 메아리를 말한 듯싶다]

9) 수레바퀴는 땅에 닿지 않는다.
[바퀴는 모든 부분이 모아진 전체이다. 바퀴의 한 점, 한 점이 닿을 뿐 전체는 닿지 않는다.]

10) 눈은 보지 못한다.
[눈이라는 기관이 아니라 정신이 보게 하는 것이다]

11) 개념[指]은 감각할 수 없고, 감각할 수 있다 해도 끝도 없다.
[개념과 그 대상은 완전 합치할 수 없다]

12) 거북이가 뱀보다 길다.
[큰 거북이는 작은 뱀 보다 길다: 상대주의]

13) 곱자로는 사각형을, 컴퍼스로는 원을 그리지 못한다.
[그려진 사각형이나 원은 순수 개념적 원형과 차이가 난다]

14) 구멍이 [들어가는] 나무 촉을 둘러싸고 있는 것이 아니다.
[맞물림에 있어서 들어가는 촉과 맞무는 구멍 사이에는, 아무리 미소하지만 언제나 절대공간이 있다]

15) 날아가는 새의 그림자는 움직이지 않는다.

[나는 새의 그림자는 언제나 날아가고 있는 순간순간마다의 새의 형체와 동일시되는 것이기 때문에 정지해 있는 것이다.]

16) 날아가는 화살은 움직이지 않고 정지하지도 않는 때가 있다.
[운동은 무한한 정지의 순간으로 환원시켜볼 수 있다]

17) 구狗는 견犬이 아니다.
[구狗는 작은 개의 개념이고 견犬은 큰 개의 개념이다]

18) 누런 말과 검은 소를 합치면 셋이다.
[누런 말과 검은 소는 하나의 복합개념이며, 나누면 두 개의 단독 개념이기에 합치면 셋이다]

19) 흰 개는 검다.
[털이 희고 눈 색깔이 검은 개는 상대적 관점, 즉 털의 관점에서는 흰 개이고 눈의 색깔에 따라서는 검은 개다]

20) 어미가 죽은 망아지는 어미가 있었던 적이 없다.
[고구孤駒, 즉 〈어미가 죽은 망아지〉라는 개념은 〈어미가 있는 망아지〉와 모순되는 개념이다]

21) 한 자의 채찍을 하루에 반씩 자르면 만년이 되어도 다 없어지지 않는다.

[일정한 크기에 대하여 관념적으로 무한한 절단이 가능하다]
(『장자』, 「천하」 편)
[惠施以此爲大, 觀於天下而曉辯者, 天下之辯者相與樂之: 卵有毛. 鷄三足. 郢有天下. 犬可以爲羊. 馬有卵. 丁子有尾. 火不熱. 山出口. 輪不蹍地. 目不見. 指不至, 至不絕. 龜長於蛇. 矩不方, 規不可以爲圓. 鑿不圍枘. 飛鳥之景, 未嘗動也. 鏃矢之疾而有不行不止之時. 狗非犬. 黃馬驪牛三. 白狗黑. 孤駒未嘗有母. 一尺之捶, 日取其半, 萬世不竭.]

변론자들은 이러한 논제들을 가지고 혜시와 더불어 변론하였으며, 죽을 때까지 끝이 없었다. 환단桓團, 공손룡 등의 변자들은 사람의 마음을 수식하고, 사람의 뜻을 바꾸어서 사람의 입을 이길 수는 있었으나 마음으로 복종시킬 수는 없었다. 이것이 변론가들의 한계이다. 혜시는 날마다 자신의 지혜를 가지고 남과 변론하여 오로지 천하의 변자들과 함께 기괴한 주장들을 내놓았으니, 이것이 혜시의 대략적인 주장이다. 그러나 혜시는 자신의 말이 가장 뛰어나다고 생각하여 '[나의 변론은] 천지자연[天地]만큼 장대하도다!' 하고 말했다. 혜시에게는 웅재雄才를 지닌 면은 있었지만 [도술道術의 면]은 없었다. 남쪽 지방에 기인이 있었는데 그 사람의 이름이 황요黃繚였다. 그는 혜시에게 하늘이 무너지지 않고 땅이 꺼지지 않는 이유와 비와 바람 그리고 번개와 천둥이 일어나는 까닭에 관해서 물었다. 혜시는 이에 겸손하게 사양하지 않고 깊은 사려 없이 대답하면서 광범하게 만물의 원리에 대하여 설명하였다. 쉬지 않고 말했으나 많다고 여겨 그만두지 않았으며, 오히려 적게 말했다고 생각하여 더욱 기괴한 변론을 늘어놓았다. 그는 사람들의 상식에 어긋나는 것을 진실이라 하고, 남들을 이기는 것을 명성으로 삼고자 하였다. 따라서 많은 사람과 합의할 수 없었다. '덕德'[즉 자연적 본성]을 경시하고, 외물을 열심히 추구하였으니, 그의 도는 깊다고는 하겠다. [그러나] 천지자연 대도大道의 입장에서 혜시의 재능을 본다면, 그것은 마치 한 마리의 모기나 등에가 애쓰는 것과 같으니, 사물에 대해 무슨 소용이 있겠는가? 그의 학설이 도의 한 부분을 채운다고 한다면 옳지만, 더욱 더 중시한다면 〈도〉는 거의 무너져버릴 것이로다! 혜시는 이 [한 부분을 채우는] 일에 스스로 안주할 수 없었으므로 만물에 정신을 쏟고 싫증을 느끼지 않았으니, 마침내 변론으로 유명하게 되었다. 애석하구나! 혜시의 재능이여! [언사는] 질탕했으나 소득은 없었고, 만물을 좇다가 [자신의 자유세계로] 돌아오지 못하였으니, 이것은 소리가 메아리를 좇고, 몸과 그림자가 경주하는 것과 같다. 슬프도다! (『장자』, 「천하」 편)

[辯者以此與惠施相應, 終身无窮. 桓團公孫龍辯者之徒, 飾人之心, 易人之意, 能勝人之口, 不能服人之心, 辯者之囿也. 惠施日以其知與人之辯, 特與天下之辯者爲怪, 此其柢也. 然惠施之口談, 自以爲最賢, 曰: "天地其壯乎!"施存雄而无術. 南方有倚人焉, 曰黃繚. 問天地所以不墜不陷, 風雨雷霆之故. 惠施不辭而應, 不慮而對, 遍爲萬物說. 說而不休, 多而无已, 猶以爲寡, 益之以怪. 以反人爲實, 而欲以勝人爲名, 是以與衆不適也. 弱於德, 强於物, 其塗隩矣. 由天地之道, 觀惠施之能,其猶一蚊一虻之勞者也. 其於物也何庸! 夫充一尙可, 曰愈貴, 道幾矣! 惠施不能以此自寧, 散於萬物而不厭, 卒以善辯爲名. 惜乎! 惠施之才,駘蕩而不得, 逐萬物而不反, 是窮響以聲, 形與影競走也. 悲夫!]

## 3. 장자와의 대화에 나타난 혜시의 모습

장자가 말하였다.

“활 쏘는 이가 미리 조준하지 않고 [제멋대로] 쏘아서 맞는 것을 활 잘 쏜다 하면, 세상 사람들 모두가 후예后羿[전설상의 명사수]라 해도 말이 되겠지요?”

혜시가 말했다.

“그러겠지요.”

장자가 말했다.

“세상에 ‘보편적인 옳음’[公是]이라는 것이 없고, 각자가 자기가 옳다는 것을 옳다고 하면, 세상 사람들은 다 [자기를 성인인] 요堯 임금이라고 하겠지요?”

혜시가 말했다.

“그러겠지요.”

장자가 말하였다.

“그렇다면, 유가[儒], 묵가[墨], 양주[楊], 공손룡[秉][2]과 선생까지 합쳐서 다섯 분 중에 과연 누가 옳습니까? 혹은 노거魯遽[周초 때 인물]란 사람과 비슷합니까? 그의 제자가 말했답니다. ‘저는 선생님의 도를 얻어서, 겨울에는 쇠솥을 덥힐 수 있고 여름엔 얼음을 만들어 낼 수 있습니다.’ 노거가 말했답니다. ‘이것은 다만 양陽이 양을 부르고 음陰이 얼음을 부르는 것이니, 내가 말하는 도가 아니네. 내가 자네에게 내

---

2) 병秉은 공손룡公孫龍의 자字임. 郭慶藩撰, 『校正莊子集釋』, 839쪽, 주1 참조.

〈도〉를 보여주겠네.' 이렇게 하고 비파를 조율하고 하나는 마루에 놓고 하나는 방에다 놓고, '궁宮' 음을 치니 '궁' 음이 울리고 '각角' 음을 치니 '각' 음이 울려서, 두 (비파)의 음률이 같았답니다. [그런데] 한 현絃의 음조를 바꾸니, 오음五音[즉 宮, 商, 角, 徵, 羽]과 맞지 않았으나, 이 변음을 치면 25현의 음이 다 울렸답니다. [이 변음은] 소리에 이상함이 없었으니, [모든] 소리에 임금이 된 셈입니다. 선생도 또한 이런 것[주도적 변음]과 같은 것입니까?"

혜시가 말하였다.

"지금 유가, 묵가, 양주, 공손룡과 내가 변론함은 서로 말을 가지고 우겨내고, 목소리로 상대를 누르려 하는 것이나, 내가 잘못됐다고 논파된 적이 없습니다. [당신이 보시기에] 어떠합니까?"

장자가 말하였다.

"제齊나라 사람이 [못난] 자기 아들을 송宋나라로 쫓아 보내고서 불구자不具者처럼 문지기나 하라고 하였답니다. [딸랑딸랑 소리를 내는] 종을 구해서는 천으로 그것을 감싸 버렸답니다. 그리고 잃어버린 아들을 찾으라 하면서 대문 밖으로는 나가지는 말라고 했답니다. [선생이 하는 논변이라는 것이] 이런 정신 나간 부류와 같지 않습니까! 초나라에 어떤 사람이 남의 집에 얹혀 있는 주제에 그 집 문지기를 [나무라며] 발로 걷어찼다고 합니다. 그는 아무도 없는 데서 야반에 뱃사람과 다투어서, 아직 배가 언덕에도 닿기 전에 그와 원수가 됐다고 합니다. [이런 바보짓이 선생이 하는 논변이 아닌가요?]" (『장자』, 「서무귀徐無鬼」 편)

[莊子曰: "射者非前期而中, 謂之善射, 天下皆羿也, 可乎?" 惠子曰: "可." 莊子曰: "天下非有公是也, 而各是其所是, 天下皆堯也, 可乎?" 惠子曰: "可." 莊子曰: "然則儒墨楊秉四, 與夫子爲五, 果孰

是邪? 或者若魯遽者邪? 其弟子曰: '我得夫子之道矣. 吾能冬爨鼎而夏造冰矣.' 魯遽曰: '是直以陽召陽, 以陰召陰. 非吾所謂道也. 吾示子乎吾道.' 於是委之調瑟, 廢一於堂, 廢一於室. 鼓宮宮動, 鼓角角動. 音律同矣夫. 或改調一弦, 於五音無當也, 鼓之二十五弦皆動. 未始異於聲, 而音之君已. 且若是者邪?" 惠子曰: "今夫儒墨楊秉, 且方與我以辯, 相拂以辭, 相鎭以聲, 而未始吾非也. 則奚若矣!" 莊子曰: "齊人蹢子於宋者, 其命閽也不以完. 其求鈃鍾也, 以束縛. 其求唐子也, 而未始出域. 有遺矣夫! 楚人寄以蹢閽者, 夜半於無人之時, 而與舟人鬪. 未始離於岑, 而足以造於怨也."]

혜시가 장자에게 말하였다.

"그대의 말은 무용無用하네."

장자가 말하였다.

" '무용' 을 안 뒤에야 용用을 말할 수 있네. 대지란 참으로 광대한 것이지만 사람에 소용되는 것은 발을 수용할 만한 땅뿐 아닌가! 그렇다면, 발 옆으로 [소용이 안 되는] 땅을 파 내려가 황천黃泉에까지 이른다면, 그 사람은 아직 [그대로] 유용을 가지고 있는 것이라 하겠나?"

혜시가 말하였다.

"무용하네."

장자가 말하였다.

"그렇다면 '무용' 이 '유용' 됨은 또한 자명하지 않은가!" (『장자』, 「외물外物」 편)

[惠子謂莊子曰: "子言無用." 莊子曰: "知無用而始可與言用矣! 夫地非不廣且大也, 人之所用容足耳. 然則厠足而墊之, 致黃泉, 人尙有

用乎?” 惠子曰: “無用.” 莊子曰: “然則無用之爲用也, 亦明矣!”]

사람의 형체는 있으나 사람의 정情은 없다. 사람의 형체가 있기에 남들과 무리를 이루고, 사람의 정은 없기에 '옳고 그름'[是非]이 자기 몸에서 [표현되지] 않는다. 아물아물하게 미소微小한 것, 바로 인위[人]에 속한 것이라! 아아 위대한 것, 홀로 자연스러움[天]을 이루었도다!

혜시가 장자에게 말했다.

“사람은 진실로 정에 매이지 않을 수 있을까?”

장자가 말하였다.

“그렇다네.”

혜시가 말하였다.

“사람이면서 정이 없는데 어떻게 사람이라 할 수 있을까?”

장자가 말하였다.

“'도'가 용모를 주었고, 자연이 형체를 주었으니, 어찌 사람이라 말하지 않을 수 있는가?”

혜시가 말하였다.

“사람이라고 한다면 어떻게 정情[즉 느낌]이 없을 수 있을까?”

장자가 말하였다.

“[자네가 말하는] 그런 것은 내가 말하는 정情이 아니네. 내가 정이 없다는 것은 사람들이 '좋고 싫음'의 내심으로 자기 몸을 상하지 않게 하고, 늘 자연스러움에 맡기어 [억지로] 삶을 더 잘되게 하지 않음을 말함일세.”

혜시가 말하였다.

"삶을 더 잘 되게 하지 않고 어떻게 몸이 생존할 수 있는가?"

장자가 말하였다.

"도가 용모를 주었고, 자연이 형체를 주었으니, 좋고 싫음의 내심으로 몸을 망치지 말아야 할 것이네! 지금 자네의 정신은 외물로 [치달리고] 자네의 정력은 심히 지쳐 있네! 나무에 기대어서 읊조리고 마른 오동나무[책상]에 기대어 명상하니, 자연이 자네에게 몸을 주었건만 자네는 '굳음과 흰색의 논변' [堅白論] 만을 떠들어대는도다! [아아, 서글프다!]"

(『장자』, 「덕충부德充符」 편)

[有人之形, 無人之情. 有人之形, 故群於人. 無人之情, 故是非不得於身. 眇乎小哉, 所以屬於人也! 謷乎大哉, 獨成其天! 惠子謂莊子曰: "人故無情乎?" 莊子曰: "然." 惠子曰: "人而無情,何以謂之人?" 莊子曰: "道與之貌, 天與之形, 吾不得謂之人?" 惠子曰: "旣謂之人, 惡得無情?" 莊子曰: "是非吾所謂情也. 吾所謂無情者, 言人之不以好惡內傷其身, 常因自然, 而不益生也." 惠子曰: "不益生, 何以有其身?" 莊子曰: "道與之貌, 天與之形, 無以好惡內傷其身. 今子外乎子之神, 勞乎子之精! 倚樹而吟, 據槁梧而瞑. 天選子之形, 子以堅自鳴!"]

장자와 혜시가 호濠[지금 안휘安徽성 풍양風陽현 북쪽] 강의 다리에서 노닐고 있었다.

장자가 말하였다.

"피라미들이 나와서 조용히 노는구나! 이것이 고기의 즐거움이로나!"

혜시가 말하였다.

"자네가 물고기가 아닌데, 어찌 물고기의 즐거움을 아는가?"

장자가 말했다.

"자네가 내가 아닌데 내가 물고기의 즐거움을 모른다는 것을 어떻게 아는가?"

혜시가 말하였다.

"내가 자네가 아니니, 진실로 자네를 모르네. 자네는 진실로 물고기가 아니니, 자네는 물고기의 즐거움을 모르네. (논리가) 완전하지 않은가!"

장자가 말하였다.

"본론으로 돌아가 보세! 그대가 '자네는 물고기의 즐거움을 어찌 알겠나?' 하고 물은 것은, 내가 그것을 안다는 것을 [자네가] 이미 알고서 나에게 물은 것이네. 나는 이 호濠 강의 다리 위에서 그것을 안 것이네." (『장자』, 「추수秋水」 편)

[莊子與惠子遊於濠梁之上. 莊子曰: "儵魚出游從容! 是魚樂也." 惠子曰: "子非魚, 安知魚之樂?" 莊子曰: "子非我, 安知我不知魚之樂?" 惠子曰: "我非子, 故不知子矣. 子固非魚也, 子之不知魚之樂. 全矣!" 莊子曰: "請循其本. 子曰: '女安知魚樂' 云者, 旣已知吾知之, 而問我. 我知之濠上也."]

장자가 [누구를] 장사지내 주고 오다가 혜시의 무덤을 지나가게 되었다. (장자는) 따르는 사람들을 뒤돌아보며 말했다.

"영郢[초楚의 서울] 땅 사람은 자기 코끝에 파리 날개 정도의 흰 석회 가루를 목수 석[匠石]을 시켜서 떼어내게 하였다네. 목수가 도끼를 바람 소리를 내며 휘둘러도 그대로 내맡기고 떼어내게 하니 회칠은 다 떨어져도 코는 다치지 않았다네. 그 영郢 땅 사람은 평온한 얼굴색을 하고 있었다네. 송宋의 원군元君이 이런 말을 듣고서 그 목수를 불러서 말했다네. '과인을 위하여 한번 해 보시게나!' 목수는 말했다네. '저는 예전에는 할 수 있었습니다. 그러나 저의 상대가 죽은 지 이미 오래됐습니다.' 이 [혜시]선생이 죽은 뒤로 나는 상대할 사람이 없다네! 나는 더불어 말할 사람이 없다네!" (『장자』, 「서무귀徐無鬼」 편)

[莊子送葬, 過惠子之墓. 顧謂從者曰: "郢人堊漫其鼻端若蠅翼, 使匠石斲之. 匠石運斤成風, 聽而斲之. 盡堊而鼻不傷. 郢人立不失容. 宋元君聞之, 召匠石, 曰: '嘗試爲寡人爲之.' 匠石曰: '臣則嘗能斲之. 雖然, 臣之質死久矣.' 自夫子之死也, 吾無以爲質矣! 吾無與言之矣!"]

## 4. 『순자荀子』에 소개된 혜시의 이야기

### 4.1)

군자君子는 행위가 그저 어려운 것이라고 높이 보지 않고, 학설이 그저 세밀하게 따지기만 한다고 높이 보지 않으며, 이름은 그저 [후세에] 전해지기만 한다고 높이 보지 않는다. 오로지 합당한 것만 높이 보는 것이다. 따라서 가슴에 돌을 안고 강물에 뛰어드는 그런 행동은, 행하기 어려운 일이나, 신도적申徒狄은[3] 할 수 있었다. 그러나 군자들이 높이 보지 않는 것은 예의禮義에 맞지 않았기 때문이다. 〈산과 연못이 평

3) 신도적申徒狄은 난세를 비관하여 돌을 품고 자살한 은殷나라 때의 사람이다.

평하고〉, 〈하늘과 땅이 접근하고〉, 〈[동쪽의] 제(齊)나라와 [서쪽의] 진秦나라가 합쳐지고〉, 〈산이 입으로 토해내고〉,[4] 〈할머니는 수염이 있고〉,[5] 〈알은 털이 있다〉는 이런 논제들은 견지되기 어려우나, 혜시惠施(기원전370-310)와 등석鄧析(기원전545-501)은 할 수 있었다. 그러나 군자들이 높이 보지 않는 것은 예의에 맞지 않았기 때문이다. (『순자』, 「불구不苟」 편)

[君子行不貴苟難, 說不貴苟察, 名不貴苟傳. 唯其當之爲貴. 故懷負石而赴河,是行之難爲者也, 而申徒狄能之. 然而君子不貴者, 非禮義之中也. 山淵平, 天地比,齊秦襲, 入乎耳,出乎口, 鉤有須, 卵有毛, 是說之難持者也, 而惠施鄧析能之. 然而君子不貴者, 非禮義之中也.]

4.2)

[옛날의 이상적인] 선왕先王을 본받지 않고, 예의禮義를 옳지 않다고 하고 궤변들을 잘 지어내어 기괴한 말장난을 하였다. [이들은] 매우 세밀하게 분석했으나 [일용에는] 불급不急한[6] 것이니, 달변達辯이었으나 소용이 없었다. 일은 많았으나 효용은 적었으니 다스리는 기준으로 삼을 수 없었다. 그러나 그들의 주장에 이유가 있었고 설명에 조리가 있어서 어리석은 사람들을 미혹할 수 있었다. 이들이 혜시惠施와 등석鄧析이다. (『순자』, 「비십이자非十二子」 편)

[不法先王, 不是禮義, 而好治怪說, 玩琦辭, 甚察而不急. 辯而無用, 多事而寡功, 不可以爲治綱紀. 然而其持之有故, 其言之成理, 足以欺

4) 이 구절 〈入乎耳, 出乎口〉는 아마도 『장자』, 「천하」 편의 21논제 중 여덟 번째인 〈山出口〉의 오기로 보아야 한다. 梁啓雄, 『荀子簡釋』, 24쪽 참조.
5) 여기서 〈구鉤〉는 〈구嫗〉(할머니)와 뜻이 통함. 위와 같음 참조.
6) 이 구절 〈甚察而不惠〉의 〈惠〉는 〈急〉의 뜻이다. 梁啓雄, 上同, 62쪽 참조.

惑愚衆. 是惠施鄧析也.]

4.3)

'옳고/그름'(是非)과 '긍정/부정'(然不然)의 실정을 돌보지 않고 서로 오만한 태도로[7] 서로 창피를 주는 일에는, 군자들은 혜시惠施와 등석鄧析만 못하다. 덕德에 따라서[8] 차등을 정하고, 능력을 헤아려 관직을 주고, 똑똑한 사람과 못난 사람이 [이런 차등적 원칙에 따라서] 모두 자기의 직위를 갖게 되고, 능력 있는 사람과 능력이 모자라는 사람들이 모두 자기의 할 바[官]를 얻게 되어, 모든 것들이 적절하게 되고 일의 변천에 적절한 대응이 있게 되면, 신도愼到(약 전395-전315)나 묵자墨子(약 전480-전 420)가 그들의 언론을 펼 수가 없을 것이고, 혜시惠施와 등석鄧析은 그들의 세밀한 분석을 멋대로 할 수 없을 것이다. …… 부정한 일과 부정한 도리는 질서 잡힌 사회에서는 폐기되지만, 어지러운 사회에서는 따르는 [사람들이] 있는 것이다. 실實[充, 즉 實]과 허虛가 서로 뒤바뀌기에 이르러서는, 〈굳음堅/백색白〉과 〈같음同/다름異〉의 논제가 서로 갈라지게 된다. 이는 총명한 귀로 들어도 알 수 없고, 밝은 눈으로도 볼 수 없고, 웅변가도 말로 할 수가 없는 것이다. 비록 성인聖人의 지혜를 가졌다 해도 곡진曲盡하게 알 수가 없다. [그런 궤변을] 모른다고 군자 됨에 해됨이 없고, 그것들을 안다고 소인小人 됨에 부족함이 없다. (『순자』, 「유효儒效」 편)

---

7) 이 구절 〈以相薦撙〉에서 〈천준薦撙〉은 마땅히 〈천준踐蹲〉으로 읽어야 한다. 〈踐〉은 〈薦〉과 뜻이 같고, 〈蹲〉은 〈踞〉(거만하다)이니, 〈踐蹲〉은 〈오만하게 남을 대한다〉의 뜻이다. 梁啓雄, 上同, 83쪽 참조.

8) 이 구절 〈若夫譎德〉에서 〈휼譎〉은 〈결決〉(가르다, 판결 짓다)의 뜻이다. 위와 같음 참조.

[不恤是非然不然之情, 以相薦撙, 以相恥怍, 君子不若惠施鄧析. 若夫譎德而定次, 量能而授官, 使賢不肖皆得其位, 能不能皆得其官, 萬物得其宜, 事變得其應, 愼墨不得進其談, 惠施鄧析不敢竄其察.[...] 奸事, 奸道, 治世之所棄而亂世之所從服也. 若夫充虛之相施易也. 堅白同異之分隔也, 是聰耳之所不能聽也, 明目之小不能見也, 辯士之所不能言也. 雖有聖人之知, 未能僂指也. 不知, 無害爲君子. 知之, 無損爲小人.]

## 5. 공손룡公孫龍의 논변세계

### 5.1) 백마론白馬論

A: '백마는 말이 아니다' 라고 할 수 있는가?

['白馬非馬', 可乎?]

B: 할 수 있다.

[日: "可."]

A: 왜 그런가?

[日: "何哉?"]

B: 말이란 모양을 가리키는 것이고, 백은 색깔을 나타내는 것이다. 색깔을 가리키는 것은 모양을 가리키는 것과는 다르다. 그러므로 백마는 말이 아니다.

[日: "馬者所以命形也, 白者所以命色也. 命色者非命形也, 故日:

白馬非馬’.”]

A: 백마가 있으면 말이 없다고 할 수는 없다. 이미 말이 없다고 할 수 없다면 말이 있는 것이다. 백마가 있으면 그것이 곧 말인데 도리어 백마는 말이 아니라고 하면 어떻게 된 것인가?

[曰: “有白馬, 不可謂無馬也, 不可謂無馬者, 非馬也? 有白馬爲有馬, 白之非馬, 何也?”]

B: 말을 찾으면 백마나 황마 중 어느 것을 가져와도 좋다. 그러나 백마를 찾을 때 황마나 흑마를 가져올 수는 없다. 백마가 말이라면 이것은 찾는 것이 한가지라는 것이다. 찾는 것이 한가지로 같다면 백마는 말과 다르지 않다. 백마가 말과 다르지 않다면 황마, 흑마가 어떤 때는 올 수 있고, 어떤 때는 올 수 없는 것은 무슨 까닭인가? 올 수 있는 것과 올 수 없는 것은 서로 반대의 것이다. 그러므로 황마와 흑마를 하나로 보아 말이 있다고는 할 수 있지만, 백마가 있다고는 할 수 없다. 그러므로 ‘백마는 말이 아니다’ 라는 것이 분명하다.

[曰: “求馬, 黃黑馬皆可致, 求白馬, 黃黑馬不可致. 使白馬乃馬也, 是所求一也. 所求一者, 白者不異馬也. 所求不異, 如黃黑馬有可有不可, 何也? 可與不可, 其相非明. 故黃黑馬一也, 而可以應有馬, 而不可以應有白馬. 是‘白馬之非馬’, 審矣!”]

A: 말에 색깔이 있기 때문에 말이 아니라고 하는데 천하에는 색깔이 없는 말이 없다. 그렇다면 천하에 말이 없다고 할 수 있는가?

[曰: “以馬之有色爲非馬, 天下非有無色之馬也, 天下無馬, 可乎?”]

B: 말에는 분명히 색깔이 있기에 백마가 있다. 만일 말이 색깔이 없

다면, 다만 말일 뿐이지 백마라고 하겠는가? 그러므로 흰 것은 말이 아니다. 백마라는 것은 백색과 말의 두 가지이다. 말과 백을 더한 것은 말이 아니다. 그러므로 '백마는 말이 아니다.

[曰: "馬固有色, 故有白馬. 使馬無色, 有馬如已耳, 安取白馬? 故白者非馬也. 白馬者, 馬與白也, 馬與白, 非馬也. 故曰: '白馬非馬' 也."]

A: 말이 백색과 합해지기 전에는 말이라 불렀고, 백색이 말과 합해지기 전에는 백색이라고 하였다. 말에다가 백색이 더해져서 백마라고 부르게 되었다. 그러므로 두 가지가 결합한 뒤의 것을 결합하기 이전의 이름으로 부르는 것이 옳지 않기 때문이다. 그러므로 '백마는 말이 아니다.' 는 옳지 않다.

[曰: "馬未與白爲馬, 白未與馬爲白, 合馬與白, 復名白馬. 是相與以不相與爲名, 未可. 故曰: '白馬非馬', 未可."]

B: 백마가 있는 것이 말이 있는 것이라면, 백마가 있는 것을 황마가 있다고 할 수 있는가?

[曰: "以有白馬爲有馬, 謂有白馬爲黃馬, 可乎?"]

A: 그렇지 않다.

[曰: "未可."]

B: 말이 있는 것과 황마가 있는 것을 구별하는 것은 황마와 말을 구별하는 것이다. 황마와 말을 구별하는 것은 황마가 말이 아니기 때문이다. 황마가 말이 아니기에 '백마는 말이다.' 라고 하는 것은 공중에 날아다니는 것을 물속에 집어넣거나 관棺과 곽槨을 따로 놓는다고 말하는 것과 같이 세상에서 가장 잘못되고 틀린 말이다.

[曰: "以有馬爲爲異有黃馬, 是異黃馬於馬也. 異黃馬於馬, 是以黃馬爲非馬. 以黃馬爲非馬, 而以白馬爲有馬, 此飛者入池, 而棺槨異處, 此天下之悖言亂辭也."]

A: 백마가 있을 때 말이 없다고 할 수 없다. 이것은 백색을 분리해서 말한 것이다. 백색을 분리하지 않으면 백마가 있을 때 말이 있다고 할 수는 없다. 그러므로 말이 있다고 하는 것은 단지 말 그 자체를 가지고서 말이 있다고 하는 것이다. 백마가 있다고 해서 말이 있는 것이 아니다. 말이 있다고 할 때, 말의 말[馬馬]이 있다고는 할 수 없다.

[曰: "有白馬不可謂無馬者, 離白之謂也. 不離者, 有白馬不可爲有馬也. 故所以爲有馬者, 獨以馬爲有馬耳. 非有白馬爲有馬. 故其爲有馬也, 不可以謂馬馬也."]

B: 백색이라는 것이 어떤 특정한 흰색의 물건에 고정된 것이 아니라면, 이 백색이라는 것을 생각하지 않아도 좋다. 그러나 '백마' 라고 할 때의 백색은 백색을 고정한 것이다. 백색이 어느 사물에 고정되어 있으면 이미 백색이 아니다. 말이라고 할 때는 색깔을 구별하는 것이 아니므로 황마나 흑마를 모두 가져올 수 있다. 백마라고 하는 것은 색깔의 구별을 하는 것이므로 황마나 흑마는 모두 색깔 때문에 제외된다. 그러므로 백마만이 올 수 있다. 색깔을 구별하지 않았을 때의 말은 색깔을 구별할 때의 말(백마)과는 다르다. 그러므로 백마는 말이 아니다. (『공손룡자公孫龍子』, 「백마론白馬論」)

[曰: "白者不定所白, 忘之而可也. 白馬者言白, 定所白也. 定所白者, 非白也. 馬者, 無去取於色, 故黃黑皆可以應. 白馬者, 有去取於色也,

黃黑馬皆所以色去. 故唯白馬獨以應耳. 無去者, 非有去也. 故曰: '白馬非馬'."]

### 5.2) 견백론堅白論

A: 굳음, 흰색, 돌은 3개라고 할 수 있는가?

["堅, 白, 石, 三, 可乎?"]

B: 그렇지 않다.

[曰: "不可."]

A: 둘이라고 할 수 있는가?

[曰: "二, 可乎?"]

B: 그렇다.

[曰: "可."]

A: 왜 그런가?

[曰: "何哉?"]

B: 굳음이 없고 흰색만을 보면 (돌과 함께) 둘이 되고, 흰색이 없이 굳음만을 보면 (돌과 함께) 둘이 된다.

[曰: "無堅得白, 其擧也二; 無白得堅, 其擧也二."]

A: 이미 흰색을 얻었다면 흰색이 없다고 할 수 없고, 이미 굳음을 얻었다면 굳음이 없다고 할 수 없다. 그 돌에 이렇게 굳음과 흰색이 있는데 어떻게 셋이 아닌가?

[曰: “得其所白, 不可謂無白. 得其所堅, 不可謂無堅. 而之石也, 之於然也, 非三也?”]

B: 눈으로는 굳음을 볼 수 없고 흰색만을 볼 수 있으므로 굳음은 없다. 어루만지면 흰색은 알 수가 없고 굳음만을 알 수 있으므로 흰색은 없다.

[曰: “視不得其所堅, 而得其所白者,無堅也. 拊不得其所白, 而得其所堅者, 無白也.”]

A: 세상에 흰색이 없으면 돌을 볼 수가 없고, 세상에 굳음이 없으면 돌이라 말할 수가 없다. 굳음, 흰색, 돌은 서로를 배척하는 것이 아니므로 세 가지가 [함께] 감추어져 있는 것이라 할 수 없는가?

[曰: “天下無白, 不可以視石, 天下無堅, 不可以謂石. 堅,白,石不相外, 臧三可乎?”]

B: 스스로 감추어져 있는 것이지, 어느 것이 어느 것 속에 감추어져 있는 것이 아니다.

[曰: “有自臧也, 非臧而臧也.”]

A: 흰색과 굳음을 돌이 반드시 공동으로 포함하고 있는 것인데, 그것들이 저절로 감추어져 있다는 것은 무엇 때문인가?

[曰: “其白也, 其堅也, 而石必得以相盈, 其自臧奈何?”]

B: 흰색을 얻을 수 있고, 굳음을 얻을 수 있다. 보이는 것[즉 白]과 보이지 않는 것[즉 堅]이 서로 분리되어 있다. [그렇다면] 하나[石]와 이들 둘[堅과 白]은 동시에 채워질 수 없기 때문에 분리되어 있다. 분리되어 있는 것이 감추어져 있다는 말이다.

[曰: "得其白, 得其堅, 見與不見謂之離. 一二不相盈, 故離. 離也者, 臧也."]

A: 돌의 흰색과 돌의 굳음은 [하나는] 눈에 보이고 [다른 하나는] 눈에 보이지 않는다. 둘[흰색+돌, 또는 굳음+돌]과 셋[흰색+굳음+돌]의 [관계는, 모두 하나의 돌에 포함된 것이니, 그것은] 마치 [어느 모형에] 길이와 넓이가 함께 있는 것과 같다. 이러한 설명이 맞지 않겠는가?

[曰: "石之白, 石之堅, 見與不見. 二與三, 若廣修而相盈也, 其非擧乎?"]

B: '흰색' 이란 것은 희게 해야 할 어떤 것이 아직 정해지지 않은 것이요, '굳음' 이란 것은 굳게 해야 할 어떤 것이 아직 정해지지 않은 것이다. 정해지지 않았으니 두루 통하는 것[兼]이다. 어떻게 그것들이 돌에만 한정되겠는가?

[曰: "物白焉, 不定其所白. 物堅焉, 不定其所堅. 不定者兼, 惡乎其石也?"]

A: 손으로 만져서 굳음이 느껴지지 않으면 돌이 아니다. 돌이 아니면 흰 돌로 취할 수 없다. [굳음, 흰색, 돌은] 서로 분리될 수 없다. 확실히 이와 같은 것이다.

[曰: "循石, 非彼無石. 非石, 無所取乎白石. 不相離者, 固乎然其無已."]

B: 돌에서는 하나이지만, 굳음과 흰색은 두 가지 성질이다. 돌의 측면에서 보면 손으로 만질 때는 [굳음은] 알 수 있지만 [흰색]은 볼 수 없고, 눈으로 보아서는 [흰색은] 볼 수 있지만 [굳음]은 알 수 없다. 그러므

로 알 수 있는 것과 알 수 없는 것은 서로 분리되어 있고, 볼 수 있는 것과 볼 수 없는 것은 서로 감추어져 있다. 감추어져 있다면 누가 그것들이 분리되어 있지 않다고 하겠는가?

[日: "於石, 一也. 堅白二也. 而在於石, 故有知焉, 有不知焉. 有見焉, 有不見焉, 故知與不知相與離, 見與不見相與藏, 藏故孰謂之不離?]

A: 눈으로는 굳음을 알 수 없고, 손으로는 흰색을 알 수 없다. 그러나 굳음이 없다거나 흰색이 없다고 할 수는 없다. 그것은 각각 임무가 다르므로 대체할 수 없다. 굳음과 흰색이 돌 속에 자리 잡고 있는데 어떻게 분리되어 있다고 하는가?

[日: "目不能堅, 手不能白, 不可謂無堅, 不可謂無白. 其異任也, 其無以代也. 堅白域乎石, 惡乎離?]

B: 굳음은 돌과 결합하지 않아도 굳으며, 모든 사물이 아직 굳게 되지 않았어도 굳음은 반드시 [그것들을] 굳게 한다. [그래서] '굳음'이 아닌 돌이라는 것이 굳게 되는 것이다. 세상에는 굳음 자체만 독립하여 존재하는 것은 없으니, 굳음은 [사물에] 숨겨져 있는 것이다. 만일 흰색이 스스로 흰색이 될 수 없다면, 어떻게 돌과 다른 사물을 백색으로 만들 수 있겠는가? 만일 흰색은 반드시 흰색만 될 수 있다면, 흰색은 어떤 구체적인 물체에 드러나지 않아도 흰색이 될 것이다. 황색, 흑색도, 마찬가지이다. 가령 돌이 없다고 한다면 굳고 흰색인 돌을 어떻게 얻을 수 있는가? 그러므로 분리되어 있다고 하는 것이다. 분리되는 까닭은 이와 같다. 지혜와 노력을 들여 분리된 결과를 추구하는 것은 이러한 원인을 이해하는 것만 못하다. 눈을 통해 흰색을 보고, 눈은 또 빛이

있음으로써 볼 수 있다. 그러나 빛 자체는 사물을 보지 못한다. 빛과 눈이 있어도 사물을 보지 못한다. 정신의 작용을 거쳐야 볼 수 있다. 정신만 있어도 보지 못한다. 볼 수 있는 것은 (사물이) 분리되어 있기 때문이다. 손으로써 굳음을 알고, 손은 또 방망이로 두들겨 보고 굳음을 안다. 그러나 손과 방망이로써만 굳음을 알 수 없다. 정신의 작용을 거쳐서도 굳음을 알 수 없다. 정신에 의지할 것인가? 이것은 사물이 분리되어 있기 때문이다. 모든 사물이 분리되어 단독으로 존재한다는 것이 올바른 것이다.

[曰: "堅未與石爲堅, 而兼未與物爲堅, 而堅必堅. 其不堅, 石物而堅. 天下未有若堅, 而堅藏. 白固不能自白, 惡能白石物乎? 若白者必白, 則不白物而白焉, 黃黑與之然. 石其無有, 惡取堅白石乎? 故離也. 離也者, 因是. 力與知果, 不若因是. 且猶白以目以火見, 而火不見, 則火與目不見而神見. 神不見而見離. 堅以手而手以捶,是捶與手知而不知, 而神與不知. 神乎! 是之謂離焉. 離也者, 天下故獨而正."]

### 5.3) 지물론 指物論

A: 〈개체〉[物]는 '명칭이 없을 수 없다.' 고 하나, '지칭하는 것' [指]은 [이미 지칭된] '명칭은 아니다' [非指].

[(曰): "物莫非指, 而指非指."]

B: 이 [실재하는] 세상에 〈명칭〉이 존재하지 않는다면, 〈개체〉는 〈개체〉로서 일컬어질 수 없다. 〈명칭〉이 세상에 없어도 〈개체〉는 지칭될 수 있는가? 〈명칭〉은 세상에 없는 것이고 〈개체〉만이 세상에 있는 것이다. 세상에 있는 것[物]을 세상에 없는 것[指]으로 파악하면 안 되는

것이다.

[(曰): "天下無指, 物不可以謂物. 非指者天下, 而物可謂指乎? 指也者, 天下之所無也. 物也者, 天下之所有也. 以天下之所有, 爲天下之所無, 未可."]

A: "세상에 〈명칭〉이 없으니 〈개체〉는 〈명칭〉이라 말할 수 없다. 〈명칭〉이라 말할 수 없으니 '지칭될 수도 없다.' [그러나] '지칭될 수 없다' 고 하나, 〈개체〉는 〈명칭〉이 없을 수 없는 것이다. 세상에 〈명칭〉은 존재하지 않으니 〈개체〉는 〈명칭〉일 수 없다는 것은, '있을 수도 없고' [非有] '지칭될 수도 없다.' [非指]. '있을 수도 없고' [非有] '지칭될 수도 없다' [非指]고 하니, 〈개체〉는 〈명칭〉이 아닐 수 없다. [따라서] 〈개체〉[物]는 〈명칭〉이 아닐 수 없으나, '지칭하는 것' [指]은 [이미 지칭된] '명칭은 아니다' [非指]." (「지물론指物論」)

[(曰): "天下無指, 而物不可謂指也. 物不可謂指者, 非指也. 非指者, 物莫非指也. '天下無指而物不可謂指' 者, 非有非指也. 非有非指者, 物莫非指也. 物莫非指者, 而指非指也."]

B: 세상에 '지칭할 것' 이 없는데 〈개체〉가 각기 〈이름〉[名]을 가지는 것은 '지칭하기' 위해서가 아니다. '지칭하기 위한 것은 아니나,' 〈명칭〉을 부르는 것, 이것은 '지칭되지 않는 것이 없기' 때문인 것이다. [그러나] '지칭되지 않는 것' 을 '지칭되지 않는 것이 없는 것' 으로 보는 것[9]은 안 되는 말이다.

[(曰): "天下無指者, 生於物之各有名, 不爲指也. 不爲指而謂之指,

9) 이 구절 〈以有不爲指之無不爲指〉에서 〈之〉자는 〈爲〉자로 보아야 한다.

是無不爲指. 以有不爲指之無不爲指, 未可."]

A: 〈명칭〉은 세상에 존재하는 것이 아니기 때문이다. 세상에 〈명칭〉이 없다[즉, 실재하는 물건이 아니라]고 해서 〈개체〉는 〈명칭이 없다〉고 말할 수는 없는 것이다. 〈명칭〉이 없을 수 없다는 것은, '있을 수도 없고' [非有] '지칭될 수도 없다.' [非指] '있을 수도 없고' [非有] '지칭될 수도 없다' [非指]는 것은 〈개체〉가 〈명칭〉이 아닌 것이 없다는 것이다. 〈명칭〉은 '지칭되지 않는 것이 아니' [非非指]니, 〈명칭〉은 〈개체〉에 대한 〈명칭〉이 아니다. 세상에 〈지칭될 개체가 없다〉[無物指]고 해서, 어떻게 바로 '지칭될 수 없다' [非指]고 말할 수 있는가? 세상에 〈개체〉가 없다면 어떻게 바로 '지칭할' 수 있는가? 세상에 〈명칭〉은 있으나 〈지칭될 개체가 없다〉면, 어떻게 바로 '지칭될 수 없다' [非指]고 말할 수 있고 바로 '지칭되지 못하는 개체는 없다' 고 말할 수 있는 것인가? 또한, 무릇 〈명칭〉이란 진실로 자기 스스로 '지칭되는 것이 아니' 기에, 어찌 〈개체〉를 기다려서 〈명칭〉이 된다고 보아야 할 것이 아니겠는가? (「지물론指物論」)

[(曰): "以 '指者天下之所無'. 天下無指者, 物不可謂無指也. 不可謂無指者, 非有非指也. 非有非指者, 物莫非指, 指非非指也, 指與物非指也. 使天下無物指, 誰徑謂非指? 天下無物, 誰徑謂指? 天下有指無物指, 誰徑謂非指, 徑謂無物非指? 且夫指固自爲非指, 奚待於物而乃與爲指?"

〈참고문헌〉

『莊子』(『校正莊子集釋』), 郭慶藩撰, 北京: 中華書局, 1961;
『荀子』(『荀子柬釋』, 梁啓雄撰, 臺北: 河洛圖書出版社, 1974;
『公孫龍子』(『公孫龍子全譯』),高流水, 林恒森譯注, 貴陽: 貴州人民出版社, 1996;
『韓非子』(『韓非子集釋』), 陳奇猷校注, 上海: 上海人民出版社, 1974;
『戰國策』(『戰國策譯注』), 孟慶祥譯注, 哈爾濱: 黑龍江人民出版社, 1986;
『呂氏春秋』(『呂氏春秋新校釋』 二册), 陳奇猷校釋, 上海: 上海古籍出版社, 2002;
楊沛蓀主編, 『中國邏輯思想史教程』, 蘭州: 甘肅人民出版社, 1988.

# 제 13 장

# 후기 묵가의 논변사상

『장자』, 「천하」 편에 의하면, 묵자 이후 묵가는 여러 유파로 나누어졌다고 한다. 그 중 고획苦獲, 기치己齒, 등릉자鄧陵子 등은 모두 『묵경墨經』을 연구하여 각파가 서로 변론하면서 자신들이야말로 진정한 묵가라고 주장했다고 한다. 이들은 대부분 후기 묵가에 속한다. 후기 묵가의 저작으로 전해지고 있는 〈경經〉(상/하)과 〈경설經說〉(상/하), 그리고 〈대취大取〉, 〈소취小取〉 등 총 6편을 우리는 보통 『묵변墨辨』, 즉 '묵가논리학' 으로 간주하고 있다. 이런 『묵변』의 작자에 관해서는 여러 가지 학설이 있다. 묵자 자신의 작품이라고도 하며, 혹은 묵자가 구술한 것을 제자들이 편집한 것이라고도 말한다. 현존하는 『묵변』의 내용 중에는 궤변학설을 반박하는 것이 있으며, 특히 '견백동이설을 비판하는 것' 이 있다. 따라서 이런 『묵변』의 형성은 공손룡과 동시대이거나, 혹은 공손룡 이후라 할 수 있다. 〈경설〉(經說)은 〈경〉을 해설한 것이고, 〈소취〉, 〈대취〉는 변론에 대하여 비교적 체계적으로 논구한 것인데, 모두 묵자 이후의 것으로 보인다.

오늘날 전해 내려오는 자료를 통해 볼 때, 후기 묵가는 생산기술과 자연과학적 기술을 중시하였고, 특별히 인식론과 논리학과의 문제를 연구함으로써 초기 묵가의 종교, 미신적 요소를 극복하였고, 동시에 궤변학설과의 논쟁을 통하여 객관적 인식체계를 확보하려는 상당히 진보적인 면모를 보여주고 있다. 사실상 『묵변』에는 인식론, 논리학, 윤리학, 정치경제학, 기하학, 광학, 역학 등에 관한 많은 사상 자료들이 개진되어 있다. 그 중 특히 자연과학 부문에는 광학에 대한 이해가 돋보이며, 철학적으로는 인식론과 논리학 부문에서 지대한 공헌을 하였다.

여기에 실린 〈경〉과 〈경설〉의 각 조목은 문제별로 선별하여 분류해 놓은 것이다. 이들의 설명에 의하면, 인식의 형성은 감관의 인식적 능력에 의존하는 것일 뿐만 아니라, 또한 감관은 필수적으로 세계 사물과 서로 접촉하여 사물의 형태를 묘사함으로써 비로소 인식이 구성될 수 있다고 말하고 있다. 또한, 외계 사물에 대한 명확한 인식이란 사유[마음]의 작용이 감각적으로 받아들여진 사물들에 대한 인상들을 비교하고 종합함으로써 형성된다고 보고 있다. 그들은 지식에 대한 분석에서, 지식에는 직접경험과 간접경험에 의한 지식, 추리를 통한 지식, 그리고 명사와 개념 및 외부 사물을 변화시키는 행동에 관한 지식 등등을 말하고 있다. 그들은 사물의 '같음'과 '다름'에 대하여 분류하면서, '같음'과 '다름'에는 여러 가지 조건이 있으며 이를 혼동해서는 안 된다고 지적하였다. 예를 들면 '구狗'와 '견犬'은 실제로 같지만, 이름이 다른 것이므로 "구狗를 죽이는 것은 견犬을 죽이는 것이 아니다"라는 말은 틀린 주장이라고 논박하고 있다. 그리고 종류가 서로 다른 사물은 비교할 수 없으므로, 서로 다른 여러 가지 예를 들어 인증하는 것은 잘못임을 지적한다. 그들은 공손룡 일파의 궤변명제에 대하여 비판하면서, '굳음'과 '흰색'이 다른 개체[物]에 있을 때만 분리될 수 있으며, 만일 같은 개체에 존재한다면 상호 침투하여 함께 연관되어 있다고 하였다. 사회윤리 사상에 있어서 그들은 신권神權정치를 버리고, 정권의 기원에 대하여 일종의 사회계약설社會契約說 적인 요소를 제시해 보이고 있다. 그들은 행위의 이해관계를 매우 중시하여 그것을 통해 도덕규범을 설명하고, 실제로 행위의 잘못을 판단하는 기준도 행위의 결과에 달려 있다고 말하고 있다.

〈소취〉 편은 논리와 인식의 문제를 전적으로 다루고 있는 글이다. 이 글에서는 변론에 있어서 반드시 지켜야 할 원칙에 대하여 논하고, 변론의 목적은 궤변에 대한 반대와 진리탐구에 있음을 논하고 있다. 그리고 추리하는 데 반드시 지켜야 할 원칙들이 바로 이 〈소취〉 편에서 중점적으로 다루어지고 있다. 사물의 '류類'를 추리의 기초로 삼고 있으며, 또 추리 중의 오류를 많은 예를 들어 분석 설명하고 있다. 그 중에는 '도둑을 죽이는 것은 사람을 죽이는 것이 아니다'와 같은 잘못된 논증도 있다. 따라서 이 〈소취〉 편은 중국 고대 논리의 연구에 있어서 매우 귀중한 자료라고 하겠다.

후기 묵가의 사상은 그들이 자연과학 지식과 생산기술을 중시하는 것과 관련되어 있으며, 전국시대 수공업의 발달과 관계가 있다고 보인다. 이런 묵가논리학의 전통은 진한秦漢 이후 전해지지 않았고, 오직 3세기 서진西晉(265-316)의 노승魯勝이 『묵변주墨辨注』를 지은 이래 아무도 연구하지 않았다. 그러나 20세기에 들어와 양계초梁啓超의 『묵경교석墨經校釋』, 그리고 그 뒤를 이어 담계보譚戒甫의 역작인 『묵변발미墨辨發微』

가 나온 이래 『묵변』에 관한 본격적인 연구가 진행되고 있으나, 지금까지 〈경〉과 〈경설〉의 해석에 있어서 일치된 견해를 보이지 못하고 있다. 여기서는 진맹린陳孟麟 『묵변논리학墨辨論理學』(濟南: 齊魯書社, 1983)에서 정리된 〈경〉에 붙여진 번호에 따라 발췌하여 소개하였다.

## 1. 〈경〉(經)과 〈설〉(說)에서 인식론과 논리사상

(경上3) 인식능력은 일종의 본능이다.

[知, 材也.]

(설上3) 인식능력은 본능: 인식능력은 사람들이 그것을 통해 사물을 인식하는 것으로서, 그것이 있어야 사물을 인식할 수 있다. 이것은 눈이 [사물을 분명히 볼 수 있는] 시력을 가진 것과 같다.

[知材: 知也者, 所以知, 而必知. 若明.]

(경上4) 사려는 사색을 통하여 도리를 탐구하는 것이다.

[慮, 求也.]

(설上4) 사려: 사려란 인간이 이미 알고 있는 지식으로 [도리를] 탐구하는 것이다. 이것은 반드시 [도리를] 얻는 것은 아니다. 이것은 마치 곁눈질하여 사물을 보는 것과 같다.[사물을 정확히 볼 수 있는 것은 아니다].

[慮: 慮也者, 以其知有求也, 而不必得之. 若睨.]

(경上5) 지각[知]은 사물에 대한 접촉이다.

[知, 接也.]

(설上5) 지각: 지각이라는 것은 인간이 자기의 지각능력으로 사물과 서로 접촉하여 그 사물의 모양을 반영해 내는 것이다. 이것은 마치 [눈으로 사물의 형태를] 보는 것과 마찬가지다.

[知: 知也者, 以其知遇物而能貌之. 若見.]

(경上6) 지혜[이성 인식]란 사물을 밝게 보는 것이다.

[恕, 明也.]

(설上6) 지혜: 지혜는 이미 아는 지식으로 사물을 분석하는 것이다. 지식이 더욱 명백해진다. 이것은 마치 [눈으로 사물을] 분명히 보는 것과 마찬가지이다.

[恕]: 恕也者, 以其知論物, 而其知也者. 若明.]

(경上81) 지식은 문지聞知, 설지說知, 친지親知, 명지名知, 실지實知, 합지合知, 위지爲知 등 일곱 가지가 있다.

[知; 聞, 說, 親, 名, 實, 合, 爲.]

(설上81) 지식(의 종류): 남에게 전달받아 얻은 것은 '들어서 아는 지식' [聞知]이고, 시공의 제한을 받지 않고 [추론을 통해 얻은] 것이 '이론적 지식' [說知]이고, 직접적인 경험으로 얻은 것이 '직접 경험한 지식' [親知]이고, [지식을] 드러내 말해주는 것이 '이름에 의한 지식' [名知]이고, 드러난 사물의 실질이 '실제를 알리는 지식' [實知]이고, 이름과 실제가 부합하는 것이 '부합되는 지식' [合知]이고, 의지로서 실천하는 것이 '실천적 지식' [爲知]이다.

[知: 傳受之, 聞也; 方不庫[즉 障], 說也; 身親焉, 親也; 所以謂, 名也; 所謂, 實也; 名實耦, 合也; 志行, 爲也.]

(경上82) 들어서 아는 지식에는 '간접적으로 들어서 아는 것'과 '친히 들어서 아는 것'이 있다.

[聞; 傳, 親.]

(설上82) 들어서 아는 지식; 누가 알려 주어서 아는 것이 간접지식[傳]이며, 자신이 친히 보고 [들어서] 아는 것은 '직접 지식[親]'이다.

[聞: 或告之, 傳也; 身觀焉, 親也.]

(경上83) 관찰에는 부분적 관찰과 전체적 관찰이 있다.

[見; 體, 盡.]

(설上83) 관찰; 사물의 일면만을 보는 것은 부분적 관찰이며, 사물의 양면을 다 보는 것을 전체적 관찰이라고 한다.

[見: 特一者, 體也; 二者, 盡也.]

(경上87) 같음에는 중동重同, 체동體同, 합동合同, 유동類同이 있다.

[同; 重, 體, 合, 類.]

(설上87) 같음: 이름은 둘이나 실제가 하나면 '겹치기 같음'[重同]이고, 부분이 전체 밖으로 나가지 않은 것[부분적으로 다르나 전체적으로 같은 것]이 '일면 같음'[體同]이고, 여러 개가 한 곳에 있는 것이 '함께 같음'[合同]이고, 상동점이 꼭 있는 것이 '종류가 같음'[類同]이다.

[同: 二名一實, 重同也; 不外乎兼, 體同也; 俱處於實, 合同也; 有以同, 類同也.]

(경上88) 다름에는 둘[二], 불체不體, 불합不合, 불류不類가 있다

[異; 二, 不體, 不合, 不類.]

(설上88) 차이: 둘로서 반드시 다른 것이 둘[二]이고, 두 물건이 서로 이어져 있지 않으면 '한 몸이 아님' [不體]이고, 동일한 장소에 놓여있지 않는 것이 '불합不合' 이고, 두 가지가 상동점이 없는 것을 '불류不類'라고 한다.

[異: 二必異, 二也; 不連屬, 不體也; 不同所, 不合也; 不有同, 不類也.]

(경下107) 사물의 종류가 서로 다른 것들은 비교할 수 없다. 그들의 양이 서로 비교할 수 없기 때문이다.

[異類不吡[比], 說在量.]

(설下107) 차이: 나무와 밤은 어느 것이 더 긴가? 지식과 곡식은 어느 것이 더 많은가? 관직, 부모, 덕행, 물가의 4가지 중 어느 것이 더 귀한가? 순록과 학은 누구의 키가 더 큰가? 귀뚜라미와 비파소리 중 어느 것이 더 구슬픈가?

[異: 木與夜誰長? 智與粟孰多? 爵, 親, 行, 賈, 四者孰貴? 麋與霍孰高? 麋與霍孰霍? [蚓]與瑟孰瑟?]

(경下133) 이유 없이 두려워하는 것은 상황이 어떻게 변할지 그 결과를 단정할 수 없기에 생기는 두려움이다.

[無說而懼, 說在弗必.]

(설下133) 이유 없음: 아들이 군에 가 있을 때 그의 생사를 단정할 수 없고, 그가 전쟁 중이라는 소식을 들어도 그의 생사를 단정할 수 없다. 그러나 앞서 [군에 간 것은] 두렵지 않아도, 전쟁 중이라면 두렵다.

[無: 子在軍, 不必其死生, 聞戰亦不必其[死]生; 前也不懼, 今也懼.]

(경下117) 사물이 왜 그렇게 되는지, 왜 그렇게 안 되는지를 살피는 것이 추론하는 일이다.

[在[1]諸其所然, 者[諸]未然, 說在於是推之.]

(설下117) 살핌: 예를 들어 요堯임금이 정치를 잘했다는 것은 현재의 관점에서 옛날을 살핀 것이다. 만약 옛날의 관점에서 현재를 살핀다면 요임금도 다스릴 수 없을 것이다.

[在: 堯善治, 自今在諸古也; 自古在之今, 則堯不能治也.]

(경下155) 강아지[狗]와 개[犬]는 같은 것이다. 그러므로 '강이지를 죽이는 것은 개를 죽이는 것이 아니다' 라는 말은 틀린 것이다. 강아지나 개는 이름은 달라도 사실 같은 것이기 때문이다. 이것은 '겹치기' [重] 때문이다.

[狗, 犬也. 而〈殺狗非殺犬〉也[不]可. 說在重.]

(설下155) 강아지: 강아지는 개이다. 강아지를 죽였다는 것은 개를 죽인 것이라는 말은 옳다. 이는 마치 번데기를 서로 다르게 부르는 것과 같다.

[狗: 犬也. [殺狗]謂之 '殺犬', 可也. 若兩暁]

(경上67) 굳음[堅]과 흰색[白]은 서로 배제하지 않는다.

[堅白: 不相外也.]

(설上67) 굳음: 돌에는 어디에도 [굳음과 흰색]이 있으니, 이 둘을 얻을 수 있다. 만일 [굳음과 흰색이] 두 곳에 있어서, 서로 배제하고 있다면, 이것은 서로가 밖에서 [떨어져] 있는 것이다.

---

1) 〈在〉는 여기서 〈살핀다〉의 뜻이다.

[堅: 於[石], 無所往而不得, 得二. 異處不相盈, 相非, 是相外也.]

(경下167) 예를 혼란스럽게 드는 것은 사물의 진정한 차이를 알 수 없다. 분석이 부정확하기 때문이다.

[狂擧不可以知異, 說在有不可.]

(설下167) 혼란스럽게 예를 드는 것: 소와 말이 비록 다르지만, 소에게는 이빨이 있고 말에게는 꼬리가 있다는 것으로 소와 말은 다르다고 말할 수는 없다. 이것은[이빨과 꼬리는] 모두에게 있으니, 이것은 한쪽에는 있고 다른 한쪽에는 없는 것이 아니기 때문이다. 또 소와 말이 종류가 다르다는 것을 설명하면서 소에게는 뿔이 있고 말에는 뿔이 없다고 한다. 소와 말이 같은 부류가 아니라는 것은, 소는 뿔이 있고 말은 뿔이 없기 때문이라고 하면, 이것은 부류가 같지 않음을 말한 것이다. 만약 소는 뿔이 있고 말은 뿔이 없음을 예로 들어서 범주[類]가 다른 것으로 여긴다면, 이것은 혼란스럽게 예를 든 것이니, 소는 이빨이 있고 말은 꼬리가 있다는 [말로써 소와 말을 구별하는] 것과 마찬가지다.

[狂: 牛與馬惟異. 以牛有齒, 馬有尾, 說牛之非馬也, 不可; 是俱有; 不偏有偏無有. 曰[牛]與馬不類, 用牛有角, 馬無角, 是類不同也, 若擧牛有角, 馬無角, 以是爲類之不同也. 是狂擧也, 猶牛有齒, 馬有尾.]

## 2. 〈경〉(經)과 〈설〉(說)에 나타난 묵가의 사회윤리 사상

(경上34) 군주는 신하와 백성들이 약속하여 세운 것이다.

[君; 臣, 萌, 通約也.]

(설上34) 군주: 군주는 이런 것[신하와 백성]들 때문에 그 이름을 얻은 것이다.

[君: 以若名者也.]

(경上35) 공功은 백성에게 이로움이 있는 것이다.

[功, 利民也.]

(설上35) 공: 공을 세우고자 하면 때에 맞아야 한다. 마치 [여름에는] 갈옷을 입고, [겨울에는] 모피를 입는 것과 같다.

[功: [必]待時, 若衣裘.]

(경上36) 상賞이란 군주가 신하의 공로에 대한 보상이다.

[賞, 上報下之功也.]

(설上36) 상賞: 상이란 군주가 신하의 공로에 대한 보상이다.

[賞, 上報下之功也.]

(경上37) 벌罰이란 군주가 신하의 잘못에 대한 처벌이다.

[罰, 上報下之罪也.]

(설上37) 벌罰: 벌이란 군주가 신하의 잘못에 대한 처벌이다.

[罰, 上報下之罪也.]

(경上26) 이익이란 얻어서 기쁜 것이다.

[利, 所得而喜也.]

(설上26) 이익: 얻어서 기쁘면 이익이다. 손해가 되는 것은 이익이 아니다.

[利: 利, 所得而喜, 則是利也. 其害也, 非是也.]

(경上27) 손해란 얻으면 기쁘지 않은 것이다.

[害, 所得而惡也.]

(설上27) 얻어서 기쁘지 않으면 손해이다. 이익이 되는 것은 손해가 아니다.

[害: 得是而惡, 則是也. 其利也, 非是也.]

(경上7) 사랑[仁]이란 [남을] 자기 몸처럼 사랑하는 것이다.

[仁, 體愛也.]

(설上7) 사랑: 자신을 사랑하는 것은 자기를 어떤 목적에 쓰기 위해서가 아니다. [사랑은] 말을 [부리기 위해] 사랑하는 것과는 다르다.

[仁: 愛己者, 非爲用己也, 不若愛馬[者].]

(경上8) 정의란 천하를 이롭게 하는 것이다.

[義, 利也.]

(설上8) 정의: 마음에 천하를 사랑하는 뜻이 있어야 비로소 천하를 이롭게 할 수 있다. [그러나 이런 인물은] 반드시 당세에 등용되는 것은 아니다.

[義: 志以天下爲[愛], 而能利之, 不必用.]

(경上9) 예禮는 공경이다.

[禮, 敬也.]

(설上9) 예禮: 귀한 자는 공公이라 부르고, 천한 자는 대台[고대 최하층의 노예]라고 부른다. 그 가운데 존경과 멸시의 구분이 있다. 등급은 [귀천

의] 차이를 구분하는 것이다.

[禮: 貴者公, 賤者[台], 而俱有敬僈焉. 等, 異論[倫]也.]

(경上13) 효는 부모를 이롭게 하는 것이다.

[孝, 利親也.]

(설上13) 효: 부모를 사랑하는 것이나, 재능이 부모를 이롭게 할 수 있어야 한다. 그러나 반드시 부모의 기쁨을 얻을 수 있는 것은 아니다.

[孝: 以親爲[愛], 而能能利親, 不必得.]

(경上19) 책임이란 자기를 아끼지 않고 일을 맡긴 사람에게 이익이 되도록 하는 것이다.

[任, 士損己而益所爲也.]

(설上19) 책임: 자신이 원하지 않는 일을 하여 다른 사람의 급한 일을 해결해 주는 것이다.

[任: 爲身之所惡, 以成人之所急.]

(경上20) 용기란 뜻이 [굳세어] 과감하게 행동함을 말한다.

[勇, 志之所以敢也.]

(설上20) 어떤 한 사건에 용감한 것을 용기라고 한다. 다른 일에 과감하지 않다고 해서 그 용기를 해치는 것은 아니다.

[勇: 以其敢於是也, 命之; 不以其不敢於彼也, 害之.]

## 3. 〈소취小取〉: 논리와 인식의 운용에 대한 비판적 분석

무릇 변론이란 옳고 그름을 분명히 구별하고, 안정과 혼란의 규율을 자세히 살피고, 같고 다름의 소재를 명백하게 하고, 이름과 실재의 이치를 살피고, 이익과 손해를 판별하고, 의문을 푸는 것이다. 따라서 만물의 본래의 모습을 헤아려 각종의 논리적 관계를 밝혀야 한다. 이름[名, 개념]으로써 실재를 표현하고, 명제[辭]로써 뜻을 드러내고, 추론으로써 원인을 규명한다. 같은 유형의 사물을 모아서 예증하고(귀납), 같은 유형의 사물을 통하여 모르는 것을 추론한다(연역). 주장의 근거가 자신에게 있으면 그런 근거가 타인에게 있는 것을 부정하지 않으며, 그런 근거가 자기에게 없을 때는 타인들에게도 그런 것을 요구하지 않는다.

[夫辯者, 將以明是非之分, 審治亂之紀, 明異同之處, 察名實之理. 處利害, 決嫌疑. 焉摹略萬物之然, 論求羣言之比. 以名擧實, 以辭抒意, 以說出故. 以類取, 以類予. 有諸己, 不非諸人; 無諸己, 不求諸人.]

(변론에는 혹或[특칭판단], 가假[가언판단], 효效[정리], 비譬[비유], 모侔[같음, 相等], 원援[인용], 추推[추론) 등이 있다.) 〈혹或〉은 [혹시 이럴 수 있으니] 다 그러하지는 않다는 것이다. 〈가假〉는 [가정으로서] 지금 그러하지 않다는 것이다. 〈효效〉는 [옳고 그름의] 준칙을 세우는 것이다. 준칙이 세워지면 [옳고 그름을 판단하는] 법칙이 되는 것이다. 그러므로 준칙에 맞으면 옳고, 준칙에 맞지 않으면 그르다. 이것이 준칙이다. 〈비譬〉는 다른 사물을 [비유로] 들어서 [내용을] 밝히는 것이다. 〈모侔〉는 [서로 같다는 뜻으로 두 가지] 대등한 명제를 서로 인증하는 것이다. 〈원援〉이란 인용으로서 "당신이 그렇다고 [긍정]하면 내가 왜 그렇다고 [긍정]하지 않겠는가?"와 같은 것이다. 〈추推〉는 이미 판단된 부분을 가지고서 아직 판단되지 않은 부분을 함께 보는 것이다. '이것은 … 라고 말하는 것과 같다' 라고 하면 [두 명

제가 서로] 같다는 것이며, '내가 어떻게 …라 말할 수 있겠는가' 라고 하면, 이는 [두 명제가 서로] 다른 것이다.

[或也者, 不盡也. 假者, 今不然也. 效者, 爲之法也. 所效者, 所以爲之法也, 故中效則是也, 不中效則非也, 此效也. 辟也者, 擧也物而以明之也. 侔也者, 比辭而俱行也. 援也者, 日: "子然, 我奚獨不可以然也?" 推也者, 以其'所不取之'同於'其所取者'予之也. '是猶謂'也者, 同也; '吾豈謂'也者, 異也.]

천하의 사물은 서로 같은 면이 있지만 서로 완전히 같은 것은 아니다. 따라서 [남의 명제를] 인증할 때는 일정한 한도 내에서라야 비로소 정확하다. 사물이 그러한 것은 그러한 까닭이 있다. 비록 그렇게 된 것이 같다고 하더라도 그렇게 된 원인은 반드시 서로 같지는 않다. 어떤 것을 끌어서 추론할 때는 그것을 전제로 삼은 이유가 있다. 같은 어떤 것을 끌어와서 하는 추론이라 할지라도 그것을 끌어오는 이유는 반드시 서로 같지는 않다. 그러므로 비유[譬], 상등相等[侔], 인용[援], 추론[推]과 같은 판단은 활용하는 가운데 차이가 발생하여, 궤변으로 될 수도 있고, 멀리 동떨어져 오류가 발생하여 본래의 것에서 벗어나게 된다. 그러므로 신중하지 않을 수 없으니, 언제나 써먹을 수는 없다. 그러므로 말하는 데는 여러 가지 방법이 있고, 그 유형들이 다르며, 또 이유[故, 판단근거]가 상이할 수 있다. 그래서 한 가지 방식에 집착할 수는 없다.

[夫物有以同而不率遂同. 辭之侔也, 有所至而正. 其然也, 有所以然也; [其然也]同, 其所以然不必同. 其取之也, 有[所]以取之; 其取之也同, 其所以取之不必同. 是故辟, 侔, 援, 推之辭, 行而異, 轉而危[詭], 遠而失, 流而離本. 則不可不審也, 不可常用也. 故言多方, 殊

類, 異故; 則不可偏觀也.]

사물에 관한 추론에서는 [전제가] 긍정[是]이고 [결론이] 긍정[然]인 것이 있고, [전제가] 긍정이나 [결론은] 부정인 것이 있으며, [전제는] 부정이나 [결론은] 긍정인 것이 있다. 한 면에서는 보편적으로 두루 포괄[周延]하지만, 다른 한 면에서는 두루 포괄하지 못하는 것도 있다. 한 면에서는 옳고, 다른 한 면에서는 틀린 것도 있다.

[夫物或乃是而然, 或是而不然, [或不是而然]. 或一[周]而一不[周]; 或一是而一非也.]

백마는 말이다. 백마를 타는 것은 말을 타는 것이다. 흑마는 말이다. 흑마를 타는 것은 말을 타는 것이다. 여종은 사람이다. 여종을 아끼는 것은 사람을 아끼는 것이다. 종은 사람이다. 종을 아끼는 것은 사람을 아끼는 것이다. 이러한 추리는 [전제가] 긍정이고 결론도 긍정인 것이다.

[白馬, 馬也; 乘白馬, 乘馬也. 驪馬, 馬也; 乘驪馬, 乘馬也. 獲, 人也; 愛獲, 愛人也. 臧, 人也; 愛臧, 愛人也. 此乃是而然者也.]

여종의 부모는 사람이다. 여종이 그의 부모를 섬기는 것은 다른 사람을 섬기는 것이 아니다. 여종의 동생은 미인이다. 여종의 동생을 아끼는 것은 그 미인 됨을 아끼는 것이 아니다. 수레는 나무로 만들어진다. 수레를 타는 것은 나무를 타는 것은 아니다. 배는 나무로 만들어진다. 배를 타러 들어가는 것은 나무에 들어가는 것이 아니다. 강도는 사람이다. 강도가 많다고 해서 사람이 많은 것은 아니며, 강도가 없다고 해서 사람이 없는 것은 아니다. 왜 이런가? 강도가 많은 것을 걱정하는 것은 사람이 많은 것을 걱정하는 것이 아니다. 강도가 없어지기를 바라는 것은 사람이 없어지기를 바라는 것은 아니다. 이것을 세상 사람들은 맞는 말이라고 한다. 만약 이것이 맞는 말이라면 "강도가 비록 사람이지만, 강도를 사랑하는 것은 사람을 사랑하는 것이 아니고, 강도를 사랑하지 않는 것은 사람을 사랑하지 않는 것이 아니다. 또 강도를 죽이는 것은 사람을 죽이는 것이 아니다"라고 말하는 것은 어렵지 않다. 전자와 후자는 모두 같은 유형의 명제인데, 사람들은 그들이 주장하는 전자는 옳고 묵가墨家의 사람들이 주장하는 후자는 그르다고 한다. 이것은 다른 이유가 아니라 '마음에 고집이 있어서 남의 의견을 거절하고 마음속 한쪽이 막히어 완고하게 굳어졌기 때문'이다. 이것은 곧 전제는 긍정이나 결론이 부정인 경우이다.

[獲之[親], 人也; 獲事其親, 非事人也. 其弟, 美人也; 愛弟, 非愛美人也. 車, 木也, 乘車, 非乘木也. 船, 木也; 入船, 非(人)[入]木也. 盜人, 人也; 多盜, 非多人也; 無盜, 非無人也. 奚以明之? 惡多盜, 非惡多人也; 欲無盜, 非欲無人也. 世相與共是之. 若若(此)是, '雖盜人也, 愛盜非愛人也, 不愛盜非不愛人也, 殺盜非殺人也', 無難矣. 此與彼同類; 世有彼而不自非也, 墨者有此而非之, 無也故焉, 所謂 '內膠外閉' 與心毋(無)空乎內, 膠而不解 '也. 此乃是而不然者也.]

장차 책을 읽으려고 하는 것은 책을 [지금] 읽는 것은 아니며, 책 읽기를 좋아하는 것은 책을 좋아하는 것이다. 장차 닭싸움을 시키려는 것은 닭이 [지금] 싸우는 것이 아니며, 닭싸움을 좋아하는 것은 닭을 좋아하는 것이다. 우물에 뛰어들려고 하는 것은 [지금] 아직 우물에 뛰어든 것은 아니다. 바야흐로 우물에 뛰어들려는 것을 막는 것은 우물에 뛰어드는 것을 막는 것이다. 문을 나가려 하는 것은 문을 나간 것은 아니지만, 문밖으로 막 나가려는 것을 막는 것은 문을 나가는 것을 막는 것이다. 만약 이것이 맞는 말이라면 〈막 요절하려는 것은 [이미] 요절한 것은 아니나, 오래 산 것과 일찍 죽은 것을 말할 때의 요절은 일찍 죽었다는 의미이다. 운명[命]이 있다고 주장하는 것은 운명이 [실제로] 있는 것이 아니며, 운명이 있다는 것을 반대하는 것은 운명[자체]을 반대하는 것이다〉라는 말은 성립하기 어렵지 않다. 후자와 전자는 같은 유형인데도 사람들은 전자는 옳고, 묵가墨家의 사람들이 말하는 후자는 그르다고 한다. 이것은 다른 이유가 아니라 '마음에 고집이 있어서 남의 의견을 거절하고 마음속 한쪽이 막히어 완고하게 굳어졌기 때문'이다. 이것은 곧 전제는 부정이나 결론이 긍정인 경우이다.

> [且(夫)讀書, [非讀書也; 好讀書], 好書也. 且鬪鷄, 好鷄也. 且入井, 非入井也; 止且入井, 止入井也. 且出門, 非出門也; 止且出門, 止出門也. 若若是, '且夭, 非夭也; 壽[且夭], 夭也. 有命, 非命也; 非執有命, 非命也', 無難矣. 此與彼同[類]; 世有而不自非也, 墨者有此而非之, 無也故焉, 所謂 '內膠外閉' 與 '心毋空乎內, 膠而不解' 也. 此乃[不]是而然者也.]

사람을 사랑한다고 할 때 반드시 모든 사람을 사랑해야 사람을 사랑한다고 할 수 있다. 사람을 사랑하지 않는다고 할 때는 반드시 모든 사람을 사랑하지 않아야 하는 것은 아니다. 말을 탄다는 것은 모든 말을 타야 말을 탄다고 하는 것은 아니다. 여기에 한 마리의 말이 있어서 (그 말을 한번 탄다면 곧) 말을 탄다고 할 수 있다. 말을 타지 않는다고 할 때는 반드시 모든 말을 타지 않아야 말을 타지 않는다고 할 수 있다. 이것은 같은 유형의 명제이지만 하나는 모든 것을 포괄[周延]하지만 하나는 모든 것을 포괄하지 않는[不周延] 경우이다.

[愛人, 待周愛人而後爲愛人. 不愛人, 不待周不愛人. 不周愛, 因爲不愛人矣. 乘馬, [不]待周乘馬然後爲乘馬也; 有乘於馬, 因爲乘馬矣. 逮至不乘馬, 待周不乘馬而後[爲]不乘馬. 此一周而一不周也.]

어떤 한 나라 안에 거주하면 어떤 나라 안에 산다고 할 수 있지만, 어느 한 나라에 하나의 집이 있다면 한 나라가 있는 것은 아니다. 복숭아나무의 열매는 복숭아이지만, 멧대추나무의 열매는 멧대추나무가 아니다[대추이다]. 어떤 사람의 병문안을 가는 것은 그 사람의 안부를 묻는 것이지만, 어떤 사람의 병을 싫어하는 것은 그 사람을 싫어하는 것은 아니다. 사람의 귀신은 사람이 아니지만, 형의 귀신은 형이다. 사람이 귀신을 살피는 것은 사람을 살피는 것이 아니지만, 형의 귀신을 제사지내는 것은 형을 제사하는 것이다. 그 말[馬]의 눈이 멀었으면 그 말은 눈먼 말이라 할 수 있지만, 그 말의 눈이 크다고 그 말이 크다고 할 수는 없다. 소의 털이 누렇다면 그 소는 누렇다고 할 수 있지만, 그 소의 털이 많다고 그 소가 많다고 할 수는 없다. 말 한 마리도 말이요, 말 두 마리도 말이다. 말의 발이 넷이라는 것은 한 마리의 말의 발이 넷이라는 것이지 두 마리의 말의 발이 넷이라는 것은 아니다. '말 중에 흰 것' 이라는 말은 두 마리의 말 중에서 어느 한 마리가 희다는 것이지 한 마리의 말을 두고 하는 말은 아니다. 이는 (유사한 명제이지만) 어떤 점에서는 옳고 어떤 점에서는 틀리는 경우이다.

[居於國, 則爲居國; 有一宅於國, 而不爲有國. 桃之實, 桃也; 棘之實, 非棘也. 問人之病, 問人也; 惡人之病, 非惡人也. 人之鬼, 非人

也; 兄之鬼, 兄也. 祭[人]之鬼, 非祭人也; 祭兄之鬼, 乃祭兄也. 之馬之目[眇]則[謂] '之馬[眇]', 之馬之目大, 而不謂 '之馬大'. 之牛之毛黃, 則謂 '之牛黃'. 之牛之毛衆, 而不謂 '之牛衆'. 一馬. 馬也; 二馬, 馬也. '馬四足' 者, 一馬而四足也, 非兩馬而四足也. '馬或白' 者, 二馬而或白也, 非一馬而或白. 此乃一是而一非者也.]

## 〈참고문헌〉

『莊子』(『校正莊子集釋』), 郭慶藩撰, 北京: 中華書局, 1961;
梁啓超, 『墨經校釋』, 臺北: 臺灣中華書局, 1960;
譚戒甫, 『墨辯發微』, 北京: 中華書局, 1977;
陳孟麟, 『墨辯邏輯學』, 濟南: 齊魯書社, 1983.

# 제 14 장

# 「역전易傳」의 철학사상

중국인들은 언제부터 미래를 점쳐 왔을까? 그들은 미래를 알고 싶어 하는 욕망에서 문자발명 이전, 줄을 묶어서 매듭으로 의사를 표시하던 '매듭문자' [結繩文字] 시절부터 음양을 숫자로 적어서 점을 쳤던 것으로 알려져 있다. 원시적인 갑골문자가 쓰인 상商(기원전 16-11세기) 시기 갑골문은 점친 기록 상당수를 전하고 있다. 『역경』(또는 『주역』)은 바로 이런 점친 기록인 64괘의 괘사와 효사가 실린 책이다. 공자孔子(전 551-전 479)는 이 『주역』을 상당히 많이 공부한 것으로 전해진다.

『역경』에 대한 본격적인 철학적 주석 작업은 보통 「십전十傳」으로 알려진 「역전易傳」에서 비롯된다. 「단彖」전 상·하, 「상象」전 상·하, 「문언文言」전, 「계사繫辭」전 상·하, 「설괘說卦」전, 「서괘序卦」전, 「잡괘雜卦」전을 묶어 십전十傳이라고 부른다. 이것은 공자 이후인 중국 고대 전국戰國 시기(기원전 475-221)에 출현한 것으로 학계에서 공인하고 있다.

「역전」은 『주역』에 대한 최초의 철학적 주석 작업으로서 이것이 가

진 철학적 의미는 대단하다. 그 중 중요한 특징을 다음 세 가지로 요약할 수 있다.

1. 수학적으로 $2^n$ 체계이다.

『역』은 자체가 지닌 음양 모순의 대립과 분열로써 무한히 변화 발전하는 이분법적 수리체계이다. 음양이 대립 분열하기 이전의 태극이 $2^0$이라면, $2^1$이 음양이고, $2^2$가 사상四象(少陽, 老陽, 少陰, 老陰)이고, $2^3$이 8괘(乾, 坤, 震, 巽, 坎, 離, 艮, 兌)이고, $2^6$이 64괘이며, 그 이후로도 같은 방식으로 계속 발전하여 나가는 이진법 수리체계이다.

2. 하늘과 땅 등 자연의 체계에서 인문적 관계가 출연했기에 자연윤리와 인문윤리는 구분될 수 없다. 천지天地가 화합하여 사계절이 나오고, 다시 거기에서 인류가 나왔기에, 인문윤리는 자연윤리와 분리될 수 없다. 자연 밖에 인간이 있는 것이 아니요, 인간 밖에 자연이 따로 있는 것이 아니다. 근대문명이 자연을 하나의 자료(data)로 치부하여 자연에 대한 인간의 무한 처분을 역사의 진보로 보았다면, 『역』의 논리에서는 인간과 자연은 같은 뿌리이며, 인간은 자연에서 그 생명을 부여받고 자라나온 것에 불과하다. 자연보존 없는 인간문명의 발전은 기대할 수 없다.

3. 소박한 변증법적 요소가 있다.

객관적으로 존재하는 사물은 운동 변화하지 않을 수 없다. 어떤 때는 정면正面으로 발전하고, 어떤 때는 그와 반대로 발선한다. 항恒괘, 둔遁괘, 대장大壯괘, 진晉괘, 명이明夷괘 순서를 예로 들어 보자. '항恒괘는 오래감이다. 사물은 자기 자리에 오래 머무를 수 없으니 그것을 둔遁(숨음)괘가 받았다. 사물은 내내 숨을 수 없으니 대장大壯(크게 왕성함)괘가 받았다. 사물은 내내 왕성할 수 없으니 그것을 진晉(나아감)괘가 받았다. 진晉은 나아감이다. 나아감은 반드시 다치고 마니 명이明夷(밝음의 다침)괘가 받았다. 이夷는 다침[傷]이다.'

(恒者, 久也. 物不可以久居其所, 故受之以遁. 物不可以終遁, 故受之以大壯. 物不可以終壯, 故受之以晉. 晉者, 進也. 進必有所傷, 故受之以明夷. 夷者, 傷也.)

또 규睽괘, 건蹇괘, 해解괘, 손損괘, 익益괘, 쾌夬괘 순서를 예로 들어보자. '규睽는 어그러짐이다. 어그러지면 반드시 어려움이 있게 되니 이것을 건蹇괘가 받았다. 건은 어려움이다. 사물은 내내 어려울 수 없으니 이것을 해解괘가 받았다. 해는 느슨함이다. 느슨하면 반드시 잃게 되니 이것을 손損괘가 받았다. 손해는 지속될 수 없고 반드시 더해지고 마니 이것을 익益괘가 받았다. 더해지는 것은 지속될 수 없으니 이것을 쾌夬괘가 받았다. 쾌夬는 결단이다.'

(睽者, 乖也. 乖必有難, 故受之以蹇. 蹇者, 難也. 物不可以終難, 故受之以解, 解者, 緩也. 緩必有所失, 故受之以損. 損而不已必益, 故受之以益. 益而不已必決, 故受之以夬. 夬者, 決也.)

이처럼 사물 변화가 정면正面 발전이냐, 반면反面이냐 하는 방향성의 차이는 있으나, 서로 연관을 가지고 변화한다는 것을 중국 선진先秦 시기 「역전易傳」의 사상에서 그 단초를 발견할 수 있다.

필자는 독자들에게 『주역십전周易十傳』에서 「단彖」전(상하), 「상象」전

(상하), 「문언文言」전(상하)을 생략하고, 「계사繫辭」(상하)전, 「설괘說卦」전, 「서괘序卦」전, 「잡괘雜卦」전의 문헌을 소개함으로써, 이들 작품이 성립되어 퍼지기 시작한 전국戰國시대(기원전 475-221)에 미래 예측을 위하여 그들이 어떠한 철학적 고민을 하였는가를 살펴볼 것이다.

## 1. 「계사系辭」 상전上傳

「계사繫辭」 상, 하 두 편은 『역경易經』의 통론通論이라 할 수 있으니, 주로 『역경』의 뜻과 공용功用을 설명하고 있다. 까오헝高亨(1901-1986)이 말하는 중심 논점은 이러하다:

『역경』은 음양 양효兩爻로써 우주 사물의 강건함[剛]과 유약함[柔]이라는 두 가지 성질을 나타낸다. 여덟 가지 경괘經卦[乾, 坤, 坎, 離, 震, 兌, 巽, 艮]는 우주의 강유剛柔라는 다른 성질을 가진 여덟 종류의 사물을 나타낸다. 64별괘別卦는 우주 사물의 관계 및 효爻 · 괘卦의 변화로써 우주 사물의 변화를 나타내고, 괘사卦辭 · 효사爻辭로써 사물의 취향과 인간 행동의 길吉, 흉凶, 후회[悔], 어려움[吝], 위험[厲] 및 재앙[咎] 등을 구체적으로 설명해주고 있다. 그러므로 『역경』(『주역』)은 삼라만상을 포괄하여 사람들에게 계시함으로써 우주 사물의 여러 가지 모순과 발전을 알게 해준다. 그리고 인사의 시비是非, 득실得失, 이로움과 해로움, 화복禍福의 소재를 알게 해준다. 사람들이 역경을 운용만 잘하면 미래를 예견할 수도 있고, 길한 것을 추구할 수도 있고, 흉한 것을 회피할 수도 있게 한다. 그리하여 이로움을 일으키고 해를 제거하고, 덕을 높이고 업적을 크게 해주며, 천신天神의 도움을 얻게 해준다. 그러나 지금 보면, 이것은 점치는 책[筮書]에 불과하다. 괘효卦爻의 상수象數는 일종의 무술巫術에 불과하다.

「계사」 편의 작자는 우주 사물의 모순과 발전을 설명함에 왕왕 참신한 뜻을 발휘하기도 하니, 소박한 변증법적 요인이 있다고 하겠다. 이 두 편은 긴 문장이나 구조가 엄밀한 것은 아니고, 문구가 앞뒤로 중복된 것도 있으며, 문의文意가 겹치는 부분도 있고, 또 임의로 썼거나 착란이 된 부분도 있다. 예를 들면, 『역경』의 효사爻辭 19개를 선별하여 번역하여, 세 곳(上篇 2곳과 下篇 1곳)에 분치分置하였는데, 모두 상하의 문장과 연관성이 거의 없으니, 이것이 뚜렷한 예이다.

1.1)

하늘은 높고 땅은 낮으니, 건乾과 곤坤이 정해진 것이다. 낮고 높음이 이미 진열됐으니, 귀한 자와 천한 자가 서게 되었다. (하늘의) 움직임[動]과 (땅의) 정지[靜]는 상법常法이니, 강건함과 유약함이 (이렇게) 나뉜다.

[天尊地卑, 乾坤定矣. 卑高以陳, 貴賤位矣.[1] 動靜有常, 剛柔斷矣.[2]]

사람은 부류部類대로 모이고, 사물은 무리대로 구분되니, (여기에서) 길

---

1) 以는 已와 같고, 陳은 열列(벌이다)이고, 位는 立과 같다. 高亨, 504頁.
2) 『周易集解』에서 우번虞翻을 인용하여, 斷은 分이다. 古人은 天體는 항상 움직이며 땅을 지배하기에 剛이고, 地體는 항상 안정하여 하늘을 따르기에 유약[柔]하다고 여겼다. 항상 天動하고 地靜하니, 이렇게 구분된다. 上同.

吉과 흉凶이 생겨났다. 하늘에서 (해와 달, 바람과 우레, 구름과 비 등) 여러 현상들이 성립되고, 땅에서 (산천, 초목, 조수鳥獸 등) 여러 모양들이 갖추어지니, 변화가 보이게 되었다.

[方以類聚,[3] 物以群分, 吉凶生矣. 在天成象, 在地成形, 變化見矣.]

이 때문에 강건함과 유약함이 서로 마찰하고, 여덟 괘卦[天地風雷水火山澤]가 서로 충돌하였다. 우레와 번개로 만물들을 움직이게 하고, 바람과 비로 그것들을 적셔 주었으며, 해와 달이 운행하고, 한 번은 춥고 한 번은 덥게 하였으며, 하늘의 도는 남자가 되고, 땅의 도는 여자가 되었다.

[是故剛柔相摩, 八卦相蕩. 鼓之以雷霆[4], 潤之以風雨, 日月運行, 一寒一暑, 乾道成男, 坤道成女.[5]]

하늘이 하는 일은 '만물의 창시[大始]'이고, 땅이 하는 일은 '만물의 양성養成[成物]'이다. 하늘은 평범함을 재주로 삼고, 땅은 간단함을 능력으로 삼는다. 용이하면 쉽게 알 수 있고, 간단하면 쉽게 따를 수 있다. (하늘을) 쉽게 알 수 있으면 친해지고, (땅을) 쉽게 따를 수 있으면 결과[생산물, 功]를 가질 수 있다. 친하면 오래 가고, 결과가 있게 되면 (그것은 더) 커질 수 있다. 오래 지속되면 현인賢人의 덕이 되고, 확대되면 현인들의 공업功業이 될 수 있다.

[乾知大始, 坤作成物.[6] 乾以易知, 坤以簡能.[7] 易則易知, 簡則易從.

---

3) 高亨에 의하면, 方자는 마땅히 人자이다. 전문篆文에 人은 〈亻〉, 方은 〈才〉이니, 모양이 비슷하여 오류가 난 것이다. 上同.
4) 鼓는 動이고, 之는 만물이고, 정霆은 번개[電]이다. 高亨, 505頁.
5) 「易傳」에서는 하늘을 남자에, 땅을 여자에 비견하였다. 成은 爲와 같다. 上同.
6) 王念孫에 의하면, 知는 爲와 같고, 爲는 또한 作이다. '乾知大始'는 하늘이 하는

易知則有親, 易從則有功. 有親則可久, 有功則可大. 可久則賢人之德, 可大則賢人之業.]

(사람들은) 용이하고 간단하여 천하의 이치를 얻을 수 있다. 천하의 이치를 얻을 수 있으면, 그 안에 (음양, 강유, 상하, 귀천의) 나누어진 자리를 확정할 수 있다.

[易簡而天下矣之理矣. 天下之理得, 而成位乎其中矣.[8]]

1.2)

성인은 (8)괘와 (64)괘를 창립하고, 괘 · 효의 상象을 관찰하고, (괘) 아래에 괘사卦辭, (효) 아래에 효사爻辭를 매달아서, 길흉吉凶과 작은 불행[悔]과 재난[吝]을 밝혔다. (양陽과 음陰, 또는) 강건함과 유약함이 서로 밀어내니 변화가 생겨났다. 이 때문에 길흉吉凶은 (일이 합당함을) 얻고 잃음의 현상이다. 작은 불행[悔]과 어려움[吝]은 우려의 현상이다. 변화는 (사물의) 물러남과 나옴의 현상이다. 강건함과 유약함은 낮과 밤의 현상이다. 여섯 효爻는 (하늘, 땅, 사람) 이 셋의 최고의 원리이다.

[聖人設卦觀象繫辭焉, 而明吉凶.[9] 剛柔相推而生變化.[10] 是故吉凶

---

일은 만물을 창시創始하는 것이고, '坤作成物'은 땅이 하는 일은 만물을 養成하는 것이다. 高亨, 506頁.

7) 易는 平易의 이易이니, 平易는 平常과 같다. 知는 마땅히 智로 읽어야 하니, 智는 교巧(재주)와 같다. 간簡은 간단이고, 能은 능력이다. 上同.

8) 成은 定과 같다. 高亨, 507頁.

9) 육덕명陸德明(550 630)의 『經典釋文』에 의하면, 虞翻本에는 '吉凶' 아래에 회인悔吝(조그만 불행과 어려움) 두 자가 있다. 說卦는 8卦와 64괘의 創立이고, 觀象은 괘 · 효의 象을 관찰함이고, 계사繫辭는 卦辭를 괘 아래에, 爻辭를 효 아래에 매달음[繫]

者, 失得之象也. 悔吝者, 憂虞之象也. 變化者, 進退之象也.[11] 剛柔者, 晝夜之象也. 六爻之動, 三極之道也.[12]]

이 때문에 군자가 평소에 관찰하는 것이, (『주역周易』의) 괘 · 효사이다. 즐거워하면서 헤아리는 것이 효사이다. 이 때문에 군자는 평소에 (괘와 효의) 상象을 관찰하고 점占을 헤아려보니, 이 때문에 하늘에서 도움을 주므로 길하지 않음이 없다.

[是故君子所居而安者, 易之象也.[13] 所樂而玩者,[14] 爻之辭也. 是故君子居則觀其象而玩其辭, 動則觀其變而玩其占, 是以自天祐之, 吉無不利.]

1.3)

단사彖辭[괘사]는 (괘)상에 근거하여 (길흉을) 말하는 것이다. 효사爻辭는 변화(를 통하여 길흉)을 말한다. 길흉은 (인사人事의) 득실을 말하고, 작은 과오나 어려움[悔吝]은 작은 흠을 말하고, 탈 없음[無咎]은 착함[善]이 잘못을 보충한 것이다.

[彖者, 言乎象也.[15] 爻者, 言乎變者也.[16] 吉凶者, 言乎其失得也.

---

이다. 上同.

10) 陽爻는 강건함[剛]이고, 陰爻는 유약함[柔]이다. 上同.

11) 卦爻의 변화는 사물의 변화를 말하니, 사물의 변화는 옛 것은 떠나가고[退], 새 것이 앞으로 나옴[進]이다. 高亨, 508頁.

12) 삼극三極은 天, 地, 人이다. 『설문해자說文解字』에, 極은 동棟이니, 집 위의 제일 높은 들보이니, 至高의 뜻이다. 上同.

13) 安은 按, 또는 案으로 읽어야 하니, 관찰의 뜻이다. 象은 본래 序자이지만, 虞翻本에 象이고, 『周易集解』 本(唐李鼎祚撰)에서도 그와 같으니, 象으로 고쳤다. 高亨, 509頁.

14) 완玩은 췌마揣摩(헤아림)이다. 上同.

悔吝者，言乎其小疵也．無咎者，善補過也.]

이 때문에 (사람) 귀천의 순서 매김은 효위爻位에 있고, 작음[小=陰]과 큼[大=陽]의 배열은 괘에 있고, 길흉을 분별하는 것은 효사에 있고, 작은 잘못이나 어려움을 걱정하는 것은 소홀하여 (대비를 못함)에 있고, 행동했는데 어려움이 없음은 후회하였음에 있다. 이 때문에 괘에는 음[小] 양[大]이 있고, 점사占辭에는 험함[險]과 쉬움[易]이 있고, 점사는 각각 가야 될 바를 가리킨다.

[是故列貴賤者存乎位,[17] 齊小大者存乎卦,[18] 辯吉凶者存乎辭,[19] 憂悔吝者存乎介,[20] 震無咎者存乎悔.[21] 是故卦有小大，辭有險易．辭也者，各指其所之.[22]]

1.4)

주역(의 도)는 하늘과 땅[天地]과 같고, 따라서 하늘과 땅의 도道를 두루 포괄한다. (역경易經에 정통한 성인은) 위로 천문天文을 관찰하고, 아래로

---

15) 「繫辭」 편의 작자는 卦辭를 단彖이라고 불렀으니, 彖傳의 彖이 아니다. 彖은 또한 판단이다. 卦辭란 卦象에 근거하여 길흉을 판단하는 것이다. 上同.

16) 효爻는 爻辭이다. 효의 변화를 통하여 吉凶을 판단한다. 上同.

17) 位는 六爻의 자리 순서[位次]이니, 初爻은 낮은 위치, 上爻는 높은 위치, 二爻는 신하의 위치[臣位], 五爻는 임금의 위치[君位]이다. 따라서 사람 貴賤의 서열은 爻位에 있다. 高亨, 510頁.

18) 유월俞樾(1821-1907)에 의하면, 齊는 列과 같고, 『周易集解』에서, 왕숙王肅(195-256)은 '양괘가 大이고, 음괘가 小'라고 말한다. 上同.

19) 변辯은 변辨(분별)의 가차이고, 辭는 爻辭를 가리킨다. 上同.

20) 개介는 마땅히 분岔이고, 『說文解字』에 의하면, 岔은 홀忽(소홀)이다. 上同.

21) 震은 動이니 행동이다. 悔는 후회이다. 高亨, 511頁.

22) 之는 往이다. 上同.

지리地理를 살피기에, 이 때문에 (그는) 은미하거나 드러나 있는 이유들을 알고 있다. 처음을 살피고 끝을 찾으니, 따라서 삶과 죽음에 대한 설명을 알고 있다. 정기精氣가 돌아다니는 혼[遊魂]이 되어 변화하기에, 이 때문에 (성인은) 귀鬼와 신神들의 정상을 알고 있다. (성인의 덕은) 천지天地와 비슷하기에, (천지의 도道와) 위배되지 않는다. (성인의) 지혜는 만물에 두루 미치고, 도道가 천하를 이루어주니, 따라서 (성인은) 과실이 없다. (성인은) 정직하여 행위가 (폐단으로) 흐르지 않았고, 운명을 알고 하늘을 즐겼으니, 따라서 근심이 없다. 사는 땅에 안주하고 인의仁義에 두터우니, 따라서 (성인은 만인을) 사랑할 수 있다. (『역경』의 도道는) 천지의 변화를 포괄하고 넘지는 않는다.

[易與天地准, 故能彌綸天地之道.[23] 仰以觀於天文, 俯以察於地理, 是故知幽明之故.[24] 原始反終, 故知死生之說.[25] 精氣爲物, 游魂爲變, 是故知鬼神之情狀.[26] 與天地相似, 故不違. 知周乎萬物, 而道濟天下, 故不過.[27] 旁行而不流[28], 樂天知命, 故不憂. 安土敦乎仁, 故能

---

23) 『經典釋文』에 의하면, 준准은 등等(같음)이고, 미彌(두루)는 편遍(고루 미치다)이다. 우번虞飜(164-233)에 의하면, 윤綸은 낙絡인데, 彌綸은 두루 포락包絡, 즉 포괄이다. 上同.

24) '仰以觀……故能愛'의 여러 구절은, 易經에 정통한 사람, 즉 聖人은 우주의 사물을 잘 인식하고 잘 처리할 수 있음을 말하고 있다. 上同; 유幽는 유미幽微하여 은비隱祕함이고, 明은 顯明이다. 『周易注譯與硏究』, 589頁, 注2.

25) 『管子』의 '春出原農事之不本者謂之游'(「戒」편)에서, 尹知章(약669-718)의 주석에, 原은 察이다. 反은 求와 같다. 高亨, 512頁.

26) 精氣는 靈氣와 같으니, 實物에 붙어있지 않고 스스로 遊魂이 되니 神이다. 사람을 떠난 遊魂이 鬼이다. 성인은 이 사실을 분명히 알기에 '귀신의 정상情狀'을 이해한다. 上同.

27) 濟는 成이고, 過는 過失이다. 상동; 知는 智와 같고, 周는 遍及(두루 미침)이다. 周振甫, 234頁 注27.

28) 방旁은 方으로 읽어야 한다. 이 두 자는 옛날에는 통용하였다. 方은 정직이다. 高亨, 512頁.

愛.[29] 范圍天地之化而不過.[30]]

(성인은) 만물을 갖추어 그릇에 담으니 빠지는 것이 없다. (성인은) '일음일양一陰一陽[한 번은 음하고 번은 양하는]의 지혜가 있다. 그러므로 (성인은) 신묘하여 정해진 방향도 없으니, 주역周易은 정해진 몸체가 없다.

[曲成萬物而不遺.[31] 通乎晝夜之道而知.[32] 故神無方而「易」無體.[33]]

1.5)

한 번 음陰이었다가 한 번 양陽으로 (전환이) 도道이고, 이를 이은 것은 선善이며, 이렇게 해서 이루어진 것이 본성이다. (같은 현상이지만) 어진이가 보면 어질고[仁], 지혜 있는 이가 보면 지혜롭다 하니, 백성들이 매일 (음양의 도를) 쓰면서도 그것을 알지 못한다. 그러므로 군자의 도는 (아는 이가) 적도다!

[一陰一陽之謂道, 繼之者善也, 成之者性也. 仁者見之謂之仁, 知者見之謂之知,[34] 百姓日用不知, 故君子之道鮮矣！]

---

29) 安土는 사는 땅에 안주함이며, 돈敦은 후厚(두터움)이다. 上同.
30) 문장 첫 머리: '易與天地准, 故能彌綸天地之道'의 두 문장은 사실 마땅히 여기에 있어야 한다. 範圍는 동사로 포괄의 뜻이다. 高亨, 513頁.
31) 曲은 구俱(갖추다)이다. 成은 성盛으로 읽어야 하니, 盛은 그릇에 물건을 담음이다. 遺는 누漏(빠트림)이다. 上同.
32) 초순焦循(1763-1820)에 의하면, '晝夜之道'는 '一陰一陽之道'이다. 知는 智로 읽는다. 上同.
33) 神은 신묘의 도리이고, 無方은 정해진 방향이 없음이며, 無體는 정해진 몸체가 없음이다. 上同.
34) 知는 智로 읽는다. 高亨, 514頁.

(음양의 도가 만물을 생육하는) 어질음[仁]은 쉽게 보이나, (음양이) 만물을 (생육시키는) 작용은 숨겨 있으니, (음양은) 만물들을 부추겨서 움직이게 하나 성인과 더불어 근심하지는 않는다. (음양이 만물을 생육하는) 큰 덕과 대업大業은 지극하도다! (만물을 생장시켜) 부유富有하게 함이 대업이고, 매일 새롭게 하는 것이 큰 덕[盛德]이다!

[顯諸仁, 藏諸用,[35] 鼓萬物而不與聖人同憂. 盛德大業至矣哉! 富有之謂大業, 日新之謂盛德!]

(만물들이) 낳고 낳는 것이 변역變易이다. (하늘의) 모양[象]을 이루어 주는 것이 건乾이고, (땅의) 법도를 모방한 것이 곤坤이며, (시초蓍草의) 수數를 다하면 미래를 알 수 있으니 (이것이) 시초蓍草점이라 하고, 사물의 변화에 통달하여 취한 행동이 일[事]이며, 음양(의 변화)는 측정할 수 없으니 신묘하다고 한다.

[生生之謂易.[36] 成象之謂乾, 效法之謂坤, 極數知來之謂占[37], 通變之謂事[38], 陰陽不測之謂神.]

1.6)

「역」(의 내용)이 광대하니, 먼 것을 말해도 통하여 험한 곤란이 없고;

---

35) 諸는 至於이고, '음양의 도'가 명확하고 쉽게 보이는 것은 '만물을 생육하는' 仁이고, 그것이 '만물을 생육하는 이유'는 숨어 있어 알기 어려운 것이다. 高亨, 515頁.

36) 여기서 易는 變易이다. 上同.

37) 極은 진盡(다되다)이고, 占은 서筮(시초蓍草점)이다. 시초蓍草의 數를 다하면 하나의 괘가 이루어시니, 괘효의 수를 다하면 괘상을 볼 수 있으니, 앞일을 예측할 수 있다. 高亨, 516頁.

38) 사물의 변화에 통하여, 행동을 취하는 것이 事이다. 上同.

가까운 것을 말해도 상세하고 바르며; 하늘과 땅 사이(의 것들)을 말하면 포괄되지 않는 것이 없다!

[夫「易」廣矣大矣, 以言乎遠則不御;[39] 以言乎邇則靜而正;[40] 以言乎天地之間則備矣!]

하늘은 고요하면서도 둥글고, 움직임에 곧게 내려오니, 이 때문에 (만물들이) 크게 생장한다. 땅은 고요하면 닫히고, 움직이면 (초목들이) 열리니, 이 때문에 (만물들이) 넓게 살 수 있다.

[夫乾, 其靜也專, 其動也直, 是以大生焉.[41] 夫坤, 其靜也翕, 其動也辟, 是以廣生焉.[42]]

광대함은 하늘과 땅[天地]과 짝하고, 변통은 네 계절과 짝하고, (건곤乾坤이 말하는) 음양의 뜻은 해와 달[日月]과 짝하고, 쉽고 간단한 좋은 점은 '지극한 덕[至德]'과 짝한다.

[廣大配天地, 變通配四時, 陰陽之義配日月, 易簡之善配至德.[43]]

공자가 말하였다. "『주역』은 대단하도다! 『주역』은 성인께서 (생생生

---

39) 虞翻에 의하면, 어御는 止이니 조阻(험하다)와 통한다. 上同.
40) 정靜은 심審(자세하다)이다. 上同.
41) 乾은 天이고, 전專은 단團의 가차이다. 『說文解字』에, 團은 圓이다. 하늘의 세력은 直下이나. 형태가 원圓이니 포괄하지 않는 것이 없고, 直下하니 이르지 않는 곳이 없으니, 이 때문에 大生이다. 高亨, 517頁.
42) 송충宋衷(後漢시대활동)에 의하면, 흡翕은 폐閉(닫힘)이고; 陸德明(556-627)에 의하면, 벽辟은 개開(열다)이다. 地靜이면 초목이 나지 않으니 土閉이고, 地動하여 초목이 나니면 土開이다. 땅이 닫힐 수 있고 열릴 수 있으니, 이 때문에 廣生(넓게 생산함)이다. 上同.
43) 易은 평이平易이고, 至德은 天地의 至德이다. 上同.

生하는) 덕을 높이고 업적을 넓힌 것이다. (성인의) 지혜는 숭고하고 예절은 겸비謙卑하였는데, 숭고함은 하늘을 따른 것이고, 겸비함은 땅을 법받은 것이다. 하늘과 땅이 (상하의) 자리를 세우니, 『역』의 도리가 그 사이를 운행하도다! (『역』의 도리에서 만물의) 본성이 이루어지고 (만물의) 존재가 논해졌으니, (이것이 바로) 도의道義의 대문이다."

[子曰:[44] "「易」, 其至矣乎! 夫「易」, 聖人所以崇德而廣業也. 知崇禮卑, 崇效天, 卑法地.[45] 天地設位, 而「易」行乎其中矣.[46] 成性存存, 道義之門."]

1.7)

성인은 (『역易』의 괘효로써) 천하 사물의 복잡함을 보고서, (괘효로) 그 형태를 모방하여 그 사물의 적합성[宜]을 상징하니, 이 때문에 (괘)상이라 했다.

[聖人有以見天下之賾, 而擬諸其形容, 象其物宜, 是故謂之象.[47]]

성인은 (괘효로써) 천하사물의 변동을 보고서, 그것의 회합會合하고 관통하는 곳을 관찰하여 (사회의) 전장典章[제도 · 법령] 제도를 실행하고,

---

44) 子日은 孔子에게 가탁한 것이다. 上同.
45) 知는 智로 읽어야 하고, 비卑는 겸비謙卑(겸손히 낮춤)이다. 高亨, 518頁.
46) 設은 立이다. 天地는 상하의 지위를 세우니, 『역』의 도리가 천지 사이를 운행한다. 上同.
47) 이頤는 복잡이고, 의擬는 비의比擬(모방하다)이고, 諸는 乎이다. 물의物宜는 만물의 본성은 각각 그의 相宜(적합)한 곳을 가지고 있으니, 예로 불은 타오름[炎上]이고, 물은 아래를 적심[潤下]이다. 象은 괘의 體이다. 卦體로 物宜[사물의 적합성]를 상징함이니, 象이다. 周振甫, 238頁, 注46.

(괘 · 효에) 괘사卦辭 효사爻辭를 매달아서 사물의 길흉을 판단하니, 이 때문에 효爻라고 말한다.

[聖人有以見天下之動, 而觀其會通, 以行其典禮, 系辭焉以斷其吉凶, 是故謂之爻.]

천하사물은 복잡하기에 논술함에 망령된 말을 할 수 없다. 천하사물의 지극한 움직임을 논술함에 허튼 소리를 말할 수는 없다.

[言天下之至賾而不可惡也. 言天下之至動而不可亂也.[48]]

1.8)

1.8.1)

"그늘에서 학鶴이 우니 그 새끼가 화답한다. 나의 술잔에 좋은 술이 있으니, 나는 그대와 함께 마시고 싶다!"

"鳴鶴在陰, 其子和之. 我有好爵, 吾與爾靡之."[49]

공자가 말했다. "군자는 집에 있을 때 좋은 말씀을 하면 천리千里 밖에서도 호응이 있는데, 하물며 가까운 곳은 (말할 필요) 없구나! 집에서 하시는 말씀이 좋지 않으면 천리의 밖에서도 (도리에) 어그러지니, 하물며 가까운 곳은 (말할 필요) 없구나! 말씀은 (군자의) 몸에서 나오나 백성들에게 보태지고, 행동은 가까운 데에서 발동하며 먼 데서도 보인다.

48) 言은 논술이고, 惡은 아마도 우譕(망령되이 말함)의 가차이다. 高亨, 519頁.
49) 中孚괘 구이효의 효사를 인용한 것이다. 작爵(술잔)은 술 마시는 그릇인데, 모양이 참새[雀]와 같다. 미靡는 함께 함이다. 상동.

말씀과 행동은 군자의 중추기관이고, 중추기관의 발동은 영화와 욕봄을 주관한다. (군자의) 말씀과 행동은 군자가 하늘과 땅을 움직이게 하는 근거이니, 신중히 하지 않을 수 있는가?

[子曰: "君子居其室, 出其言善, 則千里之外應之, 況其邇者乎! 居其室, 出其言不善, 則千里之外違之, 況其邇乎! 言出乎身, 加乎民. 行發乎邇, 見乎遠. 言行, 君子之樞機, 樞機之發, 榮辱之主也.[50] 言行, 君子之所以動天地也, 可不愼乎?"]

1.8.2)

"사람들을 불러 모으니, 먼저는 크게 울고 나중에는 웃었다."

"同人, 先號咷而後笑."[51]

공자가 말하였다. "군자의 도는 혹 나오기도 하고, 혹 (가만히) 있기도 하며, 혹 침묵하기도, 혹 말하기도 한다. 두 사람이 마음이 같으면 날카로워서 쇠붙이를 자르기도 한다. 같은 마음의 말씀은, 향기가 난초와 같다."

[子曰: "君子之道, 或出或處, 或黙或語. 二人同心, 其利斷金. 同心之言, 其臭如蘭."[52]]

---

50) 추기樞機는 노궁弩弓(쇠뇌와 활)의 중추 기관이다. 弩弓 한 복판의 뻗은 부분에 장치를 다는데, 그것이 노추弩樞인데, 작은 갑匣과 같다. 그 속에 추주樞柱와 다른 부속품이 들어있다. 쏠 때 樞柱를 발동시키면 혹 맞기도 하고 안 맞기도 함은, 言行의 得失과 같으니, 맞으면 영화가 오고, 못 맞히면, 욕辱이 따라오니, 따라서 榮辱의 주主가 된다. 高亨, 520頁.

51) 이것은 同人괘 구오효의 爻辭이다. 同人은 군중을 불러 모음이다. 대도大咷는 대곡大哭(크게 울음)이다. 상동.

52) 利는 봉리鋒利(칼끝이 날카로움)이고, 斷金은 금속을 자름이다. 취臭(냄새)는 氣味(냄새와 맛)이다. 상동.

1.8.3)

초육효: "흰 띠[茅]로 (제사드림에 쓰이는) 깔개를 만드니, 재앙이 없다."

初六 "藉用白茅, 無咎."[53]

공자가 말했다. "(제물을) 땅에 놓는다 해도 괜찮은데, 띠로 자리를 깔면 무슨 재난이 있겠는가? 신중함이 극진하다. 띠라는 것은 천박한 것이나 소중하게 쓸 수 있다. 신중한 도를 써 나간다면, 아마 과실은 없을 것이다!

[子曰: "苟錯諸地而可矣, 借之用茅, 何咎之有? 愼之至也. 夫茅之爲物薄, 而用可重也. 愼斯朮也以往, 其無所失矣!"[54]]

1.8.4)

"수고했으나 겸손하니, 군자는 좋은 결과가 있을 것이니, 길하다."

["勞謙, 君子有終, 吉."[55]]

공자가 말했다. "노고를 치렀으나 자랑하지 않고, 공덕이 있으나 자처하지 않았으니, 중후함에 이른 것이다. 공덕이 있으나 아래 사람들에게 겸하했다. 공덕은 왕성하고, 예는 공손하였다. 겸손함은, 공손하면서 자기 자리를 보존하였음이다.

53) 이것은 大過괘 초육효의 효사이다. 자藉(깔개)는 점자墊子(방석)이다. 高亨, 521頁.
54) 착錯은 조措(두다)의 가차이니, 치置(둠)이다. '愼斯術'에서 신愼은 順으로 읽어야 하니, 遵循이다. 『經典釋文』에 術은 道이다. 상동.
55) 이것은 겸謙괘 구삼 효사이다. 勞謙은 공로가 있으나 겸손함이다. 終은 古語에서 '좋은 결과'이다. 상동.

[子曰: "勞而不伐, 有功而不德, 厚之至也. 語以其功下人者也. 德言盛. 禮言恭. 謙也者, 致恭以存其位者也."[56)]]

1.8.5)

"맨 꼭대기에 올라간 용은 후회가 있다."

"亢龍有悔."[57)]

공자가 말하였다. "존귀하나 (자기) 자리가 없고, 고귀하나 백성이 없고, 현인賢人이 아랫자리에 있으며 보좌하는 사람들이 없으니, 이 때문에 활동을 하면 후회함이 있게 된다."

[子曰: "貴而無位, 高而無民, 賢人在下位而無輔, 是以動而有悔也."[58)]]

1.8.6)

"집의 마당을 나서지 않았으니, 재앙이 없다."

["不出戶庭, 無咎."[59)]]

공자가 말한다. "혼란이 생기는 것은 말솜씨가 (신중치 못함이) 발단이다. 임금이 비밀을 못 지키면 신하들을 잃게 되고, 신하가 비밀을 못

---

56) 벌伐은 과誇(자랑하다)이다. 德은 동사이니 '공덕이 있음'이다. '德言盛'에서 言은 焉과 같으니, 則이다. 存은 保와 같다. 高亨, 521-522頁.

57) 이것은 乾괘 上九의 효사이다. 上同.

58) 이것은 건괘 〈文言〉전의 내용과 같다. 「文言」전과 「繫辭」전의 저자는 같은 사람이 아니나, 여기서는 중복하고 있다. 上同.

59) 절節괘의 初九 효사이다. 상동.

지키면 자신(의 생명)을 잃게 되고, 정무 처리에 비밀을 못 지키면 위해가 성립한다. 이 때문에 군자는 비밀 지키기에 신중하여 누설됨이 없다."

[子曰: "亂之所生也, 則言語以爲階. 君不密則失臣, 臣不密則失身, 幾事不密則害成.[60] 是以君子愼密而不出也."]

1.8.7)

공자가 말한다. "『역』을 지은이는 도둑을 잡을 줄 아는가? 『역』에서 말하는데, '(등짐을) 지고서 수레를 탔음이니, 도둑을 불러서 오게 함' 이다. (짐을) 지는 것은 소인들의 일이다. (수레에) 탐은 군자의 기물이다. 소인(신분)이면서 군자의 기물에 탔으니, 도둑이 그 (값진) 것을 약탈할 생각을 가진 것이다. 임금은 게으르고 하민들은 포악하니, 도둑이 칠 생각을 갖게 된 것이다. (재산을) 저장하기에 게으른 것이 도둑질을 가르친 것이고, 용모를 요염하게 꾸민 것이 음란함을 가르친 것이다. 『역』에서 말한, '(등 짐을) 지고 (수레를) 타면, 도둑을 불러서 오게 함' 이니, 도둑을 부른 것이다!"

[子曰: "作「易」者, 其知盜乎? 「易」曰: '負且乘, 致寇至.'[61] 負也者, 小人之事也. 乘也者, 君子之器也. 小人而乘君子之器, 盜思奪矣! 上慢下暴, 盜思伐之矣![62] 慢藏誨盜, 冶容誨淫.[63] 「易」

---

60) 기幾는 기機로 읽는다. 高亨, 523頁; 機事는 임금의 政務 처리가 萬機이니, 機는 政務이다. 周振甫, 241頁, 注62.

61) 이것은 해解괘 육삼 효사이다. 차且는 而와 같다. 사람이 물건을 등에 지고 수레에 탄 것은 그 물건이 珍貴함을 알린 것이니, 도적을 불러 모아 약탈할 것이다. 高亨, 上同.

62) 『說文解字』에, 만慢은 타惰(게으름)이다. 上同.

63) 만장慢藏은 재물을 감추기에 게으른 것이고, 회도誨盜는 도둑질을 가르침이다. 야冶는 妖冶이니, 야용冶容은 용모를 요염하게 치장함이다. 高亨, 524頁.

曰: '負且乘, 致寇至.' 盜之招也."]

1.9)

대연大衍의 수數는 (시초蓍草) 55이고, 쓰는 것은 49(책策)이다. (이것을) 나누어 둘로 하니 (하늘과 땅) 양의兩儀를 나타낸다. (두 부분 사이에) 하나를 끼우면 셋[天, 地, 人]을 나타낸다. 네 개씩 분류하니 사계절을 나타낸다. (넷씩 세고 난) 나머지 시초를 (왼쪽) '손가락 사이 [扐]' 에 끼우니 윤달을 나타낸다. 5년에 윤달이 두 번이니, 따라서 다시 나머지 시초를 (오른쪽에) 놓는다. 천天은 하나, 지地는 둘, 천天은 셋, 지地는 넷, 천天은 다섯, 지地는 여섯, 천天은 일곱, 지地는 여덟, 천天은 아홉, 지地는 열이다. 다섯 자리를 서로 더하여 각각 합치니, 천수天數는 25이고, 지수地數는 30이다. 무릇 하늘과 땅의 수는 55이다. 이것이 변화를 확정하고 귀신에게 통하게 한다.

[大衍之數五十[有五], 其用四十有九.[64] 分而爲二以象兩.[65] 挂一以象三.[66] 揲之以四[67], 以象四時. 歸奇於扐以象閏.[68] 五歲再閏, 故

64) 『經典釋文』에, 衍은 연演이고, 산괘算卦를 先秦시대에는 연衍, 漢때에는 연演이라 불렀다. 金景芳(1902-2001)은, '마땅히 大衍之數五十有五' 이니, '有五' 가 빠진 것이라 말한다. 姚信(三國시대), 董遇(三國시대)본에는, '大衍之數五十有五' 이니, 시초蓍草 55策에서 49채만 쓰고, 나머지 6책은 六爻의 수를 나타낸다. 高亨, 524-525頁.

65) 兩은 兩儀이니, 天地이다. 시초蓍草로 점칠 때 시초 49개를 두 부분으로 나누어서, 한 부분은 위쪽에 가로로 놓으니 天을 나타내고, 한 부분은 아래쪽에 놓으니 地를 나타낸다. 高亨, 525頁.

66) 三은 三才이니 天, 地, 人이다. 시초를 두 부분으로 나눈 뒤, 하나를 뽑아 두 부분 사이에 끼우니, 사람이 天地 사이에 있음을 나타내며, 그것을 挂一(하나를 끼움)이라 한다. 上同.

再扐而後掛.[69] 天一, 地二, 天三, 地四, 天五, 地六, 天七, 地八, 天九, 地十. 天數五. 地數五. 五位相得而各有合,[70] 天數二十有五, 地數三十. 凡天地之數, 五十有五. 此所以成變化而行鬼神也.[71]]

건乾괘의 책수策數가 216이요, 곤坤괘의 책수는 144이다. 무릇 360은 1년의 날수에 해당한다. (『역경』 상하) 2편의 책수策數 1,520은 만물의 수에 상당한다. 이 때문에 효상爻象을 네 번 구동하여 『역경』을 구성하였다. (시초蓍草의 책策의 수가) 18번 바뀌어야 (한) 괘가 성립한다. 여덟 괘는 (각각 독립된 것이라, 아직 사물의 관계를 나타내지 못하므로) 작은 이룸(小成)이다. (8괘를) 끌어서 거듭(8×8=64괘)하고, 같은 부류의 사물을 만나서 확대하면, (『역경』에서) 세상일들을 끝낼 수 있다.

[「乾」之策二百一十有六, 「坤」之策百四十有四.[72] 凡三百有六十, 當期之日.[73] 二篇之策萬有一千五百二十, 當萬物之數也.[74] 是故四

---

67) 陸德明(550-630)에 의하면, 설揲은 數와 같다. 위쪽의 蓍草를 넷씩 세어서, 남은 가지의 수를 위쪽에 놓는 것이 揲인데, 四時를 나타낸다. 상동.

68) 『관자』 「禁藏」 편: '旁入奇利.' 에서 尹知章은, 奇는 餘라고 注釋한다. 늑扐(손가락 사이)은 늑肋(갈비)이니, 갈비는 가슴의 양옆이다. 윤閏은 윤달이다. 이것은 넷씩 세고 남은 蓍草를 왼쪽에 놓는데[歸奇於肋], 윤달을 나타낸다. 高亨, 526頁.

69) 옛날 曆法에서는 5년에 두 번 윤달이 있기에, 아래쪽의 蓍草를 넷씩 세어서 나머지를 걸어놓은 시초의 오른편에 놓으니, 이것이 '再歸奇於肋' 이다. 이것이 1變이다. 上同.

70) 相得은 相加(서로 더함)이고, 합合은 화和(합치다)이다. 高亨, 527頁.

71) 成은 定이고, 行은 通이다. 高亨, 528頁.

72) 『易經』 64괘는 爻의 변화로써 사태를 점치는데, 乾괘의 여섯 효는 변하는 老陽의 효이니, 효마다 9번 설揲(넷씩 나눔)하니(9×4×6), 216책策이고, 坤괘의 여섯 효는 변하는 老陰의 효이니, 효마다 여섯 번 揲하니(6×4×6), 144책이다. 上同.

73) 期는 1년이고, 乾坤 양괘의 합이 360策이니, 1년 360일에 상당한다. 양괘의 策數는 天地의 1년 순환의 日數이다. 高亨, 529頁.

74) 二篇은 『易經』 上下의 두 편이고, 『역경』 64괘에 매효 6爻이니, 모두 384효이다. 양효와 음효가 각각 192효이고, 1陽爻의 시초蓍草가 9揲(4×9)는 36策이니, 합치면 (192×36) 6,912策이다. 1陰爻의 시초가 6揲(4×6)이면 24策이니, 합치면(192×24)

營而成「易」.[75] 十有八變而成卦.[76] 八卦而小成.[77] 引而伸之, 觸類而長之, 天下之能事畢矣.[78]]

(『역경』에서) 도道, 신神, 덕德, 행行을 뚜렷이 보일 수 있으니, 이 때문에 (우리는) 타인이나 사물에 대하여 응대[酬酌]할 수 있고, 신령神靈을 도울 수 있다.

[顯道神德行, 是故可與酬酢, 可與祐神矣.[79]]

## 1.10)

공자가 말한다. "변화의 도리를 아는 이는 아마도 신령이 하는 짓도 알 수 있을 것이다! 「역경」에는 성인 도리가 넷이 있다: (시비) 판단에

---

4,608책이다. 이 둘[6,912+4,608]을 합치면 만물의 수[1,520]에 상당하다. 상동.

75) 四營에는 예로부터 2학설이 있다. 1: 『周易集解』에서 荀爽(128-190)을 인용하여 말하니, 四營은 7, 8, 9, 6이다. 7은 少陽의 수, 8은 少陰의 수, 9는 老陽의 수, 6은 老陰의 수이니, '『易』 有四象'은 곧 4종의 爻象이니, 따라서 '四營而成『易』'을 말한 것이다. 2: 『周易集解』에서는 陸績(188-219)를 인용하여 말하는데, '分而爲二以象兩'이 一營이다. '挂一以象三'이 二營이다. '揲之以四以象四時'가 三營이다. '歸奇於扐以象閏'이 四營이다. 1설에 의하면 四營은 四象이니, 『易』 64괘는 모두 4종 爻象으로 이루어졌다는 말이다. 2설에 의하면, 四營은 네 번 蓍草의 策을 배포하는 방식인데, 네 번 책수策數를 정하여 1變이 생기고, 2變으로 1爻가 생기고, 6爻로 1괘가 이루어진다는 말이다. 高亨, 529-530頁.

76) 시초蓍草의 策의 수가 세 번 變하여 1爻가 생기고, 여섯 효에서 1괘가 생기니, 따라서 18번 變해야 1괘가 성립한다. 高亨, 530頁.

77) 8괘는 각각 독립된 사물이니, 사물의 관계를 나타낼 수 없기에 '小成'이다. 上同.

78) 신伸은 마땅히 신申(거듭하다)으로 읽어야 하고, 촉觸(닿다)은 우遇(만나다)이며, 長은 增長이다, 필畢(마치다)은 진盡(끝나다)이다. 상동.

79) 王引之에 의하면, 與는 以와 같다. 옛날에 연회를 베풀면, 主客이 술로써 敬禮했으니, 그것이 수작酬酌이다. 타인이나 사물에 대응하는 것도 酬酌이다. 우祐는 우佑이니 도움이다. 高亨, 531頁.

는 (괘 · 효)사를 높이 보는 것이고, 행동할 때는 (괘 · 효)사의 변화를 높이 보는 것이고, 기물을 만들 때는 (괘)상을 높이 보는 것이고, 서점筮占은 점(의 결과)를 높이 보는 것이다.”

[子曰: “知變化之道者, 其知神之所爲乎” 易有聖人之道四焉: 以言者尙其辭, 以動者尙其變, 以制器者尙其象, 以卜筮者尙其占.”]

이렇기 때문에 군자는 무엇을 하려고 하거나, 행동하려고 하면 말로써 묻는다. (시초蓍草로 길흉을) 물어보면 메아리가 (소리에) 응답하듯 하고, 멀고 가까운 것, 어둡고 깊은 것을 가릴 것 없이 바로 미래의 일을 알게 한다. 천하에 지극히 정밀精密한 것이 아니라면, 어찌 이런 것에 미칠 수 있을까?

[是以君子將以有爲也, 將以有行也, 問焉而以言. 其受命也如向, 無有遠近幽深, 遂知來物.[80] 非天下之至精, 其孰能與於此?[81]]

3과 5의 작은 효변爻變이 괘변卦變으로 변화하니, (여섯 효의) 수가 착종하고 종합하여 (효위와 효위의 관계를) 나타내고, 그 (효爻)의 변화를 관통하면 마침내 천하의 일을 나타내는 문사文辭가 확정된다. 괘효의 위수位數를 극진極盡하게 하면, 마침내 천하 사물의 상象을 확정할 수 있다. 천하에서 지극하게 변하는 것이 아니라면, 어찌 이런 것에 미칠 수 있을까? 『역경易經』은 사고하지도 않고 행위도 없이 고요하게 움직이지 않으나, (지성至誠으로) 감동하여 마침내 천하의 일에 통달한 것이다. 천하에서 지극히 신묘한 것이 아니라면 어찌 이런 것에 미칠 수 있을까?

---

80) 來物은 미래의 일이다. 周振甫, 246頁, 注80.
81) 與는 及이다. 高亨, 532頁.

[參伍以變[82], 錯綜其數[83], 通其變, 遂成天地之文.[84] 極其數[85], 遂定天下之象. 非天下之至變, 其孰能與於此?[86] 「易」無思也, 無爲也, 寂然不動, 感而遂通天下之故.[87] 非天下之至神, 其孰能與於此?]

『역경』은 성인이 매우 깊은 것을 궁구하고 매우 미세한 것을 연구하는 수단이다. (『역경』은) 심오하기에, 따라서 천하의 뜻을 관통할 수 있다. (『역경』은) 아주 미세하기에, 따라서 천하의 사무를 확정할 수 있다. (『역경』은) 신묘하기에, 따라서 급하게 (서둘지) 않고, 가지 않아도 (목적지에) 이른다. 공자는 말한다. "『역경』에는 성인의 도道가 넷(其辭, 其變, 其象, 其占)이 있음"은 이것을 말함이다."

[夫"易", 聖人之所以極深而研幾也.[88] 惟深也, 故能通天下之志. 惟幾也, 故能成天下之務. 惟神也, 故不疾而速,[89] 不行而至. 子曰: "「易」有聖人之道四焉"者[90], 此之謂也.]

1.11)

82) 삼參은 三으로, 오伍는 五로 읽는데, 三五는 좀 작아서 일정치 못한 수자이고, 變은 爻變에 따른 괘변卦變을 가리킨다. 상동.
83) 착錯은 교착交錯이고, 종綜은 종합이다. 數는 爻의 位次(순차적으로 배정한 위치)이다. 각各 괘 六爻의 數가 교차 종합하여, 爻位와 爻位의 관계를 만든다. 高亨, 533頁.
84) 成은 定과 같다. 상동.
85) 極은 진盡이다. 상동.
86) 至變은 가장 잘 변화함이다. 與는 及이다. 상동.
87) 故는 事이다. 상동.
88) 『經典釋文』에 의하면, 기幾는 미微(작음)이다. 성인은 『역』의 深奧함을 궁구하고, 『역』의 幾微를 연구한다. 高亨, 534頁.
89) 『廣雅 · 釋詁』에, 질疾은 급急이다. 상동.
90) 『역경』에는 사상四尙(네 가지 숭상崇尙)이 있으니, '상기사尙其辭', '상기변尙其變', '상기상尙其象', '상기점尙其占' 이다. 高亨, 534頁.

공자가 말한다. "『역경』은 무엇인가? 『역경』은 사물의 진상眞象을 열어 보이고, 사무 보는 방법을 확정하는 것이니, 천하 사물의 도리를 포괄함이 이와 같을 뿐이다."

[子曰: "夫「易」何爲者也? 夫「易」開物成務, 冒天下之道, 如斯而已者也."91)]

이 때문에 성인이 천하 사람들의 뜻을 통틀어 알고서, 천하의 사업을 확정하여, 천하 사람들의 회의懷疑하는 바를 해결해 준다. 이 때문에 시초蓍草의 은덕은 둥글며 신묘하고, 괘의 은덕은 네모지며 지혜롭고, 여섯 효爻의 뜻으로 『역』은 알려준다. 성인은 이것들로 마음을 이끌어가고, (서점筮占을) 비밀장소에 밀어 넣는데, 길흉은 백성들과 함께 하는 일이다. 신묘하게 내일을 알며, 지난 일을 기록하여 감춰두고 (그것을) 지혜로 삼으니, 누가 여기까지 미치겠는가! 옛날의 총명하고 혜지慧智있고 신무神武하면서 포악[殘暴]하지 않은 분일 것이다!

[是故聖人以通天下之志, 以定天下之業, 以斷天下之疑. 是故蓍之德圓而神, 卦之德方以知, 六爻之義易以貢.92) 聖人以此洗心, 退藏於密, 吉凶與民同患.93) 神以知來, 知以藏往,94) 其孰能與於此哉! 古

---

91) 개물開物은 사물의 진상眞象을 여는 것이고; 成務는 事務를 확정하는 방법이다. 모冒는 포包(싸다)와 같으니, '冒天下之道'는 천하 사물들의 道理를 포괄함이다. 上同.

92) 德은 蓍草의 생김이나 성질 모두를 말하고, 知는 智로 읽는다. 시초의 생김은 圓이고 성질은 신묘하다. 괘의 형태는 네모(方)이고 특성은 智이다. 시초와 괘가 앞일을 예지預知하기에, 神智이다. 易은 變이다. 韓康伯(韓伯)은, "貢은 '아룀[告]'이다."라고 말한다. 高亨, 535頁.

93) 王引之에 의하면, 세洗는 선先의 뜻이 좋으며, 先은 도導(이끌음)와 같다. 筮占을 보고 그것을 密處에 밀쳐 두고 앞으로 참고한다. 凶은 患이나, 吉은 患이 아니니, 患은 마땅히 관貫(꿰다)으로 읽어야 한다. 『爾雅 · 釋詁』에, 貫은 事이다. 高亨, 535-536頁.

之聰明睿知神武而不殺者夫![95]」

이 때문에 하늘의 도리를 밝히 알고, 백성의 일들을 고찰하는 것, 이것이 신비한 시초蓍草로 백성의 용도를 이끄는 것이다. 성인은 이것으로 공경하고 두려워하며, 신묘한 밝은 지혜를 자기 덕으로 삼는구나! 이 때문에 (천지의) 문을 닫는 것을 곤坤이라 하고, 문을 여는 것을 건乾이라 한다. (우주가) 한 번 닫히고 한 번 열리는 것을 변화[變]라 한다. (열리고 닫히고 들고 나고) 왕래가 끝이 없음이 통달[通]이며, 보이는 것이 상象이고, 모형을 갖춘 것이 기물[器]이고, (상象과 기器를) 제어하여 쓰는 것이 효법效法이다. 이용하며 고쳐 나가니, 백성들이 모두 (그 기물들을) 사용하며 신묘하다고 말한다.

[是以明於天之道, 而察於民之故, 是與神物以前民用.[96] 聖人以此齋戒[97], 以神明其德夫! 是故闔戶謂之坤, 辟戶謂之乾. 一闔一辟謂之變. 往來不窮謂之通, 見乃謂之象, 形乃謂之器, 制而用之謂之法. 利用出入,[98] 民咸用之謂之神.]

1.12)

이 때문에 『역』에는 태극太極이 있다. 여기에서 양의兩儀[天地]가 생

94) 장왕藏往은 지난 일을 기록하여 숨겨두고, 내일에 거울삼아 보는 것이다. 高亨, 536頁.
95) 與는 及이고, 知는 智로 읽고, 예지睿知는 慧智이고, 殺은 잔포殘暴이다. 上同.
96) 興은 擧이고, 神物은 蓍草이며, 前은 先導이다. 上同.
97) 『廣雅 · 釋詁』에, 재齋는 敬(공경)이다. 계戒는 경척警惕(두려워 경계함)이다. 上同.
98) '利用出入'은 제작할 때 개선하여 발전하는 것이다. 周振甫, 248頁, 注91.

겼다. 하늘과 땅[兩儀]에서 네 개의 상象[少陽, 老陽, 少陰, 老陰]이 나오며, 네 개의 상에서 여덟 괘가 나온다. 여덟 괘에서 길흉吉凶이 정해지니, (사람들이 길吉을 추구하고 흉凶을 피하려는) 길흉에서 큰 업적이 생겨난다.

[是故「易」有太極.99) 是生兩儀.100) 兩儀生四象, 四象生八卦.101) 八卦定吉凶, 吉凶生大業.102)]

이 때문에 상象을 본받음에 하늘과 땅보다 더 큰 것은 없다. 변통에는 네 계절보다 큰 것은 없다. 상象을 걸어놓은 것 중에서 빛을 밝힘에는 해와 달보다 더 큰 것은 없다. (자리가) 숭고하나 (임금의) 부귀보다 더 큰 것은 없다. 물자를 갖추어서 사용하게 하고, 공업功業을 세워서 기물을 완성하여 천하를 이롭게 하는 데 성인보다 위대한 이는 없다. (사물의) 복잡함을 탐구하고 숨겨진 것을 찾아내고, (사물의) 심오함을 캐내어서 멀리까지 가게 하여, (그래서) 천하 (일)의 길흉을 결정하고, 천하 사람들로 하여금 분발하여 노력하게 하는 일에는 시초蓍草나 거북(뼈)보다 더 큰 것은 없다. 이 때문에 하늘은 신기한 물건[시초와 거북 뼈]을 만들어 내니, 성인은 이것을 본받았다. 천지와 (만물)들이 변화하니, 성인은 (64

---

99) 우주의 本體를 『老子』에서는 '一'로, 『呂氏春秋』, 「大樂」 편에서는 '太一'로, 「繫辭」 편에서는 '太極'으로 이름하였고, 앞에서 三才를 三極으로 하였으니, 태극은 天地를 포괄하는 최대 최고의 것이다. 高亨, 538頁.

100) 兩儀는 天地이다. 上同.

101) 四象은 四時(네 계절)이다. 시초蓍草가 7설揲(네 개씩 분리)하면 少陽의 효가 되니 봄이다. 시초가 9설이면 老陽의 효가 되니 여름이다. 구설九揲은 변할 수 있는 양효이다. 시초를 8설하면 少陰이니 가을이다. 시초가 육설六揲하면 老陰이니 겨울이다. 少陽, 老陽, 少陰, 老陰이 네 계절[四時]를 나타낸다. 8괘는 이 네 가지 효로 구성된다. 이 때문에 '四象生八卦'라고 말한다. 高亨, 538-539頁.

102) 팔괘는 (위아래로) 서로 거듭하는 것이니, 吉凶의 상이 정해진다. 사람들이 吉을 추구하고 凶을 피하려하니, 大業이 생겨난다. 高亨, 539頁.

괘와 384효로써) 이것을 본받았다. 하늘에서 상象이 내려와서 길흉을 보이니, 성인은 (괘와 효로) 이것을 나타냈다. 황하黃河에서 도圖가 나오고, 낙수洛水에서 책이 나오니, 성인이 이것들을 본받았다. 『역경』에는 사상四象(少陽, 老陽, 少陰, 老陰)이 있어서 (변화를) 보여준다. (괘 · 효)사辭를 붙이니, (길흉을) 알려주는 것이다. (괘효사에서) 길흉을 정하는 것은, 결단을 (내리기) 위함이다.

[是故法象莫大乎天地. 變通莫大乎四時. 懸象著明莫大乎日月.[103] 崇高莫大乎富貴. 備物致用, 立功成器, 以爲天下利, 莫大乎聖人. 探賾索隱, 鉤深致遠, 以定天下之吉凶, 成天下之亹亹者, 莫大乎蓍龜.[104] 是故天生神物, 聖人則之.[105] 天地變化, 聖人效之.[106] 天垂象, 見吉凶, 聖人象之. 河出圖, 洛出書, 聖人則之. 「易」有四象, 所以示也. 繫辭焉, 所以告也. 定之以吉凶, 所以斷也.]

1.13)

1.13.1)

「역경」에서 말한다. “하늘에서 도와주니, 길하여 이롭지 않음이 없다.”

공자가 말한다. “우祐는 도움이다. 하늘이 도와줌은 (그 사람이) 순종

---

103) 현縣은 옛날의 현懸(매달다)이다. 『小爾雅 · 廣詁』에, 저著는 명明(밝다)이다. 上同.
104) 색賾은 잡雜이고, 색索은 구求(찾다)이다. 『小爾雅 · 廣詁』에, 구鉤는 取이다. 致는 추推(밀다)이다. 미미亹亹는 앞으로 나가려 애씀이고, 大는 超過이다. 上同.
105) 神物은 시구蓍龜(시초와 거북 뼈)이다. 『廣雅 · 釋詁』에, 즉則은 法(본받다)이다. 高亨, 540頁.
106) 효效는 法(본받다)이다. 천지와 만물에는 변화가 많으니, 성인은 8괘와 64괘를 만들어, 괘의 변화로 천지 만물의 변화를 나타냈다. 上同.

했음이요; 사람들이 도와주는 것은 신용을 지켰음이다. 신용을 지키고, 사상이 순조로우니, 또한 현인賢人을 존숭했기에, 이 때문에 하늘이 도운 것이니, 길하여 이롭지 않음이 없다.”

[「易」曰: “自天祐之, 吉無不利.” 子曰: “祐者, 助也. 天之所助者, 順也; 人之所助者, 信也. 履信, 思乎順, 又以尙賢也, 是以自天祐之, 吉無不利也.”]

1.13.2)

공자가 말한다. “책에는 말하려는 것을 다 나타낼 수 없고, 말하는 것은 (말하려는) 뜻을 다 할 수 없다.”

[子曰: “書不盡言, 言不盡意.”]

그렇다면 성인의 뜻은, 다 보일 수 없습니까?

[然則聖人之意, 其不可見乎?]

공자가 말한다. “성인은 상象을 세워서 (자기) 뜻을 다 드러내고, 괘卦를 내세워 진정과 거짓을 다 표현하며, 괘사와 효사를 달아서 말을 전하며, (이것을) 변통하여 다 이롭게 하며, 북치고 춤추면서 신묘함을 다 한다.”

[子曰: “聖人立象以盡意, 設卦以盡情僞, 繫辭焉以盡其言, 變而通之以盡利, 鼓之舞之以盡神.”]

건곤乾坤[하늘과 땅, 음양 대립과 변화]이 『역경』 속에 온축되어 있는 것이 아닐까? 건곤, 하늘과 땅이 자리를 정하니, 『역경』(의 도)가 그 가운데 확립되었다. 하늘과 땅이 무너지면 『역』의 도리는 볼 수 없게 된다. 『역』(의 도리)가 보이지 않으면, 하늘과 땅[乾坤]도 아마도 거의 식멸熄滅할 것이다! 이 때문에 '형이상形而上'을 도道라 하며, '형이하形而下'는 물건들이다. 개조하는 것을 변화라 하고, 밀어서 시행하는 것이 통달[通]이고, (도道와 기器를) 취하여 천하의 백성들에게 베풂을 사업이라고 한다.

[乾坤其「易」之縕邪？[107] 乾坤成列, 而「易」立乎其中矣.[108] 乾坤毁, 則無以見「易」.「易」不可見, 則乾坤或幾乎息矣! 是故形而上者謂之道, 形而下者謂之器.[109] 化而裁之謂之變, 推而行之謂之通, 擧而錯之天下之民謂之事業.[110]]

이 때문에 효상爻象은, 성인이 (그것으로) 천하 사물들의 복잡함을 보고서 그것들의 형용形容을 비견하여 그 사물의 적합함을 보인 것이니, 이 때문에 상象이라 말한다. 성인이 천하 사물의 활동을 보고서 (『역』의 도리로써) 그 회통을 관조하여 전장典章제도를 실행하고, 괘·효사를 매달아서 길흉을 단정斷定하니, 이 때문에 효爻라고 한다.

[是故夫象[111], 聖人有以見天下之賾, 而擬諸形容, 象其物宜, 是故謂之象. 聖人有以見天下之動, 而觀其會通, 以行其典禮, 繫辭焉, 以斷其吉凶, 是故謂之爻.]

---

107) 乾坤은 天地이다. 『역경』은 음양, 모순대립과 변화의 道를 말한다. 虞翻에 의하면, 온縕은 장藏(감추다)이다. 사邪는 야耶이다. 高亨, 542頁.

108) 成列은 定位와 같다. 上同.

109) 기器는 物이다. 高亨, 543頁.

110) 化는 개改(고침)이고, 재裁는 제制(만들다)이다. 거擧는 취取(취함)이고, 착錯은 조措(두다)이니 시施(베풂)이다. 上同.

111) 夫는 마땅히 爻로 보아야한다. 형태가 비슷하여 오류가 난 것이다. 上同.

천하 사물의 복잡함을 다하여 괘에 있게 하고, 천하 사물의 변동을 고취하여 (괘·효)사에 있게 하고, 변화시켜 제재하는 것을 변화에 있게끔 하며, 미루어 실천하는 것을 변통變通에 있게 하고, 신묘하고 명백히 운용하는 것은 사람에게 있으니, (고요히) 침묵하며 이루어주고 말을 안 해도 믿어주는 것은 덕스런 행동에 있다.

[極天下之賾者存乎卦[112], 鼓天下之動者存乎辭, 化而裁之存乎變, 推而行之存乎通, 神而明之存乎其人, 黙而成之, 不言而信, 存乎德行.]

## 2. 「계사繫辭」 하전下傳

### 2.1)

여덟 괘가 확립되니, (64괘의) 괘상卦象이 그 가운데 있다. 이어 (8괘를) 거듭하니 효爻가 그 속에 있도다. 강건함[剛]과 유약함[柔]이 서로 밀어내니, 그 속에 변화가 있도다. (괘와 효 아래에) 괘·효사를 붙이고 (그것으로 사람들에게 해야 할 것을) 알려주니, (사람들의) 행동이 그 속에 있도다!

[八卦成列, 象在其中矣.[113] 因而重之, 爻在其中矣. 剛柔相推, 變在其中矣. 繫辭焉而命之, 動在其中矣.[114]]

---

112) 極은 盡이고, 存乎는 在於이다. 高亨, 544頁.
113) 成列은 확립이다. 象의 64괘의 卦象이다. 『周易注譯與硏究』, 636頁, 注1.
114) 『爾雅·釋詁』에, 命은 고告(알리다)이다. 『역경』 저자가 괘효 아래에 卦爻辭를 매달아서 사람들에게 알려주니, 사람의 행동이 곧 그 속에 있음이다. 高亨, 556頁.

길, 흉, 후회(悔), 어려움(吝)은 (괘 · 효의) 변동에서 생긴다. 강건함과 유약함(즉, 음양이 천지 만물)의 근본을 세운다. (행사에는) 변통이 있으니 빨리 달려가 당시의 형세, 환경 및 조건을 맞추어야 한다. 길흉이란 바르게 행동하면 승리하는 것이다. 하늘과 땅의 도道는 바름(正)을 사람에게 보이는 것이다. 해와 달의 도는 (천하를) 바르게 밝히는 것이다. 천하(만물)의 활동은 '하나[一](천지天地의 도)'에 맞으면 바르다. 하늘은 강건하나 평이平易한 것으로 보인다. 땅은 유순하고 사람에게 검약儉約하게 보인다. 효爻는 (하늘과 땅의) 이런 점을 본받은 것이고; 상象은 (하늘과 땅의) 이런 점을 형상한 것이다. 효와 상은 (괘) 안에서 활동하나, 길흉이 밖으로 보이니, (효상爻象의 변화에 의해, 길吉을 추구하고 흉凶을 피하니), 공업功業은 변화에서 볼 수 있다. 성인의 사상 감정은 괘 · 효사에서 보인다. 하늘과 땅의 큰 덕은 삶이고, 성인의 큰 보물은 왕위이다. 무엇으로 왕위를 지키는가? 사람들이다. 무엇으로 사람들을 모으는가? 재물이다. 재정을 정리하고 제도법령을 단정하게 하며, 백성들이 나쁜 짓 하는 것을 금지시키는 것이 의義이다.

[吉凶悔吝者, 生乎動者也. 剛柔者, 立本者也.115) 變通者, 趣時者也.116) 吉凶者, 貞勝者也.117) 天地之道, 貞觀者也.118) 日月之道, 貞明者也. 天下之動, 貞夫一者也.119) 夫乾確然, 示人易矣.120) 夫坤隤

---

115) 剛은 陽이고, 柔는 陰이니, 爻의 음양이 64괘의 근본이다. 사물의 음양이 천지 만물의 本이다. 上同.

116) 취趣는 추趨이니 급주急走(급히 걷다)이다. 時는 당시의 구체적 형세, 환경과 조건을 가리킨다. 행사에는 변통이 있으니, 급히 달려가 당시의 수요를 맞춘다. 上同.

117) 貞은 正이니, 길흉은 일처리의 正否에 달려 있다. 上同.

118) 『爾雅 · 釋言』에, 觀은 시示(보이다)이다. 貞觀은 正을 사람에게 보임이다. 上同.

119) 裵學海에 의하면, 夫는 於와 같다. 一은 '天地之道'이니, 天地의 도와 합치면 正, 즉 정확이다. 周振甫, 257頁, 注6.

然,[121] 示人簡矣. 爻也者, 效此者也; 象也者, 像此者也. 爻象動乎內, 吉凶見乎外, 功業見乎變. 聖人之情見乎辭.[122] 天地之大德曰生, 聖人之大寶曰位.[123] 何以守位? 曰仁.[124] 何以聚人? 曰財. 理財正辭,[125] 禁民爲非, 曰義.]

2.2)

옛날에 포희씨[伏犧氏]가 천하에 왕 노릇함에, 위로 하늘에서 여러 상象들을 보았고, 아래로 땅에서 법칙들을 보았고, 새와 짐승들의 (다양한) 문양들과 땅의 적합성 등을 관찰했으니, 가까이로 (사람) 몸에서 취하고, 멀리로는 사물들에서 취했으니, 이에 비로소 여덟 괘를 만들어서 신묘함을 밝히는 성질을 회통시키고, 만물들의 실정들을 분류하였다. 새끼줄을 묶어 그물을 만들어서 사냥하고 물고기를 잡으니, 아마도 이離괘에서 취한 것이다. 복희씨가 죽자 신농씨神農氏가 일어서니, 나무를 깎아서 보습[耜]을 만들고, 나무를 주물러서 쟁기[耒]를 만드니, 쟁기와 보습의 이점을 세상에 가르쳤기에 (이것은) 이離괘에서 취한 것이다. 해가 (하늘) 복판에 오면 시장이 서는데, 천하 사람들을 불러 모아서 천하의 재화를 모아놓으니, (서로) 교역하며 각자는 대체 품목을 얻었으니, (이것

120) 乾은 하늘이고, 확確은 剛貌이고, 易은 평이平易이다. 高亨, 557頁.
121) 퇴隤는 柔順한 모양이고, 簡은 간약簡約(절검節儉)이다. 上同.
122) 情은 사상이나 감정이고, 辭는 괘효사이다. 高亨, 558頁.
123) 성인이 왕위에 있으니 정권이 있게 되고, 정권이 있으면 功業을 세울 수 있다. 따라서 왕위는 성인의 大寶이다. 上同.
124) 육덕명陸德明 『經典釋文』에, 仁을 人으로 썼다. 馬融이나 鄭玄 등의 판본에는 人으로 되었다. 上同.
125) 사辭는 제도, 법령의 條文을 가리킨다. 上同.

은) 서합噬嗑 괘에서 취한 것이다. 신농씨가 죽자 황제黃帝, 요堯, 순舜임금이 일어나서 (사물의) 변화에 능통하며, 사람들로 하여금 (이용하게 하고) 싫증을 모르게 하니 (사람들이) 신기하게 화합하여, 이들로 하여금 적합하게 하였다. 『역경』에 의하면, (일이) 막히면 변통시켜 주고, 변통하면 통하게 되며, 통하면 (일을) 오래 가게 한다. 이 때문에 하늘에서 도움을 받은 것이니, 길하여 이롭지 않음이 없다. 황제, 요, 순 임금들은 옷을 내려뜨리고 천하를 다스렸으니, (이것은) 아마도 건乾괘와 곤坤괘에서 취한 것이다. 나무를 후벼 파서 (속을) 비게 하여 배를 만들고, 나무를 뾰족하게 깎아서 노를 만들었으니, 배와 노의 이점은, 통할 수 없는 (물길)을 건너가서 먼데에 이르게 하여 천하 사람들을 이롭게 하였으니, (이것은) 아마도 환渙 괘에서 취한 것이다. 소를 타거나 말을 타니 (가축으로) 무거운 짐을 끌게 하고 먼 곳에 이르기도 하니, 천하에 이롭다. (이것은) 문을 겹으로 하고 딱따기를 치며 (순행巡行하는) 것은 아마도 수隨 괘에서 취한 것이다. 도둑을 대비하는 것이니 아마도 예豫 괘에서 취한 것이다. 나무를 잘라서 절굿공이로 만들고, 땅을 파서 절구통을 만들었으니, 절굿공이와 절구는 만민들을 이롭게 했으니 아마도 소과小過 괘에서 취한 것이다. 나무에 활시위를 걸어서 활을 만들고, 나무를 깎아서 화살을 만드니, 활과 화살의 이점으로 세상을 위협했으니, (이것은) 규睽 괘에서 취한 것이다. 상고上古에는 동굴이나 들판에서 살았으나, 후세에 성인들이 실室로 바꾸었는데, 위로는 용마루를 치고 아래로는 담장을 둘러서 바람과 비를 피하게 하였으니 (이것은) 아마도 대장大壯 괘에서 취한 것이다. 옛날에 장사지낼 때 잡초로 두껍게 감싸서 들판 가운데 매상하고, 분묘도 없고 나무도 안 심었으며, 복상服喪의 기간에 (날, 월, 년의)

숫자가 없었다. 후세의 성인이 관棺과 외곽外郭으로 바꾼 것은 아마도 대과大過 괘에서 취한 것이다. 상고에는 새끼줄을 묶어서[結繩] (숫자를 표시하여) 다스렸는데, 후세에 성인이 (작은) 나무판(혹 대나무)에 글자를 (칼로) 새기는 것으로 바꾸었으니, 온갖 관리들이 다스릴 수 있고, 백성들이 (글자 새긴 판으로) 살필 수 있게 되었으니 (이것은) 아마도 쾌夬 괘에서 취한 것이다.

[古者包犧氏之王天下也, 仰則觀象於天, 俯則觀法於地, 觀鳥獸之文, 與地之宜, 近取諸身, 遠取諸物, 於是始作八卦, 以通神明之德, 以類萬物之情.126) 作結繩而爲網罟, 以佃以漁, 蓋取諸"離". 127) 包羲氏沒, 神農氏作, 斲木爲耜, 揉木爲耒, 耒耨之利, 以敎天下, 蓋取諸"益".128) 日中爲市, 致天下之貨, 交易而退, 各得其所 129), 蓋取諸"噬嗑". 神農氏沒, 黃帝、堯、舜氏作, 通其變, 使民不倦, 神而化之, 使民宜之. "易" 窮則變, 變則通, 通則久. 是以自天祐之, 吉無不利. 黃帝、堯、舜垂衣裳而天下治, 蓋取諸"乾""坤". 130) 刳木爲舟, 剡木

126) 法은 법칙이고, '地之宜'는 식물을 말한다. 식물은 땅에서 자라, 각기 적합성을 가지고 있기에, '地之宜'라고 말한 것이다. 物은 器物이다. 이것은 포희包犧가 팔괘를 그릴 때 天象, 地法, 鳥獸, 草木, 人身(사람 몸), 器物 등을 관찰하고, 팔괘를 그려서 이것들을 나타냈음을 말한다. 通은 會通이고, 神은 묘妙이고, 明은 현顯(드러나게 하다)이고, 德은 성질이다. 類는 분류이다. 高亨, 559頁.

127) 古書들의 인용에는 '作'자字가 대부분 없다. 王念孫에 의하면, 作이 衍字이다. 망罔(그물)은 옛날 망网자이다. 전田과 전佃이 통용됐으니, 사냥이다. 어漁는 물고기를 잡음이다. 離에는 불외에 승繩(줄, 새끼)을 나타낸다. 離를 서로 겹침은 結繩이니 망고罔罟(그물)를 만들음이다. 高亨, 560頁.

128) 착斲(깎다)은 감삭砍削(깎음)이다. 사耜는, 『說文解字』에는, 사枱이니, 그것은 초鍬(가래)이나, 목서木鋤(나무로 만든 호미)이다. 유揉는 주무름이고, 뇌耒는 쟁기(이犁)이다. 누耨(김매다)는 마땅히 사耜(보습)이어야 한다. 뇌사耒耜(쟁기와 보습)은 나무로 만든 것이고, 益괘는 上巽下震이니, 巽은 木이요, 震은 動(움직임)이니, 나무로 된 도구로 밭을 가는 것이 卦象이다. 高亨, 560-561頁.

129) 소所는 대代(대신하다)이다. 서합噬嗑괘는 上離下震이니, 사람들이 햇빛 속에 움직임이다. 上同.

爲楫，舟楫之利，以濟不通，致遠以利天下，蓋取諸“渙”.[131] 服牛乘馬，引重致遠，以利天下，蓋取諸“隨”，[132] 重門擊柝，以待暴客，蓋取諸“豫”.[133] 斷木爲杵，掘地爲臼，臼杵之利．萬民以濟，蓋取諸“小過”.[134] 弦木爲弧，剡木爲矢，弧矢之利，以威天下，蓋取諸“睽”.[135] 上古穴居而野處．後世聖人易之以宮室，上棟下宇，以待風雨，蓋取諸“大壯”.[136] 古之葬者，厚衣之以薪，葬之中野，不封不樹，喪期無數．後世聖人易之以棺槨，蓋取諸“大過”.[137] 上古結繩而

---

130) 수垂(드리우다)는 철綴(연잇다)의 가차이다. 綴은 봉縫(꿰매다)이다. 『주역집해周易集解』에서 『九家易』을 인용하여 말한다. '衣는 乾에서 象을 취하니 위에서 사물을 덮어주고; 裳은 坤에서 상을 취하니 아래에서 사물을 물고 있다.' 이것은 黃帝, 堯, 舜이 衣(윗옷) 裳(하의)을 만들 때 乾坤 두 괘에서 象을 취했음을 말한다. 高亨, 562頁.

131) 고刳(도려내다)는 완공刓空(나무속을 도려내어 텅 비게 함)이고; 염剡은 삭첨削尖(깎아서 뾰족하게 함)이다. 집楫은 (배를 젓는) 노이다. 上同.

132) 복服과 승乘은 모두 가駕(타다)이다. 수隨괘는 上兌下震인데 태兌는 택澤이니 아주 낮은 곳에 처하므로 축생畜牲(가축)이다. 『國語 · 晉語』에, 震은 수레(車)이다. 高亨, 563頁.

133) 탁柝은 딱따기이고, 폭객暴客은 도적이다. 豫괘는 上震下坤이니, 震은 '우레' 인데 또 '움직임' 이다. 우레는 움직이며 소리가 나는 물건이니, 사람이 땅에서 순행巡行하며 딱따기를 쳐서 소리를 내는 것이다. 高亨, 564頁.

134) 저杵는 절굿공이이고, 『說文解字』에, 구臼(절구)는 용舂(절구질하다)이니, 옛날에는 땅을 파서 절구(臼)로 썼다. 小過괘는 上震下艮인데, 『說卦』 전에 의하면, 간艮은 과라果蓏이니, 果는 나무열매이고, 풀 열매는 나蓏인데, 百穀은 草類이기에, 나蓏이다. 움직이며 소리를 내는 절굿공이가 위에서 절구속의 곡식을 빻는 형상이 소과小過괘이다. 『爾雅 · 釋言』에, 제濟는 익益(이익)이다. 上同.

135) 현弦는 활시위이고, 弦木은 나무에 활시위를 거는 것이다. 호弧는 활이다. 규睽괘는 上離下兌이니, 離는 새끼줄이고, 虞翻에 의하면, 兌는 小木인데, 竹(대나무)가 또한 小木의 부류이다. 규괘의 괘상은 줄이 小木(또는 竹) 위에 있는 것이니, 활이다. 高亨, 565頁.

136) 동棟은 용마루이고, 우宇는 옥변屋邊(집의 끝)이니, 집의 사방 장벽墻壁(담)이다. 대장大壯괘는 上震下乾이니, 사람이 아래에서 위를 보면, 天體의 둥근 것이 지상을 덮고 있는 형상이다. 위에서 우레가 치고 비가 내려도, 아래의 천체처럼 둥근 집에는 쳐들어올 수 없는 것은 대장괘에서 상을 취한 것이다. 上同.

137) 衣는 물건을 싸는 것이고, 신薪은 섶, 잡초이다. 中野는 들 가운데이고, 封은 흙

治, 後世聖人易之以書契, 百官以治, 萬民以察, 蓋取諸“夬”.[138]]

2.3)

이 때문에 『역경』(안에 온축되어 있는 것)은 괘상卦象이다. 괘상은 괘로써 사물을 표시하는 것이다. 단彖은 판단이다. 효[육효六爻와 효사爻辭]는 천하 사물의 변동을 본받은 것이다. 이 때문에 길함과 흉함이 생겨나고, 후회[悔]와 어려움[吝]이 드러난다.

[是故「易」者, 象也. 象也者, 像也. 彖者, 材也. 爻也者, 效天下之動也. 是故吉凶生而悔吝著也.[139]]

2.4)

양괘陽卦는 음이 많고, 음괘陰卦는 양이 많으니, 그 이유는 무엇인가? 양괘는 (획수가) 홀수이고, 음괘는 짝수이다. (이것이 사회적으로 나타내는) 덕행은 무엇인가? 양은 임금 하나에 백성이 둘이니, 군자의 도리이다. 음은 임금은 둘이고 백성은 하나이니, 소인의 도리이다.

---

을 모아 분墳(무덤)을 만들고, 樹는 나무를 심는 것이다. 대과大過괘는 上兌下巽이니, 兌는 澤(못)이나, 깊은 구덩이[와갱洼坑]을 뜻하고, 巽은 木이니, 관棺(널)이다. 高亨, 566頁.

138) 書는 문자이고, 계契는 竹簡에 새기는 것이다. 쾌夬괘는 上兌下乾이니, 兌는 小木이나 竹이고, 「說卦」 전에, '乾爲金' 이니, 乾괘는 칼이다. 高亨, 567頁.

139) 『역경』의 내온內蘊은 괘상卦象이고, 괘상은 괘로써 사물을 나타낸다. 「繫辭」에서 괘사卦辭를 단彖이라 말한다. 彖은 단斷(판단)이다. 재材는 재裁(마르다)이니, 裁도 판단이다. 효爻는 六爻와 효사爻辭를 가리키니, 육효는 움직이는 變爻이니, 천하 사물의 변동을 모방하여, 爻辭로써 사람의 행동을 알려준다. 저著는 드러냄이다. 高亨, 568頁.

[陽卦多陰, 陰卦多陽[140], 其故何也? 陽卦奇, 陰卦耦. 其德行何也? 陽一君而二民, 君子之道也. 陰二君而一民, 小人之道也.]

2.5)

2.5.1)

『역경』에서 말한다. "바쁘게 오고감이니, 친구들이 자네를 따르네!"

[「易」曰: "憧憧往來, 朋從爾思."[141]]

공자가 말한다. "천하 사람들이 무엇을 생각하고 무엇을 염려하는가? 천하 사람들은 모두 (집으로) 돌아가지만 (가는) 길은 (서로) 다르니, 한 곳으로 간다 해도 생각은 다르기에, 천하 사람들이 무엇을 생각하고 무엇을 염려하는가? 해가 지면 달이 뜨고, 달이 지면 해가 뜨는 것처럼, 해와 달은 서로 밀어주면서 빛이 생겨난다. 추위가 가면 더위가 오고, 더위가 가면 추위가 오면서, 춥고 더움이 서로 밀어주는 데서 한 해가 이루어진다. 가는 것이 굽히는 것이요, 오는 것이 펴지는 것이니, 굽고 펴짐이 서로 느끼면서 이익이 생겨난다. 자벌레가 (몸을) 구부리는 것은 펴기 위함이다. 용이나 뱀이 (겨울)잠 자는 것은 살기 위함이다. 배

140) 陽卦는 진震☳, 감坎☵, 간艮☶의 삼 괘인데, 모두 2음괘, 1양괘이니 음이 많고; 음괘는 손巽☴, 이離☲, 태兌☱의 삼 괘인데, 모두 2양괘, 1음괘이니, 양이 많다. 震, 坎, 艮은 모두 획수가 5이니 홀수(奇數)이고, 巽, 離, 兌는 획수가 모두 4이니 짝수(偶數)이다. 高亨, 569頁.

141) 이것은 함咸괘의 九四효사이다. 동동憧憧은 바쁘게 오고감이다. 사思는 어조사이다. 高亨, 570頁.

움과 사용은 쓰기 위함이다. 배운 것을 이용하여 몸을 편하게 하는 것은 재덕才德을 높임이다. 이것을 넘어선다면 알 필요가 없다. (사물의) 신비를 궁구하고 변화를 알아야 덕이 커진다.

[子曰: "天下何思何慮? 天下同歸而殊途, 一致而百慮, 天下何思何慮? 日往則月來, 月往則日來, 日月相推而明生焉. 寒往則暑來, 暑往則寒來, 寒暑相推而歲成焉. 往者屈也, 來者信也, 屈信相感而利生焉. 尺蠖之屈, 以求信也. 龍蛇之蟄, 以存身也. 精義入神, 以致用也.[142] 利用安身, 以崇德也.[143] 過此以往, 未之或知也. 窮神知化, 德之盛也"[144]]

2.5.2)

『역경』에서 말한다. "돌에 걸려 넘어지고, 남가새[蒺藜]를 손으로 잡고 나서 집에 들어가니, 아내가 보이지 않으니, 흉한 일이다."

[「易」曰: "困於石, 據於蒺藜, 入於其宮, 不見其妻, 凶."[145]]

공자가 말한다. "걸려 넘어질 것이 아닌데 넘어졌으니, 이름은 반드시 욕볼 것이다. 손으로 잡지 말아야 할 것을 잡았으니, 몸이 반드시 위태로울 것이다. 욕보고 또 위험하면 죽을 때가 앞으로 올 것이니, 아내를 어찌 볼 수 있을까?"

[子曰: "非所困而困焉, 名必辱. 非所據而據焉, 身必危. 旣辱且危,

---

142) 정의精義는 사물의 義理에 정통함이고; 입신入神은 신묘한 경지에 들어감이다. '精義入神' 은 배움[學]이고, 致用은 用이다. 高亨, 571頁.
143) 利用은 배운 것을 이용함이고, 숭덕崇德은 才德을 높임이다. 上同.
144) 窮神은 사물의 신묘함을 궁구窮究함이요, 知化는 사물의 변화를 인식함이다. 上同.
145) 이 구절은 곤困괘 63효의 爻辭이다. 곤困은 걸려서 넘어짐이고, 거據는 손으로 잡음이고 질려蒺藜는 남가새이다. 上同.

死期將至, 妻其可得見邪?"[146)]

2.5.3)

『역경』에서 말한다. "공公[제후]이 높은 성벽 위에서 송골매를 쏘아 그것을 잡으니, 이롭지 않음이 없다."

[「易」曰: "公用射隼於高墉之上, 獲之, 無不利."[147)]]

공자가 말한다. "송골매는 새이다. 활과 화살은 기물器物이다. 그것을 쏘는 이는 사람이다. 군자가 몸에 도구를 숨겨두고 때를 기다려서 행동을 하니, 어찌 이롭지 않을 수 있겠는가? 활동하되 막힘이 없으니, 이 때문에 (밖으로) 나가서 잡은 것이 있게 된다. 완성된 도구를 가진 다음에 행동함을 말한 것이다.

[子曰: "隼者, 禽也. 弓矢者, 器也. 射之者, 人也. 君子藏器於身, 待時而動, 何不利之有? 動而不括,[148)] 是以出而有獲. 語成器而動者也."[149)]]

2.5.4)

공자는 말한다. "소인들은 인자하지 않음을 부끄럽게 여기지 않고, 의롭지 못한 것을 겁내지 않으며, 이익을 보지 못하면 노력하지 않고, 위협이 없으면 경계하지도 않는다. 징벌이 작았는데 크게 경계를 했다

---

146) 其는 기豈(어찌)와 같다. 高亨, 572頁.

147) 이것은 해解괘 上六효의 효사인데, 준隼은 송골매이고, 용墉은 성장城墻(성벽)이다. 上同.

148) 괄括(묶다)은 색塞(막다)이다. 上同.

149) 『周易正義』에 의하면, '語成器而後動'은 '語論有現成之器而後興動也.'(완성된 도구가 있은 후에 활동함을 말한다.)이다. 周振甫, 263혈 注37.

면 이것은 소인에게는 다행이다. 『역경』에서, '발에 찬 쇠고랑을 끌고 다니나 발은 보이지 않으니, 해롭지 않다.' 는 말은, 이것을 말함이다."

[子曰: "小人不恥不仁, 不畏不義, 不見利而不勸, 不威不懲.[150] 小懲而大誡, 此小人之福也. 「易」曰: "屨校滅趾. 無咎." 此之謂也.[151]]

2.5.5)

(공자가 말한다.) "착한 일이 쌓이지 않으면 이름을 이룰 수 없다. 악한 일이 쌓이지 않으면 목숨을 잃지 않는다. 소인들은 작은 착함[小善]은 무익하다고 여겨서 행하지 않고, 작은 악함[小惡]도 나쁠 것 없다고 여겨 버리지 못하니, 그러므로 악이 쌓여서 (그것을) 가릴 수 없게 되어, 죄가 커져서 (그것을) 해결할 수 없게 된다. 『역경』에서, '칼을 지고 있으며 귀가 덥혔으니 (중죄인이니) 흉하다.' 라고 말한 것이다.

[(子曰:) "善不積, 不足以成名. 惡不積, 不足以滅身. 小人以小善爲無益而弗爲也, 以小惡爲無傷而不去也, 故惡積而不可掩, 罪大而不可解. 「易」曰: '何校滅耳, 凶.' "[152]]

2.5.6)

공자가 말한다. "위태함은 (과거) 그 자리에 안주했기 때문이다. 망하는 것은 (과거) 자기 존재를 보존하려 했기 때문이다. 난리가 난 것은 (과거 잘) 다스려졌기 때문이다. 이 때문에 군자는 편안해도 위태로울 것을

---

150) 징懲(혼내 주다)은 계戒(경계함)이다. 高亨, 572頁.

151) 이것은 서합噬嗑 괘 初九의 爻辭이다. 구屨(신발)는 예曳(끌다)이다. 교校는 발에 채우는 刑具이고, 멸滅은 덮음이고, 지趾는 발이다. 高亨, 573頁.

152) 이것은 서합噬嗑 괘 上九의 효사이다. 何는 하荷와 통하니, 부하負荷(짐을 지다)이다. 교校는 칼[枷]이다. 칼을 지고 귀가 덥혔으니, 중죄인이다. 上同.

잊지 않으며, 생존하더라도 망할 것을 잊지 않으며, 다스려져도 혼란해짐을 잊지 않는다. 이 때문에 몸이 편안하고 나라는 보존될 수 있다. 『역경』에서, '장차 망할 것이로다! 장차 망할 것이로다! 무성한 뽕나무에 의탁해야 한다.' 고 말하였다."

[子曰: "危者, 安其位者也. 亡者, 保其存者也. 亂者, 有其治者也. 是故君子安而不忘危, 存而不忘亡, 治而不忘亂, 是以身安而國可保也. 「易」曰: '其亡! 其亡! 繫於苞桑.' 153)"]

2.5.7)

공자가 말한다. "덕은 엷으나 지위는 높고, 지능[智]은 적으나 큰일을 꾀하고, 힘은 적은데 무거운 것을 맡으면 (화란禍亂에) 미치지 못하는 경우가 드물다. 『역경』에서, '세 발 솥[鼎]에 다리가 부러지고, 공公[제후]께서 (잡수실) 죽이 뒤집어져서 그 모양이 (땅에) 진액이 너저분하면, 흉이다.' 라는 말은, 소임을 감당할 수 없음을 말한다.

[子曰: "德薄而位尊, 知小而謀大, 力少而任重, 鮮不及矣. 154) 「易」曰: '鼎折足, 覆公餗, 其形渥, 凶.' 155) 言不勝其任也."]

2.5.8)

공자가 말한다. "미세한 무엇을 안다면 신묘한 것이로다! 군자는 윗

153) 이것은 비否 괘 九五의 효사이다. 其는 將과 같다. 계繫는 아마도 격毄(단단함)의 가차이니, 견고堅固이다. 포苞는 무茂(우거지다)이다. 高亨, 574頁.

154) 知는 智로 읽는다. 모대謀大는 큰일을 꾸밈이다. 原义에 〈力小〉이나, 〈力少〉가 옳다. 급及은 〈及於禍亂〉이다. 상동.

155) 이것은 정鼎 괘 九四의 효사이다. 복覆은 뒤집힘이다. 속餗은 죽이고, 악渥은 즙汁이나 액液이 땅을 적시는 모습이다. 高亨, 575頁.

사람들과 교제해도 아첨하지 않고, 아래 사람들과 사귀어도 경시하고 모욕하지 않으니, 아마 미세한 무엇을 알지 않을까! (미세한) 무엇은 미미한 움직임이니, 길흉을 먼저 보는 것이로다! 군자는 무언가를 보면 활동하고 종일 기다리지만 않는다. 『역경』에서, '(사람이) 돌같이 단단하면 종일 기다리지 않으니, 바르면 길함' 이라 했다. (사람이) 돌같이 단단하면 무엇 때문에 하루를 쓰겠는가? (그는) 단연코 알리라! 군자가 미미한 것도 드러난 것도 알고; 유약함도 강건함도 안다면, (이것은) 만인의 바람이다."

[子曰: "知幾, 其神乎! 君子上交不諂, 下交不瀆, 其知幾乎! 幾者, 動之微, 吉凶之先見者也![156] 君子見幾而作, 不俟終日. 「易」曰: '介於石, 不終日, 貞吉.'[157] 介如石焉, 寧用終日, 斷可識矣. 君子知微知彰, 知柔知剛, 萬夫之望."[158]]

2.5.9)

공자가 말한다. "안씨顔氏의 아들 안회顔回는 아마 거의 다 알지 않을까! 잘못이 있으면 (그는) 알지 못한 적이 없고, 잘못을 알면 결코 다시 (그 일을) 하지 않았다. 『역경』에서, '멀리 가지 않고 되돌아오니 큰 후회는 없으며, 크게 길함.' 이라 했다."

[曰: "顔氏之子, 其殆庶幾乎! 有不善未嘗不知, 知之未嘗復行也.[159]

---

156) 첨諂은 감언으로 남에게 아첨하는 것이고, 독瀆은 독嬻의 가차이니, 경모輕侮(가볍고 우습게 봄)이다. 幾는 미微(작다)이다. 今本에는 凶자가 없으나, 있어야하니, 보충한다. 上同.

157) 이것은 예豫 괘 六二효의 효사이다. 개介는 개砎이니, 견堅(굳음)이다. 王引之에 의하면, 於는 如와 같다. 上同.

158) 王引之에 의하면, 영寧은 何이다. 망望은 앙망仰望이다. 高亨, 576頁.

159) 顔氏之子는 안회顔回를 가리킨다. 庶幾는 가까움이다. 不善은 과실이다. 上同.

「易」曰: '不遠復, 無祇悔, 元吉.'"[160])]

2.5.10)

하늘과 땅의 음양 두 기가 교합하니, 만물의 변화가 두루 퍼졌다. 『역경』에서, '세 사람이 가면 한 사람을 잃고, 혼자 가면 벗을 얻는다.' 라 했으니, (두 사람의) 합작을 말한 것이다.

[天地絪縕, 萬物化醇. 男女構精, 萬物化生.[161]「易」曰: '三人行則損一人, 一人行則得其友." 言致一也.[162])]

2.5.11)

공자가 말한다. "군자는 몸을 안정시킨 뒤에 행동하고, 마음을 평탄하게 한 뒤에 말을 하며, 교의交誼가 맺어진 뒤에 도움을 구한다. 군자는 이 세 가지를 닦으니, 그러므로 안전하다. 위험을 무릅쓰고 행동하면 사람들은 도와주지 않는다. 두려워하며 말하면, 사람들은 대응하지 않는다. 교분이 없는데 요구하면, 사람들은 주지 않는다. 아무도 도와줄 사람이 없으면, 해치는 자가 오게 된다. 『역경』에서, '아무도 도움을 보태거나 하지 않으면, 혹 누가 공격할 것이니, (자기) 마음을 세우기가 오래 가지 않으니, 흉할 것이다.' 라는 말이 있다."

[曰: "君子安其身而後動, 易其心而後語, 定其交而後求. 君子脩此三者, 故全也.[163] 危以動, 則民不與也. 懼以語, 則民不應也. 無交而

---

160) 이것은 복復괘 初九효의 효사이다. 지祇는 大이고, 元吉은 大吉이다. 上同.

161) 인온絪縕은 인온氤氳의 가차이니, 음양 두 기의 흉함이다. 순醇은 순純이고 균均이다. 高亨, 577頁.

162) 이것은 손損괘 六三효의 효사이다. 致一은 '歸於一'이니, 合作을 말한다. 高亨, 577頁.

求, 則民不與也. 莫之與, 則傷之者至矣.[164] 「易」曰: ‘莫益之, 或擊之, 立心勿恆, 凶.’ ”[165])]

2.6)

공자가 말한다. “건곤乾坤은 아마도 『역경』의 (출입)문인가?”

건乾은 양陽이고, 곤坤은 음陰이다. 음양의 덕이 배합하여 강건함과 유약함이 (각각) 본체를 갖게 되었다. (성인은) 하늘과 땅이 갖추고 있는 모든 사물들을 분석하여 신묘하고 명백한 성질[德]들에 회통한다. 『역』에 괘 · 효사는 복잡해도 (순서는) 넘어뛰지 않는다. 사류들을 곰곰이 따져본 것이니, 쇠락한 (은나라 주紂왕) 시대의 뜻이 아닐까! 『역경』은 지나간 일들을 표명하고 미래를 관측하며, 작은 것을 드러내고 감춰진 것을 설명하고, (『역경』을) 펼치면 바른 이름[正名]으로 사물을 변별하고, 옳은 말[正言]로 (괘 · 효)사를 판단함이 갖추어져 있다. (『역경』에서) 드는 이름은 작은 것이나, 비유로 드는 부류는 크다. (『역경』의) 뜻은 먼 데 있으며, 말은 문채가 있고, 말은 완곡하나 사실에 맞으며, (언급된) 일들은 곧으나 숨겨져 있다. 의심되는 것은 (점을 치면 길흉을 알려주니) 사람의 행동에 성공을 거두고 (인생사) 득실의 보답을 밝혀준다.

[子曰: “乾坤, 其「易」之門邪?” 乾, 陽物也; 坤, 陰物也. 陰陽合德, 而剛柔有體. 以體天地之撰[166], 以通神明之德. 其稱名也[167],

163) 易는 평平(평평하다)이고, 全은 安全이다. 高亨, 578頁.
164) 民은 人과 같다. 위의 與는 도움이고, 아래 與는 여予(주다)이다. 상동.
165) 이것은 익益괘 上九의 효사이다. 高亨, 579頁.
166) 『周禮』, 「天官序官」에 나오는 ‘體國經野’ 에서, 鄭玄은 ‘體는 分과 같음’ 이라 말한다. 體는 획분劃分이다. 『廣雅 · 釋詁』에, 찬撰은 具(갖추다)이니, ‘天地之撰’ 은

雜而不越. 於稽其類, 其衰世之意邪?[168] 夫「易」彰往而察來, 而微顯闡幽, 開而當名辨物, 正言斷辭, 則備矣.[169] 其稱名也小, 其取類也大. 其旨遠, 其辭文, 其言曲而中, 其事肆而隱. 因貳以濟民行, 以明失得之報."[170]]

2.7)

『역경』의 창작은 중고中古시대일까? 『역경』의 저자는 아마도 우환을 가졌었나? 이 때문에 이履 괘는 (예禮이니) 덕의 기반이고; 겸謙 괘는 (겸허의 뜻이니) 덕을 지키는 자루이고; 복復 괘는 (복復이 선도善道에로 복귀를 뜻하니) 덕의 기본이다. 항恒 괘는 (항상恒常을 뜻하니) 덕이 견고해지는 것이다. 손損 괘는 (악념惡念과 잘못한 행동[過行]을 감손減損하니) 덕을 닦는 것이다. 익益 괘는 덕을 확충하는 것이다. 곤困 괘는 (사람이 곤경에 처하는 것이니) 덕(의 유무)를 분별할 수 있다. 정井(우물) 괘는 (사람들을 길러주니) 덕을 베풂이다. 손巽 괘는 (겸손하니) 덕으로 마감한다. 이履 괘는 (예禮이니) 화합으로 행동함이다. 겸謙 괘는 자신을 낮추어[겸손하여] 빛남이다. 복復

---

天地가 갖춘 모든 사물을 말한다. 高亨, 579-580頁.

167) 其는 『역경』이다. 칭명稱名은 괘효사이다. 上同.

168) 於는 어조사이나. 『周易集解』에서 虞翻은, 계稽는 고考(곰곰이 생각하다)라 말한다. 孔穎達에 의하면, 類는 사류事類이다. 衰世는 은주殷紂(殷나라 紂왕) 시기이다. 高亨, 580頁.

169) 원문의 '而微顯'은 마땅히 '顯微而'로 읽어야 한다. 창彰은 밝힘이니, 彰往은 지나간 일을 표명함이다. 顯微는 미세한 일을 드러냄이다. 開는 『역경』 책을 열다(펴다)이고, 當名은 正名과 같다. 上同.

170) 『역경』에서는, 작은 일을 들어 큰일에 비유한다. 中은 사실에 맞음이다. 虞翻에 의하면 사肆는 直이다. 『爾雅·釋詁』에, 이貳는 의疑이고, 제濟는 成이다. 高亨, 581頁.

괘는 작은 일에서 (시작하여) 모든 것들에 두루 미침이다. 항恒 괘는 두루 미치니 싫증을 안냄이다. 손損 괘는 먼저는 어려우나 나중은 쉬운 것이다. 익益 괘는 (좋은 생각과 행동을 쌓아서) 오래 동안 부유했으니 곤란함이 없을 것이다. 곤困 괘는 막혔으나 통하여 (형통)하다. 정井괘는 (우물이) 그 자리에 있으나 (거기서 샘솟는 물은) 옮기어 간다. 손巽 괘는 (군자가 물러나니 자기가) 언급한 바가 있으나 숨기고 피할[은휘隱諱] 뿐이다. 이履 괘는 (예禮를 따르니) 화순하게 행동한다, 겸謙 괘는 예禮를 따름이다. 복復 괘는 스스로 깨달음이다. 항恒 괘는 덕행에 전일專一함이다. 손損 괘는 해침[害]을 멀리함이다. 익益 괘는 이익을 일으킴이다. 곤困 괘는 원망怨望을 적게 함이다. 정井 괘는 의義인지 아닌지를 분별함이다. 손巽 괘는 (일시一時에만 통하는) 권변權變만을 행한다.

「易」之興也, 其於中古乎?[171] 作「易」者, 其有憂患乎?[172] 是故"履", 德之基也;[173] "謙", 德之柄也; "復", 德之本也. "恆", 德之固也. "損", 德之脩也. "益", 德之裕也.[174] "困", 德之辨也. "井", 德之地也.[175] "巽", 德之制也.[176] "履", 和而至.[177] "謙, 尊而光.[178] "復", 小而辨於物.[179] "恆", 雜而不厭.[180] "損", 先難而後

171) 여기서 中古는 상주商周(기원전 16. - 11. 세기)를 가리킨다. 周振甫, 269頁, 注61.
172) 『역』의 창작은 은말殷末 주紂왕과 주周 文王의 시기(기원전 11세기)의 혼란기이다. 高亨, 582頁.
173) 「繫辭」에서는 이履괘의 뜻은 예禮라고 본다. 上同.
174) 유裕(넉넉하다)는 확충이다. 高亨, 583頁.
175) 정井은 마땅히 시施(베풂음)로 읽어야 하는데, 글자 모양이 비슷해서 생긴 오류이다. 우물은 사람들을 길러주고 궁하게 만들지 않는다. 상동.
176) 『說文解字』에, 制는 재裁(마르다)이다. 巽괘는 겸손하여 물러나니 덕으로 마감한다는 말이다. 上同.
177) 이履는 禮를 뜻하고, 화和는 다투지 않음[不爭]이며, 지至는 남에게 베풂이다. 高亨, 584頁.
178) 王引之에 의하면 존尊은 준撙(억제하다)으로 읽어야하니, 자신을 낮춤이다. 上同.

易. "益", 長裕而不設.181) "困", 窮而通. "井", 居其所而遷. "巽", 稱而隱. "履"以和行. "謙"以制禮.182) "復"以自知.183) "恆"以一德. "損"以遠害. "益"以興利. "困"以寡怨. "井"以辨義. "巽" 以行權.184)]

2.8)

『역경』이라는 책은 멀리할 수 없으나, 말해지는 도道 역시 자주 변하니, 변동하여 일정하지 않고, (여섯 효의 변화가 여섯 자리[位]로) 변동하니, 상上인지 하下인지 무상하고, 강건함과 유약함이 서로 바뀌니, (변치 않는) 경상經常의 요강을 만들 수 없고, 변화에 맞출 뿐이다. (먼저 얻은) 본괘本卦에서 나와서 변괘變卦로 들어감으로써 본괘[內]와 변괘[外]를 따져서 (길흉을 말하니) 사람들로 하여금 두려운 마음을 갖게 하고, 또한 사람들로 하여금 우환과 문제점을 분명히 알게 한다. (서점筮占은) 스승[師나 保]과 같고, 부모가 오신 것 같다. 처음에 괘·효사를 좇아가면 도리를 헤아려볼 수 있고, 일단 상법常法[통상의 법칙]은 얻은 셈이다. (『역』을) 아는 사람이 아니면 (『역』의) 도리는 그저 실시되는 것이 아니다!

[「易」之爲書也不可遠, 爲道也屢遷, 變動不居, 周流注虛, 上下無常, 剛柔相易, 不可爲曲要, 唯變所適.185) 其出入以度外內, 使知懼, 又

179) 小는 작은 일이다. 王引之에 의하면, 변辨(가리다)은 편徧(두루)으로 읽어야한다. 上同.

180) 王引之에 의하면, 잡雜은 잡帀, 주周(두루)이다. 上同.

181) 설設은 해석이 쉽지 않으니, 아마도 치饎로 읽어야 하니, 곤돈困頓(어려움)이다. 上同.

182) 制는 창제創制의 뜻이 아니다. 『淮南子』「氾論」편의, 〈聖人作法, 而萬物制焉.〉에서 高誘(漢)의 주석에, 制는 종從이다. 高亨, 585頁.

183) 自知는 자각自覺과 같다. 上同.

184) 權은 한 때[一時]의 계책이다. 權은 권변權變이다. 高亨, 586頁.

明於憂患與故.[186] 無有師保, 如臨父母.[187] 初率其辭而揆其方, 既有典常.[188] 苟非其人, 道不虛行.]

2.9)

『역경』이라는 책은 처음을 살피고 끝을 탐구하니, 사물의 정체整體를 연구한다. 여섯 효가 서로 섞이니, 이것은 일정 시간 내의 사물이다. 초[첫째]효만 얻으면 (괘 전체를) 알기 어렵고, 상[끝]효를 얻으면 쉽게 알 수 있으니, (이것이 괘의) 몸통[本]과 끝[末]이다. 초효의 말[辭]은 사물의 시작에 비견되고, 상효의 사辭가 끝을 정한다. 사물을 섞어놓고 그 성질[德性]을 나열하여, 그것들의 옳음[是]과 그름[非]를 가리는데, 중간의 효들[二, 三, 四 및 五爻]이 없으면 완비된 것이 아니다. 또한 존망이나 길흉을 구하면, 편안히 앉아 있어도 (결과를) 알 수 있다. 똑똑한 사람은 괘사만 보고도 고려할 것은 반 이상 한 셈이다. 둘째 효와 넷째 효는 같은 음위陰位이나 (처한) 위치가 다르니 길함이 같지 않고, 둘째 효에는 명예

185) '周流六虛'는, 효의 변동이 한 위치에 고정되지 않고, 여섯 개의 위치로 두루 돌아다니니, 여섯 효가 모두 변동함을 말한다. 『爾雅 · 釋言』에, 典은 經, 『석고釋詁』에는, 典은 常이다. 高亨, 587頁.

186) 탁度은 계량이다. 筮法에 따르면, 爻가 변하면 卦도 변한다. 먼저 얻은 것이 本卦이고, 이것에서 변한 괘가 變卦(혹은 之卦)이다. 出入이란 本卦에서 나와서 變卦로 들어감이다. 본괘가 內이고 변괘가 外이다. 내괘와 외괘의 연관관계를 따져서, 吉凶을 단정하는데, 사람들을 놀라게 한다. 韓康伯(4세기 東晉시대)에 의하면, 故는 事故이다. 高亨, 588頁.

187) 無는 마땅히 尤자인데, 모양이 비슷해 쓴 것이다. 尤는 猶로 읽어야 하니, 사似(닮다)이다. 집안에서는 保가 있으며, 나가서는 師가 있어, 교육을 책임지었다. 上同.

188) 『爾雅 · 釋詁』에, 率은 순循(좇다)이고; 『說文解字』에, 규揆는 탁度(헤아림)이다. 『廣雅 · 釋詁』에, 方은 義이다. 上同.

가 많고, 넷째 효에는 두려움이 많으니, (멀고) 가까운 (차이)이다. 둘째 효는 대개 탈이 없는데, 그것이 음효[柔順]이고 중위中位에 있기 때문이다. 셋째 효와 다섯째 효는 (양위陽位이니) 하는 일은 같으나 자리가 다르기에, (제삼효는 하괘의 편위偏位이고, 제오효는 상괘의 중위中位이기에) 셋째 효에는 흉한 일이 많고, 다섯째 효에는 공功이 많으니, 귀한 자리와 천한 자리의 등급 때문이다. 이것들(셋째와 다섯째 효)은 (양위陽位이니) 유순하면 위태롭고, 강건하면 이기는 것이 아닌가?

[「易」之爲書也, 原始要終, 以爲質也.189) 六爻相雜, 唯其時物也.190) 其初難知, 其上易知, 本末也.191) 初辭擬之, 卒成之終.192) 若夫雜物撰德, 辨是與非, 則非其中爻不備.193) 噫亦要存亡吉凶, 則居可知矣.194) 知者觀其彖辭, 則思過半矣.195) 二與四位同功而異位, 其善不同, 二多譽, 四多懼, 近也. 柔之爲道不利遠者.196) 其要無咎, 其

189) 原은 찰察(살피다)이고 要는 求이다. 韓康伯(東晋, 332-380)에 의하면, 질質은 체體이다. 高亨, 589頁.

190) 잡雜은 착종錯綜이고, 유唯는 是이다. 상동; 時物은 일정 시간 내의 사물이다. 周振甫, 272頁, 注90.

191) 初는 初爻이고, 上은 上爻를 가리킨다. 서점筮占칠 때 초효만 얻으면 괘 전체는 알기 어렵다. 上爻를 얻어야만 괘 전체를 알 수 있다. 高亨, 上同.

192) 初辭는 초효의 辭이고, 졸卒은 終(마침)이고, 卒辭는 上爻의 辭이다. 成은 定과 같다. 高亨, 590頁.

193) 찬撰은 具列이고, 변辯은 辨의 가차이다. 中爻는 二, 三, 四와 五효이다. 上同.

194) 王引之에 의하면, 희噫는 억抑[또한]과 통한다. 高亨, 590頁; 희噫는 억抑이고, 要는 求이고, 居는 안좌安坐(편안히 앉음)이다. 周振甫, 272頁, 注94.

195) 知는 智로 읽고, 단사彖辭는 卦辭이다. 高亨, 上同.

196) 『說文解字』에, 善은 吉이다. 二는 둘째 爻이고 四는 넷째 효이다. 『小爾雅·廣詁』에, 功은 事이다. 位는 효위이다. 둘째와 넷째 효는 짝수이니, 陰位이다. 음위에 있으니 유순하게 명을 따르는 것이 일이나. 둘째 효는 하효의 中位이나, 넷째 효는 상괘의 偏位이나 이 둘은 '異位'이다. '近'자 위에 아마도 마땅히 遠자가 있어야한다. 둘째 효는 내괘에 있으니 近이라 명예가 많고[多譽], 넷째 효는 외계에 있으니 遠이라 두려움이 많다. 高亨, 591頁.

用柔中也.[197] 三與五同功而異位, 三多凶, 五多功, 貴賤之等也. 其柔危, 其剛勝邪?]

## 2.10)

『역경』이란 책은 (내용이) 광대하여 모든 것을 갖추고 있다. 천도天道, 인도人道, 지도地道가 들어있다. (천天, 지地, 인人) 삼재三才를 겸유兼有하여 두 곱하니, 따라서 여섯이다. 여섯은 다른 것이 아니고, 삼재三才의 도道이다. (천지인 삼재의) 도道가 변동하니, 따라서 사귐[交], 즉 효爻라 한다. 효에는 부류가 있으니, 따라서 (음양의) 물건[物]이라 한다. 만물이 서로 섞이니, 따라서 무늬[文]라고 한다. (효의) 무늬가 합당하냐 아니냐에 따라서 길흉이 생긴다.

[「易」之爲書也, 廣大悉備. 有天道焉, 有人道焉, 有地道焉. 兼三材而兩之, 故六. 六者非它也, 三材之道也.[198] 道有變動, 故日爻.[199] 爻有等, 故日物.[200] 物相雜, 故日文. 文不當[201], 故吉凶生焉.]

## 2.11)

『역경』의 창작은 아마도 은殷나라 말기이고, 주周나라 덕이 흥성하

---

197) 其는 둘째 효이고, 要는 概要이고; 用은 以이고, 中은 中位이다. 上同.
198) 『周易集解』 본에는 三材가 三才이다. 材와 才는 옛날 통용하였다. 육효는 天地人 三才이고, 上과 五는 天, 四와 三은 人, 二와 初는 地를 나타낸다. 高亨, 592頁.
199) 효爻는 交(사귀다)이다. 高亨, 593頁.
200) 韓康伯에 의하면, 等은 類이다. 爻에는 음양 2부류의 사물이 있으니, 物이라 한다. 上同.
201) '文不當'은 아마도 '文當不'인 것 같다. 不는 否다. 上同.

는 시기였는가? (주周) 문왕과 (은殷) 주紂왕의 사건이 있었던 때인가? 이 때문에 괘·효사가 스스로 위태롭다고 여기면 그것을 평안하게 하고, 스스로 평안하다고 여기면 그것을 뒤집는다. 『역』의 도는 매우 광대하니, 모든 것에 예외는 없기에 처음과 끝을 두려워해야 하니, 요점은 해가 없는 것이다. 이것이 『역경』의 도이다.

[「易」之興也, 其當殷之末世, 周之盛德邪? 當文王與紂之事邪? 是故其辭危, 危者使平, 易者使傾.[202] 其道甚大, 百物不廢.[203] 懼以終始, 其要無咎.[204] 此之謂「易」之道也.]

2.12)

(하늘이 만물을 창제했으니) 하늘[乾]은 천하에서 지극히 강건한 것이나, 움직임[活動]을 덕스럽게 하니 항상 평이平易 평탄하지만, (또 우연하게) 위험한 일도 벌어진다. (땅은 하늘을 이어받아 만물을 기르니,) 땅은 천하에서 지극히 유순한 것이나, 움직임[活動]을 덕스럽게 하니 항상 간략하지만, (때로는) 험한 지장[險阻]을 일으킨다. (그러니 천지天地의 각종 현상을) 마음속에서 살피고, 여러 염려들을 탐구하고 미리 (그것을) 점을 쳐보아 천하의 길흉을 정하니, 천하 사람들이 분발하여 앞으로 나갈 수 있다. 이 때문에 (효의) 변화를 말로 했거나 몸으로 했어도, 길吉한 일을 따라 했으면 복이 있게 된다. (『역경』에 따라서) 일을 형상形象하면 도구[器]를 만드는

---

202) 辭는 괘·효사이고, 危는 스스로 위험함[自危]이고; 이易는 平易이고, 경傾은 경복傾覆(전복)이다. 高亨, 594頁.
203) '百物不廢'는 모든 사물에 除外가 없음이다. 上同.
204) 以는 於이고, 要는 槪要이다. 上同.

법을 알 수 있고, 일을 점치면 오는 일을 알 수 있다. 하늘과 땅[天地]이 (위아래) 자리를 세우면, 성인은 이에 따라 (자기) 재능을 이룬다. 사람들의 모책, (점으로 얻은) 귀신의 모책을 통하여, 백성들은 능력자와 함께 한다. 여덟 괘(八卦)는 상象으로 사람에게 알려주고, 괘 · 효사는 상황에 따라 말해주니, 강건함과 유약함이 섞여 있어서 길흉이 보일 것이다! 사태가 변하면 이익[利]을 기준으로 해서 말하고, 길흉은 사정에 따라서 옮겨간다. 이 때문에 (사람들이) 사랑과 미움으로 서로 공격하면 길흉이 생겨난다. 먼데 사람들과 가까운데 사람들이 서로 탈취하니 후회[悔]와 어려움[吝]이 생겨난다. 감정과 행위로 이로움[利]과 해로움[害]이 생겨난다. 무릇 『역』의 실정은 (사람과 사람이 서로) 가깝지만 서로 이득을 볼 수 없으면 (미워하고 해치게 되니) 흉凶함이 생기고, 혹 (남을) 해치고 (해치면) 후회와 어려움이 생긴다. 배반하려는 자는 말이 거짓이다. 마음속으로 의심하는 자는, 그 말이 갈라진다. 착한 사람의 말은 (말수가) 적다. 조급한 자는 말이 많고, 착한 사람을 속인 자는 그 말이 이리저리 움직이고, 지조를 못 지킨 자는 그 말이 굴복하고 만다.

[夫乾, 天下之至健也, 德行恆易, 以知險.205) 夫坤, 天下之至順也, 德行恆簡, 以知阻.206) 能說諸心,207) 能研諸侯之慮,208) 定天下之吉凶, 成天下之亹亹者. 是故變化云爲209), 吉事有祥. 象事知器, 占事

---

205) 乾은 하늘이고, 易는 平易이고, 以는 而와 같고, 知는 爲와 같다. 上同.
206) 坤은 땅이고, 知는 爲이다. 高亨, 595頁.
207) 설說은 열閱(검열)이다. 『說文解字』에, '閱, 具數於文中也.' (문 앞에서 자세히 셈)이다. 물건을 문 앞에 구열하고 둘러보아 셈하는 것이 閱이다. '能閱諸心'은 마음속에 天地의 도를 다 셈함이니, 천지의 각종현상을 마음속에서 살핌이다. 상동.
208) '能研諸侯之慮, …'를 마땅히 '能研諸慮, 侯之, …'로 읽어야 한다. 후侯는 후候(伺望, 살펴봄)의 가차이니, 候는 예점預占(미리 점침)의 뜻이다. 미미亹亹는 열심히 노력하여 앞으로 나감이다. 上同.

知來. 天地設位, 聖人成能. 人謀鬼謀, 百姓與能. 八卦以象告, 爻彖以情言, 剛柔雜居, 而吉凶可見矣! 變動以利言, 吉凶以情遷. 是故愛惡相攻而吉凶生. 遠近相取而悔吝生. 情僞相感而利害生.[210] 凡「易」之情, 近而不相得則凶, 或害之, 悔且吝. 將叛者, 其辭慙.[211] 中心疑者, 其辭枝.[212] 吉人之辭寡.[213] 躁人之辭多, 誣善之人其辭游, 失其守者其辭屈.[214]]

## 3. 「설괘說卦」전傳: 괘卦에 대한 설명

「설괘說卦」전은, 여덟 괘[八卦]가 나타내는 사물에 대한 설명이 주요 내용이다. 건乾☰은 하늘이고, 곤坤☷은 땅이고, 진震☳은 우레雷이고, 손巽☴은 바람이고, 감坎☵은 물이고, 이離☲는 불이고, 간艮☶은 산이고, 태兌☱는 못澤이다. 선진先秦시대(전 8세기-전 3세기) 이래로 『역』을 말하는 사람들은 팔괘八卦를 이런 식으로 설명해 왔다. 이것을 괘상卦象으로 말하면, '건乾은 말馬, 곤坤은 소牛, 진震은 용龍, 손巽은 닭鷄, 감坎은 돼지豕, 이離는 꿩雉, 간艮은 개狗, 태兌는 양羊' 이다. 「설괘」전에 설명되고 있는 것은 매우 많다. 팔괘에서 괘상을 끌어내어, 서점筮占치는 사람

---

209) 云爲는, 孔穎達(574-648)에 의하면, '或口之所云, 或身之所爲也.' (혹 입으로 말한 것, 혹 몸으로 한 짓이다.)이다. 上同.

210) 情은 감정이고, 僞(거짓)는 爲로 읽어야 하니, 행위이다. 高亨, 597頁.

211) 참慙(부끄럽다)은 참慚(부끄러움)이니, 참慚은 사詐(속이다)이다. 上同.

212) 지枝(나무 가지)는 마땅히 기岐(갈림길)이니 분기分岐이다. 上同.

213) 『說文解字』에, 吉은 善이다. 高亨, 598頁.

214) 조躁(조급)은 부조浮躁(말이 뜨고 조급함)이다. 지조를 못 지킨 자는 부화뇌동浮華雷動하니, 자기 주견이 없어서, 그 말은 굴복한다. 上同.

이 사실을 거들떠보지 않고 멋대로 지어내서 마음대로 지껄이기도 한다. 「설괘」전에 기록된 것은 특정한 개인의 생각이니 전적으로 믿을 것이 못 된다. 이 편에서 말하는 것에는 자잘하여 쓸데없는 것도 있다. 예로, '巽…, 其於人也, 爲寡髮, 爲廣顙, 爲多白眼.' (손巽괘는 …, 그것을 사람으로 말하면, 머리카락이 적고, 넓은 이마이고, 대부분 흰 눈[眼]이다)나, '坎…, 其於馬也, 爲美脊, 爲亟心, 爲下首, 爲薄蹄.' (감坎괘는 …, 그것을 말馬로 말하면, (말의) 등[脊]이 아름답고, 민첩하며, 발굽이 엷다) 등등이다. 이런 것들은 역경易經을 이해하는데 도움이 안 되고, 점보는 일에도 보탬이 안 된다.

그러나 이 편에서 언급된 것은 또한 쓸모가 많은데, 이를 근거로 「역경易經」, 「단彖」, 「상象」, 「계사繫辭」전傳 등을 이해하는데 도움이 된다. 하지만, 만족할 만하지 못한 것이 유감이다.

3.1)

옛날 성인이 『역경』을 창제함에 천신天神과 지신地神에게 숨어서 도움을 구하여 시초蓍草가 생겼다. 3[홀수]은 하늘이고, 2[짝수]는 땅이니, (천지의) 음양을 관찰하고 괘(의 음양)을 세웠다. (『역』의 저자는) (괘의 음양을) 강건함과 유약함으로 발전시켜서 효爻를 생기게 하니, (천지天地의) 도道, 덕德, 의義에 화합하고 순종하여 (사람의) 도, 덕, 의를 제정하여, 도와 (사물의) 속성을 끝까지 추구하여 타고난 품성을 (파악하기에) 이르렀다.

[昔者聖人之作「易」也, 幽贊於神明而生蓍.215) 參天兩地而倚數,

---

215) 『周易集解』(唐李鼎祚撰)에서 荀爽(128-190)은, 유幽는 은隱(숨기다)이고; 『小爾雅 · 廣詁』에서, 찬贊은 좌佐(돕다)이다. 神明은 신지神祇이니, 『說文解字』에 의하면, 神은 천신天神이고, 祇는 지지地祇이다. 高亨, 608頁.

觀變於陰陽而立卦.216) 發揮於剛柔而生爻, 和順於道德 而理於義, 窮理盡性以至於命.217)]

옛날 성인이 『역경』을 지을 때, (사물의) 타고난 본성의 도리에 순종하여 이에 하늘의 도리를 세우니 음과 양이라 말했고, 땅의 도리를 세우니 유약함[柔]과 강건함[剛]이라 했으며, 인도人道를 세우니 인仁과 의義라 말했다. (하늘, 땅, 사람) 삼재를 겹치어 두 배로 하니, 따라서 『역경』은 육효로 (한) 괘를 이루었다. (육효는) 양으로 나누어지고 음으로 나누어지어, 돌아가며 유약함[柔]과 강건함[剛]을 쓰게 되니, 그러므로 『역경』에는 여섯 자리[位]가 생겨나고 문채가 있게 되었다.

[昔者聖人之作「易」也, 將以順性命之理. 是以立天之道曰陰與陽, 立地之道, 曰柔與剛, 立人之道, 曰仁與義.218) 兼三才而兩之, 故「易」六畫而成卦.219)分陰分陽, 迭用柔剛, 故「易」六位而成章.]

3.2)

216) 韓康伯(4세기 東晉시대)에 의하면, 3은 홀수, 2는 짝수이다. 虞翻에 의하면, 의倚는 입立(세우다)이다. 만물에는 음양이 늘 변하는데, 괘에도 음양의 변화가 사물의 음양변화를 나타낸다. 그러므로 '觀變於陰陽而立卦'(음양에서 변화를 관찰하여 괘[의 음양변화]를 세웠다.)라고 말한다. 高亨, 609頁.

217) 和順은 '天地의 道､德､義에 和順하여, 사람의 道､德､義를 제정함'을 말한다. 여기서 道는 규칙, 德은 사물의 속성, 義는 합의合宜이다. '窮理盡性以至於命'에서 理는 道, 性은 사물의 속성, 命은 天命이니, 타고난 성품性品을 말한다. 궁진窮盡은 철저한 연구이다. 周振甫, 282頁, 注4.

218) 인仁으로 사람을 사랑하니, 柔를 주로 하고, 義로써 일을 하니, 剛을 주로 한다. 高亨, 上同.

219) 육화六畫는 육효六爻이다. 육효는 삼재三才를 나타내니, 위의 두 효는 하늘, 아래의 두 효는 땅, 중간의 두 효는 사람을 나타낸다. 高亨, 610頁.

### 3.2.1)

하늘과 땅이 자리를 잡고, 산과 못이 기를 통하고, 우레와 바람이 서로 부닥치고, 물과 불이 서로 상극이다. 여덟 괘가 서로 교차하는데, 과거를 헤아리려면 (순서가) 순차적이고, 미래를 알려면 거꾸로 세어야 하니, 이 때문에 『역경』에서는 거꾸로 센다[逆數]. (진震괘는) 우레雷이니 만물을 진동시키고, (손巽괘는) 바람이니 만물을 흩어놓고, (감坎괘는) 비로써 만물들을 적시며, (이離괘는) 태양으로 만물들을 (건조하게) 말린다. 간艮괘는 (산이니) 만물을 (가만히) 머물게[止] 하고, 태兌괘는 (만물을) 기쁘게 하고, 건乾괘는 (하늘같이) 만물들에 군림君臨하며, 곤坤괘는 (땅처럼) 만물을 받아들여 저장한다.

[天地定位, 山澤通氣, 雷風相薄, 水火不相射.[220] 八卦相錯, 數往者順, 知來者逆, 是故「易」逆數也.[221] 雷以動之. 風以散之, 雨以潤之, 日以烜之. 艮以止之, 兌以說之, 乾以君之, 坤以藏之.[222]]

하느님[帝]은 진震 쪽[方]에서 만물들을 배출했고, 손巽 쪽에서 (만물들을) 가지런하게 하였고, 이離 쪽에서 (만물을) 볼 수 있게 하였고, 곤坤 쪽

---

220) 박薄은 박搏(치다)의 가차이니, 搏은 격擊(공격)이다. 不은 아마도 연자衍字이고, 相射는 상극이다. 이 구절은 팔괘의 모순대립 관계를 말하고 있다. 高亨, 610頁.

221) 착錯은 교착交錯(교차)이다. 『역』의 六爻는 그 순서가 위에서 아래로 세니, 이것이 順數인데; 아래에서 위로 세면 이것이 逆數이다. 사람의 지나간 일[往者]을 셀 때는 먼 것에서부터 가까운 데로 오니, 예를 들면: 하夏, 상商, 주周, 진秦, 한漢 같은 것이니, 이것이 順數이고, 따라서 '數往者順' 이라 말한다. 미래 일을 알려면 예로 지금부터 뒤로 1년, 2년, 3년 등이니, 가까운 데서 멀리로 가니, 이것은 逆數이다. 따라서 '知來者逆' 이라 말한다. 高亨, 610-611頁.

222) 之는 만물이다. 우레는 震괘, 바람은 巽괘, 비는 坎괘, 태양은 離괘이다. 훤烜은 (햇빛에) 말림이다. 艮은 산인데 止, 兌는 못인데 기쁨[說, 悅], 건乾은 하늘인데 '임금으로 다스림(君臨)', 坤은 땅인데 만물을 용장容藏한다. 高亨, 611頁.

에서 도움을 받게 했고, 태兌 쪽에서 기쁨을 느끼게 했고, 건乾 쪽에서 전투했고, 감坎 쪽에서 노동으로 지치게 했고, 간艮 쪽에서 종시終始를 이루게 하였다. 만물이 진震 쪽에서 나왔는데, 진震은 동쪽이다. 만물이 손巽 쪽에서 가지런하게 되었으니, 손巽은 동남쪽이고, 만물을 질서 있게 함이다. 이離 괘는 태양이니, 모두 서로 만물을 바라볼 수 있으며, 남쪽의 괘이다. 성인은 남쪽을 향하여 면대하고 천하 사람들의 말을 들으며, 태양을 향하여 (백성을) 다스림이니, 아마도 여기에서 취한 것이다.

[帝出[萬物]乎震, 齊乎巽, 相見乎離, 致役乎坤, 說言乎兌, 戰乎乾, 勞乎坎, 成言乎艮.[223] 萬物出乎震, 震東方也. 齊乎巽. 巽, 東南也. 齊也者, 言萬物之潔齊也.[224] 離也者, 明也, 萬物皆相見, 南方之卦也. 聖人南面而聽天下, 向明而治, 蓋取諸此也.]

곤坤 괘는 땅이니, 만물은 모두 (땅에서) 길러지고, 따라서 땅에서 도움을 받는다고 말한다. 태兌 괘는 바로 가을이어서, 만물들이 (다 자라서) 기쁜 것이니, 따라서 태 괘에서 기뻐한다고 말한다. 건乾 괘에서 전투하니, 건은 서북쪽의 괘여서, (가을 말이나 겨울 초에) 음과 양이 서로 결투한다고 말한다. 감坎 괘는 물이니, 바로 북방의 괘인데, (이 때는 만물이 피로할 때이니), 피로한 괘로서 만물들이 돌아가 숨을 때이기에, 따라서 감坎 괘에서는 피로하다고 말한다. 간艮 괘는 동북쪽의 괘이다. (이때는 겨울 말이나 봄 초이니) 만물들이 마무리 짓고 시작하는 초기이다. 따라서 (만물은) 간艮 괘에서 이루어진다.

---

223) 帝出 뒤에 萬物 두 자가 탈락했으니 지금 보충한다. 두 言자는 모두 焉이다. 상동.
224) 『荀子』, 「不苟」 편: '君子絜其辯.' 에서, 양경楊倞의 주석에, 혈絜은 수정修整이다. 그러므로 絜齊는 정제整齊(질서 있게 함)이다. 高亨, 612頁.

[坤也者, 地也, 萬物皆致養焉, 故日: 致役乎坤.[225] 兌, 正秋也, 萬物之所說也, 故日: 說言乎兌.[226] 戰乎乾, 乾, 西北之卦也, 言陰陽相薄也.[227] 坎者, 水也, 正北方之卦也, 勞卦也, 萬物之所歸也, 故日; 勞乎坎.[228] 艮, 東北之卦也, 萬物之所成終, 而所成始也. 故日: 成言乎艮.[229]]

신기함은, 만물의 (성장하고 변함)이 신묘함을 말한 것이다. 만물을 진동시킴에 우레보다 빠른 것은 없다. 만물을 불어서 움직이게 하는 데는 바람보다 빠른 것이 없다. 만물을 (불에) 말리는 데는 불보다 더 열을 나게 하는 것은 없다. 만물을 기쁘게 하는 것으로 못[澤]보다 더 기쁘게 하는 것은 없다. 만물을 적셔주는 데 물보다 더 축축한 것은 없다. 만물들을 끝내주고 만물들을 시작하게 하는 데는 산보다 더 이루어주는 것은 없다. 그러므로 물과 불은 서로 병존하며, 우레와 바람은 서로 어그러지지 않으며 [받아들이며], 산과 못은 기운이 통하므로, 그런 다음에 변화하여 만물을 다 이룰 수 있다.

---

225) 致는 '使之至'(이르게끔 함)이니, 取到(얻게 되다), 得到(얻게 되다)이다. 『廣雅 · 釋詁』에, 役은 助이다. 高亨, 613頁.

226) 說은 열悅(기쁨)로, 言은 焉으로 읽는다. 「說卦」전에서는 兌를 사계절로 말하면, 正秋45日의 계절이니, '兌, 正秋'라고 한 것이다. 이 계절에 만물이 다 커서 기뻐하니, '萬物之所說也.'라고 한 것이다. 高亨, 상동.

227) 박薄(엷다)은 박搏(격투)의 가차이다. 8괘를 사계절에 분배하면, 乾은 秋末冬初의 45일의 계절이니, 이때는 음기와 양기가 결투할 때이니, '戰乎乾'이라 말했다. 高亨, 613-614頁.

228) 노勞는 피로疲勞이다. 虞翻에 의하면, 歸는 장藏(저장함)이다. 8괘를 사계절로 말하자면 바로 겨울45일이다. 만물이 '戰乎乾' 다음이니, 모두 이미 피로하다. 만물이 피로하여 돌아가 숨으니 '萬物之所歸也.'라고 말한다. 高亨, 614頁.

229) 而는 차且(또)와 같다. 팔괘를 사계절로 말하면, 艮은 冬末春初 45일이니, '萬物之所成終, 而所成始也.'이다. 上同.

[神也者, 妙萬物而爲言者也. 動萬物者莫疾乎雷. 橈萬物者莫疾乎風.[230] 燥萬物者莫熯乎火.[231] 說萬物者莫說乎澤. 潤萬物者莫潤乎水. 終萬物始萬物者莫盛乎艮.[232] 故水火不相逮[233], 雷風不相悖, 山澤通氣, 然後能變化旣成萬物也.[234]]

건乾 괘는 강건함이다. 곤坤 괘는 유순함이다. 진震 괘는 진동이다. 손巽 괘는 (바람이니 어디에나) 들어간다. 감坎 괘는 (물인데 옴폭한 데 있으니) 함정이다. 이離 괘는 (태울 수 있는 물건에 붙으니) 붙음이다. 간艮 괘는 (산처럼 정지해 있으니) 정지[그침]이다. 태兌 괘는 기쁨이다.

[乾, 健也. 坤, 順也. 震, 動也. 巽, 入也. 坎, 陷也. 離, 麗也. 艮, 止也. 兌, 說也.]

3.2.2)

건 괘는 말이다. 곤 괘는 소이다. 진 괘는 용龍이다. 손 괘는 닭이다. 감 괘는 돼지[豕]이다. 이離 괘는 꿩이다. 간 괘는 개다. 태 괘는 양이다.

[乾爲馬. 坤爲牛. 震爲龍. 巽爲雞. 坎爲豕. 離爲雉. 艮爲狗. 兌爲羊.]

3.2.3)

---

230) 요橈(굽다)는 요撓로 읽어야 하니, 撓는 취불吹拂(물건을 불어서 움직이게 함)이다. 高亨, 615頁.

231) 한熯(말리다)과 한暵(말리다)은 古字가 통용되었다. 上同.

232) 王引之(1766-1834)에 의하면, 盛은 마땅히 성취成就의 成으로 읽어야한다. 上同.

233) 今本에는 不자가 없다. 그러나 王弼본 그리고 子夏, 孟喜, 京房, 費直, 馬融本에는 不자가 있다. 마땅히 不자가 있어야 하니, 보완하였다. 체逮는 급及이다. '水火不相逮'는 '水火不相及'이나 병존할 수 있음을 말한 것이다. 高亨, 616頁.

234) 『廣雅·釋詁』에, 기旣는 진盡(다 되다)이다. 上同.

건 괘는 머리이다. 곤 괘는 배이다. 진 괘는 다리이다. 손 괘는 넓적다리이다. 감 괘는 귀이다. 이 괘는 눈이다. 간 괘는 손이다. 태 괘는 입이다.

[乾爲首. 坤爲腹. 震爲足. 巽爲股. 坎爲耳. 離爲目. 艮爲手. 兌爲口.]

3.2.4)

건 괘는 하늘이므로 아버지라 부르고, 곤 괘는 땅이므로 어머니라 부른다. 진震 괘는 (건괘가) 처음으로 (곤 괘에게) 구합媾合하여 사내를 얻었으니, 따라서 장남이라 하고; 손巽 괘는 (곤 괘가) 처음으로 (건 괘와) 구합하여 여자애를 얻었으니, 따라서 장녀라 한다. 감坎 괘는 두 번째 구합하여 사내를 얻었으니, 따라서 중남中男이라 하고; 이離 괘는 두 번째 구합하여 여자애를 얻으니, 따라서 중녀中女라고 한다. 간艮 괘는 세 번째로 구합하여 사내를 얻었으니, 따라서 소남少男이라 하고; 태兌 괘는 세 번째로 구합하여 여자애를 얻었으니, 따라서 소녀少女라고 한다.

[乾天也, 故稱父; 坤地也, 故稱母. 震一索而得男, 故謂之長男[235]; 巽一索而得女, 故謂之長女. 坎再索而男, 故謂之中男; 離再索而得女, 故謂之中女. 艮三索而得男, 故謂之少男; 兌三索而得女, 故謂之少女.]

3.2.5)

건 괘는 하늘이고, 둥글고, 임금이며, 아버지이고, 옥玉이며, 금金이고, 춥고, 어름이며, 큰 붉음[大赤]이 되고, 좋은 말이 되고, 늙은 말이

---

235) 『經典釋文』(陸德明撰)에서 馬融(79-166)에 의하면, 색索은 數이다. 高亨, 620頁; 索은 求이니, 求合이다. 『周易注譯與研究』, 709頁, 注1.

되고, 수척한 말이 되고, 얼룩말이 되고, 나무열매가 된다.

[乾爲天, 爲圜, 爲君, 爲父, 爲玉, 爲金, 爲寒, 爲冰,236) 爲大赤,237) 爲良馬, 爲老馬, 爲瘠馬, 爲駮馬,238) 爲木果.239)]

3.2.6)

곤 괘는 땅이고, 어머니이며, 베[布]이고, 솥이고, 인색함이며, 고름[均]이고, 새끼(송아지)도 되고 어미 소도 된다. 큰 수레이고, 무늬이고, 민중이고, (물건이 붙어있는) 자루[柄]이고, 땅은 어두운 색이다.

[坤爲地, 爲母, 爲布, 爲釜, 爲吝嗇,240) 爲均, 爲子母牛,241) 爲大輿, 爲文, 爲衆, 爲柄, 其於地也爲黑.242)]

3.2.7)

진震 괘는 우레雷이고, 용龍이고, 푸른색에 가깝고, 꽃이며, 큰 길이고, 맏아들이고, 빠른 행동이고, 푸른 대나무[靑竹]이고, 물 억새이다. 말로 말하면, 잘 울고 흰말인데 (무릎 아래는) 잡색의 발이고, 이마에 흰

---

236) 8괘를 사계절로 보면, 乾은 秋末冬初의 45일이니, 날씨가 춥고, 얼음이 얼기에, 건은 춥고, 얼음[冰]이다. 高亨, 621頁.

237) 『周易集解』에서 虞翻을 인용하여, 태양이 赤이라고 말한다. 하늘은 태양을 위주로 하기에 '천天이 大赤' 이라고 한다. 高亨, 622頁.

238) 척瘠(여위다)은 척마瘠馬가 되니, 瘠馬는 수마瘦馬(마른 말)이고, 박마駁馬(얼룩말)는 花馬이다. 良馬는 材力으로, 老馬는 나이로, 瘠馬는 살덩이로, 駁馬는 색깔로 말한 것이다. 上同.

239) 乾이 원이고 나무열매도 둥글기에, 乾은 나무열매[木果]이다. 上同.

240) 땅은 또한 金銀銅鐵 등 광물을 땅속 깊이 감추고 보여주지 않기에, 坤은 인색吝嗇이다. 高亨, 623頁.

241) 子母牛는 새끼(송아지)와 어미 소[母牛]이다. 上同.

242) 하늘은 陽明이고, 땅은 陰暗이니, 黑은 陰暗색깔이다. 高亨, 624頁.

부분이 있다. 이것을 농작물로 치면, 거꾸로 자라는 식물이다. (진震 괘는) 매우 강건하고, 번성하고 신선하다.

[震爲雷, 爲龍, 爲玄黃,[243] 爲旉,[244] 爲大塗, 爲長子, 爲決躁,[245] 爲蒼筤竹,[246] 爲萑葦.[247] 其於馬也, 爲善鳴, 爲馵足, 爲作足, 爲的顙.[248] 其於稼也, 爲反生.[249] 其究爲健, 爲蕃鮮.[250]]

3.2.8)

손巽 괘는 나무이고, 바람이고, 맏딸이고, (수평을 긋는) 줄과 직선이고, (나무를 다루는) 기술자[工]이고, (가공하려고 나무껍질을 벗기면) 흰색이고, (바람이니 멀리 가니) 길고, (바람이 하늘까지 올라가니) 높고, (바람이니 방향을 자주 바꾸니) 나가기도 물러나기도 하며, (바람은 동, 서, 남, 북으로 부니) 과단을

---

243) 玄黃은 검고 누런색의 혼합색인데 푸른색[靑色]에 가깝다. 震은 동쪽이요 바로 봄이니, 나무도 되고 푸른색도 된다. 上同.

244) 『經典釋文』에, 부旉는 전專이다. 『經典釋文』에서 干宝(286-336)를 인용하여, 旉는 花이다. 震은 바로 봄의 계절이니 모든 꽃들이 피기에, '震은 旉이다.' 이것이 1說이다. 『說文解字』에, 專은 방전紡專이다. 紡專은 방선추紡線錘(실을 감아놓는 봉)이니, 손으로 실을 돌림이다. 專은 전동轉動이다. 따라서 震은 專(轉)이다. 이것이 2說이다. 두 설이 모두 통하나, 어느 설이 맞는지는 모르겠다. 高亨, 624, 625頁.

245) 決은 결赽(빠르다)의 가차이니, 결조赽躁는 신속한 행동이다. 高亨, 625頁.

246) 『周易集解』(唐李鼎祚撰)는 『九家易』을 인용하여, 창랑蒼筤은 푸른색이라고 말한다. 上同.

247) 『經典釋文』은 『廣雅』를 인용하여, 추萑(익모초)는 적薚(물억새)이라고 말한다. 薚은 적荻(물억새)이다. 이것은 추위萑葦와 동류이다. 上同.

248) 주족馵足은 흰말인데 무릎 아래는 다른 색이다. 作은 적蹐의 가차이니, 적족蹐足은 '정강이가 길다[脛長]'이다. 虞翻에 의하면, 的은 白이고, 상顙(이마)은 액額(이마)이다. 的顙은 이마에 흰 곳이 있음이다. 高亨, 626頁.

249) 가稼는 장가莊稼(농작물)이니, 채소도 포함된다. 도생倒生은 열매가 땅속에 있고, 잎과 줄기는 지상에 있으니, 예를 들면 파, 마늘, 무, 고구마, 감자 산약山藥 등이다. 진괘☳는 一陽이 아래에 있고 두 음이 위에 있으니, 거꾸로 자라는[反生] 농작물이다. 上同.

250) 孔穎達에 의하면, 구究는 極이다. 『說文解字』에, 번蕃은 초무草茂(풀이 무성함)이고 선鮮은 신선新鮮이다. 上同.

못 내리고, (바람이라 여러 가지 맛을 날라 오니) 냄새이다. 사람으로 치면 머리털이 적고, 넓은 이마를 갖고, 대부분 눈이 흰색이고, (나무의 열매나 재목 등을 팔면) 시장에서 3배 가까이 이익을 내고, 매우 조급한 괘이다.

[巽爲木, 爲風, 爲長女, 爲繩直,[251] 爲工, 爲白, 爲長, 爲高, 爲進退, 爲不果, 爲臭. 其於人也, 爲寡髮, 爲廣顙, 爲多白眼, 爲近利市三倍, 其究爲躁卦.]

3.2.9)

감坎 괘는 물이니, (물이 흐르는) 도랑이고, (물은 땅 밑으로) 숨겨져 있고, (나무에 물이 스미면 굽은 나무를 곧게 할 수도, 곧은 것을 굽게 할 수도 있으니) 곧게 폄[矯]이고 구부림[揉]이고, (나무로 만든) 활과 바퀴이다. 사람으로 말하면 (감 괘는 함정이기에, 그곳에 빠지면) 근심이 많아지고, 심장에 병이 생기고, (물이 들어가면) 귀가 아프고, (피도 물이니) 혈괘血卦이므로 붉은색이다. 말[馬]로 치면 등이 아름답고, 성질은 민첩하며, 머리를 아래로 하고, 발굽이 엷으니 (물건을) 끌음이다. 수레로 말하면 (수레가 물의 도랑이나 함정에 빠지니) 실패가 많으나, (그래도 물은 흐르니) 통하고, 달에 비견되고, (물은 땅 밑에 숨어 있으니 마치) 도둑과 같다. 나무로 말하면 (나무는) 단단하나 혹이 많다.

[坎爲水, 爲溝瀆,[252] 爲隱伏, 爲矯揉,[253] 爲弓輪. 其於人也, 爲加

---

251) 巽은 나무인데, 목수가 줄로 수평을 잡고 직선을 그으니, 손괘는 줄[繩]과 직선[直]이다. 高亨, 627頁.

252) 구독溝瀆(도랑)은 물이 담겨있기 때문에, 감괘를 溝瀆이라고 한다. 高亨, 629頁.

253) 『經典釋义』(唐陸德明撰)에 의하면, 교矯(바로잡다)는 교撟(들다)이고; 유輮(바퀴 테)는, 宋衷(3세기 後漢시대)과 왕이王廙(276-322)에 의하면, 유揉(부드럽게 하다)라고 말한다. 교矯와 撟, 유輮와 揉는 모두 통용하는 글자이다. 孔穎達(574-648)에 의하면, 굽은 것을 직선으로 만드는 것이 교矯이고; 곧은 것을 굽게 만드는 것이 유輮이

懮, 爲心病,254) 爲耳痛, 爲血卦, 爲赤.255) 其於馬也, 爲美脊 爲亟心,256) 爲下首, 爲薄蹄, 爲曳. 其於輿也, 爲多眚,257) 爲通, 爲月, 爲盜. 其於木也, 爲堅多心.258)]

3.2.10)

이離 괘는 불이고, 해[日]이고, 번개[電]이고, 둘째 딸이고, 갑옷과 투구이며, 창과 무기이다. 사람으로 말하면 배가 크다. (이 괘는 불이니) 건조한 괘이고, 자라, 게, 소라, 민물조개, 거북이다. 나무로 말하면 (속빈 나무이니) 가지 끝이 시든다.

[離爲火, 爲日, 爲電, 爲中女, 爲甲胄, 爲戈兵. 其於人也, 爲大腹. 爲乾卦,259) 爲鱉, 爲蟹, 爲蠃, 爲蚌, 爲龜.260) 其於木也, 爲科上槁.261)]

---

다. 물이 나무에 흘러들면 직선으로 펼 수도, 곧은 것을 구부릴 수도 있다. 上同.

254) 坎 괘는 함정이니, 사람이 함정에 빠지면 근심이 증가하고, 마음에 병이 생긴다. 上同.

255) 피도 물의 부류이니, 색이 붉으니 坎은 血卦이니 붉다. 高亨, 630頁.

256) 『설문해자說文解字』에 의하면, '극亟'은 '빠름[敏疾]'이니, '亟心'은 말[馬]의 성질이 민첩함이다. 高亨, 630頁.

257) 『周易集解』(唐李鼎祚撰)에는 우번虞翻(164-233)을 인용하여, 생眚은 敗(실패)라고 말한다. 高亨, 631頁.

258) 坎괘☵는 一陽이 속에 있고, 두 음이 밖에 있으니, 內剛이고 外柔이니, 나무나 단단하나 혹이 많다. 上同.

259) 乾은 건조이다. 高亨, 632頁.

260) 별鱉은 별鼈(자라), 해蟹는 게, 나蠃는 소라이고, 방蚌은 민물조개이다. 離괘☲는 一陽이 안에 있고, 두 음이 밖에 있으니, 外剛이 內柔를 보호하는 모습이니, 조개류는 밖의 갑옷이 약한 안을 보호한다. 高亨, 633頁.

261) 과科는 과棵의 가차이니, 나무줄기이다. 밖은 튼튼하나 속이 빈 나무는 공심목空心木(속빈 나무)이다. 속빈나무는 나무 끝의 가지나 잎이 반드시 시든다. 上同.

3.2.11)

간艮 괘는 산이고, 작은 길이고, 작은 돌멩이이고, (문의 양옆) 축대築臺이고, 나무열매나 풀 열매이고, 문지기[閽]나 골목 지킴이[寺]이고, 손가락이고, 개[狗]이고, 쥐[鼠] 종류이고, 부리가 검은 (승냥이와 이리) 부류이다. 나무로 말하면 단단하나 마디가 많다.

[艮爲山, 爲徑路, 爲小石, 爲門闕, 爲果蓏, 爲閽寺, 爲指, 爲狗, 爲鼠, 爲黔喙之屬.[262] 其於木也, 爲堅多節.]

3.2.12)

태兌 괘는 못[澤]이고, 막내딸이고, 여자 무당[巫]이고, 입이나 혀이며, (가장자리를) 허물거나, (둑을) 부숴 물을 흘린다. 땅으로 치면 딱딱하고 소금기가 많다. (간괘는) 첩이고, 양羊이다.

[兌爲澤, 爲少女, 爲巫, 爲口舌, 爲毁折, 爲附決.[263] 其於地也, 剛鹵.[264] 爲妾 爲羊.]

## 4. 「서괘序卦」전傳

262) 경로徑路는 小路이다. 『說文解字』에, 궐闕은 문관門觀인데, 문의 양 옆에 쌓은 대臺이다. 이것을 또 觀이라고도 한다. 果는 나무열매이고, 나蓏는 풀 열매이다. 艮괘니 정지이니, 혼인閽人은 문을 지키고, 사인寺人은 골목(巷)을 지키는 사람이다. 『說文解字』에, 훼喙는 짐승의 부리이고, 『小爾雅·廣詁』에, 검黔은 검은색이다. 시랑豺狼(승냥이와 이리)의 종류는 길이 검고, 산속에 산다. 高亨, 634頁.

263) 兌는 못인데, 못물은 출렁거리니 가장자리를 허물거나, 둑[堤防]을 부수고 물을 흘리어 보낸다. 高亨, 636頁.

264) 陸德明(556-627)에 의하면, 노鹵(소금)은 함토鹹土(짠땅)이다. 上同.

「서괘序卦」전은 『역경』 64괘의 순서를 설명하기에, 편명을 서괘序卦로 하였다. 이 편은 건乾, 곤坤, 함咸과 진震괘는 괘상卦象에 근거하여 해석하였고, 다른 괘들은 괘명卦名에 따라서 설명하고 있다. 어떤 것은 『역경』의 뜻과 합치하나, 어떤 것은 그렇지도 않다.

첫째, 「서괘」전의 저자와 「단彖」전, 「상象」전의 저자는 각각 다른 3인이다. 「서괘」전에서 괘명卦名을 해석할 때 「단」전, 「상」전과 같은 경우가 있다. 예컨대 건蹇 괘의 건蹇은 「단」전에서 난難[어려움]으로 말하는데, 「상」전도 똑같다. 「서괘」전도 '어려움[難]'이다. 췌萃 괘의 경우, 「단」전에서 췌萃는 취聚(모이다)이고, 「상」전도 그와 같다. 「서괘」전에서도, 췌는 취聚이다. 이 경우들은 저자 3인의 관점이 같다. 그러나 「서괘」전의 해석이 「단」전, 「상」전과 다른 경우들이 있다. 예를 들어, 몽蒙 괘에서 「단」전과 「상」전에서 몽蒙을 몽매蒙昧로 해석하는데, 「서괘」전에서는 '蒙者, 蒙也, 物之穉也.'(몽괘에서, 몽은 어린 물건이다.)로 말하니, 몽蒙을 맹아萌芽(어린 싹)으로 해석한 것이다. 임臨 괘에서 「단」전과 「상」전에서 임臨을 '임민치국臨民治國'(백성들을 통치하고 나라를 다스림)으로 해석하는데, 「서괘」전은 '臨者, 大也.'(통치는 큰 것이다.)로 해석하니, 해석이 완전히 다르다.

둘째, 「서괘」전 중에는 소박한 변증법적 요소가 있다. 객관적으로 존재하는 사물은 운동 변화하는데, 어떤 때는 정면正面으로 발전하고 어떤 때는 그와 반대로 발전함을 인정한다. 예로, 항恒 괘, 둔遁 괘, 대장大壯 괘, 진晉 괘, 명이明夷 괘의 순서를 들어보자. '항恒 괘는 오래감이다.

사물은 자기 자리에 오래 머무를 수 없으니, 따라서 그것을 둔遁(숨음) 괘가 받았다. 사물은 내내 숨을 수 없으니, '크게 왕성함' [大壯] 괘가 받았다. 사물은 내내 왕성할 수 없으니, 그것을 '나아감' [晉] 괘가 받았다. 진晉은 나아감이다. 나아감은 반드시 다치고 마니, 따라서 '밝음의 다침' [明夷] 괘가 받았다. 이夷는 다침[傷]이다.

(恒者, 久也. 物不可以久居其所, 故受之以遁. 物不可以終遁, 故受之以大壯. 物不可以終壯, 故受之以晉. 晉者, 進也. 進必有所傷, 故受之以明夷. 夷者, 傷也.)

또 예로 규睽괘, 건蹇괘, 해解괘, 손損괘, 익益괘, 쾌夬괘의 순서를 보자. '규睽는 어그러짐이다. 어그러지면 반드시 어려움이 있게 되니, 따라서 이것을 건蹇괘가 받았다. 건蹇은 어려움이다. 사물은 내내 어려울 수 없으니, 따라서 이것을 해解괘가 받았다. 해는 느슨함이다. 느슨하면 반드시 잃게 되니, 따라서 이것을 손損괘가 받았다. 손해는 지속될 수 없으니 반드시 더해지고 마니, 따라서 이것을 익益괘가 받았다. 더해지는 것은 지속될 수 없으니, 따라서 이것을 쾌夬괘가 받았다. 쾌는 결단이다.

(睽者, 乖也. 乖必有難, 故受之以蹇. 蹇者, 難也. 物不可以終難, 故受之以解, 解者, 緩也. 緩必有所失, 故受之以損. 損而不已必益, 故受之以益. 益而不已必決, 故受之以夬. 夬者, 決也.)

이처럼 사물의 변화가, 혹 정면正面 발전이냐 혹 반면反面이냐 하는 방향성의 차이는 있으나, 서로 연관을 가지고 변화하는 점이 있다는 것을, 중국의 선진先秦 시기 「서괘」전의 사상에서 그 단초를 발견할 수 있다.

그러나 「서괘」전에서 중요한 점은 하늘과 땅이라는 자연조건과 인간 생활을 분리해서 보지 않는다는 점이다. 바꿔 말하면, 자연조건은 세상 만물의 탄생조건일 뿐더러 그 자연원리는 그저 자연적인 것만이 아니라 인간 생활이 그것과 밀접히 관계한다는 점에서, 자연윤리는 바로 인간 윤리가 되고, 인간윤리 또한 자연윤리와 분리될 수 없음을 말하고 있다. 『역易』의 가치는 바로 이 점에 있다. 자연현상과 인문현상이 궁극적으로는 분리될 수 없는 것이다. 건乾 괘에서 말하는 '원元, 형亨, 이利, 정貞' 은, 주희朱熹(1130-1200)에 의하면, 인仁, 의義, 예禮, 지智인 것이다. 이 점이 『역』 논리의 위대한 관점이다. 자연 밖에 인간이 없고, 인간 밖에 자연이 있는 것이 아니다.

하늘[乾]과 땅[坤]이 있고, 그 다음에 만물들이 태어났다. 하늘과 땅 사이에 가득 찬 것이 만물이니, 따라서 이것을 준屯[滿] 괘로 이어받았다. 준은 가득 참이다. (천지의 기운이) 차야 비로소 만물이 태어난다.

> [有天地, 然後萬物生焉. 盈天地之間者唯萬物, 故受之以「屯」. 屯者, 盈也.[265] 屯者, 物之始生也.]

물건이 태어나면 반드시 어리니, 그러므로 이것을 받은 것이 몽蒙 괘이다. 몽 괘는 어린 것이니, 어리고 유치한 것이다. 수需 괘는 음식의 도리이다. 마시고 먹으면 반드시 송사訟事가 있게 되니, 따라서 이것을 송訟 괘가 이어받았다. 송사가 있으면 반드시 많은 사람들이 들고 일어나기 때문에, 따라서 이것을 사師(뭇사람) 괘가 이어받았다.

---

265) 『廣雅 · 釋詁』에, 受는 잇다[繼]이고, 또 屯은 만滿[차다]이다. 高亨, 643頁.

[物生必蒙, 故受之以蒙. 蒙者, 蒙也, 物之穉也. 物穉不可不養也, 故受之以需. 需者飮食之道也. 飮食必有訟, 故受之以「訟」. 訟必有衆起, 故受之以「師」.]

사師는 무리이다. 뭇 사람들이 있게 되면 반드시 견주게 되니, 따라서 이것을 비比(친근함) 괘가 이어받았다. 비比는 친근함이다. 친근하게 되면 반드시 (재물을) 저축하게 되니, 따라서 이것을 소축小畜 괘가 이어받았다.

[師者, 衆也. 衆必有所比, 故受之以「比」. 比者, 比也. 比必有所畜也,[266] 故受之以「小畜」.]

물건이 쌓인 다음에 예禮가 있게 되니, 따라서 이것을 이履 괘가 이어받았다. 이履는 예禮이다. 이행을 편안이 한 다음에 안정되니, 따라서 이것을 태泰 괘가 이어받았다.

[物畜然後有禮, 故受之以「履」. 履者, 禮也. 履而泰然後安, 故受之以「泰」.]

태泰는 순통이다. 사물은 내내 순통할 수 없기에, 따라서 이것을 비否(막혀 불통함) 괘가 이어받았다. 사물은 내내 막혀서 불통할 수 없으니, 따라서 동인同人(남과 同心 同行) 괘가 이어 받았다.

[泰者通也. 物不可以終通, 故受之以「否」.[267] 物不可以終否, 故受之以「同人」.]

---

266) 축畜은 축蓄(쌓아두다)으로 읽어야 하니, (재물의) 저축이다. 高亨, 644頁.
267) 비否는 막혀서 통하지 않음[閉塞不通]이다. 高亨, 645頁.

다른 사람들과 마음과 행동이 같으면 사물들이 반드시 (내게로) 돌아오니, 따라서 이것을 대유大有[크게 가짐] 괘가 이어 받았다. 크게 가졌어도 꽉 찰 수는 없으니, 따라서 이것을 겸謙 괘가 이어 받았다.

[與人同者, 物必歸焉, 故受之以「大有」. 有大者不可以盈, 故受之以「謙」.]

크면서 겸손할 수 있으면 반드시 편안이 즐길 수 있으니, 따라서 이것을 예豫 괘가 받았다. 즐거우면 반드시 따르는 일이 있으니, 따라서 이것을 수隨[사람들이 따름] 괘가 받았다. 즐거이 남을 따르면 반드시 일이 생기게 되니, 따라서 이것을 고蠱[일事] 괘가 이어 받았다.

[有大而能謙必豫, 故受之以「豫」.[268]豫必有隨, 故受之以「隨」. 以喜隨人者必有事, 故受之以「蠱」.]

고蠱는 일[事]이다. 일이 있은 다음에 크게 돌 수 있으니, 따라서 이것을 임臨[大] 괘가 이어받았다. 임臨은 큼[大]이다. 사물이 큰 다음에 볼만하게 되니, 따라서 이것을 관觀 괘가 이어받았다.

[蠱者, 事也. 有事而後可大, 故受之以「臨」[269]. 臨者大也. 物大然後可觀, 故受之以「觀」.]

볼 만하면 다음에 (사람의 뜻에) 맞게 되니, 따라서 이것을 서합噬嗑(合하다) 괘가 이어 받았다. 합은 모이는 것이다. 물건은 그저 모이기만 할 수 없기에, 따라서 이것을 비賁[꾸밈] 괘가 이어받았다.

---

268) 예豫는 편안히 즐김[安樂]이다. 上同.
269) 『廣雅 · 釋詁』에, 臨은 큼[大]이다. 高亨, 646頁.

[可觀而後有所合, 故受之以「噬嗑」. 嗑者, 合也. 物不可以苟合而已, 故受之以「賁」.]

비賁는 꾸밈이다. 매우 꾸미고 나면 아름다움이 소진되니, 따라서 이것을 박剝(떨어짐落下) 괘가 이어받았다. 박은 박탈이다. 물건은 내내 다 박탈당할 수는 없으니, 위에서 끝이 나면 아래로 내려오니, 따라서 이것을 복復(회복) 괘가 이어받았다.

[賁者, 飾也. 致飾然後亨則盡矣, 故受之以「剝」.[270] 剝者, 剝也. 物不可以終盡剝, 窮上反下, 故受之以「復」.]

회복되면 망령됨은 없을 것이니, 따라서 이것을 무망無妄[망령 없음] 괘가 이어 받았다. 망령이 없게 된 연후에는 재물을 쌓을 수 있으니, 따라서 이것을 대축大畜[크게 쌓음] 괘가 이어받았다. 재물이 저축된 이후에 (사람들을) 양육할 수 있으니, 따라서 이것을 이頤(양육) 괘가 이어받았다.

[復則不妄矣, 故受之以「無妄」. 有無妄, 物然後可畜[271], 故受之以「大畜」. 物畜然後可養, 故受之以「頤」.]

이頤는 양육이다. 양육해 주지 못하면 (사람들을) 동원할 수가 없으니, 따라서 이것을 대과大過[큰 과오] 괘가 이어받았다. 사물은 내내 잘못만 저지를 수 없으니, 따라서 이것을 감坎[구덩이, 험난함] 괘가 이어받았다.

[頤者, 養也. 不養則不可動, 故受之以「大過」. 物不可以終過, 故受之以「坎」.]

---

270) 치致는 극極이고, 형亨은 아름다움[美]이다. 박剝은 낙落(떨어지다)이다. 上同.

271) 통행본에는 物이 없으나, 『周易集解』 本에는 있으니, 지금 보완하였다. 物은 재물이다. 畜은 축蓄(쌓다)이다. 高亨, 647頁.

감坎은 함정이다. 함정에 빠지면 반드시 따라붙는 것이 있으니, 따라서 이것을 이離 괘가 이어받았다. 이離는 따라붙는 것이다.

[坎者, 陷也. 陷必有所麗, 故受之以「離」. 離者麗也.]

하늘과 땅이 있은 다음에 만물들이 존재하고, 만물이 있은 다음에 남자와 여자가 있고, 남자와 여자가 있은 다음에 부부夫婦가 있고, 부부가 있은 다음에 아버지와 자식들이 있고, 아버지와 자식들이 있은 다음에 임금과 신하들[君臣]이 있고, 임금과 신하들이 있은 다음에 위아래가 있고, 위아래가 있은 다음에 예의가 베풀어졌다. 부부의 도리는 오래 (지속되지) 않을 수 없으니, 따라서 이것을 항恒 괘가 이어받았다. 항은 오래감이다. 사물은 자기 자리에 오래 있을 수 없으니, 따라서 이것을 둔遯 괘가 이어받았다. 둔은 물러남이다. 물건은 내내 물러날 수만 없으니, 따라서 이것을 대장大壯(크게 왕성함) 괘가 받았다.

[有天地然後有萬物, 有萬物然後有男女, 有男女然後有夫婦, 有夫婦然後有父子, 有父子然後有君臣, 有君臣然後有上下, 有上下然後禮儀有所錯.[272] 夫婦之道, 不可以不久也, 故受之以「恒」. 恒者, 久也. 物不可以久居其所, 故受之以「遯」. 遯者, 退也. 物不可終遯, 故受之以「大壯」.]

물건은 내내 왕성할 수는 없으니, 따라서 이것을 진晉[나아감] 괘가 이어받았다. 진은 나아감이다. 나아가면 반드시 다칠 수 있으니, 따라서

272) 착錯(섞이다)은 조措(두다)의 가차이다. 『역경』 하편이 함咸 괘에서, 남녀가 결합하여 부부가 되니, 부부는 사회제도의 출발점이며, 부부가 있은 다음에 군신상하와 예의禮義가 있음을 말하고 있다. 高亨, 648頁.

이것을 명이明夷[밝음이 다침] 괘가 이어받았다. 이夷는 다침이다. 밖에서 다치면 반드시 집으로 돌아오니, 따라서 이것을 가인家人[가족] 괘가 이어받았다. 집안의 도리는 가난하면 반드시 갈라서니, 따라서 이것을 규睽[갈라섬] 괘가 이어받았다. 규睽는 갈라짐이다. 갈라서면 반드시 어려움이 있게 되니, 따라서 이것을 건蹇[어려움] 괘가 이어받았다.

[物不可以終壯, 故受之以「晉」. 晉者, 進也. 進必有所傷, 故受之以「明夷」. 夷者, 傷也. 傷於外者, 必反其家, 故受之以「家人」. 家道窮必乖, 故受之以「睽」. 睽者, 乖也. 乖必有難, 故受之以「蹇」.]

건蹇은 어려움이다. 사물은 내내 어려울 수는 없으니, 따라서 이것을 해解(풀어짐) 괘가 이어받았다. 풀어지면 느슨해진다. 느슨해지면 반드시 잃는 것이 있으니, 따라서 이것은 손損(줄다) 괘가 받았다.

[蹇者, 難也. 物不可終難, 故受之以「解」. 解者, 緩也. 緩必有所失, 故受之以「損」.]

줄어드는 것이 지속되면 반드시 더해지니, 따라서 이것을 익益[증가] 괘가 이어받았다. 더해짐이 지속되면 반드시 터지니, 따라서 이것을 쾌夬[터짐] 괘가 이어받았다.

[損而不已必益, 故受之以「益」. 益而不已必決, 故受之以「夬」.]

쾌夬는 터트림이다. 터지면 반드시 만나는 것이 있으니, 따라서 이것을 구姤[만남] 괘가 이어받았다. 구姤는 만남이다. 사물은 서로 만나면 다음에 모이니, 따라서 이것을 췌萃[모임] 괘가 이어받았다.

[夬者, 決也. 決必有所遇, 故受之以「姤」. 姤者, 遇也. 物相遇而後

聚, 故受之以「萃」.]

췌萃는 모임이다. 모여서 위로 가는 것이 올라감[升]이니, 따라서 이것을 승升 괘가 이어받았다. 올라가기를 그치지 않으면 반드시 곤란하니, 따라서 이것을 곤困[곤란] 괘가 이어받았다.

[萃者, 聚也. 聚而上者謂之升, 故受之以「升」. 升而不已必困, 故受之以「困」.]

올라가는 것이 곤란하면 반드시 아래로 돌아오니, 따라서 이것을 정井[땅 맨 아래에 있는 우물] 괘가 이어 받았다. 우물길은 고치지 않으면 안 되니, 따라서 이것을 혁革(고침, 改革) 괘가 이어받았다. 사물을 변혁시키는 데는 솥[鼎]만한 것이 없으니, 따라서 이것을 정鼎 괘가 이어받았다.

[困乎上者, 必反下, 故受之以「井」. 井道不可不革, 故受之以「革」. 革物者莫若鼎, 故受之以「鼎」.]

(보물寶物인) 그릇[鼎]을 주관하는 이로 큰아들만 한 이가 없으니, 따라서 이것을 진震[長子] 괘가 받았다. 진震은 움직임이다. 사물은 내내 움직일 수만 없으니, 그것을 그치게 해야 하는데, 따라서 이것을 간艮[그침] 괘가 이어받았다.

[主器者莫若長子, 故受之以「震」.[273] 震者, 動也. 物不可以終動, 止之, 故受之以「艮」.]

간艮은 그침이다. 사물은 내내 정지해 있을 수는 없으니, 따라서 이것

---

273) 「說卦」전에, 진震은 큰아들[長子]이다. 高亨, 650頁.

을 점漸[나아감] 괘가 이어받았다. 점은 나아감이다. 나아가면 반드시 귀숙歸宿할 곳이 있어야 하니, 따라서 이것을 귀매歸妹[누이의 결혼] 괘가 이어받았다.

[艮者, 止也. 物不可以終止, 故受之以「漸」.274) 漸者, 進也. 進必有所歸, 故受之以「歸妹」.]

시집갈 곳을 얻는다는 것은 반드시 큰일이니, 따라서 이것을 풍豊[큼大] 괘가 이어받았다. 풍은 큰 것이다. 아주 크면 (사치하고 방탕해져서) 반드시 기거起居할 곳을 잃게 되니, 따라서 이것을 여旅[손님] 괘가 이어받았다.

[得其所歸者必大, 故受之以「豊」.275) 豊者, 大也. 窮大者必失其居, 故受之以「旅」.276)]

손님이 되었으나 받아들이지 못하였으니, 따라서 이것은 손巽[들어감, 入] 괘가 이어받았다. 손巽은 들어감이다. 들어간 뒤에 기뻐했으니, 따라서 이것을 태兌[기쁨] 괘가 받았다.

[旅而無所容, 故受之以「巽」. 巽者, 入也. 入而後說之, 故受之以「兌」.]

태兌는 기쁨이다. 기쁜 뒤에 떠나야 했으니, 따라서 이것을 환渙[흩어짐] 괘가 이어받았다. 환은 이별이다. 사물은 내내 이별할 수는 없으니, 따라서 이것을 절節[제도] 괘가 이어받았다.

274) 「단彖」 전에, 漸은 진進[나아감]이다. 上同.
275) 「단彖」 전에, 풍豊은 큼[大]이다. 高亨, 651頁.
276) 「說文解字」에, 궁窮은 極(매우)이고, 여旅는 손님이다. 上同.

[兌者, 說也. 說而後散之, 故受之以「渙」. 渙者. 離也. 物不可以終離, 故受之以「節」.277)]

(사회)제도를 믿었으니, 따라서 이것을 중부中孚[성실한 믿음] 괘가 이어받았다. 믿음이 있으면 반드시 실행하게 되니, 따라서 이것을 소과小過[작은 성과] 괘가 이어받았다.

[節而信之, 故受之以「中孚」.278) 有其信者必行之, 故受之以「小過」.]

(조그만) 잘못이 있으나 일은 반드시 이루어지니, 따라서 이것을 기제旣濟[이미 이루어짐] 괘가 이어받았다. 일이란 끝이 없으니, (어떤 일은 성공, 어떤 일은 실패로 끝나니 … ) 따라서 이것을 미제未濟[아직 이루지 못함] 괘가 이어받았다.

[有過物者必濟, 故受之「旣濟」.279) 物不可窮也, 故受之以「未濟」終焉.]

## 5. 「잡괘雜卦」전傳

「잡괘」전은 『역경』 64괘의 뜻을 분별하여 설명하는데, 그 설명이 각 괘의 순서를 따른 것이 아니고 서로 괘가 섞여서 설명되기 때문에 잡괘雜卦라고 부른다. 이 편에서는 말하는 것이 간단하여 괘마다 한 두

277) 절節은 제도制度이다. 上同.
278) 中은 忠의 가차이니, 성誠(성실)이고, 부孚는 신信(믿음)이다. 高亨, 652頁.
279) 物은 事와 같고, 제濟는 이룸[成]이다.

글자나 많아야 한두 구절로써 괘의 특징이나 요점을 말한다. 이 편은 또한 사물의 모순대립에 대한 초보적 인식이 깔려 있다. 이는 소박한 변증법적 요소라고 말할 수 있다.

건乾 괘는 강건함이고 곤坤 괘는 유순함이다. 비比 괘는 (임금을 돕고 작록爵祿을) 즐거이 취하며, 사師 괘는 (군사를 말하니, 패전할까) 근심함이다.

[「乾」剛「坤」柔. 「比」樂「師」憂.280)]

임臨 괘와 관觀 괘의 뜻은, 혹 (정치하여 백성들에게) 베풀어 주고, 혹 (백성의 실정을) 찾아보는 것이다.

[「臨」「觀」之義, 或與或求.281)]

준屯 괘는 (사물이 땅 위에 처음으로) 태어나서 자기 자리를 잃지 않음이다. 몽蒙 괘는 (새 싹들이) 복잡하나 뚜렷이 드러남이다.

[「屯」見而不失其居. 「蒙」雜而著.282)]

진震 괘는 움직임이다. 간艮 괘는 멈춤[止]이다. 손損 괘와 익益 괘는 (각각) 왕성과 쇠망의 시작이다.

---

280) 「단彖」전에, 比는 보輔(돕다)이다. 比괘에서 비락比樂은 '신하가 자기 임금을 돕고, 즐거이 작록爵祿을 얻음.' 이다. 사師는 군대이다. 高亨, 654頁.

281) 「임臨」괘의 뜻은 여與(주다, 베풀다)이고, 관觀괘의 뜻은 구求(구하다)이다. 與는 베품[施]이다. 上同.

282) 견見은 현現(나타남)이다. 「서괘」전에서, '屯者, 物之始生也.' (준괘는 사물이 처음으로 생기는 것이나.)라 했나. 준屯괘의 뜻은 사물이 처음으로 땅 위에서 출생하여 각각 자기 자리에 있음을 말한 것이다. 잡雜은 착잡이고, 저著는 드러남이다. 「서괘」전에서, '蒙者, 蒙(萌)也, 物之穉(稚)也.' (몽괘는 새싹이니, 어린 물건이다.)라고 했다. 高亨, 654-655頁.

[「震」, 起也.[283] 「艮」, 止也. 「損」「益」, 盛衰之始也.]

대축大畜 괘는 (재물의) 저축이다. 무망無妄[망령 없음] 괘는 재앙이 없다.

[「大畜」, 時也. 「無妄」, [不]災也.[284]]

췌萃 괘는 (재물의) 모임이고 승升 괘는 펼쳐짐[伸]이다. 겸謙 괘는 (겸손하여) 부지런히 일하고 예豫 괘는 (향락하니) 게을러진다.

[「萃」聚而「升」不來也.[285] 「謙」輕而「豫」怠也.[286]]

서합噬嗑 괘는 (이빨로 씹고 입은 다물고 있는 모습이니) 음식이다. 비賁 괘는 (꾸며주는 색깔이 많으면 결국) 색깔 없는 것과 같다.

[「噬嗑」食也. 「賁」, 無色也.]

태兌 괘는 (남을 위해 기뻐함이니 이름과 명예가) 드날리고, 손巽 괘는 (숨어서) 은거함이다.

[「兌」見而「巽」伏也.[287]]

---

283) 『周易正義』(李鼎祚撰)에, 기起는 動(움직임)이다. 上同.

284) 畜은 축蓄(쌓다)이다. 시時는 아마도 치庤(쌓다)의 가차이고, 時와 庤가 옛날에는 통용했다. 災자 위에 아마도 不자가 탈락했다. 高亨, 655-656頁.

285) '升不來'에서, 不자는 앞의 무망无妄 괘에로 옮겨갈 것으로 보아야 한다. 승升은 위로 나아감이니, 來자를 마땅히 내倈(오다)로 읽어야 한다. 『廣雅 · 釋詁』에, 내倈는 신伸(펴짐)이다. 上同.

286) 경輕은 경勁(굳셈)의 가차이다. 『廣雅 · 釋詁』에, 勁은 强이고; 『爾雅 · 釋詁』에, 强은 근勤(부지런함)이니. 「단彖」전, 「상象」전, 「서괘」전에서 모두 예豫를 향락享樂으로 풀었다. 上同.

287) 손巽괘에는 은복隱伏(숨어 엎드려 있다)의 뜻이 있다. 高亨, 657頁.

수隨 괘는 일이 없어서 휴식함이다. 고蠱 괘는 일을 다스림이다.

[「隨」, 無故也. 「蠱」 則飭也.[288]]

박剝 괘는 (떨어지는 것이니) 썩어 없어짐이다. 복復 괘는 (좋은 일로) 돌아오는 것이다.

[「剝」, 爛也. 「復」 反也.]

진晉 괘는 (해가 땅위로 나오는 것이니) 낮[晝]이다. 명이明夷 괘는 (해가 땅속으로 들어가니 현인賢人들이) 벌 받는 것이다.

[「晉」, 晝也. 「明夷」, 誅也.[289]]

정井 괘는 (두레박으로 물을 퍼내는 상이니 사람들에게) 통할 수 있으나, 곤困 괘는 (못의 물이 땅속에서 막히듯) 서로 막혀버린 것이다.

[「井」 通而 「困」相遇也.[290]]

함咸 괘는 (효과가) 빠르다. 항恒 괘는 오래감이다.

[「咸」, 速也. 「恆」, 久也.[291]]

---

288) 『廣雅 · 釋詁』에, 故는 事이다. 수隨괘의 「象」전에, '澤中有雷, 「隨」. 君子以向晦入宴息.' (못 속에 우레가 있으니, 隨괘이다. 군자는 저녁 때 휴식한다.) 王弼(226-249)에 의하면, 칙飭은 정치整治(다스림)이다. 上同.

289) 晉괘의 외괘는 離이고 내괘는 坤이니, 해가 땅위에 솟아오름이니, 바로 낮[晝]이다. 明夷괘는 상괘가 坤이고 하괘가 離이니, 해가 땅속으로 들어감이다. 사람으로 말하면, 賢人이 벌을 받고 갇히는 격이다. 주誅는 벌罰이다. 高亨, 658頁.

290) 井 괘의 상괘가 坎[물]이고, 하괘가 巽[나무, 木]이니, 두레박으로 물을 길어 올려서 사람들을 이롭게 하니, '井通' 이다. 그러나 우遇는 알遏(막다)이다. 困괘는 상괘가 兌[못]이고, 하괘가 坎[물]이니, 물이 못 아래로 흘러버렸으니, 못의 물이 땅속에서 막혀버린 셈이다. 上同.

환渙 괘는 분산하여 흩어짐이다. 절節 괘는 제도로써 제지함이다. 해解 괘는 느슨해짐이다. 건蹇 괘는 어려움이다.

[「渙」, 離也. 「節」, 止也.[292] 「解」, 緩也. 「蹇」, 難也.]

규睽 괘는 (집을 떠나서) 외지에 머무름이다. 가인家人 괘는 (한 집안 식구이니) 안[內]이다.

[「睽」, 外也. 「家人」, 內也.]

비否[막힘] 괘와 태泰[통달] 괘는 부류가 서로 반대이다. 대장大壯 괘는 (크게 왕성해졌으니) 그치는 것이다. 둔遯 괘는 물러섬이다.

[「否」·「泰」, 反其類也. 「大壯」則止, 「遯」則退也.[293]]

대유大有 괘는 많은 것을 옹유擁有함이다. 동인同人 괘는 (서로) 친밀함이다. 혁革 괘는 옛것을 버림이다. 정鼎[솥] 괘는 (생것을 삶아서) 새 것을 얻는 것이다.

[「大有」, 衆也. 「同人」, 親也. 「革」, 去故也. 「鼎」, 取新也.]

소과小過 괘는 (작은 잘못이니) 과오이다. 중부中孚 괘는 (충실한 믿음이니) 신용이 있음이다. 풍豊 괘는 오래 사귄 사람들이 많음이다. 여旅 괘는 (손님이니) 친한 이가 적다.

---

291) 함咸 괘의 「단彖」전에, 咸은 감感(느낌)이다. 上同.

292) 離는 분산하여 흩어짐이고, 節은 制度로써 제지함이다. 『周易注譯與研究』, 741頁, 注21.

293) 비否는 닫힘[閉塞]이고, 태泰는 통달이다. 크게 자라면 그치게 된다. 「서괘」 전에 의하면, 둔遯은 물러남[退]이다. 高亨, 659頁.

[「小過」, 過也. 「中孚」, 信也. 「豊」, 多故也. 親寡「旅」也.[294]]

이離 괘는 (불이니) 위로 올라가고, 감坎 괘는 (물이니) 아래로 흐른다. 소축小畜 괘는 (재물을 저축하는 이가) 적다. 이履 괘는 (신을 신고 밖으로 다니는 것이니 한 곳에) 머무르지 않음이다.

[「離」上而「坎」下也. 「小畜」, 寡也. 「履」, 不處也.]

수需 괘는 (기다림이니, 앞으로) 나가지 못 한다. 송訟 괘는 (다투니) 친밀하지 않다. 대과大過 괘는 (배가 뒤집혀 못 바닥에 가라앉은 모양이니) 뒤집혀 죽은 것이다. 구姤 괘는 만남이니, (초효의 음, 즉) 유순함이 강건함을 만난 것이다.

[「需」, 不進也. 「訟」, 不親也.[295] 「大過」, 顚也. 「姤」, 遇也, 柔遇剛也.[296]]

점漸 괘는 여자가 시집을 가는데 신랑을 기다려서 감이다. 이頤 괘는 (양육이니) 올바른 양육이다. 기제旣濟 괘에서 (이미 이루어졌으니) 이룬 것이다. 귀매歸妹 괘에서는 여자가 평생 돌아가 귀숙할 곳을 얻은 것이다.

[「漸」, 女歸待男行也. 「頤」, 養正也.[297] 「旣濟」, 定也. 「歸妹」, 女

---

294) 故는 고구故舊이니, 오래 사귄 사람이다. 여旅는 손님이다. 高亨, 660頁.

295) 需 괘 「단彖」 전에, 수需는 수須(기다리다)이다. 송訟은 서로 다투는 것이니, '不親' 이다. 高亨, 661頁.수

296) 『周易集解』에서 虞翻을 인용하여, 전顚은 운殞(죽다)이라고 말한다. 殞은 복망覆亡(배가 뒤집혀서 죽음)이다. 大過 괘는 상괘가 兌[못], 하괘가 巽[木, 즉 배]이니, 배가 뒤집혀서 못 밑에 가라앉은 모양이다. 「서괘」 전에서, 구姤 괘는 만남[遇]이다. 구姤 괘는 음 하나가 初爻이고 나머지 다섯이 陽이니, '柔遇剛' 이다. 上同.

297) 귀歸는 시집가는 것이다. 이頤는 기름[養]이다. 高亨, 661-662頁.

之終也.[298]]

미제未濟 괘에서 (이루어 놓은 것이 아직 없으니) 남자가 궁색한 것이다. 쾌夬 괘는 결판을 내야 하는데 강건함이 유약함을 결판한 것이니, 군자의 길은 장구한데, 소인의 길은 근심뿐이다.

[「未濟」, 男之窮也. 「夬」, 決也, 剛決柔也. 君子道長, 小人道憂也.]

〈참고문헌〉

高亨, 『周易大傳今注』, 濟南: 齊魯書社, 1979;
周振甫譯注, 『周易譯注』, 北京: 中華書局, 1991;
陳鼓應, 趙建偉著, 臺北: 臺灣商務印書館, 1999.

298) 제濟는 성成(이룸)이다. 『呂氏春秋』, 「仲冬紀」, '以待陰陽之所定' 에서, 高誘의 주석에 의하면, 定은 成과 같다. '女之終' 은 여자의 종신終身 귀숙歸宿함을 말한다. 高亨, 662頁.

# 제 15 장

# 순자의 사회철학과 인본주의 사상

순자荀子, 즉 순황荀況(약 전313-전238)은 전국시대 말기에 맹자를 이어 유가의 사상을 더욱 체계화한 대표적인 인물이다. 그러나 고전문헌에는 때로 순경荀卿, 심지어 손경孫卿으로까지 표기되어 있다. 사마천司馬遷에 의하면, 순자는 나이 50에 제齊나라의 직하稷下 학궁學宮에 들어갔었으며, 제齊 양왕襄王(전283-전265 통치) 때에는 직하학자 중에서 최고의 관록을 인정받아서 세 차례나 제주祭酒[즉, 직하학궁의 장]를 지냈다고 한다. 이 직하학궁에는 전국시대 당시 유가를 비롯하여 묵가, 도가, 법가, 명가 등에 속하는 다양한 학파[諸子百家]의 학자들이 모여들어 자유로이 자기 분야의 학문을 연구할 수 있었다. 따라서 이곳을 중심으로 학문이 크게 번창하였다. 순자는 이곳에서 지내는 동안 제자백가諸子百家의 여러 입장을 두루 섭렵함으로써 자기 학문의 영역을 폭넓게 확장할 수 있었던 것으로 추정된다. 후에 제나라에서 모함을 받아 초楚나라로 망명을 하여 춘신군春申君의 도움으로 난릉蘭陵(현재 강소성江蘇省)의 지방 수령[令]을 지냈으나, 춘신군이 죽자 그 자리에서 물러나서 난릉蘭陵에 살다가 죽었다. 만년에 제자들과 함께 저술에 전념하면서 세월을 보냈다고 한다.

순자의 사회철학 사상은 객관적으로 타당한 '예禮'를 기초로 해서 계층 간의 불화와 갈등이라는 사회적 문제를 조정할 수 있다는 확신에서 출발하고 있다. 그는 인간을 본래부터 비슷한 욕망을 소유하고 있는, 그러나 살아가는 방식이 다르고 또 지능이 다른 여러 사람이 함께 사는 사회적 존재로 파악하였다. 순자는 무엇보다도 먼저 인간의 사회적 삶이란 일정한 사회적 생산물의 생산과 분배를 전제로 한다고 보고 있다. 그러나 순자의 입장에서 보자면, 인간이란 결코 도덕적으로 선한 존재가 아니다. 인간은 태어날 때부터 무한한 욕망을 소유하고 있기에, 욕구가 커지면 커질수록 사회적 재화는 점점 더 줄어들게 되고, 따라서 이렇게 해서 궁핍해진 사회적인 부[사회생산력]는 필연적으로 사회적 갈등을 야기惹起하고 만다는 것이다. 요컨대, 순자는 사회적 갈등의 원인을 삶의 방식과 지능이 다른 여러 인간의 무한한 욕구의 추구에서 보고 있다.

이런 무절제한 욕구 충족에서 오는 사회적 갈등을 해소하기 위해서 그는 인간 욕구의 절제를 통한 사회생산물의 효과적인 생산과 확보를 요구하지 않을 수 없었다. 따라서 그는 사회적 생산의 강력한 촉진을 위해서는 사회적 분업노동이 필수적이라고 보았으며, 결국 인간들을 그들의 능력에 따라 구분되어야 한다고 주장하였다. 말하자면, 〈군자君子의 정신노동〉과 〈소인小人의 육체노동〉이라는 맹자의 노동 분업의 원칙을 순자가 현실적으로 더욱 발전시킨 것이다. 그러므로 순자는 공자나 맹자와 마찬가지로 유능한 지식인, 즉 군자를 통한 통치를 주장하기에 이르렀다. 그러나 맹자가, 근본적 핵심에서 보자면, 통치를 담당하는 군자, 즉 지식인-엘리트들의 도덕성과 자율성의 확보라는 점에 초점을 맞추어서 그의 〈왕도王道〉 정치의 이상을 펴나갔다면, 순자는 사회문제의 해결을 단순히 지식인들의 도덕 형이상학이나 자율성의 문제와 연관지어 천착하기보다는, 실제적인 사회적 갈등의 원인을 구체적으로 분석함으로써 인간과 사회의 문제를 사회적 제도의 확립을 통하여 객관적으로 해결해 보려는 면에 주목하여 〈군자〉, 즉 지식인-엘리트의 자율적 지도적 역할을 강조하고 있음이 맹자와는 다른, 차이점이다. 말하자면, 순자는 안정된 사회란 사회적 분업[分]과 사회적 정의[義] 사이의 조화를 통하여 실현된다고 보고 있기에, 이런 이상적 조화가 구현된 사회적 질서 체제란 바로 군자를 중심으로 하는 상하 차등적인 전통적 사회규범인 〈예禮〉라고 강력하게 외쳤다. 순자는 순수한 도덕성에 의한 통치보다는 이와 같은 〈객관적 사회규범으로서의 예〉에 의한 통치를 이상적인 통일국가의 조직과 운용의 원리로 제시한 것이다.

그러나 객관적 사회규범인 〈예〉가 아무리 이상적이고 완벽하다고 할지라도, 궁극적으로 문제가 되는 것은, 이런 훌륭한 사회규범인 〈예〉를 현실적으로 수행해 나가는 인간, 즉 〈군자〉[지식인-엘리트]의 주체적 능동적인 활동이기 때문에, 순자의 철학에서도 역시 인간의 〈주체적 능동성〉의 문제가 사회적인 문제 풀이의 핵심으로 등장할 수밖에 없다. 순자에 의하면, 안정된 사회의 실현과 유지는 처음부터 지능과 능력이 높은 지식인-엘리트인 군자들의 몫이지, 결코 무식하고 무능한 백성의 몫이 아니기 때문이다. 여기에서 순자는, 〈군자가 [통치하는] 법(法)이 근원[君子, 法之原也]〉을 주장하기에 이른다.

그리고 이런 〈예〉에 기초하는 사회가 실현되기 위하여 순자가 보았을 때 무엇보다도 먼저 요청되는 것은 〈정명正名〉, 즉 〈실제와 명분의 확실한 통합〉의 실현이었다. 따라서 순자의 「정명正名」 편에서는 단순히 논리학적인 문제만이 다루어지고 있지 않다. 〈이름〉 또는 〈명분〉으로도 번역될 수 있는 〈명名〉은 사회에서 개개인들이 실제로 지켜나가야 할 〈객관적인 질서〉의 기초 단위인 셈이다. 이런 〈명분〉 또는 〈이름〉의 의미가 제멋대로 해석되어 객관적인 의미를 가질 수 없다면, 안정된 사회의 실현은 도저히 불가능한 것이다.

따라서 〈정명〉편의 첫머리에서는 옛날 성왕들이 〈명名〉을 제정한 의의를 설명하였고, 명변론자들에 의한 멋대로의 해석[궤변詭辯]을 크게 비판하고 있다. 사실 전국시대 말기에는, 이미 앞장에서 살펴보았듯이, 특히 혜시와 공손룡 등과 같은 명변론자들이나 장자의 상대주의적인 인식이론 등등이 상당히 풍미하였었다. 이들은 명사名辭의 세밀한 분석이나 사변적 논증을 통하여 각기 절대적 객관적 인식의 틀을 부정하는 변증론[궤변]들을 크게 전개하였다. 순자는 그들에 대항하여, 현실 사회의 혼란을 막고 유가적인 지식인 중심의 사회적 질서체제의 확립을 분명하게 하고자 하는 정치적 의도에서 〈정명正名〉의 문제를 크게 중시하여 다루고 있다.

「성악性惡」 편은 인성 문제를 다룬 글인데, 여기에서 순자는 맹자의 '성선설' 과 정반대의 입장을 보이고 있다. 인간은 사회적 동물이므로 인간이 지닌 본능적 욕망을 그대로 방치를 한다면 세상은 어쩔 수 없이 상호 쟁탈하여 어지러워진다. 이에 순자가 제시한 것이 '성性' 에 반대되는 '위僞' 이다. '위' 는 '인人' [사람]과 '위爲' [행위]의 합성개념으로서 후천적, 인위적인 노력을 의미한다. 이 '위僞' 의 극치가 성왕이 제정한 예의인데, 순자는 이 예의禮義 — 사회규범 —가 바로 사회질서를 유지하는 근간이라고 보고 있다.

「왕제王制」 편과 「예론禮論」 편에서는, 인간이 이루고 있는 사회라는 공동체의 효율적인 운용 방법을 제시하고 있다. 그는 인간은 필연적으로 사회를 이룰 수밖에 없고, 사회질서의 유지는 예의에 의해 이루어지는 것이며, 바로 그 예의는 사회질서의 혼란을 막기 위해서 성인聖人이 만든 것이라고 한다. 예의는 천자로부터 서인에 이르기까지 인간관계의 상하 차등에 상응하는 질서를 조정하는 역할을 한다. 그러나 보다 주목할 것은 순자에게 있어서 세습제나 가족적 결합에서 주어지는 종족의 '혈연적' 특권을 인정하지 않고, 단지 지식인-엘리트[현인賢人]의 발탁과 기용을 통해 〈존현사능尊賢使能〉의 원칙을 크게 설파하고 있다는 점이다. 결국, 순자는 사회적 분업과 사회정의의 조화 속에서 지식인의 주도적 역할을 통한 사회적 갈등의 해결을 모색하고자 하였다.

그러나 우리는 순자와 종래 유가儒家사상 간의 극명한 차이를 바로 그의 자연관에서 찾아볼 수 있다. 일반적으로 중국 고대 철학사상의 발전을 '천天' 에 대한 〈의인적 사고〉(Anthropormorphismus)로부터 인간 중심의 〈주체적 인본주의〉에로의 발전의 과정으로 파악해 본다면, 이런 '탈-의인적 사고' 의 첫걸음을 우리는 〈도가道家〉 사상가의 〈자연관〉에서 찾아볼 수 있었다. 이런 진보적인 〈자연〉 개념을 우리는 유가 사상가 중에는 순자에서 비로소 만나게 되는 것이다.

따라서 순자의 '천론天論'은 공자나 맹자의 그것으로부터 크게 진일보한 사상적 전환이라고 말할 수 있다. 공자, 맹자로 이어지는 순자 이전의 유가사상에서는 그들이 이상으로 하는 도덕적 이상의 권위를 '천'[하늘]의 그것에 근거하려는 의인擬人적 사고의 전형이 보여지고 있기 때문이다. 순자 이전의 유가사상에서 '천'이란 만유 위에 군림하면서 이 세상의 모든 것을 지배하는 절대적 권위의 화신이었다면, 순자에서의 '천'은 〈인격화된〉 점이 없으며, 인간의 사회적 도덕적 범주와 원칙적으로 구분되는 그저 물리적인 〈자연 세계〉일 뿐인 것이다. 말하자면 자연에는 자연 나름의 법칙이 있고, 사람[인간사회]에게는 사람 나름의 법칙이 있어야 한다는 것이다.

따라서 사회에서 벌어지는 각종 길흉화복吉凶禍福과 빈곤질병貧困疾病은 '천天'이 결정해주는 것이 아니라 인간 스스로가 야기한 것이기 때문에, 자연현상에서 나타나는 기괴한 변화나 사회 정치적인 선악도 '천'과 하등의 관련이 없다는 것이다. 요컨대, 순자는 천을 '자연적 물리적' 자연으로 파악함으로써, 종래의 신비적인 〈의인적 사고〉의 틀에서 벗어나는 〈인간 주체적인〉 인본주의의 기틀을 마련했다고 보고 싶다. 실로 이러한 관점에서 그는 〈천天〉[자연세계]이 물질적인 존재임을 논증하여 천인감응天人感應의 신비주의를 배격하였고, 동시에 다른 한편 〈자연에 대한 인간의 주체적 대응〉을 부정하고 맹목적으로 자연 세계에 대한 〈함몰을 통해 인간 문명의 의미를 부정〉하는 노장일파老莊一派의 관념적 숙명론까지도 비판하였다. 이렇듯 〈천〉론에서 순자사상의 주체적 능동적인 인본주의 사상은 절정을 이루고 있다고 하겠다. 이와 같은 주체적 인본주의 사상의 생성에는 당시의 사회생산력의 상당한 발전, 특히 천문학과 농업생산 지식의 발전과 밀접한 관련이 있다고 볼 수 있다.

이런 지식인 중심의 주체적 인본주의의 유가적 관점에 따라 순자는 「해폐解蔽」 편에서 당대의 다양한 철학적 조류, 즉 〈제자백가諸子百家〉들에 대한 체계적인 비판, 말하자면 제자백가들이 진리, 즉 〈총체적 인본주의의 의의〉를 전면적으로 깨닫지 못하고 자기의 '고립된 하나'의 입장만을 천착하고 있음을 비판하고 있다.

여기에서 정리한 자료 이외에도 순자 사상의 진보성과 독창성은 거의 전편에 걸쳐 나타나고 있다. 따라서 『순자』에는 '군자 중심의 왕도'의 이상론이 기본적으로 깔려 있으면서도, 현실적으로 통일된 중앙집권적 절대군주제국의 출현을 목전에 두고 있었기 때문에, 부국강병을 지향하는 '패도覇道'의 정치원리가 또한 강하게 반영되어 있다. 따라서 법가, 도가 등등 제자백가들의 철학사상 등을 주체적으로 받아들여 집대성한 유가儒家사상의 면모가 『순자』에서 여실히 보인다.

『순자荀子』는 원래 『한서漢書 · 예문지藝文志』에는 『손경자孫卿子』 33편으로, 유향劉向의 『서록敍錄』에는 『순경신서荀卿新書』 32편으로 기록되어 있으나, 당唐나라 때 양경楊倞(8-9세기)의 『순자주荀子注』에 이르러 현존하는 20권 32편의 체제로 정리된 듯싶다.

## 1. 직하稷下에서의 순자의 활약상

순경荀卿은 조趙나라 사람이다. 50세에 비로소 제나라에 건너와서 학문을 닦았다. 추연鄒衍의 도술은 우원하고 광대했으나, 달변이었다. 추석鄒奭의 글은 갖추어졌으나 또한 실행하기 어려웠다. 순우곤淳于髡도 오랫동안 함께 거처했으니 때때로 좋은 평판을 얻었다. … 전변田騈의 무리들은 이미 모두 죽었다. 제의 양왕襄王 때에 순경荀卿은 나이 많은 학자였다. 제나라에서 대부大夫의 결원을 메울 때, 순경은 세 번이나 제주祭酒[학궁의 장]가 되었다. 제齊나라 사람 중에 누가 순경荀卿을 모함하니 순경은 이에 초楚나라로 갔다. 춘신군春申君이 그를 난릉蘭陵의 수령으로 삼았다. 춘신군이 죽자 순경은 그 자리를 물러나서, 난릉에서 머물러 살았다. 이사李斯가 일찍이 (순경荀卿의) 제자였는데, 이미 진秦의 재상이 되었다. 순경은 혼탁한 사회의 정치, 망하는 나라의 어지러운 제후들이 서로 연합하고 무당들에게 자문諮問을 구하고 하늘의 징표를 맹신하며 속 좁은 너절한 유생들, 장주莊周와 같은 광탕曠蕩하여 세속을 어지럽히는 일들을 싫어하였다. 유가, 묵가, 도가사상이 [사회적인] 일들에 도움이 되는 면과 못 되는 면을 논구하여 수만 자의 글을 차례지어 저술하였다. 그리고 난릉蘭陵에 묻히었다. (『사기史記 · 맹자순경열전孟子荀卿列傳』)

[荀卿, 趙人. 年五十始來遊學於齊. 鄒衍之術迂大而閎辯. [鄒]奭也文具難施. 淳于髡久與處, 時有得善言. … 田駢之屬皆已死. 齊襄王時, 而荀卿最爲老師, … 荀卿三爲祭酒焉. 齊人或讒荀卿, 荀卿乃適楚, 而春申君以爲蘭陵令. 春申君死而荀卿廢, 因家蘭陵. 李斯嘗爲弟子, 已而相秦. 荀卿嫉濁世之政, 亡國亂君相屬, 不遂大道而營於巫祝, 信禨祥, 鄙儒小拘, 如莊周等又猾稽亂俗, 於是推儒, 墨,道德之行事興壞, 序列著數萬言而卒. 因葬蘭陵.]

## 2. 사회적 존재로서의 인간과 예禮에 기초하는 이상사회

정치는 어떻게 하는 것입니까?

[순자가] 말하였다.

"현명하고 유능한 인물은 순서를 기다리지 말고 임용하고, 시원찮고 무능한 인물은 즉각적으로 몰아내야 하고, 흉악한 원흉은 가르칠 것 없이 처형해야 한다. 보통사람들은 상벌賞罰을 쓰지 않아도 교화된다. 직분[分]이 아직 정해져 있지 않으면, [조상 제사 때의] 소목昭穆[1]의 [상하 차등적 순서] 매김을 해야 한다. 비록 왕공王公과 사대부士大夫의 자제라 할지라도 예의에 맞지 않으면 일반 서민으로 귀속시켜야 한다. 서민의 자제라 할지라도 학덕을 쌓고 품행이 단정하여 예의에 맞으면 재상이나 사대부士大夫의 서열에 귀속시켜야 한다. 따라서 불법적인 언론, 이단적 사상, 나쁜 일을 하고 못된 짓을 하는 재능을 가져 숨어 다니며 망나니짓을 하는 자들에 대하여 직업을 주고 가르쳐서 얼마 동안 기다렸다가 상을 내리어 더욱 근면하게 하거나, 형벌로써 징치懲治해야 한다. 직업에 안돈安頓했으면 길러야 될 것이나, 직업에 안돈하지 못하면 쫓아내야 한다. 다섯 가지 병신[귀머거리, 벙어리, 절름발이, 어깨병신이나 꼽추 등]들은 위에서 거두어 양육해야 하고, 그들의 재능에 따라 일을 주고 관청에서 의식을 제공하여, 모두 혜택을 입고 빠지게 되는 일이 없어야 한다. 재능이나

1) 옛날 제왕들이 종묘에서 제사 지낼 때 시조의 위패를 중앙에 모시고, 왼쪽에는 모시는 2, 4, 6대代 … 등 짝수 단위의 위패를 소昭; 오른쪽에 모시는 3, 5, 7대 … 등 홀수 단위의 위패를 목穆이라고 했다. 만약 부친이 〈소〉이면, 자식의 대는 〈목〉이고 손자의 대는 다시 〈소〉이고 증손은 다시 〈목〉의 순위로 배열되는 순차적 배열이 소목昭穆이다.

행동에서 시대의 흐름에 위반하는 자들은 처형하고 용서해서는 안 된다. 이것이 자연덕성[天德]의 [길음]이요, 이것이 [천하통일을 이룰] 〈왕도의 정치〉이다. (이하의 인용에서 『순자』의 인용은 편명만 밝힘. 「왕제王制」 편)

[請問爲政. 曰: 賢能不待次而擧, 罷不能不待頃而廢, 元惡不待敎而誅, 中庸不待政而化. 分未定也. 則有昭繆也. 雖王公士大夫之子孫也, 不能屬於禮義, 則歸之庶人. 雖庶人之子孫也, 積文學, 正身行, 能屬於禮義, 則歸之卿相士大夫. 故姦言, 姦說, 姦事, 姦能, 遁逃反側之民, 職而敎之, 須而待之. 勉之以慶賞, 懲之以刑罰. 安職則畜, 不安職則棄. 五疾上收而養之, 材而事之, 官施而衣食之, 兼覆無遺. 才行反時者死無赦. 夫是之謂天德. 是王者之政也.]

분업이 없이 [모두 하는 일이] 동일하면 재화가 풍족하지 못하며, [통치자의] 권력이 균등하면 통일되지 아니하고, 민중이 차별이 없으면 부릴 수가 없다. 하늘이 있고 땅이 있으므로 위아래의 차등이 있다. 영명한 임금이 있어서 비로소 [법도가] 서는 것이요, 나라에 법제가 있는 것이다. 무릇 귀한 자가 둘이면 부릴 수 없는 것이 자연이 정한 이치[天數]이다. 만약에 모든 사람이 세력과 지위가 같고 좋아하고 싫어하는 것이 같으면, 그 요구하는 물질적 재화가 넉넉하지 못하기에 필연적으로 싸울 것이요, 서로 싸우면 반드시 혼란해질 것이다. 혼란하면 [사회생산물은] 궁핍해질 것이다. 옛날의 이상적인 임금[先王]들은 이런 혼란을 싫어하였기 때문에 예禮와 의義를 제정하여 직분을 정했었다. 빈부와 귀천의 차등을 있게 하여, [사람들이 모두 자기 일을 하면서] 서로 함께 대면할 수 있는 이것[사회적 분업]이 세상을 양육하는 근본인 것이다. 『상서尙書』[2)]

2) 『상서尙書』, 「여형呂刑」 편 참조.

에 "[만사를] 똑같게 하면 똑같게 될 수 없다."라는 말은 바로 이점을 말한 것이다. (「왕제王制」 편)

[分均則不偏, 勢齊則不壹. 衆齊則不使. 有天有地而上下有差. 明王始立而處國有制. 夫兩貴之不能相事, 兩賤之不能相使, 是天數也. 勢位齊, 而欲惡同, 物不能澹,則必爭. 爭則必亂, 亂則窮矣. 先王惡其亂也, 故制禮義以分之. 使有貧富貴賤之等足以相兼臨者, 是養天下之本也. 書曰: '維齊非齊'. 此之謂也.]

말이 수레를 놀라게 하면 수레 안의 군자가 수레에 붙잡힌 것처럼, 백성들이 통치를 위협하면 군자가 그 지위에서 편안할 수가 없다. 말이 수레를 위협하면 안정시키는 것이 최상의 방책인 것처럼, 백성이 통치를 위협하면 은혜를 베푸는 것이 최상의 방책이다. 현명하고 좋은 인재를 선발하고 돈독하고 진실한 인재를 등용하며, 효심[孝]과 [형제간의] 우의[悌]를 진작시키고, (불쌍한) 고아나 과부들을 수용하고, 빈궁한 자들을 보태주는 이런 식으로 일하면, 서민들은 정치에 안심할 것이다. 서민들이 정치에 안심하고 난 뒤에, 군자들은 자기 지위에 편안할 수 있게 된다. 전해오는 말에, '군주는 배요, 서민은 물이다. 물은 배를 띄우기도 하고 배를 뒤집기도 한다.' 라고 하였다. 따라서 군주가 편안하려고 하면 정치를 고르게 하여 백성을 사랑함만 못하고, 영화로우려면 예를 존숭하고 선비를 공경하는 것만 못하고, 공명功名을 세우려면 현인을 높이고 능력 있는 사람을 부리는 것만 못하다. 이것이 군주(통치)의 대략적 핵심이다. 이 세 핵심 부분이 합당하면 그 나머지는 합당하지 않은 것이 없게 된다. 이 세 핵심 부분이 부당하면 그 나머지가 합당해도 무익할 뿐이리라! 공자는 말하였다. "큰 줄기[大節]도 옳고 잔가지[小節]도 옳으면 최고의 군주이다. 큰 줄기는 옳으나 잔가지에서 하나는 출중하고 다른 하나는 못하면 보통 군주이다. 큰 줄기가 틀렸는데 잔가지들이 비록 옳다고 해도, 나는 그 나머지를 볼 것이 없다고 본다." (「왕제王制」 편)

[馬駭輿, 則君子不安輿. 庶人駭政, 則君子不安位. 馬駭輿, 則莫若靜之. 庶人駭政, 則莫若惠之. 選賢良, 擧篤敬, 興孝弟, 收孤寡, 補貧窮. 如是, 則庶人安政矣. 庶人安政, 然後君子安位. 傳曰: '君者, 舟也, 庶人者, 水也. 水則載舟, 水則覆舟.' 此之謂也. 故君人者, 欲安, 則莫若平政愛民矣, 欲榮, 則莫若隆禮敬士矣, 欲立功名, 則莫若尙賢使能矣. 三節者當, 則其餘莫不當矣. 三節者不當, 則其餘雖曲當. 猶將無益也. 孔子曰: "大節是也, 小節是也, 上君也. 大節是也, 小節一出焉. 一入焉, 中君也. 大節非也, 小節雖是也, 吾無觀其餘矣."]

물과 불은 기氣는 있어도 생명은 없고, 풀과 나무는 생명은 있어도 지각능력은 없고, 금수는 지각능력은 있어도 사회적 의義를 모른다. 사람은 기도 있고, 생명도 있고, 지각능력도 있고 또한 사회적 의도 가지고 있으므로, 천하에서 가장 고귀한 존재다. (사람은) 힘이 소처럼 강하지도 못하고, 달리는 것이 말과 같지 못하지만, 소나 말이 사람의 부림을 받는 것은 무슨 까닭인가? 이것은 사람은 모여서 사회생활[群]을 하지만 소와 말은 그렇지 못하기 때문이다. 사회적 분업은 어떻게 행해지는가? 그것은 의義, 즉 사회정의를 토대로 이루어진다. 그러므로 분업[分]이 의義로써 된다면 화합이 이루어지고, 화합이 이루어지면 하나로 단결되고, 하나로 단결되면 노동력이 증가增加되고, 노동력이 증가되면 강력한 힘으로 된다. 그리고 힘이 강력해지면 만물[物]을 지배할 수 있다. 따라서 (큰) 궁궐을 만들어서 살 수 있다. 사계절에 따라 [할 일을]

안배하기 때문에 만물들을 주재하여 온 천하를 두루 이롭게 할 수 있다. 그 이유는 다름이 아니라, 분업의 의의를 얻었기 때문이다. 따라서 사람이 살자면 사회[群]에 매이지 않을 수 없다. 사회는 있으나 분업이 없으면 다투게 될 것이다. 다투게 되면 혼란해지고, 혼란해지면 흩어지게 되고, 흩어지면 약화되고, 약화되면 만물들[物]을 이길 수가 없게 된다. 따라서 궁실에서 살 수 없게 되니 잠깐이라도 예의禮義를 버릴 수는 없는 것이다. 어버이를 모시는 것이 효孝요, 형을 받드는 것이 제悌요, 윗사람을 모시는 것이 순順이요, 아랫사람을 부릴 수 있는 것이 군주[君]이다. 군주란 사회를 잘 이끄는 것이다. 사회의 도리가 합당하면 모든 것은 다 그 적절함을 얻게 되고, 가축들이 모두 다 잘 자라고, 모여 사는 생명체들이 다 제 명을 얻게 된다. 따라서 생장할 때 가축들이 자라나고, 베는 것을 때에 맞게 하면 초목들이 무성하게 된다. 정치명령[政令]들이 시의時宜에 맞으면 백성들이 한(마음)이 되어 현명하고 진실한 이들이 복종하게 된다. (「왕제王制」 편)

[水火有氣而無生, 草木有生而無知. 禽獸有知而無義. 人有氣有生有知亦且有義,故最爲天下貴也. 力不若牛, 走不若馬, 而牛馬爲用, 何也? 曰: “人能群, 彼不能群也.” 人何以能群? 曰: “分.” 分何以能行? 曰: “義.” 故義以分則和, 和二一, 一則多力, 多力則彊, 彊則勝物, 故宮室可得而居也, 故序四時, 裁萬物, 兼利天下, 無它故焉, 得之分義也. 故人生不能無群, 群而無分則爭, 爭則亂, 亂則離, 離則弱. 弱則不能勝物, 故宮室不可得而居也, 不可少頃舍禮義之謂也. 能以事親謂之孝, 能以事兄謂之弟, 能以事上謂之順, 能以事下謂之君. 君者, 善群也. 群道富, 則萬物皆得其宜, 六畜皆得其長, 群生皆得其命. 故養長時, 則六畜育, 殺生時, 則草木殖. 政令時, 則百姓一, 賢良服.]

## 3. 〈예禮〉에 기초하는 사회

### 3.1) 예禮의 기원과 필요성

예禮는 어디에서 기원했는가?

(순자는) 말하였다. 사람은 태어날 때부터 욕심을 가지고 있다. 욕심을 부려도 채워지지 않으면 (그것을 끝없이) 추구하지 않을 수 없게 되어 있다. 욕심을 추구하는 데 있어서 일정한 분수와 한계가 없으면 서로 다투지 않을 수 없고, 서로 다투면 사회는 혼란하게 되며, 혼란해지면 (한정된 재화가) 바닥이 나고 만다. 선왕은 이러한 혼란을 싫어하였다. 그래서 예의를 제정하여 사람마다 분수를 정하고, (이 분수에 따라) 사람의 욕심을 정도에 맞도록 길러주고 사람의 욕구를 채워주었다. 또 욕심이 결코 재화를 바닥내는 데까지 이르지 않도록 하고, 재화가 욕심 때문에 바닥나는 일이 없도록 하여, 이 둘[사람의 욕망과 재화]이 서로 연관되어 발전하도록 하였다. 이것이 예의 기원이다. (「예론禮論」)

> [禮起於何也? 曰: 人生而有欲, 欲而不得, 則不能無求. 求而無度量分界, 則不能不爭. 爭則亂, 亂則窮, 先王惡其亂也, 故制禮義以分之, 以養人之欲, 給人之求, 使欲必不窮乎物, 物必不屈於欲, 兩者相持而長, 是禮之所起也.]

### 3.2) 차등적 인간능력과 사회적 분업[禮治]의 의의

만물은 우주 공간 안에 함께 있으나 서로 다른 개체들이다. 이들에게 고정된 효용성이 없으나 효용성이 사람에 의해 쓰이는 것이 [사물의] 법칙[數]이다. [나라 안에 많은] 사람들이 함께 살지만, 욕구하는 것은 같으나 [추구하는] 원칙[道]들이 다르고, 욕심은 같으나 [각자의] 지능이 다른 것이 [사람의] 삶이다. [자기 나름대로] 옳다고 보는 것이 있음은 지자智者나 어리석은 자[愚者]가 모두 같지만, 무엇을 옳다고 보느냐에 따라 지자와 우자의 구별이 생긴다. [각자 가진] 힘은 같으나 지능이 다른 데, 사리를 도모해도 화를 당하지 않고 욕망을 마음대로 부려서 끝이 없으면, 사람들의 마음들이 흥분하여 [다투어도] 설득할 수 없게 된다. 이렇게 되면 지자智者라도 해결할 수 없으니 [각자가 원하는] 결과나 명성을 이룰 수 없게 된다. 아무도 결과나 명성을 이루어내지 못한다면 사람들 사이에 차이가 없게 된다. 사람들 사이에 차등이 없게 되면 군주와 신하의 관계가 확립될 수 없다. 군주가 신하를 통제하지 못하고, 윗사람이 아랫사람을 통제하지 못하게 된다. 세상에 해가 생겨나고 욕망이 날뛰며 (사람들의) 욕구와 싫어함이 같으니, 욕심이 과다해지면 물건은 적게 될 것이다. 물건이 적어지면 반드시 다투게 된다. 그러므로 여러 분야의 기술자들이 만드는 물건이란 한 사람의 [생활] 수요를 충당할 수 있을 뿐이다. (한 사람의) 기술능력은 [몇 가지를] 겸비할 수 없고, 한 사람이 여러 가지 직무를 겸할 수 없다. [각자] 떨어져 생활하되 서로 돕지 않으면 곤궁해지고, 사회생활을 하더라도 (등급과 직무의) 구별이 없으면 다투게 된다. 궁핍이 문제이고 다투는 것이 [사회의] 불행이다. 문제를 해결하고 불행을 없애려면 직분을 밝히어 사회를 돌아가게끔 하는 것보다 더한 것은 없다. 힘센 이가 약자를 위협하고, 똑똑한 이가 우둔한 사람을 겁주어 아랫사람들이 윗사람들과 어그러지고, 젊은 사람이 어른을 능멸하면 덕德으로 하는 정치라고 할 수 없다. 이렇게 되면 늙고 힘없는 사람은 양육할 바를 잃을 걱정이 있게 되니, 힘센 자들만이 몫을 다투는 재앙이 있게 된다. [누구나] 일하기는 싫어하고 공리功利만을 좋아한다. 직분의 구별이 없는 것이 이 지경이 되면, 사람들은 일을 시작할 걱정과 공과를 다투는 불화를 갖게 될 것이다. 남녀의 결합, 부부의 직분, 혼인의 빙례聘禮, 납폐納幣, 신행新行, 친영親迎 등의 예의가 없어지게 된다. 이렇게 되면 사람들은 결혼을 못하게 될 걱정과 여자를 뺏으려는 불화가 생겨날 것이다. 그러므로 지자知者는 [서로마다 다른] 직분을 만들게 되었다. (「부국富國」)

[人倫竝處, 同求而異道, 同欲而異知, 生也. 皆有可也, 知愚同. 所可異也, 知愚分. 勢同而知異, 行私而無禍, 縱欲而不窮, 則民心奮而不可說也. 如是, 則知者未得治也. 知者未得治, 則功名未成也. 功名未成, 則群衆未縣也. 群衆未縣, 則君臣未立也. 無君以制臣, 無上以制下. 天下害生縱欲. 欲惡同物. 欲多而物寡, 寡則必爭矣. 故百技所成, 所以養一人也. 而能不能兼技, 人不能兼官, 離居不相待則窮, 群而無分則爭. 窮者患也, 爭者禍也. 救患除禍, 則莫若明分使群矣. 彊脅弱也, 知懼愚也, 民下違上, 少陵長, 不以德爲政. 如是, 則老弱有失養之憂, 而壯者有分爭之禍矣. 事業所惡也, 功利所好也. 職業無分, 如是, 則人有樹事之患, 而有爭功之禍矣. 男女之合, 夫婦之分, 婚姻娉內送逆無禮, 如是, 則人有失合之憂, 而有爭色之禍矣. 故知者爲之分也.]

### 3.3) 짐승과 구별되는 인간의 문화적 본질: 〈예禮〉를 통한 인간사회의 차별적 분별성

사람의 사람다운 특색은 무엇인가?

(순자는) 말한다. 이는 분별하는 능력을 가지고 있다는 것이다. 배고프면 먹으려 하고, 추우면 따스하게 하려 하고, 피로하면 쉬려고 하고, 이익되는 것을 좋아하고, 해되는 것을 싫어하는 것은 사람들이 태어나면서 가진 것[본능]이다. 이것은 [가르침을] 기다리지 않고서도 그럴 줄 아니, 이것은 [현군인] 우禹나 [폭군인] 걸桀도 다 같은 것이다. 그렇다면 사람이 사람 되는 까닭은 단지 발이 둘이며 [몸에] 털이 없다는 것[신체적 특징] 때문이 아니요, 인간의 분별력 때문이다. 지금 성성이[狌狌]가 미소를 짓고 또한 두 발과 털을 가지고 있다. 그러나 군자들이 성성이 고깃국을 마시고 그 고기를 잡아먹는 것이다. 따라서 사람이 사람 되는 까닭은 단지 발이 둘이고 털이 없는 것 때문이 아니라, 인간의 도리는 분별력을 가지고 있기 때문이다. 무릇 동물들은 부자父子는 있어도 부자 사이의 사랑과 존경은 없으며, 암수는 있으나 남녀의 구별은 없다. 그러므로 사람의 도리는 바로 분별에 있다. 분별에는 사회적 분업[分]보다 중요한 것이 없고, 사회적 분업은 '예' 보다 중요한 것이 없다. '예' 에는 성왕聖王의 법도보다 중요한 것이 없다. 그러나 성왕이 백이나 되면 우리는 누구의 법도를 따를 것인가? 문물文物도 오래되면 없어진다. [음악의] 멜로디도 오래되면 끊어지게 되며, 법도를 지키는 관리가 〈예〉를 다 지켜도 해이해지는 것이다. 그러므로 성왕의 치적을 알려면 명백히 볼 수 있는 데서 취해야 한다. 후왕後王이 바로 그것이다. 저들 후왕이란 천하의 군주이시다. 지금 후왕을 버리고 상고上古시대를 말하는 것은, 비유하면 자기의 임금을 버리고 남의 임금을 섬기는 것과 같다. 천년의 일을 알고 싶으면 오늘을 헤아려 보아야 할 것이며, 억만億萬 가지

를 알려면 하나와 둘을 잘 알아야 한다. 상고시대를 알려면 주周나라의 도道를 살피고, 주나라의 도를 살피려면 그들이 귀하게 여기는 군자를 알아야 한다. (「비상非相」)

[人之所以爲人者何已也? 曰: 以其有辨也. 飢而欲食, 寒而欲暖, 勞而欲息, 好利而惡害, 是人之所生而有也. 是無待而然者也, 是禹桀之所同也. 然則人之所以爲人者, 非特以二足而無毛也, 以其有辨也. 今夫狌猩形笑亦二足而無毛也, 然而君子啜其羹, 食其胾. 故人之所以爲人者, 非特以其二足而無毛也, 以其有辨也. 夫禽獸有父子而無父子之親, 有牝牡而無男女之別. 故人道莫不有辨. 辨莫大於分, 分莫大於禮. 禮莫大於聖王. 聖王有百, 吾孰法焉? 故曰: 文久而息, 族久而絕, 守法數之有司極而褫. 故曰: 欲觀聖王之跡, 則於其粲然者矣, 後王是也. 彼後王者, 天下之君也, 舍後王而道上古, 譬之是猶舍己之君而事人之君也. 故曰: 欲觀千歲, 則數今日. 欲知億萬, 則知一二. 欲知上世, 則審周道, 欲之周道, 則審其人, 所貴君子.]

## 4. 성악性惡설과 인간의 실천적 행위[僞]의 의의

### 4.1) 맹자의 성선설에 대한 비판

맹자는 말하였다. "사람이 배울 수 있는 것은 그 본성이 착하기 때문이다."

(순자는) 말하였다. "인간의 본성은 그렇지 않다고 생각한다. 그것은 인간의 본성을 잘 알지 못하고 인간의 본성[性]과 인위[僞]의 구별을 잘

살피지 못한 것이다. 본성이란 하늘이 부여한 것이니, 배울 수 있는 것도 아니고 인위적으로 해서 되는 것도 아니다. [그러나] 예의禮義란 성인이 만들어낸 것으로 사람들이 배워서 할 수 있고, 노력해서 이룰 수 있는 것이다. 배워서 될 수 없고, 노력해서 될 수 없는 것으로 인간에게 (선천적으로) 갖추어져 있는 것을 본성이라 하고, 배워서 할 수 있고, 노력해서 이룰 수 있는 것으로 인간에게 있는 것을 인위人爲[僞]라고 한다. 이것이 본성과 인위의 구별이다. 지금 인간의 본성이란, 눈으로 볼 수 있고 귀로 들을 수 있음을 말한다. 볼 수 있는 시력은 눈에서 떠나 있는 것이 아니고, 들을 수 있는 청력은 귀를 떠나 있는 것이 아니니, 눈의 시력과 귀의 청력은 배울 수 없음이 자명하다."

맹자는 말하였다. "지금 사람들의 본성은 선한 것이나 모두 그 본성을 잃어버렸기에 악한 것이다."

(순자는) 말하였다. "그렇게 말하면 잘못이다. 지금 사람의 본성이 태어나면서 그 소박함을 잃고 그 [자연스러운] 자질을 잃었다면, 반드시 잘못되어 잃어버린 것이다. 이렇게 보면, 사람의 본성은 악한 것이 분명하다. (「성악性惡」 편)

[孟子曰: "人之學者, 其性善." 曰: "是不然! 是不及知人之性, 而不察乎人之性僞之分者也. 凡性者, 天之就也, 不可學, 不可事. 禮義者, 聖人之所生也, 人之所學而能, 所事而成者也. 不可學, 不可事而在天者, 謂之性. 可學而能, 可事而成之在人者, 謂之僞. 是性僞之分也. 今人之性, 目可以見, 耳可以聽. 夫可以見之明不離目, 可以聽之聰不離耳, 目明而耳聰, 不可學明矣." 孟子曰: "今人之性善, 將皆失喪其性, 故[惡]也." 曰: "若是則過矣. 今人之性, 生而離其朴, 離其資, 必失而喪之. 用此觀之, 然則人之性惡明矣."]

### 4.2) 성악性惡설과 인간의 '실천적 행위'[僞]의 의의

인간의 본성은 악하고, 그것이 선한 것은 인위人爲의 결과이다. 지금 인간의 본성이란 태어나면서부터 이익을 좋아하는 마음이다. 이런 본성에 따르기 때문에 [남과] 쟁탈하게 되고 사양하는 마음이 없어진다. 태어나면서부터 남을 질투하고 미워하는 마음이 있는데, 그러한 본성에 따르기 때문에 남을 해치는 일이 생기고 성실과 신의가 없어진다. 태어나면서부터 눈과 귀는 미색美色과 미성美聲을 좋아하는 본성이 있는데, 그러한 본성에 따르기 때문에 무절제가 생기고 예의와 문리文理가 없어진다. 그렇다면 인간의 본성을 따르고 인간 본래의 감정에 따르면 반드시 쟁탈함으로 나아가서, 직분을 무시하고 도리를 어지럽히어 폭력으로 귀결되게 된다. 따라서 반드시 스승에 의한 규범의 감화와 예의에 의한 가르침이 있은 연후에야 사양함으로 나아가서 규범적 이치[文理]에 합당하게 되어, 사회적 안정에 귀착하게 된다. 이로써 본다면, 그렇다면 인간 본성은 악한 것이 분명하다. [인간의] 선은 인위적인 결과이다. (「성악性惡」 편)

[人之性惡, 其善者僞也. 今人之性, 生而有好利焉. 順是, 故爭奪生而辭讓亡焉. 生而有疾惡焉. 順是, 故殘賊生而忠信亡焉. 生而有耳目之欲, 有好聲色焉. 順是, 故淫亂生而禮義文理亡焉. 然則從人之性, 順人之情, 必出於爭奪, 合於犯分亂理而歸於暴. 故必將有師法之化, 禮義之道, 然後出於辭讓, 合於文理而歸於治. 用此觀之, 然則人之性惡明矣! 其善者僞也.]

## 5. 군자君子: 법의 근원: 사회적 질서[禮나 法]의 실현을 위한 〈군자〉 통치의 절대적 의미

혼란을 조장하는 통치자[亂君]는 있어도 혼란을 일으키는 나라[亂國]는 없다. 나라를 다스리는 사람[治人]은 있어도 자신을 다스리는 법은 없다. 예羿의 활 쏘는 법이 없어진 것은 아니지만 세상에 예와 같은 명사수가 없으며, 우왕禹王의 법이 여전히 있지만 하조夏朝가 영원히 지배하지는 못한다. 그러므로 법은 독립적으로 있을 수 없다. 법규의 조례가 저절로 행해지는 것이 아니다. 적당한 인재를 얻으면 (의미가) 살고, 그 인재를 얻지 못하면 (의미가) 없어진다. 법은 통치의 수단이요, 〈군자는 법의 근원〉이다. 그러므로 군자가 있으면 법이 비록 엉성해도 두루두루 시행될 수 있고, 군자가 없으면 법이 완전해도 그 시행의 선후를 알지 못해 사태의 변화에 적응할 수 없으므로, 혼란을 초래하기에 족하다. 법의 의의를 모르고 그저 법의 조문만을 옳다고 보면, 비록 박식하다 해도 일 처리가 반드시 혼란스러울 것이다. 그러므로 현명한 군주는 서둘러 인물을 찾으려 하고, 몽매한 군주는 먼저 권세를 잡기에 급급하다. 서둘러 그 인물을 얻으면 몸은 편하고도 나라는 잘 다스려지며, 공적이 크고 이름이 빛날 것이다. 잘하면 왕이 되고 못돼도 패자覇者는 될 것이다. 그러나 인물을 구하는 데 소홀히 하고 권세를 잡는 데만 급급하면, 몸만 고달프고 나라는 혼란해지며, 공적은 사라지고 이름만 욕되게 되고 나라는 위태로워질 것이다. 그러므로 군주는 인물을 구하기 위해 힘써야 하며, 그에게 위임함으로써 쉴 수 있다. (「군도君道」)

[有亂君, 無亂國. 有治人, 無治法. 羿之法非亡也, 而羿不世中, 禹之

法猶存, 而夏不世王. 故法不能獨立, 類不能自行. 得其人則存, 失其人則亡. 法者, 治之端也. 君子者, 法之原也. 故有君子, 則法雖省, 足以遍矣. 無君子, 則法雖具, 失先後之施, 不能應事之變, 足以亂矣. 不知法之義, 而正法之數者, 雖博, 臨事必亂. 故明主急得其人, 而闇主急得其勢. 急得其人, 則身佚而國治, 功大而名美, 上可以王, 下可以霸. 不急得其人, 而急得其勢, 則身勞而國亂, 功廢而名辱, 社稷必危. 故君人者, 勞於索之, 而休於使之.]

## 6. 정명正名, 즉 '명분과 실제의 합치' 론

### 6.1) 모든 〈이름名〉은 '근년의 성왕[後王]들' 이 제정한 것

근년의 성왕[後王]들이 〈이름名〉을 제정함에는 형법의 이름은 상商나라를 따랐고, 관작官爵의 이름은 주周나라를 따랐으며, 의례儀禮의 이름은 [주周의] 〈의례儀禮〉를 따랐다. 만물에 붙여진 잡다한 이름들은 중국의 풍속 중에 두루 통용되는 것을 따랐고, 원방遠方의 풍속을 달리하는 나라에는 중국의 그것들과 연관하여 통용토록 하였다. 인간에 있어서 잡다한 이름으로는 생겨나면서 그렇게끔 작동하게 하는 것이 본성[性]이다. 〈성性〉은 [음양이] 변화하여 생겨나서 정신[감각기관]으로 [대상물]과 접촉하여 감응하지만, 아무 사려 없이 저절로 그렇게 되는 것이 〈성〉(본성)이다. 〈성〉의 좋음/싫음[好惡], 기쁨/노여움[喜怒], 슬픔/즐거움[哀樂]이 〈감정〉[情]이다. 감정은 자기 멋대로 하는 것이고, 마음이 그것 때문에 선택하는 것이 〈사려〉[慮]이다. 마음이 사려 작용을 하고서 능동적으로 그것을 실천하는 것이 인간의 〈작위作爲〉[僞]이다. 사려가 누적되고 활동이 몸에 익은 뒤에 이루어지는 것이 바로 '인간의 실천적[作爲] 행위' [僞]이다. 공리에 부합되게 행하는 것이 〈사업〉[事]이다. 의리에 부합되게 행하는 것이 〈덕행〉[行]이다. 인간에게 있는 인식할 수 있는 능력이 〈지능〉[知]이다. 〈지능〉이 [객관 사물과] 접촉한 뒤에 생겨나는 것이 〈인식〉[智]이다. [생래적으로] 인간에게 주어진 능력이 본능이다. 본능이 객관 사물과 접촉한 뒤 생겨나는 것이 재능이다. 〈본성〉이 손상되는 것이 〈병病〉이고, 우연히 만나는 것이 〈운명〉[命]이다. 이것들이 인간에게 붙여진 〈잡다한 이름〉[散名]이다. 이것들은 〈근세의 성군〉[後王]들이 이름을 제정한 것이다. (「정명正名」 편)

[後王之成名, 刑名從商, 爵名從周, 文名從〈禮〉. 散名之加於萬物者, 則從諸夏之成俗曲期. 遠方異俗之鄕, 則因之而爲通. 散名之在人者, 生之所以然者, 謂之性. 性之和所生, 精合感應, 不事而自然謂之性. 性之好、惡、喜、怒、哀、樂, 謂之情. 情然而心爲之擇謂之慮. 心慮而能爲之動, 謂之僞. 慮積焉, 能習焉, 而後成謂之僞. 正利而爲謂之事. 正義而爲謂之行. 所以知之在人者謂之知. 知有所合謂之智. 所以能之在人者謂之能. 能有所合謂之[才]能. 性傷謂之病. 節遇謂之命. 是散名之在人者也. 是後王之成名也.]

### 6.2) 〈정명〉 제정의 의의: 백성의 마음을 '하나'로 묶어 최고의 정치효과를 얻는 길

그러므로 임금[王]이 사물의 이름을 제정할 때 〈이름〉이 정해지면 [그것이 지칭하는] 〈실제〉[實]를 따져보아야 한다. 이런 [이름 제정의] 도리가 통용되어 사람들의 뜻이 소통되어야 삼가 백성들을 이끌어서 '하나로' 묶을 수 있는 것이다. 따라서 말을 분석하고 멋대로 지어내어 〈올바른 이름〉[正名]을 어지럽히고 백성들을 미혹시켜서 사람들이 시비를 많이 다투게 하는 것은 크나큰 죄인이다. 그런 사람의 죄는 부절符節과 도량형을 위조하는 죄와 마찬가지이다. 따라서 백성들이 기괴한 말들을 빙자하여 [실제와 부합하는] 〈올바른 이름〉[正名]을 어지럽히는 일이 없게 되면, 진실로 백성들은 성실하게 된다. 백성들이 성실해지면 부리기 쉽고, 부리기 쉬우면 공효를 얻을 수 있다. 백성들이 기괴한 말들을 빙자하여 〈정명〉을 어지럽히는 일이 없기에, 근본적인 법이 전일專一하게 되고, 삼가 행정명령을 따르게 된다. 이와 같으면 정치적인 업적이 오래갈 것이다. 정치적인 업적이 오래가고 성과를 이루는 것이 통치의 극치이다. 이것은 〈이름[제정의] 요점〉을 잘 지킨 결과인 것이다. (「정명正名」 편)

[故王者之制名, 名定而實辨. 道行而志通, 則愼率民而一焉. 故析辭擅作名以亂正名, 使民疑惑, 人多辨訟, 則謂之大奸. 其罪猶爲符節、度量之罪也. 故其民莫敢託爲奇辭以亂正名, 故其民慤. 慤則易使, 易使則公. 其民莫敢託爲奇辭以亂正名, 故壹於道法而謹於循令矣. 如是, 則其迹長矣. 迹長功成, 治之極也. 是謹於守名約之功也.]

### 6.3) 〈정명〉 제정의 의의: 명백한 통치 명령의 전달과 불필요한 각종 시비의 해소

현재 성왕이 없고 통일적인 이름의 준수가 해이해져서 기괴한 말들이 나타나고, 명분과 실제가 어그러지고, 시비의 한계가 분명하지 않아서 법령을 준수하는 관리나 글을 외우는 유자儒者 조차도 모두 무원칙하게 되어 버렸다. 만약 왕王[통일을 이룰 군주]이 출현한다면 반드시 옛날의 [전통적인] 이름에 의지하여 새로운 이름을 제정해야 한다. 그렇다면 이름이 있어야 하는 이유와, 이름에 같고 다름을 제정하는 까닭과, 이름을 제정하는 기본원칙을 고찰하지 않으면 안 된다. [만약 통일적인 이름이 없으면] 다양한 사람들이 생각을 달리하면서 서로 자기의 생각을 설명하게 되고, 다양한 사물의 경우 이름과 실제가 뒤엉켜 있어서 신분의 귀천이 분명해지지 않고 사물의 동이同異가 구별되지 않는다. 이와 같으면 사상에는 반드시 상호 이해할 수 없는 문젯거리가 생기고, 일에는 반드시 장애에 부닥치는 화근이 생긴다. 그러므로 지자知者[곧 성왕]는 이러한 사태에 대해 분별하고 이름을 제정하여 각종 사물을 (알맞게) 지칭하여서 한편으로는 귀천을 명확히 하고 다른 한편으로는 동이同異를 분별한다. 귀천이 명확해지고 동이가 분별되면, 이처럼 사상에는 상호 이해할 수 없는 문젯거리가 없게 되고, 일에는 장애에 부닥치는 화근이 생기지 않게 된다. (「정명正名」 편)

> [今聖王沒, 名守慢, 奇辭起, 名實亂. 是非之形不明, 則雖守法之吏, 誦數之儒, 亦皆亂也. 若有王者起, 必將有循於舊名, 有作於新名. 然則所爲有名, 與所緣以同異與制名之樞要, 不可不察也. 異形離心交喩, 異物名實玄紐, 貴賤不明, 同異不別. 如是, 則志必有不喩之患, 而事必有困廢之禍. 故知者爲之分別, 制名以指實, 上以明貴賤, 下以辨同異. 貴賤明, 同異別. 如是, 則志無不喩之患, 事無困廢之禍, 此所爲有名也.]

### 6.4) 자연직 감관[天官]: '이름名'의 '같고 다름[同異]'의 분별 기준

그렇다면 무엇에 근거해서 이름의 동이를 구별하는가?

(순자는) 말한다. 자연적 감관에 근거한다. 부류[類]도 같고 정감[情]도 같은 존재[곧 사람이나 짐승]들이란 그들의 자연적 감관이 사물을 헤아리는 것 또한 같다. 따라서 (사물을) 유비하고 추리하여 서로 소통할 수 있다. 이것은 사람들이 공통으로 형용한 〈이름〉 때문에 서로 의사를 교환할 수 있는 것이다. 사물의 형체와 빛깔, 결(무늬)은 눈으로 구별된다. 소리가 맑음과 둔탁함, 화음이 맞거나, 화음이 맞지 않음은 귀로 구별된다. 단맛, 쓴맛, 짠맛, 담백한 맛, 매운맛, 신맛, 특이한 맛은 입으로 식별된다. [곡식의] 향내와 악취, [초목의] 향기와 썩은 내, 비린내, 누린내, 말 노린내, 양 노린내 등 각종 특이한 냄새는 코로 식별된다. 아픔, 가려움, 차가움, 더움, 미끄러움, 껄끄러움, 가벼움, 무거움 등은 신체의 감각으로 구별된다. 희열, 번민, 기쁨, 노여움, 슬픔, 즐거움, 사랑, 증오, 욕망 등은 마음으로 구별된다. 마음[사유기관]에는 (감각을) 분별하는 작용이 있다. 분별하는 작용이 있으면 귀를 통해 소리를 인식하는 것이 가능하고, 눈을 통해 형체를 인식하는 것이 가능하다. 감각기관이 담당하는 대상과 접촉한 후에야 비로소 마음의 분별 작용은 가능하다. 다섯 감각기관이 객관 사물과 접촉하지만 그것을 인식하지 못하고, 마음이 그것을 분별하지만 말로 설명하지 않으면 사람들은 '알 수 없다' [不知]고 말하지 않는 이가 없게 된다. 이것이 [이름의] 〈같고 다름同異〉을 정해야 하는 근거이다. (「정명正名」 편)

[然則何緣而以同異? 曰: 緣天官. 凡同類同情者, 其天官之意物也同. 故比方之疑似而通, 是所以其約名以相期也. 形體、色、理, 以目異. 聲音淸、濁, 調節奇、聲, 以耳異. 甘、苦、鹹、淡、辛、酸、奇味, 以口異. 香、臭、芬、鬱、腥、臊、漏、洒、奇臭, 以鼻異. 疾養、滄、熱、滑、鈒、輕、重,

以形體異. 說、故、喜、怒、哀、樂、愛、惡、欲, 以心異. 心有徵知. 徵知, 則緣耳而知聲可也, 緣目而知形可也. 然而徵知必將待天官之當簿其類, 然後可也. 五官簿之而不知, 心徵之而無說, 則人莫不然謂之不知. 此所緣而以同異也.]

### 6.5) 속성과 실체와의 관계에서 본 이름의 동이同異: 단독명, 복합명, 유類 개념[共名] 및 '존재物' (최고의 유개념)

이러한 구별에 따라서 사물에 이름을 붙여준다. 같으면 같은 이름을 붙여주고 다르면 다른 이름을 붙여준다. 단독 명[單]으로 충분히 통용될 수 있으면 단독 명으로 하고, 단독 명으로 충분히 통용될 수 없으면 복합 명[兼]으로 하며, 단독 명과 복합 명이 서로 배치되지 않으면 유개념[共]으로 한다. 유개념이라면 서로 방해되면 안 된다. 다른 사물은 마땅히 다른 이름을 붙여 주어야 하기에, 다른 사물이면 각자 다른 이름을 가지고 있게끔 하고, 혼란이 있어서는 안 된다. 이는 같은 사물에 대해 같은 이름을 붙여주는 것과 마찬가지인 셈이다. 만물이 비록 다종다양해도 한편으로는 그것을 총괄해서 불러야 하기에 〈존재物〉[최상의 유개념]라고 한다. 〈존재〉[物]는 최고의 유개념[大共名]이다. 추론하여 유개념을 얻으면 [그 위에 그 類개념을 포용하는] 또 다른 유類개념이 있게 되어, 더 포용할 수 없는 데까지 추론한 뒤에야 그치게 된다. 어느 경우, 부분씩 예를 들어 가면서, [우리는 그것을] 〈금수禽獸〉라고 말할 수 있다. 〈금수〉는 〈상위 개별명〉[大別名]이다. 이것을 추론하여 더 개별화시키고 구별하여 개별적 개체[別]를 얻는 것은 더 개별화할 수 없는 데까지 이르러서 멈추게 된다. 이름이란 처음부터 합당한 경우는 없지만, 형용대로 명명命名하여서 형용이 정해진 뒤 습속으로 되면 합당한 이름이 되고, 형용 되지 않으면 합당한 이름이 되지 못한다. 이름은 진실로 [처음부터] 적합성을 갖는 것은 아니며, 형용하여 그 사물을 이름하는 것이다. 약정되어 습속으로 되면 [그 이름은] 적합성을 가졌다고 말한다. 그리고 형용과 다를 때는 적합하지 않다고 말한다. 이름은 진실로 실제로 있는 것이 아니며, 약정하여 실제를 이름하는 것이다. 사실 이름에 진실로 좋은 면이 있어서 간명하여 서로 모순되지 않으면 좋은 이름[善名]이라고 한다.

사물에는 모양은 같으나 다른 곳에 있는 것[같은 2개의 실물]과, 모양은 다르나 같은 곳에 있는 것[다른 속성들을 가진 하나의 실물]을 분별할 수 있다. 모양은 같으나 실체가 다른 경우 비록 하나의 이름이 통용돼도 두 개의 실물이다. 사물의 겉모습은 변했어도 실제로 다른 것으로 되지 않는 것이 〈변화〉[化]이다. 겉모습은 변하였지만 실질이 변하지 않으면 똑같은 실물이다. 이것이 실질을 따져서 법도를 정하는 근거이다. 이것이 이름을 제정하는 대체적 요점이다. 근세의 성군[後王]들이 이름을 제정할 경우, 이것을 자세히 알아야 한다. (「정명正名」 편)

[然後隨而命之. 同則同之, 異則異之. 單足以喩則單, 單不足以喩則兼. 單與兼無所相避則共. 雖共, 不爲害矣. 知異實者之異名也. 故使異實者莫不異名也, 不可亂也. 猶使同實者莫不同名也. 故萬物雖衆, 有時而欲徧[偏]擧之, 故謂之物. 物也者, 大共名也. 推而共之, 共則有共, 至於無共然後止. 有時而欲偏擧之, 故謂之鳥獸. 鳥獸也者, 大別名也. 推而別之, 別則有別, 至於無別然後止. 名無固宜, 約之以命, 約定俗成謂之宜. 異於約則謂之不宜. 名無固實, 約之以命實. 約定俗成謂之實名. 名有固善, 徑易而不拂, 謂之善名. 物有同狀而異所者,

有異狀而同所者, 可別也. 狀同而爲異所者, 雖可合, 謂之二實. 狀變而實無別而爲異者, 謂之化. 有化而無別, 謂之一實. 此事之所以稽實定數也. 此制名之樞要也. 後王之成名, 不可不察也.]

### 6.6) 〈정명〉의 입장에서 〈궤변론〉 비판

"업신여김을 당해도 그것을 치욕으로 여기지 않는다."[송견宋鈃], "성인은 자기만을 사랑하지 않는다."[묵적墨翟의 '겸애' 설], "도적을 죽이는 것은 사람을 죽이는 것이 아니다."[후기 묵가墨家의 「소취」 편]. 이런 주장들은 〈이름名〉[또는 개념] 사용에 미혹되어, 〈정명正名〉을 어지럽히는 것이다. 〈이름〉이 있어야 하는 원인을 검사하여 그것이 어떻게 통용되어야 할 것인가를 고찰한다면, 위의 주장들은 금지할 수 있는 것이다.

"산과 못은 똑같이 평평하다."[혜시惠施], "인간의 욕망이 적다."[송견宋鈃], "소, 염소, 개, 돼지 등의 고기라고 맛을 더해 주지 않고, 대종大鍾의 음악이라고 즐거움을 더해주지 않는다."[묵적墨翟] 이런 주장은 〈실제〉의 사용에 미혹되어 〈정명〉을 혼동하고 있는 것이다. 왜 이름에 같고 다름이 있는지의 원인을 검사하여, 어느 것이 사실에 부합하는지를 고찰한다면 위의 주장은 금지할 수 있다. "서로 배척하지만 도리어 서로 포함하고, 우마牛馬는 말이 아니다."[후기 묵가墨家] 이런 주장은 〈이름〉 사용에 미혹되어 〈실제〉에 혼란을 일으키는 것이다. 이름을 형용하는 원칙을 검사하여 그것이 찬성하는 것으로 그들이 반대하는 것을 반박反駁하면, 위의 주장은 금지할 수 있는 것이다. 정도에 벗어나서 제멋대로 만든 잘못된 이론의 오류는 위의 세 가지 부류의 미혹에 속하지 않는 것이 없다. 그러므로 현명한 군주는 이들을 [정도와 사도에 따라] 분별할 줄 아니, [그들과의] 논변에 끼어들어서는 안 될 것이다. (「정명正名」)

["見侮不辱", "聖人不愛己", "殺盜非殺人也", 此惑於用名以亂名者也. 驗之所以爲有名, 而觀其孰行, 則能禁之矣. "山淵平", "情欲寡", "芻豢不加甘, 大鍾不加樂", 此惑於用實以亂名者也. 驗之所緣以同異, 而觀其孰調, 則能禁之矣. "非而謁楹, 有牛馬非馬也", 此惑於用名以亂實者也. 驗之名約, 以其所受悖其所辭, 則能禁之矣. 凡邪說辟言之離正道, 而擅作者, 無不類於三惑者矣. 故明君知其分, 而不與辨也.]

### 6.7) '이름', '명제', '마음'과 '도'의 관계

정도正道로써 백성들의 언행은 쉽게 '하나'로 묶을 수 있으나, 그런 까닭을 알게 할 수는 없다. 그러므로 현명한 군주는 위세로 그들을 대하고, 도리로서 그들을 인도하고, 명령으로 그들을 설명하고, 언론으로 그들을 계도啓導하고, 형벌로써 그들을 금지한다. 그리하여 백성들이 〈도〉에 교화됨이 신묘하다면 변론이 무슨 소용이 있겠는가! [그러나] 지금 성왕은 없고 세상은 혼란하고 잘못된 [이단]학설들이 나타나니, 군자는 위세로써 그들을 대할 수 없고, 형벌로써 그들을 금지할 수 없으니, 명변론[궤변]들이 있게 되었다. 〈실제〉[實, 대상]가 명백하게 알려지지 않고서 〈이름〉이 지어졌고, 〈이름〉이 명백하게 알려지지 않고서 형용[期]하였고, 형용이 분명치 않은 뒤에 [일을] 설명하게 되었고, 설명이 명백하지 않은 뒤에 변론한 것이다. 그러므로 형용, 이름, 변론, 설명이란 말을 운용하는 중요한 형식이요, 왕업을 이루는 첫걸음이다. 이름을 듣고서 실물을 아는 것이 이름의 효용이다. [이름을] 나열하여 문장을 이룸은 이름의 배열이다. 이름의 사용과 배열이 모두 합당하면 이름을 안다고 이를 수 있다. 이름[名]이란 인간이 형용하여 각종 사물을 표현하는 것이다. 명제[辭]는 인간이 같지 않은 사물의 이름을 조합하여 하나의 의사를 표현하는 것이다. 변설辯說[추론]은 똑같은 개념과 사물로 시비를 반복설명하는 방법이다. 형용과 이름은 변론할 때 사용하는 것이고, 변설은 마음이 〈도〉를 반영하는 것이다. 마음은 〈도〉가 주재主宰해야 한다. 〈도〉는 국가를 통치하는 근본원칙이다. (「정명正名」)

[夫民易一以道, 而不可與共故. 故明君臨之以勢, 道之以道, 申之以命, 章之以論, 禁之以刑. 故其民之化道也如神, 辨說惡用矣哉! 今聖王沒, 天下亂, 奸言起, 君子無勢以臨之, 無刑以禁之, 故辨說也. 實不喻然後命, 命不喻然後期, 期不喻然後說, 說不喻然後辨. 故期、命、辨、說也者, 用之大文也. 而王業之始也. 名聞而實喻, 名之用也. 累[羅]而成文, 名之麗也. 用麗俱得, 謂之知名. 名也者, 所以期累實也. 辭也者, 兼異實之名以論一意也. 辨說也者, 不異實名以喻動靜之道也. 期命也者, 辨說之用也. 辨說也者, 心之象道也. 心也者, 道之工宰也. 道也者, 治之經理也.]

### 6.8) 세상을 감화하는 성인의 변설

마음이 도와 부합하고, 설명이 마음과 부합하고, 명제가 설명과 부합하고, 정확한 이름을 사용하여 공통된 약속과 부합하고, 사물의 실정에 합치하여 상호 이해할 수 있게 된다. 각종 사물의 종차種差를 변별하여 잘못이 없고, 동류를 추론하여 정도에 어긋나지 않아서, 남의 말을 들으면 문리에 합하는가를 따져보고, 자신이 변설辯說할 때는 사리를 남김

없이 밝히어 낸다. 정도正道로서 사악한 말을 가려내는 것은 마치 먹줄로 곡직曲直을 재는 것과 같다. 이 때문에 사설邪說이 정도를 어지럽힐 수 없고, 여러 학파는 자신의 오류를 숨길 수 없다. [성인은] 많은 것을 한꺼번에 들을 수 있는 밝은 지혜를 가지고서도 결코 교만한 얼굴빛이 없고, 많은 사람을 덮어줄 수 있는 후덕함이 있더라도 자랑하는 빛이 없다. 학설이 실행되어 세상이 바로잡아지고, 학설이 실행되지 않으면 도道를 밝히되 자신은 숨어버려야 하니, 이것이 곧 성인의 변설이다. 『시경詩經』(「대아大雅」, 「권아卷阿」)에서는 바로 이것을 말하고 있다.

"체모는 공경스럽고
의기는 옥같이 숭고하여
좋은 소문 좋은 명망을 지녔네.
마냥 즐거운 우리 군자들을
사방에서 모범으로 삼네!" (「정명正名」)

[心合於道, 說合於心, 辭合於說, 正名而期, 質請而喩. 辨異而不過, 推類而不悖, 聽則合文, 辨則盡故. 以正道而辨奸, 猶引繩以持曲直. 是故邪說不能亂, 百家無所竄. 有兼聽之明, 而無奮矜之容, 有兼覆之厚, 而無伐德之色. 說行則天下正, 說不行則白道而冥窮,[3] 是聖人之辨說也. 『詩』曰: "顒顒卬卬, 如珪如璋, 令聞令望, 豈弟君子, 四方爲綱." 此之謂也.]

### 6.9) 지식인[士君子]들의 변설

3) 여기서 白道는 明道(도를 밝힘)와 같고, 명冥은 유은幽隱(숨어 은거함)이다. 옛날에는 궁窮과 궁躬(자신)字가 통했다. 李滌生, 『荀子集釋』, 524쪽, 주23 참조.

사양하는 예절은 갖추고, 장유長幼의 도리에 따르고, [사람들이 꺼리는] 기휘忌諱는 언급하지 않고, 요사스러운 말을 입에 담지 않고, 인자한 마음으로 남에게 말하고, 배우고자 하는 마음으로 남의 말을 듣고, 공정한 마음으로 남의 말을 분별하고, 여러 사람의 비방과 칭찬에 동요되지 않고, 보는 사람의 이목을 어지럽힐 말을 하지 않고, 높은 사람의 권세에 뇌물을 쓰지 않고, [군주 곁의] 친신들의 말을 이롭게 보지 않는다. 그러므로 정도를 준수하여 두 마음을 먹지 않고, 자기의 의견을 굳게 지켜서 외부의 압력에 굴하지 않고, 말재주가 좋아도 분수에 넘지 않고, 공정한 말을 귀하게 여겨서 비열한 논쟁을 천하게 여긴다. 이것은 지식인[士君子]들의 변설이다. 『시경』에는 이렇게 적혀 있다.[4)]

"긴긴 밤에
조용히 항상 자신의 허물을 생각하네.
고인의 도리에 대해 게으르지 아니하고
예의를 어기지 않으니
어찌 다른 사람의 말에 신경 쓸 것인가?" (「정명正名」)

[辭讓之節得矣, 長少之理順矣, 忌諱不稱, 妖辭不出, 以仁心說, 以學心聽, 以公心辨, 不動乎衆人之非譽, 不冶觀者之耳目, 不賂貴者之權勢, 不利便辟者之辭. 故能處道而不貳, 吐而不奪, 利而不流, 貴公正而賤鄙爭. 是士君子之辨說也. 『詩』曰: "長夜漫兮, 永思騫兮. 大古之不慢兮, 禮義之不愆兮, 何恤人之言兮?" 此之謂也.]

## 6.10) 지자知者의 변설과 어리석은 이[愚者]의 변설

---

4) 이 시는 현존하는 『시경』에는 보이지 않는 일실逸失된 시이다.

군자의 말은 세상에 골고루 미치면서도 정밀하고 비근하지만 조리가 있고, 들쑥날쑥 고르지 못한 것 같으면서도 통일되어 있다. 그는 이름을 바로잡고 명제를 합당하게 사용하여 자신의 사상을 설명하는 데 진력한다. 이름과 명제는 사상을 표현함에 사용되는데, 서로의 의사를 소통시킬 수 있으면 그만둔다. 만약 [위의 기준을 벗어나서] 구차스럽게 하면 사설邪說이다. 그러므로 이름은 사물의 실제를 반영하고, 명제는 주요한 사상을 표현할 수 있으면 충분하다. 이 기준을 벗어나는 것을 알기 어려운 것이라 하고 군자는 그만두지만, 어리석은 자는 자신의 보배로 삼는다. 그러므로 어리석은 자의 말은 근거가 없어 보잘것없고 변론하기를 좋아하지만, 조리가 없고 수다스러워 시끄럽기만 하다. 저들은 이름에 유혹되고 명제에 현혹되어, 사상의 내용은 심히 천박하다. 그러므로 끌어대는 일을 다 해도 끝이 없으니, 힘은 많이 들고 공효는 없으니, 욕심은 내었어도 이름은 나지 않는다. 따라서 지자[知者]의 언론은 생각해 보면 쉽게 알 수 있고, 실천해 보면 쉽게 평안하며, 주장하면 쉽게 근거를 댈 수 있고, 이행되면 반드시 좋은 점을 얻게 되고, 싫어하는 점은 피하게 된다. 그러나 어리석은 이들은 이와 반대다.

『시경』(「小雅 · 何人」)은 바로 이것을 말하였다.

"귀신이고 요괴라면
네 모습을 알 수 없네.
면모를 가졌다면 너는
언젠가 사람 눈에 뜨일 것이네.
좋은 노래 짓는 뜻은
잎치락뒤치락하는 네 꼴을

꿰뚫어 봄이라네." (「정명正名」)

[君子之言, 涉然而精, 俛然而類, 差差然而齊. 彼正其名, 當其辭, 以務白其志義者也. 彼名辭也者, 志義之使也, 足以相通則舍之矣. 苟之, 奸也. 故名足以指實, 辭足以見極, 則舍之矣. 外是者謂之訒, 是君子之所棄, 而愚者拾以爲己寶. 故愚者之言, 芴然而粗, 嘖然而不類, 諳諳然而沸. 彼誘其名, 眩其辭, 而無深於其志義者也. 故窮藉而無極, 甚勞而無功, 貪而無名. 故知者之言也, 慮之易知也, 行之易安也, 持之易立也, 成則必得其所好而不遇其所惡焉. 而愚者反是. 〈詩〉曰: "爲鬼爲魊, 則不可得, 有靦面目, 視人罔極. 作此好歌, 以極反側". 此之謂也.]

### 6.11) 도가道家의 〈무욕〉론과 송견宋鈃의 과욕寡慾론 비판: 사회의 안정 불안정[治亂]은 마음의 지향이 '옳거나, 그르거나' 이지 정욕의 〈유무〉나 〈과소〉의 문제가 아니다

무릇 [사회를] 다스리는데 〈무욕無欲〉을 말하는 이[도가道家]들은 〈도〉로써 욕구를 이끌지 못하고 유욕有欲으로 곤욕을 보는 사람들이다. 무릇 [사회를] 다스리는 데 〈과욕寡慾〉을 말하는 이[宋鈃]는 욕구를 조절 못하여 과욕過慾으로 곤욕을 보는 사람들이다. '욕구가 있느냐' [有欲], '욕구가 없느냐' [無欲]는 다른 범주[異類], 즉 '살아있는 것[生]이냐' '죽은 것[死]이냐' 이지, [사회의] '안정' 과 '불안정' [治亂]과는 상관이 없는 것이다. 욕구의 '많고 적음' [多寡] 또한 다른 범주이니, [개개물의] 정리[情數]에 따른 것이지, [사회의] '안정' 과 '혼란' [治亂]과는 상관이 없는 것이다.

가능성을 묻지 않고 일어나는 것이 '욕망'[欲]이나 그것의 실현[求]은 가능성을 좇는다. 가능성을 묻지 않고 일어나는 '욕망'은 자연[天]으로부터 받은 것이고, 가능성을 좇아 그 실현을 추구하는 것은 [인간의] 마음[이성]에서 얻는 것이다. 자연으로부터 받은 '하나'의 욕망은 마음으로부터 받은 '많은 속셈'에 견제되기에, 진실로 자연으로부터 받은 욕망과 동류가 되기는 어려운 것이다. 사람의 욕망은 생의 그것이 크고, 사람의 혐오는 죽음의 그것이 크다. 그러나 사람이 태어나서 죽음으로 나아가는 것은 삶을 바라지 않고 죽음을 바라는 것이 아니고, 살 수가 없기에 죽을 수밖에 없는 것이다. 따라서 욕망은 과다하나 몸놀림이 못 미치는 것은 마음이 그것을 제지한 것이다.

마음에서 옳다고 하는 것이 이치에도 맞으면 욕구가 비록 많다 해도 [사회] 안정에 무슨 해가 되겠는가! 바람[욕망]은 적다고 하나 몸놀림이 지나친 것은 마음이 그렇게 시킨 것이다. 마음이 옳다고 하는 것이 이치에 어긋나면 욕망이 비록 적다고 한들 어찌 혼란에만 그치겠는가! 따라서 [사회의] 안정과 혼란[治亂]은 마음이 무엇을 옳다고 보느냐에 있는 것이요 정욕[情欲]에 있는 것이 아니다. 마음이 어디에 있느냐를 묻지 않고 [정욕의] 없음만을 추구하면 비록 우리가 [〈무욕〉하게] 되었다고 한들 잘못된 것이로다!

본성[性]은 자연이 내린 것이고, 정감[情]은 본성의 바탕이다. 욕망[欲]은 [외물에 대한] 정감에서 일어나는 것이다. [누구라도] '바라는 것이 얻어질 수 있는 것이다.'라고 생각되면, 반드시 정감은 일어나지 않을 수 없는 것이다. 그것을 해낼 방도가 있다고 여기게 되면, 반드시 지혜가 도출되어 나온다. 따라서 비록 [미천한] 문지기라도 욕망은 나 없앨 수 없으며, 비록 [지고한] 천자라도 욕망은 다 실현할 수 없다. [그러나] 욕망이란 비록 다 실현되진 못해도 거의 다 실현할 수 있을 것이다. 욕망이란 비록 다 끊어버릴 수는 없으나 절제할 수 있고, 욕망의 대상은 비록 다 얻을 수 없으나 바라는 것에 오히려 근접할 수는 있다.

욕망을 비록 다 없앨 수 없고 바라는 것을 다 얻을 수 없다 해도, 지략이 있는 이는 절도를 지켜 얻고자 한다. 〈도〉를 아는 이는 [조정朝廷에] 나아가면 [욕구에] 근접시켜 다하고, 물러나면 절제를 찾는 것이니, 세상에 이와 같은 이는 없다고 하겠다! (「정명正名」)

[凡語治而待去欲者, 無以道欲而困於有欲者也. 凡語治而待寡欲者, 無以節欲而困於多欲者也. 有欲無欲, 異類也, 生死也, 非治亂也. 欲之多寡, 異類也, 情之數也, 非治亂也. 欲不待可得, 而求者從所可. 欲不待可得, 所受乎天也. 求者從所可, 所受乎心也. 所受乎天之一欲, 制於所受乎心之多計, 固難類所受乎天也. 人之所欲, 生甚矣. 人之所惡, 死甚矣. 然而人有從生成死者, 非不欲生而欲死也, 不可以生而可以死也. 故欲過之而動不及, 心止之也. 心之所可中理, 則欲雖多, 奚傷於治! 欲不及而動過之, 心使之也. 心之所可失理, 則欲雖寡, 奚止於亂! 故治亂在於心之所可, 亡於情之所欲. 不求之其所在而求之其所亡, 雖曰我得之, 失之矣! 性者, 天之就也. 情者, 性之質也. 欲者, 情之應也. 以所欲爲可得而求之, 情之所必不免也. 以爲可而道之, 知所必出也. 故雖爲守門, 欲不可去. (性之具也) 雖爲天子, 欲不可盡. 欲雖不可盡, 可以近盡也. 欲雖不可去, 求可節也. 所欲雖不可盡, 求者猶近盡. 欲雖不可去, 所求[儻]不得, 慮者欲節求也. [知]道者, 進則近盡, 退則節求, 天下莫之若也!]

### 6.12) '도'를 따르는 것이 고금古今의 정도正道이다

무릇 사람이란 자기가 옳다고 하는 것을 좇아서 자기가 옳지 않다고 하는 것을 버리지 않는 사람은 없다. 〈도〉만한 것은 없다고 알면서도 〈도〉를 좇지 않는 사람은 없다. 가령 어떤 사람이 남쪽을 가려고 한다면, 아무리 멀다 해도 북으로 가는 것은 싫어하기에, [그쪽이] 아무리 가깝다 해도, 어찌 남쪽 길이 끝이 없다 해서 남쪽 길을 떠나서 북쪽으로 가겠는가! 지금 사람들의 욕망[을 구하는 일]이 아무리 힘이 많이 들고, 싫어하는 것은 아무리 힘이 적게 든다 해도, 어찌 욕망이 다 실현될 수 없다지만, 소망하는 〈도〉를 버리고서 싫어하는 것을 선택하겠는가! 따라서 〈도〉를 옳다고 하여 좇아서 하면, 어찌 일을 망치어 혼란이 일겠는가? 〈도〉를 옳지 않다고 하여 그것을 떠나서 하면, 어찌 일에 보탬이 되어 [사회의] 안정을 더 하겠는가? 따라서 지자[知者]는 〈도〉를 논할 뿐이다! 세세한 잡가들이 바라는 바[〈거욕去欲〉 〈과욕寡欲〉론 등]는 모두 쇠잔衰殘할 것이로다! (「정명正名」)

> [凡人莫不從其所可而去其所不可. 知道之莫之若也, 而不從道者, 無之有也. 假之有人而欲南, 無[論]多, 而惡北, 無[論]寡, 豈爲夫南者之不可盡也, 離南行而北走也哉? 今人所欲, 無[論]多, 所惡, 無[論]寡, 豈爲夫所欲之不可盡也, 離得欲之道而取所惡也哉? 故可道而從之, 奚以益之而亂! 不可道而離之, 奚以損之而治! 故知者論道而已矣! 小家珍說之所願皆衰矣!]

무릇 사람들이 취하고 바라는 것이 언제고 다 좋아서 취한 것도 아니고, 그들이 버리고 싫어하는 것이 언제고 다 나빠서 버린 것도 아니다.

따라서 사람의 행동은 어느 것도 [여러 모로] 재어보지 않고 한 일이 없는 것이다. 저울대가 바르지 못하여 무거운 것을 달아도 [저울대가] 올라가면, 그 인물은 가볍게 취급될 것이고, 가벼운 것을 달았어도 내려가면 그 인물은 중하게 대접받을 것이다. 이것은 사람들이 [무게의] 경중을 재는 데서 얻은 착각인 것이다. [사람을 재는] 표준이 잘못되면 재앙이 소망하는 것에 깃들어 있어도 사람들은 그 재앙을 복福으로 알 것이고, 복이 싫어하는 데 깃들어 있어도 사람들은 그 복을 재앙으로 알 것이다. 이것 또한 사람들이 화복을 재는 데서 얻은 착각인 것이다. 〈도〉는 고금古今의 올바른 표준이다. 〈도〉를 떠나서 속으로 혼자 선택하면 재앙과 복이 어디에 깃들어 있는지를 모르게 된다. (「정명正名」)

[凡人之取也, 所欲未嘗粹而來也. 其去也, 所惡未嘗粹而往也. 故人無動而可以不與權俱. 衡不正, 則重縣於仰, 而人以爲輕, 輕縣於俛, 而人以爲重. 此人所以惑於輕重也. 權不正, 則禍託於欲, 而人以爲福, 福託於惡, 而人以爲禍. 此亦人所以惑於禍福也. 道者, 古今之正權也, 離道而內自擇, 則不知禍福之所託.]

[물건을] 바꾸는데 하나를 가지고 하나를 바꾸면 사람들은 이득도 없고 또한 손해도 없다고 말한다. 하나를 가지고 둘을 바꾸면 사람들은 손해는 없고 이득만 있다고 말한다. 둘을 가지고 하나를 바꾸면 소득은 없고 손해만 있다고 한다. 계책이란 많은 것을 취하려는 것이고, 지모智謀란 합당한 것을 좇는 것이다. 둘을 가지고 하나를 바꾸는 일은 아무도 하지 않는 것은 그 이치[數]를 잘 알고 있기 때문이다. 〈도〉를 따라서 나가는 것은 하나로 둘을 바꾸는 것과 같으니, 무슨 손해가 있겠는가! 〈도〉를 떠나서 속으로 스스로 선택하면 그것은 둘로 하나를 바꾸는 셈

이니 무슨 이득이 되겠는가! 수백 년의 소망[〈도〉]을 일시적 회의로써 바꾸려고 하여 그리고 실제로 그렇게 하는 것은 그 이치[數]를 아직 밝게 알지 못하는 것이로다! (「정명正名」)

[易者, 以一易一, 人曰: 無得亦無喪也. 以一易兩, 人曰: 無喪而有得也. 以兩易一, 人曰: 無得而有喪也. 計者取所多, 謀者從所可. 以兩易一, 人莫之爲, 明其數也. 從道而出, 猶以一易兩也, 奚喪! 離道而內自擇, 是猶以兩易一也, 奚得! 其累百年之欲, 易一時之嫌, 然且爲之, 不明其數也!]

## 6.13) '도'를 따르는 사람의 정신적 자유

어떤 이가 은밀해서 잘 살펴보기 어려운 것을 한번 깊이 살펴본다고 하자. 마음이 이치를 경시하는데, 외물을 중시하지 않는 일은 없었다. 외물을 중시하면서 내심에 걱정이 없는 일은 없었다. 행동이 도를 떠나 있으면서, 밖으로 위험을 만나지 않은 일은 없었다. 마음에 근심이 있고 두려우면 입으로 맛있는 고기를 씹어도 그 맛을 모르며, 귀로 종이나 북소리를 들어도 그 소리[의 아름다움]을 알지 못하며, 눈으로 아름다운 무늬를 보아도 그 모습을 알지 못하며, 가볍고 따뜻한 [옷]과 돗자리에 앉아도 몸은 그 편안함을 모른다. 따라서 몸소 모든 것의 아름다움을 체험해도 마음이 유쾌하지 않다. 잠시 틈을 얻어 즐거워도 [종시 걱정은] 떠나지 않는다. 따라서 만물의 아름다움을 즐겨도 걱정이 많고, 모든 만물의 이로움은 다 가졌어도 병통[害]이 가득하다. 이런 사람은 외물을 추구하여 생명을 기르려는 것인가, 아니면 목숨을 팔아 버리려는 가? [이는] 진실로 소망을 기르려고 하나 감정을 멋대로 방임하는 것이요, 본성을 기르려고 하나 자기 몸을 망치려는 것이요, 즐거움을 기르려고 하나 자기 마음을 공격하는 것이요, 자기의 이름을 기르려고 하나 자기 행동을 혼란스럽게 하는 것이다. 이런 사람이라면 비록 후작侯爵에 봉해져 군주[君]라 칭해져도, 그는 [재물과 힘만 가진] 도적이나 다름없고, 큰 수레 타고 높은 모자 쓴 이[고관]라 해도 [먹고 마시는 것이] 부족한 [불쌍한 거지나] 다름이 없다. 이런 이들은 자기[욕심] 때문에 외물에 노역하는 이들이리라!

[有嘗試深觀其隱而難察者. 志輕理而不外重物者, 無之有也. 外重物而不內憂者, 無之有也. 行離理而不外危者, 無之有也. 外危而不內恐者, 無之有也. 心憂恐則口銜芻豢, 而不知其味. 耳聽鐘鼓, 而不知其聲. 目視黼黻, 而不知其狀. 輕暖平簟, 而體不知其安. 故嚮萬物之美, 而不能嗛也. 假而得間而嗛之, 則不能離也. 故嚮萬物之美而盛憂, 兼萬物之利而盛害. 如此者, 其求物也, 養生也? 粥壽也? 故欲養其欲而縱其情, 欲養其性而危其形, 欲養其樂而攻其心, 欲養其名而亂其行. 如此者, 雖封侯稱君, 其與夫盜無以異. 乘軒戴絻, 其與無足無以異. 夫是之謂以己爲物役矣.]

마음이 평안하고 유쾌하면 [보이는] 색깔이 보통에 못 미쳐도 눈을 즐겁게 하고, 소리가 보통에 못 미쳐도 귀를 즐겁게 하며, 채소 반찬에 나물국이라도 입을 즐겁게 하며, 거친 천의 옷과 투박한 신이라도 몸을 즐겁게 하며, 비좁은 방, 갈대로 엮은 발, 짚 돗자리, 헌 책상, 낡은 방석이라도 몸을 즐겁게 할 수 있다. 따라서 만물의 아름다움이 없어도 즐거움을 기를 수 있으며, 세력 있는 관작은 없어도 이름을 기를 수 있는 것이다. 이런 사람에게 천하를 맡긴다면 천하를 다스림이 많을 것이나, 그의 개인적 즐거움은 적을 것이로다! 이는 자기를 존중하고 외물을 부리는 것이다. [진위를] 따져볼 수 없는 말, 전혀 본 적이 없는 행동, 전혀 들어보지 못한 지모智謀를 군자는 신중하게 대하는 것이다. (「정명正名」)

[心平愉, 則色不及傭而可以養目, 聲不及傭而可以養耳, 蔬食菜羹而可以養口, 麤布之衣、麤紃之履而可以養體. 局室、蘆簾、藁蓐、敝机筵而可以養形. 故無萬物之美而可以養樂, 無勢列之位而可以養名. 如是而加天下焉, 其爲天下多, 其私樂少矣. 夫是之謂重己役物. 無稽之言, 不見之行, 不聞之謀, 君子愼之.]

## 7. 물리적 자연으로서의 천天론과 주체적 인본주의

### 7.1) 자연세계[天]와 인간세계[人]의 서로 다른 본분

자연[天]의 운행에는 일정불변한 규칙이 있다. [이것은] 요堯[현군] 임금을 위해서 존재하지 않고, 걸桀[폭군] 임금 때문에 없어지지도 않는다. 다스려지는 쪽으로 대응하면 길吉하지만, 혼란을 일으키는 쪽으로 대응하면 재앙을 당한다. 농사에 힘쓰고 비용을 절약하면 〈자연〉[天]도 사람들을 빈궁하게 할 수 없고, 먹 거리가 넉넉하고 때에 맞춰 활동하면 〈자연〉도 그들을 병들게 할 수 없고, 도리를 준수하여 두 마음 먹지 않으면 자연도 그들에게 화를 내릴 수 없다. 그러므로 홍수나 가뭄도 그들을 굶주리게 할 수 없고, 추위와 더위도 그들을 병들게 할 수 없고, 요사妖

邪하고 괴이한 것도 그에게 화를 미칠 수 없다.

농사가 황폐하고 일용이 사치스러우면 자연도 그를 부유하게 할 수 없고, 먹는 것이 소략하고 움직임도 적다면 자연도 그를 건강하게 할 수 없고, 도리를 위반하고 망령되게 행동한다면 자연도 그를 행복하게 할 수 없다. 그러므로 홍수나 가뭄이 일어나지 않는데도 굶주리게 되고, 추위와 더위가 혹독하지 않은 데도 병들게 되며, 요사妖邪하거나 괴이한 일이 나타나지 않았는데도 불행해진다. [난세의] 시운은 태평세와 같으나 재앙[을 당하는 것]이 태평세와 다르다. 이에 대해 하늘[자연]을 원망할 수 없는 것이다. 이는 도리가 그렇게 만든 것이다. 그러므로 자연세계[天]와 인간세계[人]의 본분을 분명히 알면 지인至人이라고 말할 수 있다. (「천론天論」)

[天行有常, 不爲堯存, 不爲桀亡. 應之以治則吉, 應之以亂則凶. 彊本而節用, 則天下不能貧. 養備而動時, 則天不能病. 循道而不貳, 則天不能禍. 故水旱不能使之饑, 寒署不能使之疾, 妖怪不能使之凶. 本荒而用侈, 則天不能使之富, 養略而動罕, 則天不能使之全. 倍道而妄行, 則天不能使之吉, 旱未至而饑, 寒署未薄而疾, 妖怪未至而凶. 受時與治世同, 而殃禍與治世異. 不可以怨天, 其道然也. 故明於天人之分, 則可謂至人矣.]

## 7.2) 인간의 본분이란 〈자연이 하는 일〉[天職]에 참여하여 그것을 다스릴 뿐, 무형無形한 자연운행의 '소이所以'는 묻지 않는다

일부러 하지 않고서도 일이 이루어지고, 일부러 찾지 않아도 얻어지는 것은 〈자연이 하는 일〉[天職]이다. 이런 일들에 대해서는 비록 [지인至人이] 사려가 깊다고 하더라도 그는 사려를 더 보태지 않으며, 아무리 능력이 뛰어났다고 해도 [자연이 하는 일에] 능력을 더 보탤 수 없으며, 아무리 관찰이 정밀하다 해도 더 보탤 수 없는 것이다. 대저 이것이 인간은 자연과 할 일을 다투지 않는다는 말이다. 하늘[자연]에는 사계절의 변화가 있고, 땅에는 재화가 있으니, 사람은 이것들을 다스리면 되는 것이다. 이것이 [천지자연의 조화에] 참여하는 것이다. 인간이 자연[천지]에 참여하는 소이所以[즉, 다스림]를 방기放棄하고 천지가 간여하는 [자연의] 일을 하겠다면, 이것은 [커다란] 착각인 것이다. (「천론天論」)

[不爲而成, 不求而得, 夫是之謂天職. 如是者, 雖深, 其人不加慮焉; 雖大, 不加能焉; 雖精, 不加察焉. 夫是之謂[人]不與天爭職. 天有其時, 地有其財, 人有其治. 夫是之謂能參. 舍其所以參, 而願其所參, 則惑矣.]

하늘의 뭇별들이 궤도를 따라 선회하고, 해와 달은 교대로 비추고, 사계절이 번갈아 운행하고, 음양이 만물을 크게 화육化育하고, 비바람은 널리 만물에 은혜를 베풀어서, 만물은 각각 자신의 조화를 얻어 생장하고 자신의 영양분을 얻어 성장한다. 사람들은 만물들이 하는 일들은 보지 못하고 그 결과만을 보고서 이것을 신묘하다고만 말한다. 사람들은 모두 [자연이] 그렇게 만드는 소이所以라는 것만 알 뿐이지, 그 [‘소이所以’]는 무형無形함을 모르고, 그것을 〈하늘〉[天자연]이라고 한다. 오직 성인聖人만이 자연[의 ‘소이所以’]을 알려고 억지로 힘쓰지 않는다. (「천론天論」)

[列星隨旋, 日月遞炤, 四時代御, 陰陽大化, 風雨博施. 萬物各得其和

以生, 各得其養以成. 不見其事而見其功, 夫是之謂神. 皆知其所以成, 莫知其無形, 夫是之謂天. 唯聖人爲不求知天.]

## 7.3) 〈자연 이해〉[知天]에 나타난 순자의 인본주의: 인간의 자연적 기능을 십분 이용하여 자연을 가장 적절하게 이용하는 일

'자연적 직분' 이 이미 주어져 있고, '자연적 기능' 이 이미 이루어져 있으면, [인간에게] 몸이 구비 되고 정신도 생긴다. 이에 좋음과 미움, 기쁨과 노여움, 슬픔과 즐거움의 감정이 깃들게 된다. 무릇 이를 가리켜 자연감정[天情]이라고 한다. [사람의] 귀, 눈, 입, 코, 몸[五官]은 각각 사물과 접촉할 수 있지만 서로 다른 기능은 할 수 없다. 이것이 감각기관[天官]이다. 마음은 신체의 가운데 자리 잡고 있어서 이들 오관五官을 제어할 수 있으니, 이[心, 마음]를 천군天君이라고 한다. 자기 부류가 아닌 것[萬物]을 처리하여 자기 부류[人類]를 먹여 살리는 것, 그것이 〈자연의 양육〉[天養]이다. 인류[의 수요]에 순응하는 것이 복福이고, 인류[의 수요]에 위배되는 것이 화禍인 것이다. 이것이 〈자연의 다스림〉[天政]이다. '자연으로부터 받은 마음' [天君]을 몽매하게 만들고, 감각기관[天官]을 어지럽히며, '자연의 양육' [天養]을 방기하고, '자연의 다스림' [天政]을 배반하여 '자연의 공능' [天功]을 잃어버리는 것이 대흉(大凶)이다. 성인聖人은 '자연으로부터 받은 마음' [天君]을 맑게 하고, 감각기관[天官]을 바르게 하고, '자연의 양육' [天養]을 갖추어 가면서, '자연의 다스림' [天政]에 순응하여, '자연의 정서' [天情]를 배양해 나감으로써 '자연의 공능' [天功]을 온전히 하는 것이다. 이와 같다면 [인간들이] 마땅히 해야 할 것을 알고, 또 마땅히 하지 말아야 할 것을 아는 셈이리라! 이렇게 되면 천지자연은 제 기능을 할 것이고, 만물들은 [각기] 자기 직분을 다 할 것이로다! 그리고 사람의 행동은 구석구석에서 합당할 것이고, 양생養生의 방도는 구석구석에서 적절할 것이니, 인간 생명은 위해危害 당하지 않을 것이다. 이것이 바로 '자연의 이해' [知天]라는 것이다. 따라서 [천지자연의] 뛰어난 재주는 [억지로] 하지 않음에 있고, [천지자연의] 뛰어난 지혜는 [인위적으로] 사려 하지 않는 데 있다. (「천론天論」)

[天職既立, 天功既成, 形具而神生. 好惡喜怒哀樂臧焉, 夫是之謂天情. 耳目鼻口形, 能各有接而不相能也, 夫是之謂天官. 心居中虛, 以治五官, 夫是之謂天君. 財非其類,[5] 以養其類, 夫是之謂天養. 順其類者謂謂之福, 逆其類者謂之禍, 夫是之謂天政. 暗其天君, 亂其天官, 棄其天養, 逆其天政, 背其天情, 以喪天功, 夫是之謂大凶. 聖人淸其天君, 正其天官, 備其天養, 順其天政, 養其天情, 以全其天功. 如是, 則知其所爲, 知其所不爲矣, 則天地官而萬物役矣. 其行曲治, 其養曲適, 其生不傷. 夫是之謂知天. 故大巧在所不爲, 大智在所不慮.]

## 7.4) 자연을 이용하는 인간의 위대성

[우리 인간들의] 하늘[天, 자연]에 대한 의미는 이미 드러난 하늘의 현상을 통해 미리 닥쳐올 일을 예측해 내는 일이고, 땅[地]에 대한 의미는 드러난 토지 조건을 보아 (생장) 번식시키는 일이고, 사계절에 대한 의미

5) 이 구절 '財非其類'에서 〈財〉는 〈裁〉(처리하다, 재단하다)의 뜻이다. 『荀子簡釋』, 梁啓雄撰, 臺北: 木鐸出版社, 1983, 223쪽 참조.

는 드러난 변화순서를 보아 일에 종사하는 것이고, 음양에 대한 의미는 드러난 [음양의] 화합을 보고서 나라를 다스리는 일이다. [인간이란] 관직을 두어 자연[변화]를 관찰하게 하고, [인간은] 스스로 실천해 가며 자기 도리[人道]를 지켜나가야 한다.

국가의 안정과 혼란은 '하늘'[자연]에 달려 있는가? 해, 달, 별 운행의 현상은 [현군인] 우禹임금 시대나 [폭군인] 걸桀임금 시대에나 똑같은 것이다. 우임금 시대는 그것으로 사회가 안정되었고, 걸임금 시대는 그것으로 사회가 혼란했으니, 안정과 혼란은 자연에 의해 결정되는 것이 아니다. [국가의 안정과 혼란은] 사계절의 변화가 초래한 것인가? 만물이 봄과 여름에 많이 싹 트고 무성하게 성장하고, 가을과 겨울에 추수하여 축적하고 보관한다. 이것은 우임금 때나 걸임금 때나 똑같은 것이다. 우임금 때는 그것으로 사회가 안정되었고, 걸임금 때는 그것으로 사회가 혼란되었으니, 안정과 혼란은 때에 달려 있지 않다. [국가의 안정과 혼란은] '땅'[地]에 의해 결정되는 것인가? 토지를 얻으면 살고 잃으면 죽는데 이것도 우임금 시대나 걸임금 시대나 마찬가지인 것이다. 우임금 때는 그것으로 사회가 안정되었고, 걸임금 때는 그것으로 사회가 혼란되었으니, 안정과 혼란은 토지에 달려 있지 않다. 『시경』[「주송周頌 · 천작天作」 편]에는 바로 이것을 말하고 있다.

"자연이 높은 산[즉, 기산岐山]을 일으키니
태왕太王이 그것을 크게 하였네!
저 태왕이 일으키니
문왕文王도 그것을 편안하게 하였네!" (「천론天論」)

[所志於天者, 已其見象之可以期者矣. 所志於地者, 已其見宜之可以

息者矣. 所志於四時者, 已其見數之可以事者矣. 所志於陰陽者, 已其見和之可以治者矣. 官人守天, 而自爲守道也. 治亂天邪? 曰: 日月星辰瑞曆, 是禹桀之所同也; 禹以治, 桀以亂, 治亂非天也. 時邪? 曰: 繁啓蕃長於春夏, 畜積, 收藏於秋冬, 是又禹桀之所同也; 禹以治, 桀以亂, 治亂非時也. 地邪? 曰: 得地則生, 失地則死, 是又禹桀之所同也; 禹以治, 桀以亂, 治亂非地也. 『詩』曰: "天作高山, 大王荒之! 彼作矣, 文王康之!" 此之謂也.]

## 7.5) 군자의 능동적 주체적 실천행위의 의미와 그것과 구별되는 소인의 요행심리 비판

'하늘'[天, 자연]은 사람이 추위를 싫어한다고 겨울을 그치게 하지 않고, '땅'[地]은 사람이 먼 곳을 싫어한다고 면적을 축소하지 않고, 군자는 소인이 웅성거린다고 자신의 행동을 그치지 않는다. '자연[天]'에는 불변의 법칙이 있고, '땅'에는 불변의 규칙이 있고, 군자에게는 일정불변의 행위 표준이 있다. 군자는 행위의 법칙을 준수하지만, 소인은 행위의 공리를 따진다. 『시경』에 "예의에 어긋나지 않는다면 어찌 남의 말에 신경 쓸 것인가!"[6]는 바로 이것을 말한다. 초楚왕에게는 뒤따르는 수레가 천승千乘이나 그가 지자知者인 것은 아니고, 군자는 거친 음식을 먹고 맹물을 마시지만 그는 어리석은 사람은 아니다. 이것은 우연한 현상일 뿐이다. 그러나 의지가 닦이고 덕행이 고상해지고, 사려가 명쾌해져 금세에 살면서도 고대의 이상에 뜻을 두는 것은, 자기의 노력에 달

6) 이것은 현존 『시경』에 없는 일실逸失된 시이다.

려 있다. 그러므로 군자는 자신의 노력에 달려 있음을 중시하지, 자연에 달려 있음에 마음 쓰지 않는다. 소인은 자신의 노력에 좌우되는 것을 방기放棄하고 자연에 좌우되는 것을 바란다. 군자는 자신의 노력에 달려 있음을 중시하지 자연에 달려 있음에 마음 쓰지 않기 때문에 나날이 진보한다. 소인은 자신의 노력에 좌우되는 것을 방기하고 자연에 좌우되는 것을 바라기 때문에 나날이 퇴보한다. 그러므로 군자가 나날이 진보하는 까닭과 소인이 나날이 퇴보하는 까닭은 똑같다. 군자와 소인이 서로 현격하게 차이 나는 원인도 이러한 점에 달려 있을 뿐이다.

[天不爲人之惡寒也, 輟冬. 地不爲人之惡遼遠也, 輟廣. 君子不爲小人之匈匈也, 輟行. 天有常道矣; 地有常數矣; 君子有常體矣. 君子道其常, 而小人計其功. 〈詩〉曰: 禮義之不愆兮, 何恤人之言兮!" 此之謂也. 楚王後車千乘, 非知也. 君子啜菽飲水, 非愚也. 是節然也. 若夫志意修, 德行厚, 知慮明, 生於今而志乎古, 則是其在我者也. 故君子敬其在己者, 而不慕其在天者; 小人錯其在己者, 而慕其在天者. 君子敬其在己者, 而不慕其在天者, 是以日進也. 小人錯其在己者, 而慕其在天者, 是以日退也. 故君子之所以日進, 與小人之所以日退, 一也. 君子小人之所以相縣者, 在此耳!]

## 7.6) 자연적 괴이 현상의 출현은 사회의 〈안정 · 혼란〉과 무관하다

별이 떨어지고 나무가 울면 '나라 사람들[國人]' 모두가 두려워하며 말한다. "이것은 어떤 조짐인가?"

(순자는) 말한다. 그것은 아무런 조짐도 아니다. 이것은 천지의 변화이

고 음양의 이변이고 사물 중에 드물게 나타나는 현상이다. 괴이하게 여기는 것은 괜찮지만 두려워하는 것은 잘못이다. 대저 일식과 월식이 발생하거나 비바람이 절기에 맞지 않거나 괴성이 우연하게 출현하는 것 등등은 어느 시대에나 항상 있지 않은 적이 없었다. 군주가 현명하고 정치가 안정되어 있다면, 비록 그런 현상이 연이어 세상에 일어나도 염려할 게 없다. 군주가 우둔하고 정치가 포악하면 이러한 현상이 한 번도 발생하지 않아도 좋을 것이 없다. 무릇 별이 떨어지고 나무가 우는 현상은 천지의 변화이고 음양의 이변이고 사물 중에 드물게 나타나는 것이다. 괴이하게 여기는 것은 괜찮지만 두려워하는 것은 잘못이다. (「천론天論」)

[星隊, 木鳴, 國人皆恐. 曰: "是何也? 曰: "無何也. 是天地之變, 陰陽之化, 物之罕至者也. 怪之, 可也. 而畏之, 非也. 夫日月之有蝕, 風雨之不時, 怪星之黨見, 是無世而不常有之. 上明而政平, 則是雖竝世起, 無傷也. 上闇而政險, 則是雖無一至者, 無益也. 夫星之隊, 木之鳴, 是天地之變, 陰陽之化, 物之罕至者也. 怪之, 可也, 而畏之, 非也."]

### 7.7) 두려운 것은 '사람이 만든 재앙' [人祆]이다

이미 발생한 사물의 현상 중에 사람이 만든 재앙이야말로 두려워할 만하다. 경작을 소홀히 하여 곡식을 해치고, 김매기를 소홀히 하여 수확에 지장을 주고, 정치가 혼란하여 민심을 잃고, 토지가 황폐해져서 결실이 나쁘고, 곡식 가격이 등귀하여 백성들이 굶주려 길에 죽은 사람이 널려 있다. 이것은 '사람의 재앙[人祆]' 이다. 행정명령이 불분명하고, 국가의 각종 시책이 적절하지 않고, 농사가 시기를 잃으니 이것이

'사람의 재앙' 이다. 예의가 준수되지 않고, 내외의 한계가 구별되지 않고, 남녀가 음란하고, 부자가 서로 의심하고, 상하가 이반離叛하고, 외부의 침입은 빈번하게 이르는 것이 '사람의 재앙' 이다. '사람의 재앙[人祆]' 은 사회의 혼란에서 생긴다. 위의 세 가지 '사람의 재앙' 이 섞여 발생하면 안정된 국가는 있을 수 없다. '사람의 재앙' 이 발생하는 원인은 매우 비근하지만, 그것이 초래한 재난은 매우 참혹하다. 만약 부역동원을 때맞추지 않으면, 소가 말을 낳고 말이 소를 낳는 육축六畜의 요상한 현상이 생겨남은, 괴이한 일이라 하겠다. 그러나 겁을 내고 두려워해서는 안 된다. 전하여 오는 말에 "자연의 이변 현상은 경서에서는 말하지 않는다."라고 하였다. 쓸데없는 변설이나 시급하지 않은 관찰은 내버려 두고, 일삼지 말아야 한다. 예컨대 군신 간의 의리와 부자간의 친애나 부부 사이의 구별은 하루하루 절차탁마切嗟琢磨하여 중단할 수 없다. (「천론天論」)

[物之已至者, 人妖則可畏也. 楛耕傷稼, 耘耨失穢, 政險失民, 田穢稼惡, 糴貴民飢, 道路有死人, 夫是之謂人妖. 政令不明, 擧錯不時, 本事不理, 夫是之謂人妖. 禮義不脩, 內外無別, 男女淫亂, 父子相疑, 上下乖離, 寇難竝至, 夫是之謂人妖. 妖是生於亂. 三者錯, 無安國. 其說甚爾, 其災甚慘. 勉力不時, 則牛馬相生. 六畜作妖, 可怪也; 而亦可畏也. 傳曰: "萬物之怪, 書不說." 無用之辯, 不急之察, 棄而不治. 若夫君臣之義, 父子之親, 夫婦之別, 則日切嗟而不舍也.]

### 7.8) 인간의 정서를 꾸며주는 〈예禮〉의 의미: 인간의 진수를 밝히는 가장 밝은 빛

기우제를 지내면 비가 오는 것은 무슨 까닭인가?

(순자는) 말한다. 아무런 의미가 없다. 기우제를 지내지 않아도 비가 내리는 것과 같다. 일식과 월식이 일어나면 제거하려 하고, 날이 가물면 기우제를 지내고, 시초점[筮]과 거북점[卜]을 쳐본 뒤 국가 대사를 결정하는 것은 어떤 것에 기구祈求하는 것이 아니라, 정사를 [예를 통해] 꾸미는 것이다. 그러므로 군자는 꾸미는 것[禮]으로 생각하지만 백성들은 [그러한 의례에] 신묘한 힘이 있다고 생각한다. 꾸밈으로 생각하면 행복해지지만, 신묘하게 생각하면 화가 생긴다. (「천론天論」)

[雩而雨, 何也? 曰: 無何也, 猶不雩而雨也. 日月食而救之, 天旱而雩, 卜筮然後決大事, 非以爲得求也, 以文之也. 故君子以爲文, 而百姓以爲神. 以爲文則吉, 以爲神則凶也.]

하늘에 있는 것은 일월보다 밝은 것이 없고, 땅에 있는 것 중에 물불보다 밝은 것이 없고, 사물 중에 주옥보다 밝은 것이 없고, 사람에겐 예의보다 밝은 것이 없다. 그러므로 일월이 높지 않으면 그 빛이 환하지 않고, 물불이 응집하지 않으면 그것의 밝음과 윤택함이 넓지 않고, 주옥의 빛이 밖으로 드러나지 않으면 왕공들이 보배로 여기지 않고, 예의가 국가통치에 이용되지 않으면 공과 명분이 명백해지지 않는다. 그러므로 사람의 수명은 자연에 달려 있고, 국가의 운명은 예禮에 달려 있다. 임금 된 이는 〈예〉를 존숭하고 현자를 존중하면 왕 노릇을 할 수 있고, 법을 중시하고 현자를 존중하면 패자覇者가 될 수 있고, 이익을 좋아하고 속임수를 많이 하면 위태롭게 되고, 권모를 일삼고 명분을 이리저리 뒤엎고 음험함을 일삼으면 반드시 멸망하게 된다. (「천론天論」)

[在天者莫明於日月. 在地者莫明於水火. 在物者莫明於珠玉. 在人者

莫明於禮義. 故日月不高, 則光暉不赫. 水火不積, 則暉潤不博. 珠玉不睹乎外, 則王公不以爲寶. 禮義不加於國家, 則功名不白. 故人之命在天, 國之命在禮. 君人者, 隆禮尊賢而王, 重法愛民而覇, 好利多詐而危, 權謀傾覆幽險而盡亡矣.]

## 7.9) 대상물로서 자연을 이용하려는 순자의 인문주의

자연을 위대하게 여겨서 사모하는 것과 자연을 하나의 대상물[物]로 보고 길러 이용하려는 것 중, 어느 것이 더 나은가! 자연에 맹종하여 기리는 것과 자연의 변화 법칙을 파악하여 이용하는 것 중, 어느 것이 나은가! 사계절의 운행만을 바라며 기다리는 것과 사계절의 순환에 대응하여 응용하는 것 중, 어느 것이 더 나은가! 사물의 자연적인 성장에 맡겨 증식하기를 바라는 것과 사람의 재능을 들여 변화시키는 것 중, 어느 것이 더 나은가! 사물을 자기 욕구의 충족 대상으로 생각하는 것과 사물을 가공하여 사물을 내버려 두지 않는 것 중, 어느 것이 더 나은가! 사물이 생겨나는 원인에만 마음 쓰는 것과 사물이 더욱더 성장하도록 돕는 것 중, 어느 것이 더 나은가! 그러므로 사람의 능력을 버려두고서 자연의 혜택만을 사모한다면, 만물의 실정을 잃어버리는 것이다. (「천론天論」)

[大天而思之, 孰與物畜而制之! 從天而頌之, 孰與制天命而用之! 望時而待之, 孰與應時而使之! 因物而多之, 孰與騁能而化之! 思物而物之, 孰與理物而勿失之也! 願於物之所以生, 孰與有物之所以成! 故錯人而思天, 則失萬物之情.]

## 7.10) 도道, 즉 순자의 인문주의는 만세의 진리

역대의 수많은 왕이 지켜온 불변의 것은 일관적으로 통용될 수 있는 도리가 될 만하다. [역대 왕조들이] 한번 망하기도 하고 한번 흥하기도 했지만 모두 일관되게 그것[道理]에 대응해 왔다. 이런 도리로 일관해 나가면 [사회는] 혼란되지 않을 것이나, 일관되게 나가지 못하면 어떻게 대응하여 변화할 것인지를 모른다. 일관된 도리의 핵심[體]은 일찍이 없어진 적이 없다. 사회 혼란은 [일관된 도리에서] 어긋나는 데서 생기고, 사회 안정은 그것을 충분히 잘 적용하는 데 있는 것이다. 따라서 〈도〉의 좋은 점은 [〈도〉에] 들어맞으면 실행할 만하나, [〈도〉의] 일면[畸]만으로는 실행할 수 없고 [〈도〉에] 어그러지면 커다란 혼란이 일어나는 데에 있는 것이다. 물을 건너는 경우 깊은 곳에 표지하지만, 표지가 명백하지 않으면 빠져버리고 만다. 백성을 다스리는 사람은 〈도〉를 표지로 삼아야 한다. 표지가 분명치 않으면 사회는 혼란하게 될 것이다. 〈예〉란 [나라를 다스리는] 표지이다. 〈예〉에 위배되면 암흑시대가 되고, 암흑시대가 되면 크게 혼란해진다. 그러므로 〈도〉[의 모든 면]은 분명하게 하지 않으면 안 된다. 안과 밖은 그 표지를 달리해야 하고, 드러난 것과 드러나지 않는 것에도 일정한 원칙이 있어야 백성들이 함정[에 빠지는 재난]이 제거될 수 있게 된다. (「천론天論」)

[百王之無變, 足以爲道貫. 一廢一起, 應之以貫. 理貫, 不亂. 不知貫, 不知應變. 貫之大體未嘗亡也. 亂生其差, 治盡其詳. 故道之所善, 中則可從, 畸則不可爲, 匿則大惑. 水行者表深, 表不明則陷. 治民者表道. 表不明則亂. 禮者, 表也. 非禮, 昏世也. 昏世, 大亂也. 故道無不明. 外內異表, 隱顯有常, 民陷乃去.]

# 8. 도道에 허심虛心한 인식과 제자백가에 대한 비판

## 8.1) 여러 가지 〈가려짐〉[蔽]의 양상들

대개 사람의 문젯거리는 일면이 가리어져서 전체의 도리에 어두운 데 있다. 편벽된 인식이 바로잡히면 다시 정도[經]에 부합할 수 있다. [그러나] 두 마음으로 의심하면 착각이 있게 된다. 천하에는 두 가지 〈도〉가 있을 수 없고, 성인은 두 마음이 없다. 오늘날 제후들이 [나라마다] 행정 조치를 달리하고, 여러 학파는 [각기] 학설을 달리한다. 그 중에 반드시 어느 것은 옳고 어느 것은 틀린 것이며, 어느 것은 [사회를] 안정시킬 수도 있고, 어느 것은 혼란하게 할 수도 있다. 나라를 혼란하게 한 군주나 학파[家]를 어지럽힌 사상가들도 진실로 마음으로는 올바른 것을 추구하여 스스로 그렇게 한 것이라고 생각하지 않은 이들은 없었다. 이들은 〈도〉에서 어그러졌으나, 사람들은 이들이 편호偏好하는 것들에 미혹되었다.[7] 그들은 자신들이 쌓아온 것[지식]만을 편애하여 자신들에 대한 비평[惡]은 들을까 겁을 내며, 자기의 생각에 기울어져서 다른 학설을 보고서 그것의 좋음을 들을까 겁을 낸다. 이 때문에 〈치도治道〉를 떠나서 달려가지만, 자기를 옳다고 보고 멈추질 않는다. 이것이 어찌 한 면에 가려서 올바른 것을 추구하려는 뜻을 잃어버린 것이 아니겠는가! 마음이 작동하지 않으면 흰색과 검은색이 앞에 있어도 눈으로 보지 못하

7) 이 구절 '妬繆於道, 而人誘其所迨也' 에서 '妬繆於道' 는 〈"노' 를 누고서 남의 장점을 싫어하고, 자기의 잘못을 보지 못한다.〉의 뜻이다. 따라서 '〈도〉와 어긋난다.' 로 풀이될 수 있다. 〈迨〉는 〈近〉, 즉 〈好〉(좋아하다〉로 풀이해볼 수 있다. 李滌生, 『荀子集釋』, 臺北(學生書局), 1986, 472쪽, 주7 참조.

고, 천둥소리와 북소리가 옆에서 울려도 귀로 듣지 못한다. 하물며 마음이 가리어져 있는 경우라면 (판단 불능이다)! 〈도〉를 얻은 이를 나라를 어지럽히는 군주가 위에서 그를 비난하고, 한 쪽으로 가리어진 학파들이 아래에서 그를 비난하니, 어찌 슬프지 않은가!

가리어짐[蔽]이란, 좋아하는 것에 가리어지고 싫어하는 것에도 가리어지고, 시작에도 가리어지고 끝에도 가리어지고, 먼 것에도 가리어지고 가까운 것에도 가리어지고, 넓게 들은 것에도 가리어지고 옅은 견해에도 가리어지고, 옛날에도 가리어지고 지금에도 가리어진다. 만물은 천차만별이나 서로 가리어지지 않는 것이 없다. 이것이 사유의 일반적인 문젯거리이다. (「해폐解蔽」)

[凡人之患, 蔽於一曲, 而闇於大理. 治則復經, 兩則疑惑矣. 天下無二道, 聖人無兩心. 今諸侯異政, 百家異說, 則必或是或非, 或治或亂. 亂國之君, 亂家之人, 此其誠心莫不求正而以自爲也, 妬繆於道, 而人誘其所迨也. 私其所積, 唯恐聞其惡也. 倚其所私, 以觀異術, 唯恐聞其美也. 是以與治[道]離走而是已不輟也. 豈不蔽於一曲, 而失正求也哉! 心不使焉, 則白黑在前, 而目不見. 雷鼓在側而耳不聞. 況於蔽者乎! 德道之人, 亂國之君非之上, 亂家之人非之下, 豈不哀哉! 故爲蔽? 欲爲蔽, 惡爲蔽, 始爲蔽, 終爲蔽, 遠爲蔽, 近爲蔽, 博爲蔽, 淺爲蔽, 古爲蔽, 今爲蔽. 凡萬物異, 則莫不相爲蔽. 此心術之公患也.]

### 8.2) 마음에 가려짐이 없는 성군의 이상 정치

옛날 임금 중에 [마음이] 가리어진 사람이 하夏나라의 걸桀이고 은殷나라의 주紂이다. 걸왕은 말희末喜[왕비]와 사관斯觀[신하]에 가리어서 관용봉

關龍逢[충신]의 사람됨을 알지 못하여, 자신의 마음에 착각을 일으키어서 자신의 행동을 어지럽히었다. 主紂왕은 달기妲己[왕비]와 비렴飛廉[신하]에 가리어서 미자계微子啓[주왕의 형]의 사람됨을 알지 못하고 자신의 마음에 착각을 일으켜 자신의 행동을 어지럽히었다. 그래서 여러 신하는 충忠을 버리고 사리사욕을 일삼고, 백성들은 원망하고 비난하며 임금을 위해서 일에 진력하지 않았다. 현량賢良한 이들은 관직에서 물러나서 은둔하였다. 이것이 그들이 구주九州[즉 온 천하]를 잃고 종묘사직을 잃게 된 원인이다. 걸桀왕은 역鬲산에서 죽임을 당하고, 주紂왕은 목을 베이어 붉은 깃대에 매달리게 되었으나, 자기 스스로 그런 상황을 예견하지 못했고, 누구도 그를 간언하지 못했다. 이것은 가려지고 막힌 데서 온 재앙이었다. 탕湯임금은 걸왕을 거울삼아서 자신의 마음을 지키어 신중하게 나라를 통치하였다. 그래서 오래도록 이윤伊尹을 등용하였고 자신도 〈도〉를 잃지 않았다. 이것이 그가 하夏왕조를 대신하여 천하를 차지할 수 있었던 이유이다. 문文왕이 은殷의 주紂왕을 거울삼아 자신의 마음을 지키고 신중하게 나라를 다스렸다. 그래서 오래도록 여망呂望[즉, 姜太公]을 등용하였고 자신도 〈도〉를 잃지 않았다. 이것이 그가 은殷왕조를 대신하여 천하를 차지할 수 있었던 이유이다. 원방遠方에서 진귀한 물품을 바치지 않은 적이 없어서 눈으로 각양각색의 물건을 보고, 귀로 각양각색의 음악을 듣고, 입으로 각양각색의 맛을 보고, 몸은 가장 훌륭한 궁전에 거처하고, 이름마저 가장 훌륭한 칭호를 받았는데, 살아서는 세상 사람들이 그의 덕을 노래하고 죽어서는 온 세상이 애도했다. 무릇 이것을 가리켜 지극히 성대한 덕이라고 한다.

"봉황이 훨훨 춤을 추는데

날갯짓은 방패와 같고
아름다운 소리는 통소[簫]에서 나오는 듯
암수 서로 즐겁게 춤을 추어
임금님의 마음을 즐겁게 하네."

이 『시경』[의 노래]는 [마음이] 가리어지지 않음에서 오는 행복을 읊은 것이다. (「해폐解蔽」)

[昔人君之蔽者, 夏桀殷紂是也. 桀蔽於末喜斯觀, 而不知關龍逢, 以惑其心, 而亂其行. 紂蔽於妲己、飛廉, 而不知微子啓, 以惑其心, 而亂其行. 故群臣去忠而事私, 百姓怨非而不用, 賢良退處而隱逃. 此其所以喪九牧之地, 而虛宗廟之國也. 桀死於鬲山, 紂縣於赤斾. 身不先知, 人又莫之諫. 此蔽塞之禍也. 成湯監於夏桀, 故主其心而愼治之. 是以能長用伊尹, 而身不失道. 此其所以代夏王而受九有也. 文王監於殷紂, 故主其心而愼治之. 是以能長用呂望而身不失道. 此其所以代殷而受九牧也. 遠方莫不致其珍, 故目視備色, 耳聽備聲, 口食備味, 形居備宮, 名受備號, 生則天下歌, 死則四海哭. 夫是之謂至盛. 『詩』曰: "鳳凰秋秋, 其翼若干, 其聲若簫, 有鳳有凰, 樂帝之心!" 此不蔽之福也.]

## 8.3) '도'의 인식과 실천이 사회 안정[治]의 핵심이다

무엇이 저울질하는 기준인가? 〈도〉이다. 따라서 마음은 〈도〉를 모르면 안 된다. 마음이 〈도〉를 모르면 〈도〉를 부정하게 되고, 〈도 아닌 것〉[非道]을 긍정하게 된다. 사람들이 누구나 다 제멋대로 할 수 있는 [상황인]데도, 자기가 하고 싶지 않은 일은 해나가면서도 자기가 [정작]

하고 싶은 일을 못 하게 할 수 있겠는가? 만일 그[군주]가 〈도〉를 부정하는 마음을 가지고 인재를 선택한다면 필연적으로 〈도〉를 부정하는 사람과 투합하게 되지, 〈도〉를 지키는 사람과는 투합하지 못하게 된다. 〈도〉를 부정하는 마음과 〈도〉를 부정하는 사람이 함께 〈도〉를 지키는 사람을 따지는 것이 [사회를] 혼란하게 하는 근본이다. (「해폐解蔽」)

[何爲衡? 曰: 道. 故心不可以不知道. 心不知道, 則不可道, 而可非道. 人孰欲得恣, 而守其所不可, 以禁其所可? 以其不可道之心取人, 則必合於不道人, 而不合於道人. 以其不可道之心與不道人, 論道人, 亂之本也.]

우리는 이런 사실을 어떻게 알 수 있는가? 마음이 〈도〉를 안 뒤에 〈도〉를 긍정할 수 있다. 〈도〉를 긍정한 후에 〈도〉를 지킴으로써 〈도〉를 부정하는 것을 막을 수 있다. 〈도〉를 긍정하는 마음으로써 사람을 택한다면 〈도〉를 지키는 사람과 투합하고, 〈도〉를 지키지 않는 사람과는 투합하지 않게 된다. 〈도〉를 긍정하는 마음과 〈도〉를 지키는 사람과 더불어 〈도〉를 부정하는 사람을 따지는 것이 사회 안정의 핵심이다. 어찌 [남들이 자기의] 인물됨을 몰라본다고 걱정하겠는가? 그러므로 [사회] 안정의 핵심은 〈도〉를 아는 데 있다. (「해폐解蔽」)

[夫何以知? 心知道然後可道. 可道然後能守道以禁非道. 以其可道之心取人, 則合於道人, 而不合於不道之人矣. 以其可道之心與道人, 論非道, 治之要也. 何患不知? 故治之要在於知道.]

## 8.4) '도'의 인식조건: 마음이 비어 있고 하나로 집중하여 고요함[虛一而靜]

사람은 어떻게 〈도〉를 알 수 있는가? 마음으로 안다. 마음은 어떻게 〈도〉를 알 수 있는가? 마음을 비우고 하나에 집중하며 고요하게 하면 된다. 마음속에 기억한 것이 없을 수는 없다. 그러나 [선입견에 좌우됨이 없이] 이른바 '허심' 할 수 있는 것이다. 마음은 [이리저리] 갈리지 않은 적이 없다. 그러나 이른바 '하나' 로 집중할 수도 있다. 마음은 동요되지 않는 적이 없다. 그러나 이른바 '고요할' 수도 있다. 사람은 나면서부터 지각할 수 있다. 지각하면 기억[志]하게 된다. 기억하면 [마음속에] 저장하게 된다. 그러니 '허심' 할 수 있다. 이미 기억하고 있는 것으로 앞으로 받아들일 인식을 방해하지 않는 것을 허虛라고 한다. 사람은 나면서부터 지각할 수 있고, 지각할 수 있으면 [사물들이] '같지 않음' [異, 상이성]을 알 수 있다. 상이성이란 [다른 사물들을] 동시에 함께 아는 것이다. 동시에 함께 안다는 것은 [마음이] 둘인 셈이다. 그러나 [마음은] 이른바 '하나' 이다. 저 사물에 대한 인식으로 이 사물에 대한 인식을 방해하지 않는 것이 '하나' 인 것이다. 마음이란 잠들면 꿈을 꾸고 집중하지 않으면 제멋대로 하나, [제대로] 부리면 사유작용을 한다. 그러므로 마음은 동요하지 않는 적이 없다. 그러나 [마음은] 이른바 '고요' [靜]할 수 있다. 꿈속에서의 상상과 번잡한 사려로써 인식을 방해하지 않는 것이 [마음의] '고요함' [靜]이다. 아직 〈도〉를 인식하지 못했으나 〈도〉를 추구하는 사람은 〈마음을 비우고 하나로 하여 고요하게 함〉[虛一而靜]을 [도를 인식하는] 준칙으로 삼아야 한다. 장차 〈도〉를 추구하는 사람은 마음을 비우면 〈도〉에 들어갈 수 있고, 앞으로 〈도〉를 배우려는 사람은 마음을 전일專一하게 하면 〈도〉를 인식할 수 있고, 앞으로 〈도〉를 사려思慮하려는 사람은 마음을 고요하게 하면 〈도〉를 사세히 일 수 있다. 〈도〉를 인식하여 분명하게 알고, 〈도〉를 인식하여 실천할 줄 아는 이는 〈도〉를 체득한 사람이다. 마음을 비우고 하나로 하여 고요하게 됨이란 [마음이] 아주 맑고 밝다는 말이다. (「해폐解蔽」)

[人何以知道? 曰: 心. 心何以知? 曰: 虛壹而靜. 心未嘗不藏也, 然而有所謂虛. 心未嘗不兩也, 然而有所謂一. 心未嘗不動也, 然而有所謂靜. 人生而有知, 知而有志. 志也者, 藏也. 然而有所謂虛. 不以所已藏害所將受謂之虛. 心生而有知, 知而有異. 異也者, 同時兼知之. 同時兼知之, 兩也. 然而有所謂一. 不以夫一害此一謂之壹. 心, 臥則夢, 偷則自行, 使之則謀. 故心未嘗不動也. 然而有所謂靜. 不以夢劇亂知謂之靜. 未得道而求道者, 謂之虛壹而靜, 作之則. 將須道者, 虛壹而靜, 謂之大淸明.]

### 8.5) 마음에 가려짐이 없는 신하들의 명리名利와 행복

옛날 신하 중에 [마음이] 가리어진 사람으로는 [전국시대 송宋 강康왕의 신하] 당앙唐鞅과 [춘추시대 진晋 헌공獻公의 서자庶子] 해제奚齊가 있다. 당앙은 권세욕에 어두워 [재상인] 대자戴子(즉, 대환戴讙)를 내쫓고, 해제는 임금 자리에 어두워 태자인 신생申生을 죄에 빠뜨렸다. 당앙은 송宋에서 죽임을 당하고, 해제는 진晋에서 죽임을 당했다. [당앙은] 어진 재상을 내쫓고, [해제는] 효자인 형을 죄에 연루시켰으나, 자신들도 죽임을 당하게 되었다. 그러나 이것을 미리 알지 못했다. 이것은 [마음이] 가리어진 데서 오는 화근이었다. 그러므로 탐욕, 배반, 권력투쟁 때문에 위태롭게 되고 욕을 보고 멸망당하지 않은 사람은 예로부터 지금까지 아직 있어 본 적이 없다.

[제齊 환공桓公의 신하] 포숙鮑叔, 영척甯戚, 습붕隰朋은 인자하고 지혜롭고 [마음이] 가려져 있지 않았다. 따라서 관중管仲을 지지할 수 있었으니 그들의 명리名利와 복록이 관중과 같게 되었다. 소공召公과 여망呂望은 인자하고 지혜롭고 [마음이] 가려져 있지 않아서 주공周公을 지지할 수 있어서 그들의 명리와 복록이 주공과 같게 되었다. 전해오는 말에 (의하면), "어진 이를 알아봄이 '밝은 지혜' [明]이고, 어진 이를 돕는 것이 능력[能]이다. 이에 대해 힘써 노력한다면 자신의 행복은 반드시 오래갈 것이다."라는 것은 이를 말한다. 이것은 마음이 가리어지지 않은 데서 온 행복이다. (「해폐解蔽」)

[昔人臣之蔽者, 唐鞅奚齊是也. 唐鞅蔽於欲權而逐載子. 奚齊蔽於欲國而罪申生. 唐鞅戮於宋, 奚齊戮於晉. 逐賢相而罪孝兄, 身爲刑戮. 然而不知. 此蔽塞之禍也. 故以貪鄙、背叛、爭權而不危辱滅亡者, 自古及今, 未嘗有之也. 鮑叔、甯戚、隰朋仁知且不蔽, 故能持管仲, 而名利福祿與管仲齊. 召公、呂望仁知且不蔽, 故能持周公而名利福祿與周公齊. 傳曰: "知賢之謂明, 輔賢之謂能. 勉之彊之, 其福必長." 此之謂也. 此不蔽之福也.]

## 8.6) 제자백가에 대한 비판

만물은 〈도〉의 일부분이고, 한 개체[一物]는 만물의 일부분이다. 어리석은 자는 한 개체의 한 부분만을 알고서 스스로 〈도〉를 알았다고 하나, 이것은 알지 못하는 것이다. 신도愼到(약 전395-전315)는 일의 〈뒷면〉[後] 만을 보고 일의 〈앞면〉[前]을 보지 못했고, 노자老子는 일의 〈소극消極〉[屈]의 측면을 보았지 〈적극積極〉[伸]의 측면을 못 보았고, 묵자墨

子는 평등[齊]의 측면만을 보았지 차등[畸]의 측면을 못 보았고, 송자[송견宋鈃]는 과욕寡慾의 측면만을 보았지 다욕多欲의 측면을 보지 못했다. 뒷면만 있고 앞면이 없으면 군중들이 들어갈 문이 없게 되고, 〈소극〉의 측면만 있고 〈적극〉의 측면이 없으면 귀천이 구분되지 않고, 평등만 있고 차등이 없으면 행정명령이 시행되지 않고, 과욕만 있고 다욕多欲이 없으면 군중이 교화되지 않는다. 『서경書經』[「홍범洪範」 편]에 "편벽되게 좋아하지 말고 성왕의 〈도〉를 준수하고, 편벽되게 증오하지 말고 성왕의 도를 따라라!"하는 것은 바로 이 점을 말한 것이다. (「해폐解蔽」)

[萬物爲道一偏. 一物爲萬物一偏. 愚者爲一物一偏, 而自以爲知道, 無知也. 愼子有見於後, 無見於先. 老子有見於詘, 無見於信[伸]. 墨子有見於齊, 無見於畸. 宋子有見於少, 無見於多. 有後而無先, 則群衆無門. 有詘而無信, 則貴賤不分. 有齊而無畸, 則政令不施. 有少而無多, 則群衆不化. 『書』曰: "無有作好, 遵王之道! 無有作惡, 遵王之路!" 此之謂也.]

### 8.7) 제자백가들의 일면적 인식과 공자의 〈가림 없는〉 인식

옛날 제후에게 유세하던 빈객 중에 마음이 가리어진 이들은 [편면적 관점에] 사로잡힌 사상가들이다. 묵자墨子는 실용에 사로잡혀 [예악의] 문화[文]를 몰랐고, 송자[송견宋鈃]는 욕망[의 문젯거리]에 사로잡혀서 [적절한 욕망의] 충족을 몰랐고, 신자愼到(약 전395-전315)는 법法[의 객관성]에 사로잡혀 현인賢人[의 능동성]을 몰랐고, 신자[신불해, 申不害, 약 전385-전337]는 권세[勢]에 사로잡혀서 인간 지식[知의 중요성]을 몰랐고, 혜자[혜시, 惠施]는 논리적 명제[辭]에 사로잡혀서 사물의 실정을 몰랐고, 장자莊子는 자연세계[天]에 사로잡혀 인간세계[人]를 알지 못했다. 따라서 실용의 입장에서 〈도〉를 말하니 [세상 사람들은] 다 공리功利를 추구하고, 욕欲의 입장에서 〈도〉를 말하니 다 욕망 충족을 추구하고, 법의 입장에서 〈도〉를 말하니 모두 다 법률 조문[數]을 찾게 되고, 권세의 입장에서 〈도〉를 말하니 모두 다 방편을 좇게 되고, 논리의 입장에서 〈도〉를 말하니 변론을 좇고, 자연의 입장에서 〈도〉를 말하니 [자연에] 내맡김[因順]을 따른다. 이렇게 열거된 몇 가지는 〈도〉의 일부분일 뿐이다. 무릇 〈도〉란 그 자체는 불변하지만, 사물의 모든 변화를 다 하는 것이기 때문에, 일부분으로는 〈도〉를 포괄할 수 없다. 왜곡되게 아는 사람은 〈도〉의 한 단면만을 보기 때문에, [도를] 인식했다고 할 수 없다. 따라서 [왜곡된 인식을] 충족한 것으로 여겨서 꾸며대어서, 안으로는 자기 자신을 어지럽히고, 밖으로는 사람들에게 착각을 일으키게 하고, 위에서는 이로써 아랫사람을 가리고, 아래에서는 이로써 윗사람을 가리는 것이다. 이것은 가리는 데서 오는 불행[禍]이다. (「해폐解蔽」)

[昔賓孟之蔽者, 亂家是也. 墨子蔽於用而不知文. 宋子蔽於欲而不知得. 愼子蔽於法而不知賢. 申子蔽於勢而不知知. 惠子蔽於辭而不知實. 莊子蔽於天而不知人. 故由用謂之道, 盡利矣. 由俗[欲]謂之道, 盡嗛矣. 由法謂之道, 盡數矣. 由勢謂之道, 盡便矣. 由辭謂之道, 盡論矣. 由天謂之道, 盡因矣. 此數具者, 皆道之一隅也. 夫道者, 體常而盡變, 一隅不足以擧之. 曲知之人, 觀於道之一隅而未之能識也. 故以爲足而飾之, 內以自亂, 外以惑人, 上以蔽下, 下以蔽上. 此蔽塞之禍也.]

공자는 인자하고 지혜롭고 마음이 가리어지지 않았다. 따라서 나라를 다스리는[8] 학술을 배워서 '옛날의 이상적 임금[先王]' 들에 비견할 수 있었다. 이 한 사상가(즉, 공자)만은 전체적인 도를 얻어서 그것대로 행하였으니, [공자만은] 이미 쌓은 지식에 가리어지지 않았다. 그러므로 덕이 주공周公과 같고, 명성은 삼대의 제왕[9]과 나란히 일컬어지니, 이것은 마음이 가리어지지 않은 데서 오는 복록이다. (「해폐解蔽」)

[孔子仁知且不蔽, 故學亂術足以爲先王者也. 一家得周道, 擧而用之, 不蔽於成積也. 故德與周公齊, 名與三王竝. 此不蔽之福也.]

성인은 〈사유〉[心術]의 문젯거리를 알고 있고, 마음이 가려지고 막히는 것의 폐해를 보고 있다. 따라서 좋아하는 것에도 싫어하는 것에도 [마음이] 매이지 않고, 시작에도 끝남에도 매이지 않고, 가까움에도 멀음에도 매이지 않고, 넓게 앎에도 얕게 앎에도 매이지 않고, 옛날에도 오늘에도 매이는 일이 없다. 만물을 모두 배열하여 놓고 그 가운데에 저울대[기준]를 세운다. 그러므로 각종의 상이성들이 서로 [올바른 인식을] 가려서 그 질서를 어지럽힐 수 없는 것이다. (「해폐解蔽」)

[聖人知心術之患, 見蔽塞之禍. 故無欲, 無惡, 無始, 無終, 無近, 無遠, 無博, 無淺, 無古, 無今. 兼陳萬物而中縣衡焉. 是故衆異不得相蔽以亂其倫也.]

### 8.8) 마음이 〈아주 맑고 밝은〉 경지에 오른 〈위대한 인간〉[大人]의 세계

---

8) 이 구절 〈故學亂術足以爲先王者也〉에서 〈亂〉은 〈다스리다〉의 의미로 쓰인 것이다. 고문헌에서 〈亂〉은 때때로 〈治〉 또는 〈理〉의 의미로 통용되기도 한다.

9) 하夏의 우禹왕, 은殷의 탕湯왕 및 주周의 문文왕과 무武왕 등을 말함.

[마음이 〈아주 맑고 밝은〉[大淸明의] 경지에 이르면] 모든 사물의 형태가 변별되지 않는 것이 없고, 변별되고서는 종류대로 배열되지 않는 것[10]이 없고, 종류대로 배열되고서는 자기 위치를 잃는 것은 없다. [마음이 〈아주 맑고 밝은〉 경지에 오른 사람은] 방안에 앉아서도 온 세상일을 내다 볼 수 있고, 현재에 살면서 아득한 과거를 논할 수 있으며, 만물을 통관通觀하여 그것의 실정을 알 수 있고, 사회의 안정과 혼란을 고찰하여 그 법도에 환하게 통하며, 천지天地를 경륜하여 만물들을 이용하고[11] [자연과 사회를 총괄하는] 커다란 이치를 장악하니 우주 삼라만상이 모두 질서 지워진다. 이처럼 인식능력이 넓고 넓으니 누가 그것의 한계를 알겠는가! 더없이 높고 크니 누가 그것의 덕을 알겠는가! 물이 끓듯 활발히 작용하니, 누가 그것의 모습을 알겠는가! 지혜의 빛이 해와 달에 짝하고 지혜의 광대함이 온 우주에 가득 차 있다. 이런 사람은 정말로 '위대한 사람[大人]' 이로다! 어찌 마음에 가려진 것이 있을 것이냐! (「해폐解蔽」)

> [萬物莫形而不見, 莫見而不論, 莫論而失位. 坐於室而見四海. 處於今而論久遠, 疏觀萬物而知其情, 參稽治亂而通其度, 經緯天地而材官萬物, 制割大理, 而宇宙理矣. 恢恢廣廣, 孰知其極! 睪睪廣廣, 孰知其德! 涫涫紛紛, 孰知其形! 明參日月, 大滿八極. 夫是之謂大人! 夫惡有蔽矣哉!]

---

10) 이 구절 〈莫見而不論〉에서 〈論〉은 〈倫〉, 즉 〈같은 부류〉의 뜻이다. 여기서는 〈부류에 속하여 순서가 배열되다.〉는 뜻이다. 『荀子新注』, 422쪽, 주17 참조.

11) 여기 〈財官萬物〉에서 〈財〉는 〈裁〉의 뜻이고 〈官〉은 〈管理〉, 〈利用〉의 뜻이다. 위와 같음. 주18 참조.

## 〈참고문헌〉

『荀子』(『荀子柬釋』), 梁啓雄撰, 臺北: 河洛圖書出版社, 1974;
『荀子』(『荀子簡釋』), 梁啓雄撰, 臺北: 木鐸出版社, 1983;
『荀子』(『荀子集釋』), 李滌生著, 臺北: 臺灣學生書局, 1986;
『荀子』(『荀子新注』), 楊正翠 등 校對, 臺北: 里仁書局, 1983;
『荀子』(『荀子簡注』), 章詩同注, 上海: 人民出版社, 1974;
『荀子』(『荀子今註今譯』), 熊公哲註譯, 臺北: 臺灣商務印書館, 1984;
『시경』, 이상진, 이준녕, 황송문 解譯, 서울: 자유문고, 1994;
『今古文尚書全譯』, 江灝, 錢宗武譯注, 貴陽: 貴州人民出版社, 1990.

# 제 16 장

# 추연鄒衍의 역사발전 순환론

추연鄒衍(약 전305-전204)은 전국시대 말기 제齊나라 직하稷下 학파에서 활동했던 대표적 학자 중의 한 사람이다. 사마천司馬遷(전145-전86)에 의하면, 그는 맹자 이후의 인물로서, 그의 학설이 많은 제후국에 알려져서 각국의 제후들로부터 융숭한 대접을 받았다고 한다. 그의 저작으로는 『한서漢書』, 「예문지藝文志」에 『추자鄒子』 49편과 『추자종시오덕鄒子終始五德』 56편이 기록되어 있으나 모두 일실逸失되어 전해지지 않고 있다. 그의 학설의 단편들은 주로 『사기史記』의 「맹자순경열전孟子荀卿列傳」, 그리고 『여씨춘추呂氏春秋』 「응동應同」 편 등에 부분적으로 보인다.

추연의 역사발전론의 핵심은 요컨대 '오덕종시五德終始' 설, 즉 '오행상승五行相勝' 설이라 하겠다. 『문선文選』의 「직도부稷都賦」에 나타난 주석에는 유향劉向(전77-전6)의 『칠략七略』을 이용한 다음과 같은 구절이 있다:

"추연鄒衍의 종시오덕終始五德의 [순서는] 이길 수 없는 것이 뒤에 온다. 토덕土德 뒤에는 목덕木德이 이어지고, 금덕金德이 그 다음이고, 화덕火德이 그 다음이고, 수덕水德이 그 다음이다."[1]

이것이 이른바 '오행상승' 설의 순서이다. 오덕五德, 즉 오행五行은 원래 인간의 일상생활에 필요한 생활 자료로서 오재五材의 뜻이 있다. 물불[水火]은 생활의 기본조건을 형성하는 것이요, 나무[木]는 주로 목제의 농기구, 쇠붙이[金]는 청동의 도구(특히 무기 등), 그리고 흙[土]은 인간이 농경생활을 하는 터전인 대지大地를 가리킨 것이다. 고대 중국인들의 소박한 생각으로는, 나무[木]로 된 농기구로 흙[土]을 일구니 나무가 흙을 이긴다[木勝土]고 생각했고, 청동기 같은 쇠붙이[金]로 된 칼로 나무[木]를 벨 수 있으니 쇠붙이가 나무를 이긴다[金勝木]고 생각했고, 불[火]이 쇠붙이[金]를 용해하기에 불이 쇠붙이를 이긴다[火勝金]고 생각했고, 불[火]을 끄는 것은 물[水]이니 '물이 불을 이긴다[水勝火]' 라고 생각한 것 같다. 이렇게 자연현상을 관찰하여 얻은 물질 상호간의 세력발전에 관한 소박한 인식을 아마도 추연은 인간 역사를 지배하는 왕조세력["治"]의 흥망성쇠의 법칙으로 연역한 것 같다.

이와 같은 추연의 '오덕종시' 론은, 오덕五德의 세력이 각기 순차적으로 끝나면 다시 시작함[終而復始]이라는 결정론적 역사순환론을 의미한다. 이 이론은 천명天命의 무상함을 말하며, 그 당대까지의 중국 역사는 황제黃帝[土], 우왕禹王[木], 탕왕湯王[金] 및 문왕文王[火]이라는 네 선왕이 천명에 따라 순차적으로 지배해 왔으며, 앞으로 나타날 '신왕新王' 은 반드시 하늘로부터 수덕水德의 징표[符]를 받을 것으로 보았다. 그리고 그 '신왕' 은 또한 수덕의 성질에 따라 예식, 제도, 법제 등등의 면에서

1) "鄒子有終始五德, 從所不勝: 土德後, 木德繼之, 金德次之, 火德次之, 水德次之.", 『文選』, 「魏都賦」 注에 인용된 유향劉向의 『七略』 부분.

흑색을 숭상해야 하고, 그의 치적은 반드시 수덕의 방식으로 해나가야만 한다고 주장하였다.

이 이론이란 춘추전국 시대 말기, 즉 실제로 진秦에 의한 중국의 통일을 눈앞에 두고, 이미 허수아비가 된 주周왕조의 존재를 대체할 전혀 새로운 통일국가의 출현을 역사 필연적으로 설명하려는, 요컨대, 일종의 강력한 '역사발전론'의 표현이라고 볼 수 있다. 이 이론은 또한 '새로운 왕'[新王] 출현의 징표에 관한 절대 절명한 조건으로 천명天命의 계시를 들고 있고, 이런 계시적 천명의 이름으로 새롭게 출현하는 신왕의 통치권위에 절대성을 부여하려는 권위적인 수단을 실제로 제공해주고 있다고 보여진다.

현대인의 눈으로 보면 하나의 미신에 불과한 이 오덕종시설에 따라서 기원전 221년에 드디어 천하를 통일한 진시황秦始皇(전246-전210 통치)은 천명을 받은 〈신왕〉으로서 중국 역사상 처음으로 대대적인 제도의 개혁을 단행하였다. 그러나 진시황의 엄격한 독재정치는 엄청난 사회적 파탄을 가져왔다.[2] 이 결과 드디어 진秦제국의 멸망과 함께 새로운 대

2) 당시 진秦제국의 인구는 약 2,000만 내외였는데, 궁성과 능묘陵墓의 건축에 징발당한 사람이 150만이요, 전투요새지인 오령五嶺에 술수戍守하는 이가 50만이었고, 흉노匈奴를 방어하기 위해 쌓고 있던 만리장성을 축조하는 데 또한 수십만이 동원됐으니, 모든 인구의 1/10 이상이 몇 년 몇 개월 동안 무상강제노역에 종사하였다. 그 밖에 상상을 초월하는 거대한 궁전, 그것의 전전前殿에 불과한 아방궁阿房宮은 동서 500보步, 남북 50장丈, 그 위에 만인萬人이 앉을 수 있고, 아래에 오장기五丈旗를 세울 수 있다 했으니, 그 엄청난 크기를 짐작할 수 있다. 여산驪山 북쪽의 그의 능묘는 높이가 50여 장丈이요 주위가 5리里가 넘는 규모와 그 내부의 사치는 말할 수가 없었다. 여기에 동원된 죄인과 노예만도 70만이 넘는다. 진시황은 당시 그를 비방하는 유생儒生과 비판적인 사상을 압살하기 위해 분서갱유焚書坑儒를 단행하였다. 楊寬, 『戰國史』, 上海, 1980, 397-8 쪽과 『史記』, 「진시황본기秦始皇本紀」 참조.

규모의 농민전쟁이 야기되었다. 이러한 비참한 상황에서 한초漢初의 황제들은 황노사상黃老思想에 기초하는 이른바 '무위無爲'의 통치를 통하여 민생의 안정에 힘을 쏟았다. 그리고 당대에 현실적으로 통용되고 있는 법령 및 제도는 진秦나라의 그것들을 그대로 답습한 것이며, 이 진秦제국의 법은 도덕도 이상도 없는, 오직 인민을 속박하는 폭력이 구체화된 것이기 때문에, 한漢초의 공양公羊학파에 의해서 그것은 반드시 개제改制[즉 개혁]하지 않으면 안 되는 것으로 보였다. 따라서 한 무제武帝(전140-전87 통치) 때에 공양가公羊家, 특히 동중서董仲舒(전179-전104)는 '개제改制'를 부르짖기에 이른 것이다. 이에 동중서는 추연의 '오덕종시'설을 개조하여 '삼통三統'설을 제창함으로써 한漢 제국의 역사적 정당성을 도모하려고 하였다.

이렇게 추연의 '오덕종시설'은 동중서의 사상형성에 상당한 영향을 끼치게 되었다. 중국 고대의 소박한 자연관[오행사상]에 신비주의적 색채를 가미한 추연의 오행학설이 지상의 통치권자[新王]의 출현에 '천명의 부응'을 강조함으로써, 그 이론은 결국 동중서의 신비주의적인 '천인감응天人感應'론으로 하여금 급기야 한대漢代의 전체 사상계를 지배하게끔 하는 기틀을 마련해준 셈이다. 물론 추연의 이런 신비주의적인 오행학설이나 그것에 기반을 둔 동중서의 '음양재이陰陽災異'설은 나중에 후한後漢의 왕충王充(27-97) 등의 비판을 받아서 그 중요성이 크게 감소되었다. 그러나 이런 신비적 음양오행 사상은 도교道敎 계통의 『주역참동계周易參同契』나 한의학술의 원론인 『황제내경黃帝內經』 등으로 확산擴散되어서, 중국 전통문화 전체에서 광범위한 영향력을 현재에 이르기까지 미치고 있다고 하겠다.

## 1. 추연鄒衍 학술의 출발점과 특징

제齊나라에 세 명의 추자鄒子가 있었다. 첫째가 추기鄒忌이니 거문고[琴]의 연주로 위왕威王(약 전378-전320)에게 등용되어, 이에 나라의 정치까지 하게 되니, 성후成侯로 봉해져서 재상까지 되었다. 그는 맹자보다 앞선다. 그 다음이 추연鄒衍(전305-전240)이니, 맹자보다 후대의 [인물]이다. 추연은 당시 국가를 가진 자가 더욱 음란하고 사치하여 덕을 숭상할 수 없음을 보고, (『시경詩經』)「대아大雅」의 정신으로 자기 수양을 한 다음에 그것을 백성에게까지 미치었다. 이에 음양이 변화하는 이치를 깊이 관찰하여 괴이한 변화를 말하니,「종시終始」,「대성大聖」등 [그의 저술은] 십여 만萬자가 된다. (『사기』,「맹자순경열전孟子荀卿列傳」)

> [齊有三鄒子. 其前鄒忌, 以鼓琴干威王, 因及國政, 封爲成侯而受相印, 先孟子. 其次鄒衍, 後孟子. 騶衍睹有國者益淫侈, 不能尙德. 若〈大雅〉整之於身, 施及黎庶矣. 乃深觀陰陽消息, 而作怪迂之變,「終始」,「大聖」之篇十餘萬言.]

그의 말은 과장되어 황당하였으나, 반드시 먼저 작은 것에서 실험하여 큰 것으로 추론하여 끝없이 나아갔다. 먼저 현재를 서술하고 황제黃帝[시대]로 거슬러 갔으니, [이는 당시의] 학자들이 함께 논의하던 바이나, [추연은] 각 시대의 성쇠를 언급하고 그 길흉화복의 정도를 기록함으로써 먼 것에까지 미루어가서, 천지가 아직 생겨나기 이전의 아득하여 고증할 수 없는 근원에까지 이르렀다. [그는] 먼저 중국의 명산, 대천, 큰 계곡, 새와 짐승, 하천과 각 지역에서 자라나는 [산물]과 진귀한 물건을 열거한 후, 이것을 통하여 사람들이 볼 수 없었던 해외의 사정까지를 추론하였다. 또 그는 천지가 생겨난 이래 모든 사물은 오덕五德[즉 五行]의 [반복으로] 옮겨 가면서, 그 다스림[治]에는 각각 적절함[宜]이 있었으며 또한 표징[符]이 각각에 상응했음을 말하였다. (『史記』, 「孟子荀卿列傳」)

[其言閎大不經, 必先驗小物, 推而大之, 至於無垠. 先序今以上至黃帝, 學者所共術, 大并[傍]世盛衰, 因載其禨祥度制, 推而遠之, 至天地未生, 窮冥不可考而原也. 先列中國名山大川通谷禽獸, 水土所殖, 物類所珍, 因而推之, 及海外, 人之所不能睹. 稱引天地剖判以來, 五德轉移, 治各有宜, 而符應若玆.]

## 2. 당대 공자나 맹자보다 월등했던 추연의 영향력

왕공대인이 처음 그의 학설을 듣고 모두 감격하고 놀라 그의 영향을 받았으나, 결국 그 가르침을 실행에 옮기지는 못하였다. 그래도 추연은 제齊나라에서 존중을 크게 받았다. 그가 양梁나라에 갔을 때 혜왕惠王이 교외까지 나와 그를 마중하고 손님과 주인의 예를 갖추어 대하였다. 조趙나라에 갔을 때는 평원군平原君이 그의 곁을 따라다니고 그를 위해 자리를 닦아주기도 하였다. 연燕나라에 갔을 때는 소왕昭王이 빗자루를 들고 그의 앞길을 쓸고 제자의 자리에 앉아 배우기를 청하였으며, 갈석궁碣石宮을 지어주고 몸소 찾아가 그를 선생으로 모셨다. 그는 「주운主運」 편을 지었다. 그가 제후들에게 유세하면서 이와 같은 존경을 받았으니, 공자가 진陳과 채蔡나라 사이에서 양식이 떨어져 굶주리고, 맹자가 제나라와 양나라 사이에서 어려움을 당한 것과 어찌 비교할 수 있겠는가? (『사기』, 「孟子荀卿列傳」)

[王公大人初見其術, 懼然顧化, 其後不能行之. 是以騶子重於齊. 適梁, 惠王郊迎, 執賓主之禮. 適趙, 平原君側行襒席. 如燕, 昭王擁彗先驅, 請列弟子之座而受業, 築碣石宮, 身親往師之. 作〈主運〉. 其游諸侯見尊禮如此, 豈與仲尼菜色陳蔡, 孟軻困於齊梁同乎哉!]

그러므로 주周나라의 무왕武王이 인의로써 주紂를 쳐서 왕이 되었을 때, 백이伯夷는 주나라의 곡식을 먹지 않고 굶어 죽었다. 위衛 영공靈公(전540-전493)이 군사에 관해 물었을 때, 공자는 대답하지 않았고, 양 혜왕惠王(전400-전319)이 조趙나라를 공격하고자 하였을 때, 맹자는 태왕太王이 빈邠을 떠나서 전쟁을 피한 것을 오히려 칭찬하였다. 그들은 세상에 아첨하거나 구차하게 영합할 뜻이 없었다. 네모난 촉꽂이를 둥근 구멍에 끼워 넣으려고 한들 가능하였겠는가?

어떤 사람은 이렇게 말하였다:

"이윤伊尹이 솥을 지고서 요리사가 되어 탕湯을 도와 왕王이 되게 하였고, 백리혜百里奚가 수레 아래에서 소를 먹였으나 [진秦] 목공穆公(전683-전621)은 그를 등용하여 패업을 이루었다. 이들은 먼저 군주의 마음을 얻은 다음에 대도大道로 인도한 것이다. 추연의 말은 비록 정도正道에는 벗어났으나 아마도 또한 큰 그릇[牛鼎][3]이 아니었을까?" (『사기』, 「孟子荀卿列傳」)

[故武王以仁義伐紂而王, 伯夷餓不食周粟. 衛靈公問陣, 而孔子不答. 梁惠王謀欲攻趙, 孟軻稱太王去邠. 此豈有意阿世俗苟合而已哉! 持方

3) 牛鼎은 소 한 마리를 삶을 수 있는 큰 솥이다. 큰 재목을 말함. 보통 '우정牛鼎팽계烹鷄'는 큰 인물을 제대로 못 쓴 것을 비유하는 말이다.

枘欲內圜鑿, 其能入乎? 或曰: "伊尹負鼎而勉湯以王, 百里奚飯牛車下而繆公用霸. 作先合, 然後引之大道. 騶衍其言雖不軌, 儻亦有牛鼎之意乎?]

## 3. 중국中國 중심의 협소한 지리적 세계관의 무한확장

[추연은] 유가儒家에서 말하는 '중국'이란 천하에 81분의 1에 지나지 않는다고 생각했다. 중국을 적현신주赤縣神州라고 한다. 이 적현신주 안에는 본래 9주州가 있다. 이것은 우禹임금이 배열한 것으로서, 보통 말하는 9주에는 포함될 수 없다. 중국 밖에 적현신주赤縣神州만한 크기의 주州가 9개가 있는데, 이를 9주州라 한다. 여기에서 각 주는 모두 작은 바다로 둘러싸여 있기에 사람이나 짐승들이 다른 주에 갈 수가 없으니, 한 구역 안에 있는 것이 바로 하나의 주州가 되는 것과 같다. 이러한 주가 9개가 있고, 더욱 큰 바다로 둘러싸여 있는데, 이것이 천지天地의 끝이다. 추연의 학설은 모두 이런 식이다. 그러나 그의 궁극적 결론은 인의仁義와 절검節儉, 군신, 상하, 육친六親의 관계를 말한 것이었으며, 이를 위해 처음에 장황한 설명을 했을 뿐이다. (『사기』, 「孟子荀卿列傳」)

[以爲儒者所謂中國者, 於天下乃八十分居其一分耳. 中國名曰赤縣神州. 赤縣神州內自有九州, 禹之序九州是也, 不得爲州數. 中國外如赤縣神州者九, 乃所謂九州也. 於是有裨海環之, 人民禽獸莫能相通者, 如一區中者, 乃爲一州. 如此者九. 乃有大瀛海環其外, 天地之際焉. 其術皆此類也. 然要其歸, 必止乎仁義節儉, 君臣上下, 六親之施, 始也濫耳!]

## 4. '오덕종시五德終始' 설: 결정론적인 역사순환론

무릇 제왕帝王이 장차 일어나려고 할 때 하늘은 반드시 먼저 하민下民들에게 상서로운 징조를 보인다. 황제黃帝 때에는 하늘이 큰 지렁이와 큰 땅강아지를 보여주었다. 황제는 "땅의 기[土氣]가 우세하다!"라고 말하였다. 땅의 기가 우세하므로 그 색깔은 노란색을 숭상하였고, 그 직무는 흙[土]을 본보기로 하였다. 우禹임금 때에는 하늘이 먼저 가을과 겨울에는 초목을 죽이지 않음을 보여주었다. 우임금은 "나무의 기[木氣]가 우세하다!"라고 말하였다. 나무의 기가 우세하므로 그 색깔은 푸른색을 숭상하였고, 그 직무는 나무를 본보기로 하였다. 탕湯임금 때에는 하늘이 먼저 물속에서 칼날이 나오는 것을 보여주었다. 탕임금이 이것을 보고 "쇠의 기[金氣]가 우세하다!"라고 말하였다. 쇠의 기가 우세하므로 그 색깔은 흰색을 숭상하였고, 그 직무는 쇠를 본보기로 하였다. 문文왕 때에는 하늘이 먼저 불[火]을 보이시니, 붉은 까마귀가 붉은 책을 입에 물고 사직에 모이는 것을 보였다. 문왕은 "붉은 기[火氣]가 우세하다!" 라고 말했다. 불의 기가 우세하므로 그 색깔은 붉은색을 숭상하였고, 그 직무는 불을 본보기로 하였다. 불을 대신할 수 있는 것은 반드시 물[水]일 것이다. 하늘이 장차 물의 기[水氣]가 우세함을 보일 것이다. 물의 기가 우세하므로 그 색깔은 흑색을 숭상하고, 그 직무는 물을 본보기로 한다. 물[水]의 기가 이르렀는데도 사람들이 알지 못하면, 운수運數가 갖추어지면 또 땅[土]의 덕으로 옮겨갈 것이다. (『여씨춘추呂氏春秋』, 「응동應同」)

[凡帝王者之將興也，天必先見祥乎下民．黃帝之時，天先見大螾，大螻．黃帝曰："土氣勝!" 土氣勝，故其色尚黃，其事則土．及禹之時，天先見草木秋冬不殺．禹曰："木氣勝!" 木氣勝，故其色尚靑，其事則木．及湯之時，天先見金刃生於水．湯曰："金氣勝!" 金氣勝，故其色尚白，其事則金．及文王之時，天先見火赤烏銜丹書，集於周社．文王曰："火氣勝!" 火氣勝，故其色尚赤，其事則火．代火者必將水．天且先見水氣勝．水氣勝，故其色尚黑，其事則水．水氣至而不知，數備，將徙於土．]

하늘이 네 계절[四時]의 운행을 맡고 있지만, 세상 농민들의 구체적 일을 돕는 것은 아니다. 같은 종류의 사물은 서로 불러들이고, 기가 같은 것은 서로 화합하고, 소리가 서로 같은 것은 서로 감응한다. 궁宮음을 치면 [다른 비파의] 궁음이 감응하고, 각角음을 치면 각음이 감응한다. 평평한 땅에 물을 부으면 물은 습한 곳으로 흘러가며, 섶에 불을 지르면 불은 건조한 곳으로 옮겨간다. 산속의 구름은 무성한 풀과 같고, 물속에서 나오는 구름은 고기의 비늘과 같고, 건조한 구름은 불꽃과 같고, 빗속의 구름은 물결치는 것과 똑같다. 사물들은 [바야흐로] 일어날 것[현상]들과 서로 비슷한 것을 사람들에게 보여주지 않음이 없다. 그러므로 용龍으로 비를 부르며, 형체는 그림자를 따르는 것이다. 군대가 주둔한 곳은 [황폐해져] 반드시 가시가 돋아난다. 화복禍福의 근원을 사람들은 운명이라 여기니, 그것이 있는 곳을 어찌 알겠는가? (『여씨춘추』, 「應同」 편)

[大爲者時，則不助農於下．類同相召．氣同則合，聖比則應．鼓宮而宮動，鼓角而角動．平地注水，水流濕．均薪施火，火就燥．山雲草莽，水

雲魚鱗, 旱雲煙火, 雨雲水波. 無不皆類其所生以示人. 故以龍致雨, 以形逐影. 師之所處, 必生棘楚, 禍福之所自來, 衆人以爲命, 安知其所?]

## 5. 오덕종시설과 진시황秦始皇의 제도개혁

(진)시황(전259-전210)은 '오덕종시五德終始'의 순환론에 미루어서 주周왕조는 화덕火德이니 진秦은 주周나라의 덕德을 대신했다고 여겼으니, (이것은) 상승相勝설을 좇은 것이다. 바야흐로 수덕水德이 시작되었으니 연시年始를 바꾸어 조하朝賀는 모두 하력夏曆의 10월 1일로부터 하였다. 의복과 (외교사령이나 장군의) 징표와 깃발은 모두 검은색을 으뜸[上]으로 하였다. 수數는 6을 기준으로 하였으며, 징표와 법관의 크기는 모두 6치[寸], 그리고 가마는 6자[尺]이며, 6자가 1보步이고, 수레는 여섯 필의 말[馬]로 하였다. 황하黃河는 덕수德水로 이름을 고치니 수덕水德이 시작되었다고 여긴 것이다. [관리는] 의지가 강의剛毅하고 지독하여 사무는 모두 법에 따라 결정해야 하며, 인은仁恩과 화의和義를 없이 해야 오행五德의 수에 합치되는 것이다. 이에 법을 각박하게 다루니, (한번 잘못하면) 오랫동안 용서받지 못하였다. (『사기』, 「진시황본기秦始皇本紀」)

[始皇推終始五德之傳, 以爲周得火德, 秦代周德, 從所不勝. 方今水德之始, 改年始, 朝賀皆自十月朔. 衣服旄旌節旗皆上黑. 數以六爲紀. 符法冠皆六寸, 而輿六尺, 六尺爲步, 乘六馬. 更名河曰德水, 以爲水德之始. 剛毅戾深, 事皆決於法, 刻削毋仁恩和義, 然後合五德之數, 於是急法, 久者不赦.]

## 6. 동중서董仲舒의 '천인감응天人感應' 설에 나타나는 추연의 영향

동류同類는 상동하니, 말이 울면 말이 답하고 소가 울면 소가 답한다. …… 하늘[天, 자연세계]에는 음양이 있고, 사람[人, 인간사회]에도 또한 음양이 있다. 천지의 음기가 일어나면 '사람 세계(人)' 의 음기가 응하여 일어나고, 인의 음기가 일어나면 천지의 음기가 또한 응하여 일어난다. (『춘추번로春秋繁露』, 「동류상동同類相動」)

[類之相應而起也, 如馬鳴則馬應之, 牛鳴則牛應之. …… 天有陰陽, 人亦有陰陽. 天地之陰氣起, 而人之陰氣應之. 人之陰氣起, 而天地之陰氣, 亦應之而起.]

천하의 백성 모두가 마치 부모에게 대하듯이 한마음으로 귀순하면 천天이 감동하여 상서祥瑞가 오지만 …… 덕교를 폐하고 (정치를) 형벌에 맡기고 형벌이 (또한) 부당하면 사기邪氣가 생긴다. 사기가 아래에 쌓이면 원망과 증오가 위에 쌓이게 되니, 상하가 불화하여 음양이 착란하여 나쁜 조짐[妖孼]이 생겨난다. (『한서漢書』, 「동중서전董仲舒傳」)

[天下之人同心歸之, 若歸父母, …… 廢德教而任刑罰. 刑罰不中, 則生邪氣. 邪氣積於下, 怨惡畜於上. 上下不和, 則陰陽繆盭, 而妖孼生矣.]

## 〈참고문헌〉

『文選』(『昭明文選』), 蕭統主編, 李善注, 北京: 中華書局影印本, 1977;

『史記』(全十册), 司馬遷撰, 北京: 中華書局, 1972;

『呂氏春秋』(『呂氏春秋新校釋』 二册), 陳奇猷校釋, 上海: 上海古籍出版社, 2002;

『春秋繁露』(『董子春秋繁露譯注』), 閻麗譯注, 哈爾濱: 黑龍江人民出版社, 2002;

『春秋繁露』(『春秋繁露今註今譯』), 賴炎元註譯, 臺北: 臺灣商務印書館, 1987;

『戰國史』, 楊寬著, 上海: 人民出版社, 1980;

『周易參同契』, 東漢 魏伯陽作, 1932年版注釋, 長沙: 嶽麓書社, 2012;

『黃帝內經』,(『全本黃帝內經』), 《線裝經典》編委會, 雲南教育出版社, 2010.

# 제 17 장

# 한비자의 철저한 법치주의의 이상과 비극



## 머리말

한비자韓非子(전280-전233)는 한韓나라 귀족 출신으로 이사李斯(전284-전208)와 같이 순자荀子 문하에서 배웠다. 선천적으로 말을 더듬는 장애를 안고 태어난 한비자는 자기의 생각과 정견들을 입으로 표현을 하지 못하였기에 글로 정리할 수밖에 없었다. 그것이 현존하는 『한비자韓非子』이다. 기원전 233년 한韓나라가 진秦에 의해 망하기(전231년) 직전, 한韓의 왕은 드디어 한비자를 진秦나라에 사신으로 파견하였다. 그러나 바로 진의 재상 이사李斯와 대신 요가姚賈의 모함으로 옥중의 자살로 비감한 한 생애를 마감하였다. 그는 당대에 자기의 정치 학설을 펼치는 기회를 잡지 못했으나, 그의 정치 학설은 대체로 이사에 의해 진秦왕조에서 시험되었다고 한다. 하지만, 이사 자신이 처형됨과 진의 멸망 자체가 환관 조고趙高의 정치적 농단으로 야기된 것이고 보면, 오히려 한비자의 분석과 우려가 적중했다고 보아야 할 것이다. 그의 저작 『한비자』는,

『한서漢書 · 예문지藝文志』에는 55편이라고 적혀 있고 『수서隋書 · 경적지經籍志』에는 20권이라 적혀 있다. 현존하는 『한비자』는 한초漢初 시기의 책과 같은 것이다. 『한비자』의 내용 대부분은 한비자 본인의 저작이지만 일부는 후학의 저술로 분석되고 있다. 이런 한비자의 삶과 학술에 대하여, 『사기』의 「한비열전韓非列傳」에는 이렇게 적혀 있다.

"한비韓非는 한韓나라 제후의 서자庶子이다. 그는 형명刑名[1] 과 법술法術의 학을 좋아하였으니, 그 귀결점은 황로黃老[2]에 바탕을 두고 있다. 한비는 말더듬이여서 말을 잘할 수 없었으나 저술은 잘하였다. 이사李斯와 함께 순자荀子 밑에서 배웠는데, 이사는 자신이 한비만 못하다고 여겼다. 한비는 한韓나라가 영토가 깎이고 국력이 약해지는 것을 보고서 여러 번 글로써 한왕韓王에게 간언하였으나, 한왕은 [그것을] 수용하지 않았다. 이에 한비는 나라를 다스림에 법제를 정리하고 밝히는 일에 힘써 [군주의] 위세로써 신하들을 제압하고 부국富國 강병强兵을 실현하기 위해 인물을 구하여 책임을 맡기는 일은 하지 않고, 도리어 부화하고 유해한

---

1) 형명刑名은 곧 '形名'을 말한다. 신하는, 자기가 한 말(名) 또는 그 소명이 반드시 실천적 행위, 즉 '形'을 통하여 드러나야 한다는 것이다. 이 '形名' 학에 의하면, 군주는 신하들이 한 말이나 그 말의 명분[名]을 근거로 하여 그들이 실제로 행한 행위의 실질[實]에 대한 책임을 물어야 한다.

2) 황노黃老학은 제齊의 직하稷下학궁을 중심으로 형성되어 나온 절대군주를 위한 통치술이다. 군주는 실제로 '무위無爲'하면서, 오직 '형명刑名의 술術'로써 모든 신하가 각자 스스로 책임을 맡아 일하게 할 뿐, 그들의 일에 간여함이 없이 자유방임하게 해야 한다는 것이다. 그리고 그들에게 오직 행위 결과에 대한 책임만을 법도대로 물어야 한다는 통치이론이다. 이 황로학은 『노자老子』와 상당한 연관이 있다. 이 점에 관해서는 張舜徽, 『周秦道論發微』, 北京: 中華書局, 1982 참조. 그리고 한漢의 무제武帝(기원전 140-87 통치) 출현 이전의 한漢조에 실세로 상당히 영향을 미쳤고, 특히 사마담司馬談, 사마천司馬遷 부자父子의 사상에 상당한 영향을 주었다.

[나라의] 좀 벌레들을 천거하여 [국가의] 공실功實보다 더 위에 놓는 것을 싫어하였다. [한비에 의하면,] 유자儒者는 지식을 가지고 국법을 어지럽히며, 협객[묵자집단]들은 무력으로 국가의 법금法禁을 어기는 자들이라고 생각하였다. [제후들은 나라가] 소강상태일 때는 이름난 학자들을 총애하고, 긴급할 때에는 협객의 무리를 쓴다고 보았다. 지금 [군주들이] 배양하고 있는 것은 [나라의 위급 시에] 소용되는 것이 아니며, 소용되는 것을 배양하지 않고 있다고 보았다. 깨끗하고 정직한 인물들이 [군주 주위에 기득권을 차지하고 있는] 사특하고 부정한 신하들에 의해 수용되지 못함을 비관하였고, 지나간 역사에서 성공과 실패의 변화를 두루 살펴본 뒤에, [한비는] 따라서 「고분孤憤」(외로운 울분), 「오두五蠹」(다섯 가지 좀 벌레), 「내외저內外儲」(나라 안과 밖에서 축적된 얘기들), 「설림說林」(이야기 숲), 「세난說難」(유세의 어려움) 등 십여만 자의 글을 지었다. 그렇다. 한비는 [외로운 정직한 신하가 낯모르는 군주를 향한] 유세의 어려움을 알고서 「세난說難」을 지었으니, 그 문장은 아주 완벽하나 [그도 역시] 마침내 진秦(나라에 유세가서) 죽었으니, 스스로 (유세의 어려움에서) 벗어날 수 없었다. … 어떤 사람이 한비의 책을 진나라에 전하니, 진왕秦王[즉, 秦始皇]이 「고분」, 「오두」의 글을 보고서 말하였다.

'아아, 과인이 이 사람을 만나서 교유交遊하면 죽어도 한이 없겠다!'

이사가 말하였다.

'이것은 한비가 지은 글입니다.'

진나라가 한韓을 급박하게 공격하였다. 한왕은 일찍이 한비를 기용하지 않았으나 급박急迫해지자 이에 한비를 진秦에 사신으로 보냈다. 진왕은 그를 보고 매우 기뻐하였으나 아직은 믿고 쓰지 않았다. 이사[재상宰

相]와 요가姚賈[상경上卿]는 한비를 모해하기 위해서 그를 헐뜯어 말하였다.

'한비는 한韓나라 제후의 서자庶子입니다. 지금 임금께서는 제후국들을 병합하고자 하시는데, 한비는 끝내 한韓을 위할 것이고 진을 위하지 않을 것입니다. 이것은 사람의 본마음입니다. 지금 임금께서 그를 기용하지 않고서 오래 억류하다가 돌려보낸다면, 그것은 스스로 화근을 남겨두는 셈입니다. 그를 과실[에 의한] 범법으로 처단함만 못합니다.'

진왕도 그렇다고 생각하여 옥리에게 넘겨서 한비를 치죄하게 하였다. 이사는 사람을 시켜 한비에게 독약을 보내 자살하도록 하였다. 한비는 [진시황에게] 스스로 해명해 보고자 하였으나 만나 뵐 수가 없었다. 진왕이 나중에 [한비의 치죄를] 후회하고 사람을 시켜서 용서하려 하였으나, 한비는 이미 죽어 있었다. 신자申子[즉, 申不害, 전385-전337], 한비 모두 책을 저술하여 후세에 전해지고 배우는 이들도 많이 있다. [그러나] 나[즉 司馬遷]는 한비가 「세난」(유세의 어려움)을 짓고서도 (죽음의 위험에서) 스스로 벗어날 수 없었음을 유독 슬퍼할 뿐이다!" (『사기史記』, 「노장신한열전老莊申韓列傳」)

[韓非者, 韓之諸公子也. 喜刑名法術之學, 而其歸本於黃老. 非爲人口吃, 不能道說, 而善著書. 與李斯俱事荀卿, 斯自以爲不如非. 非見韓之削弱, 數以書諫韓王, 韓王不能用. 於是韓非疾治國不務脩明其法制, 執勢以御其臣下, 富國强兵而求人任賢, 反擧浮淫之蠹, 而加之於功實之上. 以爲儒者用文亂法, 而俠者以武犯禁. 寬則寵名譽之人, 急則用介冑之士. 今者所養非所用, 所用非所養. 悲廉直不容於邪枉之臣, 觀往者得失之變, 故作「孤憤」, 「五蠹」, 「內外儲」, 「說林」, 「說難」十餘萬言. 然韓非知說之難, 爲「說難」書甚具, 終死於秦, 不能

自脫. …… 人或傳其書至秦. 秦王見「孤憤」,「五蠹」之書, 曰: "嗟乎, 寡人得見此人與之遊, 死不恨矣!" 李斯曰: "此韓非之所著書也." 秦因急攻韓. 韓王始不用非, 及急, 迺遣非使秦. 秦王悅之, 未信用. 李斯, 姚賈害之, 毁之, 曰: "韓非, 韓之諸公子也. 今王欲并諸侯, 非終爲韓不爲秦, 此人之情也. 今王不用, 久留而歸之, 此自遺患也, 不如過法誅之." 秦王以爲然, 下吏治非. 李斯使人遺非葯, 使自殺. 韓非欲自陳, 不得見. 秦王後悔之, 使人赦之, 非已死矣. 申子, 韓非皆著書, 傳於後世, 學者多有. 余獨悲韓子爲「說難」, 而不能自脫耳.]

자신도 강력한 황제[한漢 무제武帝. 기원전 140-87 통치]에게 직언을 한 죄로 모욕적인 궁형을 당한 사마천은, 진시황에게 충언하려 했으나 비명에 간 한비자에게 무한한 동정심을 보이고 있다. 그러나 유가의 지식인 중심관, '친친親親' 사상, 그리고 그것에 기초하는 '인의仁義'의 덕목을 한비는 근원적으로 — '보편적이고 공적[公]'인 '국가의 공리로선'과 배치하는 — 특수집단[가족과 혈연 중심]의 개별적[私]인 이해관계의 반영으로 보고, 특히 군자[지식인 · 엘리트] 중심의 덕치 원리를 절대권을 약화시키는 절대 권력의 누수漏水현상으로 파악하였다. 한비에 의하면 이 두 가지 노선은 서로 '양립할 수' 없는 모순 관계인 것이다. 그리고 당대의 국가의 '생존'과 '멸망'을 걸고서 격렬하게 전개되는 대규모적인 도살屠殺적 전쟁의 전개 양상을 막기 위해서 한비는 무엇보다도 먼저 사실상의 군주권을 무력화하는 유가의 '현인賢人' 중심의 정치노선을 '법술의 정치원리'로써 배격하고자 하였다. 오로지 강력한 국가 공리주의의 필연적인 실현과 그것을 이끌어갈 '절대군주' 권의 확립을 강력하게 외쳤던 한비의 법치 사상, 요컨대, '사적' 이해관계에 의한 국가의

'공적公的' 이해관계의 농단과 간섭을 철저하게 배제하려는 한비의 절대군주론, 그리고 그것의 효과적인 실현을 위하여 군주의 절대권에 대한 모든 신하의 사적인 간섭을 배제하려는 (군주의) 엄혹한 혹형酷刑 주의와 음험한 '술術' 론 등등은 중국 역사에서, 한초漢初 이래 중앙집권적 관료 정부에서는 유교사상이 정통적 국가정치이념으로 정립되고 그것이 최근세까지 철저하게 지배해 왔던 2000년 이상 동안, 줄곧 유가의 '덕치' 를 위해危害하려는 가장 심각한 방해물로서 지적되고 비판을 받아 왔다.

그러나 가족 단위의 공동체 범위를 넘어서는 '객체적' 공동체 단위로서의 국가를 '공[公]'으로 보고, 이런 '공적 이해관계'의 실천을 개별적 특권적 가족주의라는 '사적 이해관계' 위에 설정하고, 바로 '법'의 의미를 이런 '사적 이해관계' 를 차단하려는 '공적 수단' 으로 파악한 한비자의 법치 사상에는 전통적 유교 사상에서 볼 수 없는 보다 '근대적인' 보편적 국가원리의 모습이 뚜렷이 각인되어 있다고 볼 수 있다. 그리고 전통적 관료중심의 중국 사회에서 정상적 국가기능이 언제나 '대관료 집단'의 농단壟斷에 의하여 왕조의 교체를 가져오는 주기적 사회변동이 그 주된 사회적 특징이라고 본다면,[3] 한비의 관료주의의 농단에 대한 비판은 중국 관료정치의 핵심을 비판한 것이라고 볼 수 있다. 그 비판은 오늘의 현실에도 그대로 유용하다고 필자는 생각한다. 또한, 한비의 사상은 중국 고대 사상에서 최초로 명백하게 '모순' 개념을 제시하였다. 사私와 공公은 모순 관계인 것이다. '사私'가 성하면 '공公'은 그만큼 죽는 것이요, '공'이 통용되면 그만큼 '사'는 억제되는 것이다. 우

3) 이와 같은 왕조변화의 주기적 변동 양상에 대하여는 송영배, 『중국사회사상사』(서울: 사회평론, 1998]의 제2부 '유교적 사회구조 분석' 을 참조하라.

리가 춘추전국시대 역사발전의 중심축을 두 개의 잣대로 재어 본다면, 그것은 한편에서는 끊임없는 '전제군주' 권의 확산과 발전을 통한 '공' 적인 국가의 성립이고, 다른 한편에서는 사유재산의 보편적 확산과 함께 봉건적 특수 귀족계층의 몰락으로 신흥 지배세력으로 새롭게 등장하는 '자유 지식인' 의 자율적 권리와 행위 요구의 강력한 전개 양상이라고 보아야 할 것이다.[4] 한비의 표현을 빌리면, 전자는 '공적' 의식의 발로이고, 후자는 '사적' 의식의 발전적 표현이라고 이해해도 무방하리라고 필자는 보고 싶다. 법가, 병가를 제외한 다른 제자백가들의 철학적 사유는 많건 적건 후자, 즉 자유 지식인들의 사유 활동의 '사적' 전개 양상[즉 顯學]으로 이해될 수 있다면, 법가에 의해, 특히 한비자에 의해 집대성된 법치와 '절대군주' 론은 전자의 '공적' 국가발전의 극한 현상으로 필자는 이해하고 싶다. 그러나 사회의 중심을 이루고 있는 지식인 계층의 자율적 의사를 제한만 하려는 '공적' 국가의지가 얼마만큼 실효성을 거둘 수 있었는가는 개인적으로는 한비의 비극적 종말, 그리고 국가적 차원으로는 진秦제국의 급작스러운 멸망에서 보인다. 이런 점들은 오늘날의 우리에게도 많은 시사점을 제시해주고 있다고 하겠다.

사실 순자荀子가 공적인 '사회관계의 차원' 에서 출발하여 사회의 제도와 인간의 후천적 계발을 중시하는 「성악性惡론」, 「예론禮論」, 「정명正名론」과 인간의 '인위적 실천' 에 의한 '자연의 이용[天論]' 을 강조함으로써 상당한 인본주의의 실현을 성과 있게 반영하였다고 우리는 평가할 수 있다. 그리고 그의 철학의 핵심은 어디까지나 역시 지식인 '군

4) 이 점에 대하여는 송영배, 「제자백가의 다양한 전쟁론과 그 철학적 문제의식(I)」, 『시대와 철학』 4호, 1992 참조.

자' 들의 탁월한 사물 인식과 그들에 의한 통치를 합리화한다는 점에서 '유교적인' 관료 정치철학일 수밖에 없었다.

그러나 한비자는 이들 순자의 사상들을 대폭으로 수용하고, 더욱 그 인식을 심화시켰으면서도 당시의 절박한 전쟁 상황, 특히 그의 조국 한韓이 관료들에 의한 군주권의 무력화, 그리고 그가 태어난 궁중 내에서의 '사적인 이해관계의 관철을 위한 무자비한 음모와 폭력 사건의 남발' 등등에 대한 한비자의 개인적 체험 등등은, 한비자로 하여금, 지식인 또는 관료 중심의 유교적 정치원리란 '사적인 이해관계를 위한 공적 이해관계의 농락' 이상이 아니라는 개인적 확신을 깊이 인식시켜 주는 계기가 될 수밖에 없었다고 필자는 보고 있다.

이와 같은 군주 주위의 핵심적인 관료, 즉 중신重臣에 의한 국가권력의 누수漏水를 근본적으로 차단하려는 한비의 극단적인 법치사상을 이해하기 위해서는, 기원 전 3세기 전국시대 당대의 시대 상황에 대한 약간의 이해가 필요하리라고 생각된다.

사실 전국시대 진秦에 의한 중국의 천하통일은 이미 진秦 효공孝公(기원 전361-338 통치) 때의 상앙商鞅의 변법[제1차 356년과 제2차 350년]을 통한 국가 공리주의의 효율적 실현으로써 그 기반이 마련되었다고 볼 수 있다. 그리고 이런 국력의 기초 위에 본격적인 통일 겸병전쟁 사업은 진秦 소왕昭王(전306-전251통치) 때에 이루어졌다. 한비자가 출생한 기원전 280년 경부터의 전국시대의 전쟁 양상은 진秦의 결정적인 침략세력 발전과 깊은 관계가 있다. 당시 동쪽의 강력한 세력인 제齊는 삼진三晋[韓, 魏, 趙]과 연燕의 연합 공격을 통해 국력이 급격히 쇠약衰弱해졌고, 바로 그 즈음부터 진秦 소왕昭王이 초楚나라를 연속 5년 공격함으로써 초楚는 수도를 진陳으로 옮기고(기원전 278년) 쇠락해지기 시작하였다. 초를 공략한 뒤에 진의 양후穰侯(즉, 위염魏冉)와 명장 백기白起는 각각 진秦에 근접한 한韓과 위魏를 위협적으로 공략하고 그들의 영토를 상당히 겸병함으로써 이들 나라는 이제 진秦의 위세에 따라서 조종 받지 않을 수 없었다. 그리고 위염魏冉은 자기가 공략하여 얻은 영지인 정도定陶를 확대하기 위해 한韓과 위魏를 넘어서 제齊를 공략하고자 하였다. 진秦의 겸병 전쟁이 재상 '개인의 세력 확대'에 이용되고 있었다. 이에 유세객인 범수范睢(즉 應侯)가 위염을 제치고 재상으로 부상하게 되었다(기원전 270년). 한과 위의 영토가 결정적으로 축소되고 국력이 약화됨에 따라서 진秦은 당시 상당한 국력을 가진 조趙나라와 대결하지 않을 수 없었다. 진秦과 조趙가 삼 년을 대치한 끝에 진의 장군 백기白起는 대군을 이끌고 장평長平으로 진격하였고, 조의 장군 염파廉頗는 응수하지 않은 채 수비만 하였다. 이에 당시 조趙의 효성왕孝成王(전265-전245 통치)은 조급한 나머지 염파를 젊은 장군 조괄趙括로 대치하였다. 조괄의 무모한 공격은 조군 병력 40여 만이 백기가 이끄는 진秦군에 포로가 되는 대참패를 가져왔고, 백기는 조의 세력을 결정적으로 꺾기 위해 이들 모두를 생매장하였다. 이런 참혹한 장평長平대전의 승리(기원전 260년)로 백기의 명성이 높아지는 것을 시기猜忌한 범수范睢는 자기의 세력 확산을 위해 백기의 주전론을 밀치고 조나라와 화친하였다. 그 뒤 조는 세력을 가다듬어 진에 대항하였기 때문에 진은 조를 멸할 수가 없었다. 명장 백기는 범수의 모략으로 진秦 소왕昭王에 의해 사약을 받고 자살하게 되었다. 이렇게 진나라는 일찍부터 천하를 통일할 수 있는 국력이 있었으나 중신들의 사적인 이해관계에 의해 번번이 대규모의 전쟁만을 치룰 뿐 천하통일의 '큰 평화'는 실현될 수 없었다.5) 따라서 한비자에게는 당시 초미의 위급한 전쟁 상황의 종식이란 중신重臣들의 '사적 이해관계에 의한 전쟁국면의 파국적 지속'을 막아내는 일 이상이 아니었다. 『한비자』의 제1장 「초견진初見秦」에는 그의 전쟁 종식의 희망이 이렇게 피력되어 있다.

"진秦은 초楚나라 사람들과 전쟁을 하여 초를 대파하여 [수도인] 영郢을 습격하였고 동정洞庭, 오저五渚와 강남江南을 취하니, 초나라 임금과 신하들이 도망가서 동쪽의 진陳에서 방비하게 되었습니다[기원전 278년]. 이때에 [쫓기는] 초나라를 군대로써 추격하면 초나라는 정복될 수 있었습니다. 초가 정벌 되면 그들의 백성을 점유할 수 있고, 영토는 이득을 가져올 수 있으며, 동쪽으로 제齊와 연燕을 약화시킬 수 있고, 가운데로는 삼진三晋[韓魏趙]을 제압할 수 있었던 것입니다. 그러면 한 번에 패왕覇王의 이름을 이룰 수 있어서 사방의 제후들이 조공을 오게 할 수 있었습니다. 그러나 [진왕秦王의] 모신謀臣[즉, 魏冉]은 그렇게 하지 않았고, 군대를 이끌고 퇴각하여 다시 초나라 사람들과 화친하여, 초나라 사람들이 망국을 수습하고 흩어진 백성들을 모아 사직社稷의 신주神主를 세우게 하고 종묘宗廟를 두게 하여 천하의 나라들을 이끌고 서쪽으로 진秦나라에게 난리를 일으키게 하였습니다[기원전 276년]. 이것이 진실로 [천하 통일하는] 패왕의 도리를 잃게 한 첫 번째 일입니다. 천하의 [나라들이] 또 똘똘 뭉쳐서 [한韓의] 화양華陽에 주둔하니 대왕[즉, 진秦소왕 昭王]께서는 명령을 내리시어 이들을 격파하게 하시니 군대가 [위魏의 수도] 대량大梁의 외곽까지 다다랐습니다[기원전 273년]. 양梁을 몇 십일만 포위하였다면 양은 함락될 수 있었습니다. 양이 함락되면 위魏나라를 멸할 수 있었습

5) 당시의 전쟁에 의한 세력 변화에 대하여는, 『中國軍事史』 제2권 兵略(上), 『中國軍事史』 編史組編, 北京: 解放軍出版社, 1986, 특히 122-146頁 참조.

니다. 위를 멸하면 초와 조의 [연합전선의] 의도는 차단될 수 있었습니다. 초와 조의 [연합의] 뜻이 차단되면 조나라가 위급해질 것이고, 조나라가 위급해지면 초나라는 안절부절못하게 될 것입니다. [그러면] 동쪽으로 제齊와 연燕을 약화시키고, 가운데로 삼진三晋을 제압할 수 있었습니다. 그러면 한 번에 패업의 이름을 이룰 수 있어서 사방의 제후들이 조공을 올 수 있었으나, 모신謀臣은 그렇게 하지 않았습니다[기원전 273년]. 군대를 이끌고 퇴각하여 다시 위魏와 화친하였으니, 위나라가 도리어 망국을 수습하고, 흩어진 백성들을 모으고, 사직의 신주를 세우고 종묘를 두게 하여, 천하의 나라들이 서쪽에서 진과 난리를 일으키게 하였습니다. 이는 진실로 패업의 도리를 잃게 한 두 번째 일입니다. 일찍이 양후穰侯[즉, 위염魏冉]가 진나라를 다스리니 일국[즉, 秦]의 군대를 이용하여 두 나라[즉, 자기 개인의 봉토인 정도定陶와 秦나라]의 공리를 함께 이루고자 하였습니다. 이 때문에 군인들은 죽도록 외지에서 시달리고 관리와 백성들은 국내에서 피폐하고 병들었으니, [천하 통일하는] 패왕의 이름은 이루어질 수 없었습니다. 이것이 진실로 패왕의 도리를 잃게 한 세 번째 일입니다.

조나라는 중앙의 나라로 잡민雜民들이 섞여 살아서 사람들이 경박해서 부림이 쉽지 않습니다. [나라의] 명령은 잘 통하지 않고, 상벌은 미덥지 못하고, 지형은 좋지 않은데 아래로 백성들의 힘을 다 쓰지 못하니 저들은 진실로 망국의 형상입니다. 그러나 백성들의 [고통은] 염려하지 않고 그 군졸과 백성을 모두 장평長平에 주둔시키고, 또 한韓의 상당上黨 땅을 쟁취하였습니다. 이에 대왕[즉, 진秦 소왕昭王]께서 명령을 내리시어 이를 대파하시고 무안武安 땅을 함락시켰습니다[기원전 260년]. 그때 조나라는 상하가 서로 친하지 않고, 높은 신분[貴]과 낮은 신분[賤]이 서로 믿지 않았습니다. 그래서 [수도인] 한단邯鄲을 지키지 않았습니다. 한단이 함락되면 산동[효산崤山 이동]과 하간河間[황하黃河 이북, 장수漳水 이남]이 봉쇄되고, 이에 군대를 이끌고 나가 서쪽으로 [조의] 수무修武 땅을 치고 양장羊腸 땅을 넘어가서 대代와 상당上黨 땅을 항복시킬 수 있었습니다. 대代의 36현縣과 상당上黨의 17현이 투구와 갑옷 하나 잃지 않고 군졸과 백성을 하나도 고생시키지 않았어도 이것들이 모두 진秦의 소유가 되었을 것입니다. 대와 상당은 전쟁 없이 모두 진의 것이 되고, [조趙의] 동양東陽과 하외河外[즉, 호타하滹沱河 밖]는 전쟁 없이 모두 도리어 제齊의 것이 되고, 중산中山과 호타하의 북쪽은 전쟁 없이 모두 연燕의 것이 되었을 것입니다. 그렇다면 이것은 조가 망하는 것이요, 조가 망하면 한이 망하고, 한이 망하면 초나라와 위나라가 홀로 설 수 없습니다. 초와 위가 홀로 설 수 없다면, 이는 한 번에 한을 깨트리고 위를 격파하며, 초를 압박하고 동으로 제와 연을 약화시키는 것입니다. 백마白馬땅의 수문을 터놓으면 위魏나라는 물에 잠길 것입니다. 이는 일거에 삼진三晋을 망하게 하는 것이니, 합종[의 연합전선]은 실패할 것입니다. 대왕은 옷깃을 늘어뜨리시고 기다리십시오! 천하의 [나라들이] 줄지어 복종할 것입니다. [천하 통일하는] 패왕의 이름을 이룰 수 있으나, '모신[范雎]'이 이렇게 하지 않고 백성들을 이끌고 퇴각하여 다시 조나라와 화친하였습니다[기원전260년 응후應侯인 범수范雎의 화친]. 이에 대왕의 밝은 지혜와 진의 강한 군사력은 패왕의 대업을 방기하고 영토는 일찍이 얻어진 것이 없게 되었으니 이는 이 망하는 나라[즉, 조趙]로부터 속임수를 당한 것입니다. 이것은 '모신'의 용렬함 때문입니다. 또한, 조나라가 마땅히 망할 것이나 망하지 않고 진秦이 마땅히 패자가 될 것이나 패자가 되지 못했으니, 천하의 나라들이 진秦나라 모신謀臣[의 속셈]을 헤아려본 첫 번째 일입니다. 이에 다시 [진秦의] 장졸將卒을 다 동원하여 한단邯鄲을 공격해도 함락시키지 못하고, 갑옷과 무기와 쇠뇌[弩]를 내버리고 무서워 떨면서 도망간 것[기원전 259년]은 천하의 나라들이 진秦의 역량을 이미 헤아려본 두 번째 일입니다. 이에 군대를 이끌고 되돌아와 이하李下 땅에 주둔하니, 대왕께서 또 증원군增援軍을 보내어 [초楚, 위魏와 조趙의 연합군과] 싸워서 이기지 못하였고, 또한 되돌아오지도 못하여 군대가 피폐해져서 퇴각한 것[기원전 257년]은 천하의 나라들이 진실로 진秦 나라의 역량을 헤아려본 세 번째 일입니다. 안으로는 우리[진秦의] 모신들의 [속셈을] 헤아려보고, 밖으로는 우리[秦의] 병력을 소진消盡시킨 것입니다. 이렇게 본다면 천하 나라들의 '합종合從[의 성공]'은 거의 어렵지 않으리라고 저는 봅니다. 안으로 우리[진秦]나라의 병기는 무뎌지고, 군졸과 백성은 피폐해지고, 축적한 것은 바닥나고, 전답은 황폐해지고, 곡식 창고는 텅 비었으며, 밖으로는 천하의 나라들이 모두 굳게 단결하고 있습니다. 대왕께서는 이 점을 깊이 생각해 주시기 바랍니다. … 지금 진秦의 영토는 대충 사방 천리요, 군사는 수십, 백만이라 하겠습니다. 진나라의 행정명령과 상벌, 그리고 지형의 이해득실은 천하 나라들이 이와 같은 것이 없습니다. 이러한 것으로 천하의 나라들을 겸병할 수가 있는 것입니다. 저는 죽음을 무릅쓰고 대왕님을 만나 뵙고 천하 나라들의 '합종' 책을 격파하고, 조趙를 격멸하고, 한韓을 망하게 하며, 초楚와 위魏를 신하로 만들고, 제齊와 연燕과 화친하여 패왕의 이름을 이루어서 사방의 제후들이 조공하게 할 도리를 말씀드리고자 하였습니다. 대왕께서 진실로 제 말씀을 들으시어 [실행에 옮기고서도], 한 번에 천하의 합종책이 깨어지지 않고 조나라가 섬멸되지 않으며, 한이 망하지 않고 초와 위가 신하가 되지 못하고, 제와 연이 [우리 진秦과] 화친하지 않고, 패왕의 이름이 이루어지지 않고, 사방의 제후들이 조공을 오지 않는다면, 대왕께서는 저의 목을 베어서 도성 안에 돌려 보이시어 임금을 위한 계책이 진실하지 못한 사람들에게 경각심을 일깨워 주십시오."[6] (『한비자韓非子』, 「초견진初見秦」)

[秦與荊人戰, 大破荊. 襲郢, 取洞庭・五湖・江南, 荊王君臣亡走, 東服於陳. 當此時也, 隨荊以兵, 則荊可擧, 荊可擧, 則其民足貪也, 地足利也, 東以弱齊・燕, 中以凌三晉. 然則是一擧而霸王之名可成也, 四鄰諸侯可朝也. 而謀臣不爲, 引軍而退, 復與荊人爲和, 令荊人得收亡國, 聚散民, 立社稷主, 置宗廟, 令率天下西面以與秦爲難. 此固以失霸王之道一矣. 天下又比周而軍華下, 大王以詔破之, 兵至梁郭下, 圍梁數旬, 則梁可拔, 拔梁則魏可擧, 擧魏則荊・趙之意絕, 荊・趙之意絕則趙危, 趙危而荊狐疑, 東以弱齊・燕. 中以凌三晉. 然則是一擧而霸王之名可成也, 四鄰諸侯可朝也. 而謀臣不爲, 引軍而退, 復與魏

---

6) 이것은 『한비자』, 「초견진初見秦」 편[이하에서는 오직 편명만 언급함]의 내용이다. 물론 이 「初見秦」 편은 이 편에 나오는 '대왕'이 진 소왕昭王(기원전 306-251통치)인데, 한비는 생전에 결코 진에 가서 진 소왕을 만난 사실이 없고, 또한 이 「初見秦」 편의 내용은 『한비자』의 제2편인 「存韓」 편과 내용이 상충이 되며, 또한 『전국책戰國策』, 「진책秦策」 제1편에는 장의張儀의 말로 설명되어져 있다는 점 등을 들어, 이편은 한비의 원작이 아니라는 주장이 나오고 있다. 그러나 필자는 이 「初見秦」의 내용이 당시의 진을 중심으로 한 전쟁 사실과 완전히 부합하며, 이 편의 주제가 결국 진秦에 의한 '천하통일의 완성' 또는 '완전한 전쟁 종식'을 염두에 두고서, 이를 근원적으로 방해하는 모신謀臣, 즉 중신重臣들에 대한 결정적 비판으로 일관되고 있다는 점에서 한비 철학사상의 출발점을 제시하는 것으로 이해하고자 한다. 이것은 한비의 입장에서 진 소왕과의 대화를 가탁하여 중신들의 사익추구를 규탄하고, 천하통일의 가능성이 현실적으로 가장 높은 진秦나라에 의한 '전쟁 종식'의 논의를 개진했다고 필자는 보고 싶다.

氏爲和, 令魏氏反收亡國, 聚散民, 立社稷主, 置宗廟, 令此固以失霸王之道二矣. 前者, 穰侯之治秦也, 用一國之兵, 而欲以成兩國之功, 是故兵終身暴露於外, 士民疲病於內, 霸王之名不成. 此固以失霸王之道三矣.

趙氏, 中央之國也, 雜民所居也, 其民輕而難用也, 號令不治, 賞罰不信, 地形不便, 下不能盡其民力. 彼固亡國之形也, 而不憂民萌, 悉其士民, 軍於長平之下, 以爭韓上黨. 大王以詔破之, 拔武安. 當是時也, 趙氏上下不相親也, 貴賤不相信也, 然則邯鄲不守. 拔邯鄲, 筦山東河間, 引軍而去, 西攻修式, 踰華絳, 降代, 上黨, 代四十六縣, 上黨七十縣, 不用一領甲, 不苦一士民, 此皆秦有也. 以代 · 上黨, 不戰而畢爲秦矣. 東陽 · 河外, 不戰而畢反爲齊矣. 中山 · 呼沲以北, 不戰而畢爲燕矣. 然則是趙擧, 趙擧則韓亡, 韓亡則荊 · 魏不能獨立. 荊 · 魏不能獨立, 則是一擧而壞韓, 蠹魏 · 拔荊以東弱燕 · 齊, 決白馬之口, 以沃魏氏, 是一擧而三晉亡, 從者敗也. 大王垂拱以須之, 天下編隨而服矣, 霸王之名可成. 而謀臣不爲, 引軍而退, 復與趙氏爲和. 夫以大王之明, 秦兵之强, 棄霸王之業, 地曾不可得, 乃取欺於亡國, 是謀臣之拙也. 且夫趙當亡而不亡, 秦當霸而不霸, 天下固以量秦之謀臣一矣. 乃復悉士卒以攻邯鄲, 不能拔也, 棄甲負弩, 戰竦而卻, 天下固已量秦力二矣. 軍乃引而退, 并於李下, 大王又并軍而至, 與戰不能剋之也, 又不能反運, 罷而去, 天下固量秦力三矣. 內者量吾謀臣, 外者極吾兵力. 由是觀之, 臣以爲天下之從, 幾不難矣. 內者, 吾甲兵頓, 士民病, 蓄積索, 田疇荒, 囷倉虛. 外者, 天下皆比意甚固, 願大王有以慮之也.……

今秦地折長補短, 方數千里, 名師數十百萬. 秦國之號令賞罰, 地形利害, 天下莫如也. 以此與天下, 天下可兼而有也. 臣昧死願望見大王, 言所以破天下之從, 擧趙 · 亡韓, 臣荊 · 魏, 親齊 · 燕, 以成霸王之名, 朝四鄰諸侯之道. 大王誠聽其說, 一擧而天下之從不破, 趙不擧, 韓不亡, 荊 · 魏不臣, 齊 · 燕不親, 霸王之名不成, 四鄰諸侯不朝, 大王斬臣以徇國, 以爲王謀不忠者也.]

한비가 전쟁 종식과 천하통일의 실현을 위한 가장 큰 국가의 걸림돌이란 군주 주위에서 그의 신임을 받아 가면서 실제로는 '국가의 공적 이해관계를 파괴하고', 자기 개인의 '사적 이해관계'를 관철해 나가는 중신重臣, 또는 모신謀臣들의 존재였다. 한비는 이들을 척결해 내는 방법은 강력한 법치의 수행밖에 없다고 보았다. 그러나 한비에 의하면, 이런 공적인 '법망'을 사실상 자유자재로 넘나드는 군주 주위의 중심인물, 즉 중신重臣, 또는 간신奸臣의 제거 없이는 법치의 실현은 무용한 것이었다. 따라서 한비는 순자 사유의 차원을 넘어서서 현상 뒤의 '보이지 않는 보편법칙[즉, 무형無形의 도道]'에 입각한 노자의 철학을 받아들였다. 보편적인 '도'와 개별적 존재 원리로서의 '덕德', 그리고 개개 사물들의 개별적인 공리로서의 '리理'에 주목하면서 합리적인 철학적 인식의 틀을 제시해 보인다. 그러나 역시 '공적인 국가의 이해관계'를 관철하기 위해서 한비는 결국 군주들에 의한 주위의 신하들에 대한 무형한 통제, 즉 '술術'론을 추천하지 않을 수 없었다. 그러나 보통의 머리를 가진 군주가 어떻게 영악한 '모신'들을 음성적으로 통제할 수 있는 '술術'에 통달할 수 있겠는가! 여기에 한비의 철저한 법치주의의 이상과 함께 그의 비극적인 한계가 또한 드러나는 것이다.

이와 같은 한비 법치 사상의 전모는 사실 「오두五蠹」, 「정법定法」,

「현학顯學」 편을 비롯한 『한비자』의 거의 전편에 걸쳐서 두루 반영되어 있다. 여기서는 한비의 법치사상을 체계적으로 이해하기 위하여 다음의 항목을 따라 정리하여 보았다.

1) 이기적 본성과 법치의 필연성
2) 법치에 의한 '부국강병'의 실현
3) 인위적, 필연적 도리의 근거: 도道, 리理, 덕德 등의 보편적 법칙에 대한 인식
4) 실증적인 합리적 인식론과 미신반대론
5) 시대의 변화와 사회발전론
6) '공'과 '사'의 모순적 이해관계
7) '세勢[군주절대권]'에 대한 지적인 운용
8) 법치의 의의와 원칙: 국가와 백성간의 '이해관계'의 대립과 합일성
9) 중신을 제압하는 군주의 '술術' 론
10) 한비의 「외로운 울분[孤憤]」과 사명감

## 2. 이기적 인간 본성과 법치의 필연성

### 2.1) 고생을 피하고 편함을 추구하는 감성적 인간 본성

무릇 백성들의 본성은 힘든 것을 싫어하고 편히 노는 것을 좋아한다. [그들이] 편히 놀면 [나라의 산업이] 황폐해진다. 황폐해지면 [사회가] 안정

이 안 된다. 안정이 안 되면 혼란해진다. 그래서 상賞과 벌[刑]을 아래로 실시하지 않으면 반드시 [나라의 활로가] 막히게 된다. (『한비자』의 인용은 편명만 명기함. 「심도心度」)

[夫民之性, 惡勞而樂佚. 佚則荒, 荒則不治, 不治則亂, 而賞刑不行於天下者必塞.]

편안하고 이로우면 그쪽으로 나아가고, 위험하고 해로우면 그것을 피하는 것, 그것이 사람의 본마음이다. 지금 신하가 되어 온힘을 다해 [나라에] 공을 세우고, 지혜를 다하여 충성을 바쳐도 그 몸이 고달프고 집안은 가난하면 부자父子가 다 그 피해를 보는 셈이다. 간교한 이득으로 군주[의 마음]을 가리고, 뇌물을 써서 높고 세력 있는 대신들을 받들면 자기 몸도 높아지고 집안도 부유해지니 부자가 다 혜택을 보는 셈이다. 나라를 다스림에 이런 과실이 있다면 [임금이] 위에서 아래의 [신하들이] 나쁜 짓을 하지 않기를 바라고, 관리들이 법을 받들기를 바라는 것은, 이루어질 수 없음이 또한 명백한 것이다. (「간겁시신奸劫弑臣」)

[夫安利者就之, 危害者去之, 此人之情也. 今爲臣盡力以致功, 竭智以陳忠者, 其身困而家貧, 父子罹其害. 爲姦利以弊人主, 行財貨以事貴重之臣者, 身尊家富, 父子被其澤. 人焉能去安利之道, 而就危害之處哉? 治國若此其過也, 而上欲下之無姦, 吏之奉法, 其不可得亦明矣.]

농사짓는 일이 힘들지만, 그래도 백성들이 그것을 하는 것은 그를 통해 (나라의) 부를 얻을 수 있다고 생각하기 때문이다. 전투에 나서는 것은 위험하지만, 그래도 백성들이 그것을 하는 것은 그를 통해 존귀해질 수 있다고 생각하기 때문이다. 그런데 지금 학문을 닦고 말을 교묘하게 다듬는 자가 농사하는 수고를 하지 않고도 부유해지며, 전투에 나서지 않고도 존귀해진다면, 누가 그렇게 하지[즉, 농사와 전투를 버리지] 않겠는가? 그래서 백 사람이 교묘한 말[智]을 일삼는다면 육체노동[力]하는 자는 한 사람에 불과하다. 교묘한 말을 일삼는 자가 많으면 법이 파괴되며, 육체 노동하는 자가 적으면 나라는 궁핍해진다. 이것이 세상이 어지러워지는 원인이다. 때문에 영명한 군주가 다스리는 나라는 학술적인 책을 가지지 않고 오직 '법'으로 교육하며, 선왕의 가르침을 하지 않고 오직 관리를 교사로 삼는다. 개인 이익에 봉사하는 협객들의 사나움이 없고, 오직 전쟁터에서 적의 머리를 베는 일만을 용맹하다고 본다. 그리하여 나라 안의 백성들은 그 말을 반드시 법에 합당하게 하고, 그 행동은 반드시 실제로 유익이 있게 하며, 용기를 부리는 사람은 전쟁에 진력하는 것이다. 때문에 나라는 태평할 때에는 부유해지고 위급할 때에도 군대가 강하다. 이것이 [천하통일을 이루는] 왕의 밑바탕[資産]인 것이다. (「오두五蠹」)

[夫耕之用力也勞, 而民爲之者. 曰: 可得以富也. 戰之爲事也危, 而民爲之者. 曰: 可得以貴也. 今修文學, 習其言, 則無耕之勞而有富之實, 無戰之危而有貴之尊, 則人孰不爲也! 是以百人事智而一人用力. 事智者衆則法敗, 用力者寡國貧. 此世之所以亂也. 故明主之國無書簡之文, 以法爲教. 無先王之語, 以吏爲師, 無私劍之捍, 以斬首爲勇. 是境內之民, 其言談者必軌於法, 動作者歸之於功, 爲勇者盡之於軍. 是故無事則國富, 有事則兵强. 此之謂王資.]

### 2.2) 이해 타산적 인간본성

사람이 어렸을 적에 부모가 그를 양육하는 데 소홀했으면 그 자식이 커서 [부모를] 원망한다. 자식이 장성하여 어른이 되어 그들이 [부모를] 봉양하는 데 각박하면 부모는 노하여 자식을 나무란다. 자식과 아버지는 [인륜 중에] 가장 가까운 것이다. 그러나 혹 나무라기도 하고 혹 원망하기도 하는 것은 모두 서로 도우려는 마음은 있으나 자기를 위해서 [그들이] 원만하게 해주지 못했다고 생각하기 때문이다. 일꾼을 사서 농사짓는 경우 주인이 경비를 내어 음식을 좋게 하고 금전[布, 즉 화폐] 중에 좋은 것을 택해 [일꾼에게] 돈으로 바꾸어주는 것은 일꾼을 아껴서가 아니다. [주인으로] 말하자면, 이렇게 해야 [일꾼들이] 밭을 깊이 갈고 김맬 때 잘 매어주는 것이다. 일꾼이 힘써 일하여 열심히 김 매 주고 농사짓는 데 기술을 다하고 밭고랑을 똑바로 해주는 것은 주인을 사랑해서가 아니다. [일꾼으로] 말하자면, 이렇게 해야 [얻어먹는] 고깃국이 좋아지고, 돈 또한 쉽게 벌리는 것이기 때문이다.[7] 이것은 아마도 노동력을 기르는 데 [마치] 부자父子와 같은 은택이 있고, 일하는 데 마음을 다 쓰는 것은 모두 자기를 위하는 마음[自爲心, 즉 타산 심리]을 가졌기 때문이다. 따라서 사람들이 일을 벌리고 [남에게 은택을] 베푸는데 '이득을 본다는 마음'이 있으면 [먼 남쪽의 미개한] 월越나라 사람과도 쉽게 화합하지만, '손해를 본다는 마음'이면 [지극히 가까운] 부자父子간이라도 서로 어그러지고 원망하는 것이다. (「외저설좌상外儲說左上」편)

[人爲嬰兒也, 父母養之簡, 子長而怨. 子盛壯成人. 其供養薄, 父母怒而誚之. 子父, 至親也, 而或譙或怨者, 皆挾相爲, 而不周於爲己也. 夫賣庸而播耕者, 主人費家而美食調布而求易錢者, 非愛庸客也, 曰:

---

7) 이 구절: '錢布且易云'의 '云'은 '有(갖는다)' 또는 '得(얻음)'의 뜻으로 통함. 『韓非子校注』, 《韓非子》校注組編, 南京: 江蘇人民出版社, 1982, 382頁, 注12 참조.

如是, 耕者且深, 耨者熟耘也. 庸客致力而疾耘耕, 盡巧而正畦陌畦畤者, 非愛主人也, 曰: 如是, 羹且美, 錢布且易云也. 此其養功力, 有父子之澤矣, 而心調於用者. 皆挾自爲心也. 故人行事施予, 以利之爲心, 則越人易和. 以害之爲心, 則父子離且怨.]

### 2.3) 부자관계도 군신관계도 모두 이해관계에서 벗어나지 못한다

지금 윗사람과 아랫사람이 관계를 맺는데, 부자간의 사랑과 같은 [깊은 정]이 없는 데도 정의[義]를 실행시키고 아랫사람들[의 불법]을 막으려 한다면, 이런 관계는 반드시 틈이 생기고 말 것이다. 또한 부모도 자식에 대하여 아들을 낳으면 서로 축하하지만 딸을 낳으면 그 애를 죽여 버린다. 이들은 모두 부모의 품안에서 나왔다. 그러나 남자는 축하받고 여자는 죽여지는 것은 뒷날의 이점을 생각해 보고 오래가는 이득을 따져 본 것[에서 나온 행위]이다. 따라서 부모들도 자식들에 대하여 오히려 계산하는 마음으로 서로 대하거늘, 하물며 [임금과 신하들의 관계처럼] 부자간의 사랑이 없음에랴? 지금 학자들이 '이득을 찾는 마음'을 버리고 '서로 사랑하는 도리'에서 출발하라고 임금들에게 유세를 한다. 이것은 임금으로부터 부모의 사랑보다 더 [깊은 사랑을] 찾고자 하는 것이다. 이것은 은택[사랑]을 따짐에 [부모나 군주의 차이의 구별을 전혀] 모르고 하는 말이니 사기이며 속임수인 것이다. 따라서 총명한 군주는 [이런 사기언론을] 받아들이지 않는다. (「육반六反」 편)

[今上下之接, 無子父之澤, 而欲以行義禁下, 則交必有郄矣. 且父母之於子也, 産男則相賀, 産女則殺之. 此俱出父母之懷衽, 然男子受

賀, 女子殺之者, 慮其後便, 計之長利也. 故父母之於子也, 猶用計算之心以相待也, 而況無父子之澤乎! 今學者之說人主也, 皆去求利之心, 出相愛之道, 是求人主之過於父母之親也. 此不熟於論恩, 詐而誣也, 故明主不受也.]

## 2.4) 이기적 인간본성

군주의 화근은 사람을 믿는 데에 있다. 사람을 믿으면 그 사람에 의해 제압되는 것이다. 군주에 대한 신하[의 관계]는 혈육 간의 친화력이 있는 것이 아니요, 권세에 묶여서 받들지 않을 수 없기에 하는 것이다. 따라서 신하된 이들은 군주의 마음을 조금도 쉼 없이 엿보고 살피고 있는데, 군주가 윗자리에서 처신을 게을리하고 태만하면 이것은 세상에서 [신하들이] 군주를 무력으로 협박하고 시해하게 되는 빌미가 되는 것이다. 군주가 자기 아들을 크게 믿으면 거짓된 신하[奸臣]들은 그 아들을 타고서 자기의 '사익'을 이루어 낸다. 따라서 이태李兌는 조趙의 혜문왕惠文王(전298-266통치)을 도와서 [선대왕] 주보主父를 굶어 죽게 하였다.[8] 군주가 되어 자기 처를 크게 신용하면 거짓된 신하[奸臣]들은 처를 타고서 자기의 '사익'을 이루어 낸다. 따라서 [전655년에] 광대 시施는 여희麗姬[진晋 헌공獻公(전676-전651통치)의 애첩]를 부추겨 [태자인] 신생申生을 죽게

8) 전국시대 조趙의 무령왕武靈王(전325-전299통치)은 자기 왕위를 자기의 막내아들 하何[즉, 惠文王 전298-전266 통치]에게 물려주고, 스스로는 주보主父라 칭하며 사구궁沙丘宮에 물러나 있었다. 이에 불만하여 무령왕의 장자인 장章이 기원전 295년에 쿠데타로 왕권을 탈취하고자 하였다. 이에 대신인 이태李兌가 장章의 세력을 격파하니 이들은 '사구궁'으로 도망하였다. 장이 죽자 선대왕 주보主父가 탈출하려 하였으나, 이태 등은 사구궁을 3개월 이상 포위하여 그를 굶어 죽게 하였다고 한다.

만들고 [그녀의 소생인] 해제奚齊를 [태자로] 세우게 하였다. [이처럼] 아내의 가까움과 자식의 친밀감도 오히려 믿을 수 없거늘, 그 밖의 [인간관계]란 믿어서는 안 되는 것이다. (「비내備內」 편)

[人主之患, 在於信人, 信人則制於人. 人臣之於其君, 非有骨肉之親也, 縛於勢而不得不事也. 故爲人臣者窺覘其君心也, 無須臾之休, 而人主怠處其上, 此世所以有劫君弑主也. 爲人主而大信其子, 則姦臣得乘於子以成其私, 故李兌傅趙王而餓主父. 爲人主而大信其妻, 則姦臣得乘於妻以成其私, 故優施傅麗姬, 殺申生而立奚齊. 夫以妻之近與子之親, 而猶不可信, 則其餘無可信者矣.]

또한 전차戰車 만대를 소유한 대국[萬乘]의 군주나 천대를 소유한 소국[千乘]의 군주는 왕비나 정부인의 적자嫡子가 태자가 되지만, [이들 중에는] 혹 (현재의) 군주가 일찍 죽기를 바라는 일이 있는 것이다. 어떻게 그런 사실을 알 수 있는가? 처妻란 혈육 간의 감은[恩]은 없는 것이다. 사랑하면 가깝고 사랑하지 않으면 멀어진다. "그 어미가 예뻐야 그 자식이 안겨진다."라는 말이 있다. 그렇다면 이와 반대로 그 어미가 미워지면 그 자식은 버려지게 된다. 남자 나이 50이어도 미색을 좋아하는 일은 아직 쇠하지 않으나, 여자 나이 삼십이면 미색은 시든다. 미색이 시든 여자가 미색을 좋아하는 남자를 받들면, 그 자신은 멀어지고 천대받게 되니 [그녀의] 아들은 후계자가 못될까 걱정하게 된다. 이것이 왕비와 정부인이 자기 남편[군주]이 죽기를 바라게 되는 까닭이다. 오직 어머니가 왕후이고 그 자식이 곧 군주가 된다면, [이들의] 호령號令은 실행되지 않는 것이 없고, [이들의] 금령은 금하지 못하는 것이 없을 것이고, 남녀의 쾌락도 선대 임금보다 못하지 않을 것이다. 만승萬乘의 대국을 멋대로 부릴 것이 의심 없는 것이다. 이것이 [바로 군주를] 음독시키거나 목을 조이거나 칼로 베어버리는 일이 일어나는 소이인 것이다. 따라서 『도올춘추檮兀春秋』[9]에 "군주가 질병으로 죽는 것은 반이 못된다."고 하였다. 임금이 [그와 신하 간에 이런 적대적 모순적 이해관계를] 모르면 난리가 일어날 소지는 많은 것이다. 따라서 [한비는] 말한다.

"군주가 죽어서 득 볼 사람이 많으면 군주의 생명은 위태로운 것이다. 따라서 왕량王良[진晋때의 유명한 마부]이 말을 아끼고 월越왕 구천勾踐이 사람을 아낀 것은 전쟁 때문이요, 말달리기 위함 때문이다. 의사가 남의 상처를 입으로 빨고 남의 피를 입에 머금는 것은 혈육 간의 온정이 있기 때문이 아니라 이득이 있기 때문이다. 따라서 가마를 만드는 이가 가마를 만들면서 남들이 부귀富貴하기를 바라며, 목수가 관棺을 만들면서 사람들이 일찍 죽기를 바란다. [이것은] 가마 만드는 이가 인자하고 목수가 심보가 사나워서가 아니다. 사람이 높은 신분[高]이 되지 않으면 가마가 팔리지 않게 되고, 사람들이 죽지 않으면 관은 사는 일이 없기 때문이다. 인정으로야 사람을 싫어하는 것이 아니나, 사람이 죽는 [거기에] 이득이 있기 때문이다. 따라서 왕비, 정부인과 태자가 사당私黨을 만들어 임금을 죽이려는 것은 임금이 죽지 않으면 [그들의] 권세가 크게 되지 않기 때문이다. 정리야 임금을 미워하는 것은 아니나, 임금이 죽어야 이득이 있기 때문이다. 따라서 군주는 자기가 죽어서 득볼 사람에게 더욱 유심히 하지 않으면 안 된다."

따라서 해와 달빛의 무리가 밖으로 둥글게 쳐져 있으나, 그렇게 된 화근은 안에 있는 것이다. 자기를 미워하는 사람들에 대비해야 한다.

---

9) 원문의 '도좌춘추桃左春秋'는 아마도 초楚의 역사책『도올춘추檮兀春秋』의 오기로 보인다. 이점에 관해서는『韓非子校注』, 上同, 157頁, 注8 참조.

화는 자기가 아끼는 사람에게서 오는 것이다. (「비내備內」 편)

[且萬乘之主, 千乘之君, 后妃夫人, 適子爲太子者, 或有欲其君之蚤死者. 何以知其然? 夫妻者, 非有骨肉之恩也, 愛則親, 不愛則疏. 語曰: "其母好者其子抱." 然則其爲之反也, 其母惡者, 其子釋. 丈夫年五十, 而好色未解也. 婦人年三十, 而美色衰矣. 以衰美之婦人, 事好色之丈夫, 則身死見疏賤, 而子疑不爲後. 此后妃 夫人之所以冀共君之死者也. 唯母爲後, 而子爲主, 則令無不行, 禁無不止, 男女之樂, 不減於先君, 而擅萬乘不疑. 此鴆毒扼昧之所以用也. 故《桃左春秋》曰: "人主之疾死者, 不能處半. 人主弗知, 則亂多資." 故曰: "利君死者衆, 則人主危. 故王良愛馬, 越王勾踐愛人, 爲戰與馳. 醫善吮人之傷, 含人之血, 非骨肉之親也, 利所加也, 故輿人成輿, 則欲人之富貴. 匠人成棺, 則欲人之夭死也. 非輿人仁, 而匠人賊也, 人不貴, 則輿不售, 人不死, 則棺不買. 情非憎人也, 利在人之死也. 故后妃 · 夫人太子之黨成, 而欲君之死也, 君不死, 則勢不重. 情非憎君也, 利在君之死也. 故人主不可以不加心於利己死者." 故日月暈圍於外, 其賊在內. 備其所憎, 禍在所愛.]

### 2.5) 아비가 자식을 살해하고 임금이 충신을 죽게 하는 인간의 이기심

초楚 장왕莊王의 동생 춘신군春申君은 애첩이 있었는데 여余라고 하였다. 춘신군의 본처의 아들은 갑甲이라고 하였다. 여는 춘신군이 본처를 버리기를 원했기에, 스스로 자기 몸을 상해傷害하고서 춘신군에게 자기 몸을 내보이고 울면서 말하였다.

"당신의 첩이 되어 매우 행복합니다. 비록 그러하나 본부인의 마음에 들자면 당신을 모셔서는 안 됩니다. 당신의 마음에 들자면 부인을 모실 수는 없습니다. 저의 힘이 진실로 부족하니 두 주인을 섬길 수는 없습니다. 형세가 둘 다 마음 편하게 해드릴 수 없으니, 차라리 부인의 처소[10]에서 죽기보다는 당신 앞에서 죽게 해주심만 못합니다. 저는 이미[11] 죽음을 받고 가겠으나 당신이 만약 옆에 다시 [앞으로] 애첩을 두게 된다면, 당신은 반드시 이런 점을 잘 살피시어, 남에게 웃음거리가 되지 마십시오."

춘신군은 이에 첩 여余의 거짓말을 진실로 믿어서, 본부인을 버리게 되었다. 여余는 또한 갑甲을 죽이고 자기 [소생]의 아들을 후계자로 만들고자 하였다. 이에 스스로 자기가 입고 있는 속옷을 찢고서는 춘신군에게 내보이고 울며 말하였다.

"제가 당신의 총애를 입은 지 오래되었음은 갑甲이 모르는 바 아닙니다. 지금 [갑이] 저를 강제로 추행하고자 하였습니다. 제가 그와 싸워서 제 옷이 [이렇게] 찢겨나가기에 이르렀습니다. 이는 자식의 불효됨이 이것보다 더한 것은 없는 것입니다."

춘신군이 화가 나서 갑을 죽였다. 따라서 정부인은 첩 여余의 거짓 때문에 버림을 당했고, 자식은 그녀의 거짓 때문에 죽었다. 이렇게 본다면, 아버지의 자식에 대한 사랑도 [인간의 이기적 욕심 때문에] 훼방을 받고 망가질 수 있는 것이다. 임금과 신하가 서로 함께 하는 것은 부자 같은 혈육의 정도 없는 것이다. 여러 신하의 헐뜯는 말은 일개 첩의 말

10) 이 구절: '與其死夫人所者' 에서 所는 처소處所[거하는 곳]의 뜻임.
11) 이 구절: '妾以賜死' 에서 以는 '已(이미)' 의 뜻으로 통함. 『韓非子校注』, 上同, 134頁, 注13 참조.

정도가 아니니, 현명한 성인들이 살육을 당해 죽는 것이 어찌 기이한 일이겠는가! 이것이 바로 상앙商鞅이 진秦에서 수레에 묶여 사지가 찢겨 죽었고, 오기吳起가 초楚에서 사지가 찢어져 죽게 된 까닭이다. (「간겁시신姦劫弑臣」 편)

[楚莊王之弟春申君, 有愛妾曰余, 春申君之正妻子曰甲. 余欲君之棄其妻也, 因自傷其身, 以視君而泣, 曰: "得爲君之妾, 甚幸. 雖然, 適夫人, 非所以事君也. 適君, 非所以事夫人也. 身故不肖, 力不足以適二主. 其勢不俱適, 與其死夫人所者, 不若賜死君前. 妾以賜死, 若復幸於左右, 願君必察之, 無爲人笑." 君因信妾余之詐, 爲棄正妻. 余又欲殺甲, 而以其子爲後, 因自裂其親身衣之裏, 以示君而泣, 曰: "余之得幸君之日久矣, 甲非弗知也. 今乃欲强戲余, 余與爭之, 至裂余之衣, 而此子之不孝, 莫大於此矣." 君怒而殺甲也. 故妻以妾余之詐棄, 而子以之死. 從是觀之, 父子愛子也, 猶可以毁而害也. 君臣之相與也, 非有父子之親也, 而群臣之毁言, 非特一妾之口也, 何怪夫賢聖之戮死哉! 此商君之所以車裂於秦, 而吳起之所以枝解於楚者也.]

## 2.6) 군신은 이해관계가 대립되기에 법치가 요청됨

임금은 계산으로 신하를 기르고, 신하 또한 계산으로 임금에게 일한다. 임금과 신하는 서로 계산을 한다. 자기 몸을 해쳐서 나라를 이롭게 하는 일은, 신하는 하지 않는다. 나라를 해쳐서 신하를 이롭게 하는 일은, 임금은 하지 않는다. 신하의 실정은 자기 몸이 해치게 되면 이득이 없는 것이요, 임금의 실정은 나라가 해를 입으면 가까이 할 필요가 없는 것이다. 임금과 신하는 계산으로 만난 것이다. [따라서 신하로서] 무릇 어려운 일에 당하여 반드시 죽을 각오를 하고 [자기의] 지능과 힘을 다하는 것은 [외재적 강제력인] 법法[공권력] 때문에 그렇게 하는 것이다. 따라서 선왕先王[과거의 이상적인 임금]은 상賞을 [내리는 조건]을 명시하여 [신하들을] 분발하게 하였고, 엄혹한 형벌로써 그들을 위세 있게 다스렸다. 상과 벌[의 시행]이 분명하면 백성들은 모두 목숨을 다하여 일하고, 백성들이 목숨을 다하여 일하면 군대가 강해지고 군주의 위세는 높아진다. 형刑과 상賞[의 시행원칙]을 분명히 파악하지 못하면 백성이 [나라에] 공로가 없어도 이득을 얻게 되고, 죄를 지어도 [형벌을] 요행으로 피하게 된다. 그러면 군대는 약해지고 군주의 위세는 낮아지게 된다. (「식사飾邪」 편)

[君以計畜臣, 臣以計事君. 君臣之交計也. 害身而利國, 臣弗爲也. 害國而利臣, 君不爲也. 臣之情, 害身無利. 君之情, 害國無親. 君臣也者, 以計合者也. 至夫臨難必死, 盡智竭力, 爲法爲之. 故先王明賞以勸之, 嚴刑以威之. 賞刑明, 則民盡死. 民盡死, 則兵强主尊. 刑賞不察, 則民無功而求得, 有罪而幸免, 則兵弱主卑.]

## 2.7) 부모의 사랑보다는 관리의 엄한 법집행이 법치의 기초

지금 여기에 재주 없는 자식이 있는데, 부모가 그에게 화를 내어도 고칠 수 없고, 마을 사람들이 나무란다 해도 끄덕하지 않고, 선생이 가르쳐도 변화시키질 못한다. 부모의 사랑, 마을 사람의 품행, 선생님의 지혜 세 가지 좋은 것이 보태져도 [그는] 끝내 끄덕하지 않으니, 그의 정강이의 터럭 하나도 고쳐놓은 것이 없다. 지방관청의 관리가 관병을 거느리고 공법公法을 근거로 나쁜 일 한 사람을 수색한 연후에야, [그는] 두려워서 뜻을 바꾸고 행실을 바꾸게 된다. 따라서 부모의 사랑이 자식을 가르치기에 충분하지 못하고 반드시 지방관청의 엄한 형벌을 기다려야 하는 것은, 백성들이란 진실로 사랑해 주면 교만해지고, 위세라야 말을 듣게 되어 있기 때문이다. 따라서 열 길[仞]의 성벽은 누계樓季[12]라도 뛰어넘지 못하는 것은 가파르기 때문이다. 천 길이나 되는 [높은] 산에 절름발이 양을 방목할 수 있는 것은 [경사가] 평탄하기 때문이다. 따라서 영명한 국왕은 법을 가파르게 하고 형벌을 엄격하게 한다. [그러면] 얼마 안 되는 옷감이라도 보통사람들이 내버리지 않고, 펄펄 녹아내리는 황금이 백 일鎰[1鎰=24兩, 즉 2,400량]이나 되어도 도척盜跖도 줍지 않을 것이다. 반드시 해가 되지 않으면 작은 것도 놓치지 않으나, 반드시 손에 해가 된다면 100일鎰이나 되어도 줍지 않는다. 따라서 영명한 군주는 형벌을 반드시 집행한다. 이 때문에 상은 두텁고 믿음성 있게 하여 백성들이 이득을 보게 해야 하고, 벌은 무겁고 반드시 집행하여 백성들이 두려움을 갖게 해야 한다. 법이란 [백성들을] 하나로 통일하고 굳게 단결시키는 것임을 그들이 알게끔 해야 한다. 따라서 군주는 상을 내리되 변경이 있어선 안 되고, 벌을 주되 용서가 있어서는 안 된다. 명예가 상을 보상하고 불명예에 벌이 따른다면, '똑똑한 사람' 이나 '못난 사람' 이나 모두 그들의 힘을 다할 것이다. (「오두五蠹」 편)

[今有不才之子, 父母怒之弗爲改, 鄕人譙之弗爲改, 師長敎之弗爲變. 夫以父母之愛, 鄕人之行, 師長之智, 三美加焉而終不動其脛毛, 不改. 州部之吏操官兵,推公法, 而求索姦人, 然後恐懼, 變其節, 易其行矣. 故父母之愛不足以敎子, 必待州部之嚴刑者, 民固驕於愛, 聽於威矣. 故十仞之城, 樓季不能踰者, 峭也. 千仞之山, 跛牂易牧者, 夷也. 故明王峭其法, 而嚴其刑也. 布帛尋常, 庸人不釋. 鑠金百溢, 盜跖不

12) 누계樓季는 전국시대 위魏 문후文侯의 동생으로 높이뛰기를 잘했다고 함.

掇. 不必害, 則不釋尋常. 必害手, 則不掇百鎰. 故明主必其誅也. 是以賞莫如厚而信, 使民利之. 罰莫如重而必, 使民畏之. 法莫如一而固, 使民知之. 故主施賞不遷, 行誅無赦, 譽輔其賞, 毁隨其罪, 則賢不肖盡其力矣.]

## 2.8) 상과 벌: 군주의 신하에 대한 제압수단에 의한 엄격한 법치주의

영명한 군주가 신하를 지도하고 제압하는 것은 두 자루[의 권력]뿐이다. 이 두 자루는 형刑과 덕德이다. 무엇이 '형' 과 '덕' 인가? 죽이고 벌주는 것이 '형' 이고, 상 주는 것이 '덕' 이다. 신하는 벌을 두려워하고, 상을 이롭게 여긴다. 따라서 임금이 주체적으로 형과 덕을 베풀면 뭇 신하들은 임금의 위엄을 두려워하고 임금의 이점利點에 몰려들 것이다. 하지만[13] 세상의 간신들은 이러하지 않다. [그들이] 기피忌避하는 인물이면 임금에게 설득시켜 죄줄 수 있고, 좋아하는 인물이면 임금을 설득시켜 상을 줄 수 있다. 지금 임금이 상과 벌의 위세와 이득이 자기에게서 [주체적으로] 나오게 하는 것이 아니고 신하의 말을 듣고 상과 벌이 시행된다면, 온 나라의 사람들은 모두 그 신하를 두려워하여 임금을 바꾸게 되고, 그 신하에게 민심이 쏠리어 그 임금을 떠나게 된다. 이것이 임금이 형과 덕을 잃는 [큰] 화근인 것이다. 호랑이가 개들을 제압할 수 있는 것은 그의 [날카로운] 이빨과 발톱이다. 호랑이가 자기의 이빨과 발톱을 뽑아 개에게 주어 쓰게 하면, 호랑이는 도리어 개에게 굴복하게

13) 이 구절 '故世之奸臣' 에서 故는 '顧(하지만)' 의 뜻으로 통함. 『韓非子校注』, 上同, 54頁, 注2 참조.

된다. 임금은 형과 덕으로 신하를 제압하는 것이다. 지금 임금이 자기의 형과 덕을 뽑아 신하에게 쓰게 하면, 임금은 도리어 신하에게 제압당하는 것이다. 따라서 전상田常[제齊의 중신重臣]은 위로는 작록爵祿을 청하여 여러 신하에게 주고, 아래로는 큰 됫박으로 백성들에게 혜택을 베푸니, 이에 간공簡公[田常에 의해 시해됨]은 덕을 잃고 전상田常이 그것을 쓰게 되었기에, 간공은 시해된 것이다[기원전 481년]. 자한子罕[송의 大夫]은 송나라 임금에게 말하였다. "상을 내리는 일은 백성들이 좋아하는 일이니 임금께서 스스로 행하시고, 죽이고 벌주는 형벌은 백성들이 싫어하는 것이니 제가 맡아서 해보겠습니다." 이에 송의 군주는 형을 잃어버리고 자한이 그것을 이용하였기에, 송의 임금은 위협을 받았다. 전상田常은 다만 '덕' 만을 썼는데 간공簡公이 시해되었고, 자한子罕은 단지 '형' 만을 썼는데 송의 군주가 위협을 받았다. 따라서 지금 세상에 신하로서 형刑과 덕德을 함께 쓰고 있다면, 이런 세상의 군주의 위태로움은 (제齊의) 간공이나 송의 군주보다 더한 것이다. 따라서 위협받고 있거나 살해되거나 [정당한 언로의 청취가] 엄폐된 군주란 형刑과 덕德 모두를 잃어버리고 신하가 그것들을 쓰게 된 것이니, 망하지 않는 일은 일찍이 없었다.

임금이 불법을 막고자 하면 [신하들이 실제로 행하여] '드러난 일[刑, 즉 형形]' 과 [신하들이 하겠다고 말한] '명분[名]' 을 잘 살펴서 대조해야 한다. '드러난 사실[形]' 과 '하겠다고 말한 명분[名]' 은 [신하들의] 말[言]과 할 일[事]에 관한 것이다. 임금은 [신하들이] 하는 말에 따라 그들에게 일을 맡기고, 오로지 그들이 해낸 사실로써 그 일의 결과[功]를 따져야 한다. 결과가 그가 한 일에 합당하고, 한 일이 그가 한 말과 합당하면 상을 주고, 결과가 그가 한 일과 합당하지 않고, 한 일이 그가 한 말과 합당하지 않으면 벌을 내린다. 따라서 뭇 신하들이 말은 크게 했으나 결과가 작으면 벌 받는 것은, 작은 결과를 벌주는 것이 아니요, 결과가 해야 할 명분과 맞지 않았음을 벌주는 것이다. 뭇 신하들이 말은 작게 했으나 결과가 크다면 또한 벌을 받는다. 이는 큰 결과를 기뻐하지 않는 것이 아니라, 명분에 맞지 않는 일이 [당장의] 큰 결과보다 해롭다고 보기 때문에 벌을 주는 것이다. … 임금은 두 가지 [양면적인] 문제가 있다. 지혜로움[賢]을 믿고 일을 맡기면 신하들은 바야흐로 그 '지혜로움' 을 타고서 임금을 제압하고, [그렇다고 무능한] 아무 인물이나 천거하면 일이 제대로 되지 않는다. 따라서 임금이 '지혜 있는 이' 를 좋아하면 뭇 신하들이 거짓 행위[즉, 거짓된 지혜]로 임금의 뜻에 영합한다. 이렇게 되면 뭇 신하들의 실정은 드러나지 않는다. 뭇 신하들의 실정이 파악되지 않으면 임금은 이들 신하[가 진짜인가 가짜인가]를 분별할 바가 없게 되는 것이다. (「이병二柄」 편)

[明主之所導制其臣者, 二柄而已矣. 二柄者, 刑德也. 何謂刑德? 曰: 殺戮之謂刑, 慶賞之謂德. 爲人臣者, 畏誅罰而利慶賞, 故人主自用其刑德, 則群臣畏其威而歸其利矣. 故世之姦臣則不然, 所惡, 則能得之其主而罪之, 所愛, 則能得之其主而賞之. 今人主非使賞罰之威利出於已也, 聽其臣而行其賞罰, 則一國之人皆畏其臣而易其君, 歸其臣而去其君矣. 此人主失刑德之患也. 夫虎之所以能服狗者, 爪牙也. 使虎釋其爪牙而使狗用之, 則虎反服於狗矣. 人主者, 以刑德制臣者也. 今君人者釋其刑德而使臣用之, 則君反制於臣矣. 故田常上請爵祿而行之群臣, 下大斗斛而施於百姓, 此簡公失德而田常用之也, 故簡公見弑. 子罕謂宋君曰: "夫慶賞賜予者, 民之所喜也, 君自行之. 殺戮刑罰者, 民之所惡也, 臣請當之." 於是宋君失刑, 而子罕用之, 故宋君見劫.

田常徒用德, 而簡公弑. 子罕徒用刑, 而宋君劫. 故今世爲人臣者, 兼刑德而用之, 則是世主之危甚於簡公·宋君也. 故劫殺擁蔽之主, 兼失刑德, 而使臣用之, 而不危亡者, 則未嘗有也.

人主將欲禁姦, 則審合刑名. 刑名者, 言與事也. 爲人臣者陳而言, 君以其言授之事, 專以其事責其功. 功當其事, 事當其言, 則賞. 功不當其事, 事不當其言, 則罰. 故群臣其言大而功小者則罰, 非罰小功也, 罰功不當名也. 群臣其言小而功大者亦罰, 非不說於大功也, 以爲不當名也. 害甚於有大功, 故罰.……人主有二患. 任賢, 則臣將乘於賢, 以劫其君; 妄擧, 則事沮不勝. 故人主好賢, 則群臣飾行以要君欲, 則是群臣之情不效. 群臣之情不效, 則人主無以異其臣矣.]

## 3. 법치에 의한 부국강병富國强兵의 실현

### 3.1) 부국강병은 법치에서 나옴

성인의 정치는 법금法禁을 상세히 알아야 한다. 법금이 명백하게 드러나면 [나라의] 관리가 다스려지고 상벌이 반드시 실행된다. 상벌이 편파적이지 않으면 백성들이 [나라에 유익하게] 쓰이게 된다. 백성이 유용하게 쓰이고 관리가 제대로 다스려지면 나라는 부유해지고, 나라가 부유해지면 군대가 강해지고, [천하통일을 성취하는] 패왕霸王의 업적이 이루어지게 될 것이다. 패왕이 되는 것은 임금의 최대의 이득이다. 군주가 최대의 이득을 얻고자 정치를 하면, 관직을 맡은 사람은 마땅히 능력이 있고, 상벌을 내림에는 사익이 없어야 한다. 군인과 백성들이 이 점을 명백히 알도록 하여 힘을 다하여 목숨을 내놓으면, 업적을 세울 수 있고 작록爵祿도 얻게 되고 부귀도 이룰 수 있는 것이다. 부귀는 신하에게는 최대의 이득이다. 신하들이 최대의 이득을 얻도록 일에 종사하면, 그들의 행동은 위태로운 지경에도 죽기를 무릅쓰며, 그 힘을 다해도 원망함이 없게 된다. … 어머니가 자식을 사랑하는 것은 아버지보다 곱절이나, 아버지의 명령이 자식에게 통용되는 것은 어머니보다 10배이다. 관리는 백성에 대해 사랑이 없으나, 백성에게 명령이 행해지는 것은 아버지보다 만 배이다. 어머니의 사랑이 쌓이면 명령은 사라진다. 관리는 위엄을 쓰니 백성들이 말을 듣는다. 이에 엄형[을 쓸 것]인가, 사랑[을 쓸 것]인가의 대책은 또한 결판이 날 것이다. 또한 부모가 자식에게 바라는 것은, [자식의] 행동이 그에게 이롭고 편안하기를 바라고, 처신이 죄짓지 않기를 바라는 것이다. [그러나] 임금이 백성들에게 [바라는 것은, 나라가] 어려울 때 [백성들이] 목숨을 바치고, [나라가] 평안한 때에는 그들의 힘을 다하여 일하라는 것이다. 어버이가 두터운 사랑으로 자식을 평안하게 하고 이롭게 해주려고 했는데도 말을 듣지 않았는데, 임금은 사랑도 이롭게 함도 없이 백성들이 죽을힘을 다하여 명령을 수행하기를 바라는 것이다. 영명한 군주는 이 점을 알기 때문에 은애恩愛의 마음을 기르지 않고 [거역할 수 없는] 엄혹한 위세를 더하는 것이다. 따라서 어머니가 두터운 사랑으로 대하면 자식들이 대부분 못쓰게 되는 것은 사랑 때문이요; 아버지가 사랑을 박하게 하고 매질로 가르쳐서 자식들이 대부분 잘되는 것은 엄하기 때문이다. (「육반六反」 편)

[聖人之治也, 審於法禁, 法禁明著則官治, 必於賞罰, 賞罰不阿則民用, 民用官治則國富, 國富則兵强, 而霸王之業成矣. 霸王者, 人主之大利也. 人主挾大利以聽治, 故其任官者當能, 其賞罰無私, 使士民明

焉, 盡力致死, 則功伐可立而爵祿可致. 爵祿致, 而富貴之業成矣. 富貴者, 人臣之大利也. 人臣挾大利以從事, 故其行危至死, 其力盡而不望.……母之愛子也倍父, 父令之行於子者十母. 吏之於民無愛, 令之行於民也萬父. 母積愛而令窮, 吏用威嚴而民聽從, 嚴, 愛之筴, 亦可決矣. 且父母之所以求於子也, 動作則欲其安利也, 行身則欲其遠罪也. 君上之於民也, 有難則用其死, 安平則盡其力. 親以厚愛, 關子於安利, 而不聽, 君以無愛利, 求民之死力, 而令行. 明主知之, 故不養恩愛之心, 而增威嚴之勢. 故母厚愛處, 子多敗, 推愛也, 父薄愛敎笞, 子多善, 用嚴也.]

### 3.2) 부국강병은 인의仁義가 아니라 엄한 형벌에서 나옴

세상의 군주들은 인의仁義의 명분을 찬미하며 [국가 공리에 대하여] 그것[仁義]이 끼치는 [나쁜] 결과를 잘 알지 못하고 있다. 이 때문에 크게는 나라가 망하고 [군주] 자신이 죽게 되거나, 적게는 영토가 깎이고 군주[의 위세]가 낮아지는 것이다. 어떻게 이것을 증명할 수 있는가? 빈곤한 사람에게 베풀어주는 것, 이것이 세상에서 말하는 인의仁義이다. 백성을 가엾게 여겨 차마 벌주지 못하는 것, 그것이 세상에서 말하는 베풂과 사랑이다. 빈곤한 사람에게 베풀어주면 [나라에] 공功이 없는 사람이 상을 받는 셈이고, 차마 벌하지 못하면 난폭한 혼란은 그치지 않게 된다. 나라에 공이 없어도 상 받는 일이 있으면, 백성들은 밖에서 적을 맞아 목을 베는 일에 힘쓰지 않게 되고, 안으로는 힘을 다해 열심히 농사짓지 않을 것이다. 모두 뇌물을 써서 부귀한 이들을 받들어 개인적 신분을 만들고 좋은 평판을 얻어서 높은 자리와 후한 봉록을 얻고자 할 것이다. 따라서 사특하고 사적인 이득을 취하는 신하가 점점 많아지고 횡포한 난리를 꾸미는 무리가 많아지면 망하지 않을 수 있겠는가? 엄혹한 형벌은 백성들이 두려워하는 바이요, 중한 벌은 백성들이 싫어하는 바이다. 따라서 성인聖人은 백성들이 두려워하는 바를 제시하여 그들의 불의를 금지하고, 그들이 싫어하는 바를 제정하여 그들의 불법을 방지한다. 이 때문에 나라는 안정되고, 횡포한 난리는 일어나지 않는다. 이러하기에 나는 인의仁義와 은덕과 사랑[惠愛]은 쓸 만하지 못하며, 엄한 형과 중벌만이 나라를 다스릴 수 있다고 보는 것이다. (「간겁시신奸劫弑臣」 편)

[世主美仁義之名, 而不察其實, 是以大者國亡身死, 小者地削主卑. 何以明之? 夫施與貧困者, 此世之所謂仁義, 哀憐百姓, 不忍誅罰者, 此世之所謂惠愛也. 夫有施與貧困, 則無功者得賞, 不妨誅罰, 則暴亂者不止. 國有無功得賞者, 則民不外務當敵斬首, 內不急力田疾作, 皆欲行貨財, 事富貴, 爲私善, 立名譽, 以取尊官厚俸. 故姦私之臣愈衆, 而暴亂之徒愈勝, 不亡何待? 夫嚴刑者, 民之所畏也. 重罰者, 民之所惡也. 故聖人陳其所畏, 以禁其邪, 設其所惡, 以防其姦, 是以國安, 而暴亂不起. 吾以是明仁義愛惠之不足用, 而嚴刑重罰之可以治國也.]

### 3.3) 인위적 '필연의 도리'로서의 법치

[농사할 수 없는] 암반岩盤이 천리千里라 해도 부유할 수 없고, 인형人形이 백만이라 해도 [군대가] 강하다고 말할 수 없다. 돌이 크지 않은 것은 아니고 숫자가 많지 않은 것은 아니나, 부유하고 강하다고 말할 수 없는 것은, 암반에서 곡식이 나올 수 없고, 인형더러 적들과 싸우라고 할 수 없기 때문이다. 지금 장사꾼과 기술자들이 또한 농사짓지 않고 밥을

먹는다. 이에 토지가 개간되지 않으니 암반과 마찬가지인 셈이다. 유자들과 협객들이 군대도 가지 않고 고생도 않으며, 현달顯達하여 영화를 누리면, 백성들을 부릴 수 없기에 [백성들은] 인형들과 마찬가지인 셈이다. 암반과 인형의 해 됨을 알지만, 장사꾼이나 유자儒者나 협객들의 해가 됨이 [바로] 개간되지 않는 땅과 부릴 수 없는 백성이라는 것을 모른다면, [이것은] 일의 유사한 상황을 [유추해 볼 줄] 모르는 것이다. 따라서 [국력이] 대등한 나라의 군주가 비록 내가 옳다고 말한다 해도, 나는 [그를] 입조入朝하게 하여 조공하는 신하로 만들 수 없다. [그러나 임금 휘하의] 관내후關內侯[전국시대 20등급 중 최상위의 신분]가 나의 행동이 그릇됐다고 하면, 나는 [그를] 반드시 잡아 와서 조회를 시킬 수 있다. 이 때문에 세력이 크면 남이 조공을 오지만, 세력이 적으면 남에게 조공해야 한다. 따라서 영명한 군주는 세력[力]에 힘쓴다. 엄한 집에는 난폭한 머슴이 없고, 자상한 어머니에는 도리어 패가망신 시키는 자식이 있다. 나는 이 때문에 위세는 난폭亂暴함을 막을 수 있으나, 도타운 덕은 난리를 막기에 부족한 것이라고 본다. 무릇 성인이 나라를 다스림에는 남이 나에게 잘해 줄 것을 믿지 않고 그가 나쁜 짓을 않게 하는 것이다. 남이 나에게 잘해 주리라 믿으면, [그런 사람은] 온 나라에 열 사람이 못 된다. 사람들이 [법적 강제성을 통해] 나쁜 짓을 않게 되면, 온 나라 사람들[의 힘]을 다 쓸 수 있다. 다스리는 사람은 많은 것을 쓰고 적은 것을 버린다. 따라서 덕치[德]에 힘쓰지 않고 법치[法]에 힘쓴다. 반드시 자생적으로 곧은 대[竹] 촉을 기다려서 [화살을 만들자면] 백세百世[일세一世 = 30년]를 가도 화살을 얻을 수 없고, 자생적으로 둥근 나무를 기다려 [수레바퀴를 만들자면,] 천세千歲를 가도 바퀴를 얻을 수 없는 것이다. 자생으로 곧은 촉대와 자생으로 둥근 나무는 백세를 지나도 하나도 없다. 그러나 세상에서 모두 수레를 타고 짐승을 활로 쏘는 것은 어떻게 된 것인가? '굽은 나무를 바로 펴는 도리[隱括之道]'를 쓴 것이다. 비록 은괄隱括[굽은 나무를 바르게 펴는 도구]에 의하지 않고, 자생으로 곧은 촉대나 자생으로 둥근 나무가 [우연히] 있다고 하더라도, 좋은 기술자는 그것을 귀하게 보지 않는다. 그 이유는 수레를 탈 사람이 한 사람이 아니요 활을 한 발만 쏘는 것이 아니기 때문이다. 상벌이 필요 없이 스스로 잘하는 백성을 영명한 군주는 귀하게 보지 않는다. 왜냐하면, 국법은 [절대로] 과실이 있어서는 안 되는 것은 다스릴 사람이 [우연히 착한] 그 한 사람만이 아니기 때문이다. 따라서 법술을 아는 군주는 우연히 좋은 것을 따르지 않고, '필연의 도리'를 실천하는 것이다. (「현학顯學」편)

[磐石千里, 不可謂富; 象人百萬, 不可謂强. 石非不大, 數非不衆也, 而不可謂富强者, 磐石不生粟, 象人不可使忠距敵也. 今商官技藝之士, 亦不墾而食, 是地不墾, 與磐石一貫也. 儒, 俠, 毋軍勞, 顯而榮者, 則民不使, 與象人同事也. 夫禍知磐石象人, 而不知禍商官儒俠爲不墾之地, 不使之民, 不知事類者也. 故敵國之君王, 雖說吾義, 吾弗入貢而臣. 關內之侯, 雖非吾行, 吾必使執禽而朝. 是故力多則人朝, 力寡則朝於人, 故明君務力. 夫嚴家無悍虜, 而慈母有敗子, 吾以此知威勢之可以禁暴, 而德厚之不足以止亂也. 夫聖人之治國, 不恃人之爲吾善也, 而用其不得爲非也. 恃人之爲吾善也, 境內不什數, 用人不得爲非, 一國可使齊. 爲治者用衆而舍寡, 故不務德而務法. 夫必恃自直之箭, 百世無矢; 恃自圜之木, 千世無輪矣. 自直之箭, 自圜之木, 百世無有一; 然而世皆乘車射禽者, 何也? 隱栝之道用也. 雖有不恃隱栝, 而有自直之箭, 自圜之木, 良工弗貴也. 何則? 乘者非一人, 射者

非一發也. 不恃賞罰, 而恃自善之民, 明主弗貴也. 何則? 國法不可失, 而所治非一人也. 故有術之君, 不隨適然之善, 而行必然之道.]

## 4. 인위적 '필연의 도리'의 근거: '도道', '리理', '덕德' 등의 보편적 법칙에 대한 인식

### 4.1) 만물의 '보편적 존재론적 근거'로서의 '도'와 개별적 사물의 '리'

'도道'란 모든 존재[萬物]를 그렇게 만든 것이요, 모든 이치[萬理]가 부합하는 곳이다. '리理'란 개개 사물을 이루어 주는 조리條理이다. '도'는 모든 존재[만물]를 존재하게끔 하는 소이所以[raison d'être]이다. 따라서 '도'는 [만물에] 이치를 주는 것이다. 개개 사물에 '리理'가 있으면 서로를 압박할 수가 없는 것이다. 개개 사물이 '리'가 있어서 서로 압박할 수 없기에, '리'란 개개 사물들의 제약[하는 법칙]이다. 모든 존재[萬物]는 각기 '리理'를 달리하지만 '도'는 이런 만물의 '리'를 다 포괄하기 때문에 변화하지 않을 수 없다. ['도'란] 변화하지 않을 수 없기에 '고정불변[常]'의 모습일 수 없다. ['도'란] '고정불변[常]'의 모습일 수 없기에 삶의 기[生氣]도 죽음의 기[死氣]도 그것에서 받은 것이요, 수만 가지 지혜[萬智]도 많건 적건 그것에서 받은 것이요, 모든 일도 그것에 따라 생기고 없어지는 것이다. 하늘은 그것 때문에 높은 것이요, 땅은 그것 때문에 [만물을] 수용하는 것이요, 북두성은 그것 때문에 위엄을 이룰 수 있는 것이요, 해와 달은 그것 때문에 빛을 항시 발산하는 것이요, 오행은 그것 때문에 자기 위치를 언제나 가지고 있는 것이요, 뭇별들은 그것 때문에 자기의 운행을 바로 하는 것이요, 사계절은 그것 때문에 절기의 변화를 해나가는 것이다. 헌원軒轅[즉, 황제黃帝]은 그것을 얻어서 사방을 다스렸고, 적송赤松[옛날의 신선]은 그것을 얻어서 천지天地와 수명壽命을 함께 하였고, 성인聖人은 그것을 얻어서 문물제도를 이루었다. '도'는 요堯, 순舜에게 지혜로 구현되었고, 접여接輿[공자 당시의 초楚나라 미치광이]에게는 광기로 나타났고, 걸桀과 주紂에게는 [나라의] 멸망으로 나타났고, 탕湯과 무武왕에게는 [나라의] 흥성으로 나타났다. ['도' 란] 가깝게 있다고 여기나 멀리 천지사방에까지 미치고 있고, 멀리 있다고 여기나 늘 내 곁에 있는 것이다. ['도' 란] 어두운 것이라 여기나 그 빛이 밝고 밝으며, 밝다고 여기나 그것은 어둑어둑한 것이다. ['도'의] 공효가 하늘과 땅을 이루었고, ['도' 의] 조화와 변화가 우레와 천둥이니, 우주 안의 모든 존재는 ['도'] 때문에 이뤄지는 것이다.

무릇 '도'의 실정은 한정되거나 형태로 드러나거나 하지 않으며, 부드럽고 약하면서 시시時時 적절適切하게 '리理'와 상응하는 것이다. 만물은 그것 때문에 죽을 수도 살 수도 있다. 만사는 그것 때문에 실패할 수도 성공할 수도 있다. '도'를 물에 비유하자면, 물에 빠진 사람이 많이 마시면 죽지만, 갈증이 있는 사람이 적절히 마시면 살아난다. 그것을 칼과 극戟[반달 모양의 칼끝이 달린 긴 창]에 비유하면, 어리석은 자가 화가 나는 대로 휘두르면 불행이 생기고, 성인이 폭도를 죽이는 데 쓰면 복이 되는 것이다. 따라서 ['도'란] 그것 때문에 죽을 수도 살수도 있고, 그것 때문에 실패할 수도 성공할 수도 있는 것이다. (「해로解老」 편)

[道者, 萬物之所然也, 萬理之所稽也. 理者, 成物之文也; 道者, 萬物之所以成也. 故曰: 道, 理之者也. 物有理, 不可以相薄. 物有理, 不可以相薄, 故理之爲物之制, 萬物各異理. 萬物各異理, 而道盡稽萬物之理, 故不得不化. 不得不化, 故無常操. 無常操, 是以死生氣稟焉, 萬智斟酌焉, 萬事廢興焉. 天得之以高, 地得之以藏, 維斗得之以成其威, 日月得之以恆其光, 五常得之以常其位, 列星得之以端其行, 四時得之以御其變氣, 軒轅得之以擅四方, 赤松得之與天地統, 聖人得之以成文章. 道, 與堯舜俱智, 與接輿俱狂, 與桀 · 紂俱滅, 與湯 · 武俱昌. 以爲近乎? 遊於四極; 以爲遠乎? 常在吾側. 以爲暗乎? 其光昭昭, 以爲明乎? 其物冥冥. 而功成天地, 和化雷霆, 宇內之物, 恃之以成. 凡道之情, 不制不形, 柔弱隨時, 與理相應. 萬物得之以死, 得之以生, 萬事得之以敗, 得之以成. 道譬諸若水, 溺者多飮之卽死, 渴者適飮之卽生. 譬之若劍戟, 愚人以行忿則禍生, 聖人以誅暴則福成. 故, 得之以死, 得之以生, 得之以敗, 得之以成.]

### 4.2) 개별적 사물의 '공리公理'로서의 '이理'와 영원불변의 '도道'

무릇 '이理'란 네모나 원, 길음과 짧음, 굵음과 가늚, 굳음과 연약함을 구분해 주는 것이다. 따라서 '이'가 정해진 뒤에야 [그 사물에 대하여] 말할 수 있는 것이다. 따라서 [어떤 사물의] '이'가 정해지면 [그것이] '있는 것인지 없는 것인지', '산 것인지 죽은 것인지', '발전하는 것인지 쇠퇴하는 것인지'가 판명이 난다. 무릇 개별적 존재[物]는 한 번 있디가는 한 번 없어지고, 잠시 살았는가 하면 잠시 죽기도 하며, 처음엔 왕성하다가 나중엔 쇠망하는 것이라 '불변[常]' 이라 말할 수 없는 것이다. 오로지 하늘과 땅이 갈라져 생성됨과 함께 생겨나서 하늘과 땅이 소멸하기에 이르러도, 죽지도 쇠하지도 않는 것이 '불변자[常]' 인 것이다. '불변자[常]' 는 달라지는 바도 없고 한정되는 '이理' 도 없다. 한정된 '이' 가 없기에 고정불변의 장소에 있지 않다. 이 때문에 [그 불변자[常]인 '도' 는] 말로써 정의될 수 없다. 성인은 그것의 '현묘하고 텅빔' 을 보고 그것이 두루 운행하기에, 억지로 이름 하여 '도' 라고 하는 것이다. 그래서 (『노자老子』에서) 이렇게 논의를 하니, " '도' 를 말로 [규정]하게 되면 '불변의 도[常道]' 는 아니다[道可道, 非常道]." 라고 하는 것이다. (「해로解老」 편)

[凡理者, 方圓 · 短長 · 麤靡 · 堅脆之分也. 故理定, 而後物可得道也. 故定理有存亡, 有死生, 有盛衰. 夫物之一存一亡, 乍死乍生, 初盛而後衰者, 不可謂常. 唯夫與天地之剖判也俱生, 至天地之消散也不死不衰者, 謂常. 而常者無攸易, 無定理. 無定理, 非在於常所, 是以不可道也. 聖人觀其玄虛, 用其周行, 强字之曰道, 然而可論, 故曰: "道之可道, 非常道也."]

### 4.3) '개별적 이치[理]' 에 따라 일을 하면 못 이룰 일이 없다

무릇 형체 있는 물체는 쉽게 잘라 보고 쉽게 분석할 수 있다. 어떻게 그것을 논증할 수 있는가? 형체가 있으면 [길이의] 길고 짧음이 있게 되고, 길고 짧음이 있으면 [크기의] 크고 작음이 있게 되고, 크고 작음이 있게 되면 네모와 원[의 구별]이 있게 되고, 네모와 원의 구별이 있으면 굳음과 연약함의 구별이 있게 되고, 굳음과 연약함의 구별이 있게 되면 가볍고 무거움의 구별이 있게 되고, 가볍고 무거움의 구별이 있게 되면 [색깔을] 흰색과 검은색으로 구분해 볼 수 있다. 길고 짧음, 크고 작음, 네모와 원, 굳음과 연약함, 가볍고 무거움, 흰색과 검은색이 [사물들의] '개별적 이치[理]' 이다. 이 '개별적 이치' 가 정해지면 사물은 쉽게 분석될 수 있다. 따라서 조정에서 논의할 때 나중에 발언하는 사람의 말이 [앞선 논의들을 참작했기에] 확보될 수 있는 것이요, 여러 의논을 이리저리 재어본 선비가 사태를 잘 파악할 수 있는 것이다. 따라서 네모나 원을 그리는데 그림쇠[規, 컴퍼스]나 직각자[矩]를 쓴다면 모든 일에 공효가 드러나게 될 것이다. 모든 존재에는 규구規矩와 같은 법칙이 있는 것이다. 계획을 논의하는 선비들은 규구規矩와 같은 법칙과 합치하는 것을 생각해 내야 할 것이다. 성인이란 모든 존재에서 규구規矩와 같은 법칙을 따르는 것이다. 따라서 [노자老子는] 말하였다. "세상에서 [멋대로] 먼저 하지 않는다." 세상에서 [멋대로] 먼저 하지 않으니 [즉, 합법적 법칙에 따르니] 어느 일이고 되지 않는 일이 없으며, 공효가 이루어지지 않는 것이 없으니, [그의] 이론은 반드시 세상을 압도할 것이다. [그렇게 되면] 대관大官이 되지 않으려 해도 그렇게 되겠는가! 대관이 되면 일을 이루는 우두머리가 되는 것이다. 이 때문에, "세상에서 [멋대로] 먼저 하지 않았기 때문에 일을 이루는 우두머리가 될 수 있다."라고 [노자老子는] 말하였다. (「해로解老」)

[凡物之有形者, 易裁也, 易割也. 何以論之? 有形則有短長, 有短長則有小大, 有小大則有方圓, 有方圓則有堅脆, 有堅脆則有輕重, 有輕重則有白黑. 短長 · 大小 · 方圓 · 堅脆 · 輕重 · 白黑之謂理; 理定而物易割也. 故議於人庭而後言則立, 權議之士知之矣. 故欲成方圓而隨其規矩, 則萬事之功形矣. 而萬物莫不有規矩, 議言之士計會規矩也. 聖

人盡隨於萬物之規矩, 故曰: "不敢爲天下先." 不敢爲天下先, 則事無不事, 功無不功, 而議必蓋世, 欲無處大官, 其可得乎! 處大官之謂爲成事長, 是以故曰: "不敢爲天下先, 故能爲成事長."]

### 4.4) 개개사물의 '내재적 본성[德]'의 실현

덕德은 마음의 안이요, 득得은 밖에서 얻는 것이다. [『노자』의] "최고의 덕은 덕으로 드러나지 않는다."[上德不德]는 말은 '그 정신이 밖에 의해 더럽혀지지 않음'의 뜻이다. 정신이 밖에 의해 더럽혀지지 않으면 몸이 [내재적으로 주어진 그대로] 온전하게 된다. 몸이 [내재적으로] 온전한 것이 덕德이다. '덕'이란 자기 몸에서 얻는 것이다. 무릇 '덕'은 [억지로 함이 없는 자연 그대로의] '무위無爲'가 싸여서 '욕심 없이[無欲]' 이루어지고, '사려 없이[無思]' 편안하며, '유용에 매이지 않은[無用] 그대로인 것이다. [의도적으로 억지로] 하려고 욕구하면 '덕'은 머물지 않는다. '덕'이 머물지 않으면 [몸은 자연 그대로] 온전하지 않은 것이다. [억지로] 유용하고자 하고 사려하고자 하면, 진실 그대로가 아니다. 진실 그대로가 아니면 공효가 나오지 않는다. 공효가 나오지 않으면 [억지로] '덕'을 만든다. [진실 그대로의] '덕'이라면 [밖으로] 드러난 '덕'은 없다. '덕'으로 드러나지 않으면 '덕'이 있는 것이다. 따라서 "최고의 덕은 덕으로 드러나지 않는다. 따라서 '덕'이 있다." 따라서 [억지로] '함이 없음[無爲]'과 '사려 없음[無思]'을 '텅 빔[虛]'으로 추숭함이고, [진실 그대로의] 뜻이란 무엇에든 한정 받지 않고 있음을 말하는 것이다. 도술道術을 모르는 이도 [아예] 일부러 '무위無爲'와 '무사無思'를 '텅 빔[虛]'으로 본다. 저들이 일부러 '무위無爲'와 '무사無思'를 '텅 빔[虛]'으로 보는 데는 그들의 생각이 언제나 '텅 빔[虛]'을 잊지 못하고 [그것에 집착해 있기에] 이것은 '텅 빔[虛]'에 (또한) 제한받고 있는 셈이다. '텅 빔[虛]'이란 그 뜻이 제한받지 않고 있음을 말함이다. 지금 '텅 빔[虛]' 자체에 제한받고 있으면 이는 텅 빔[虛]은 아니다. '텅 빔[虛]'이란 '무위함[無爲]'이지 '무위無爲'를 고정불변[常]으로 삼는 것이 아니다. '무위'를 고정불변[常]으로 삼지 않아야 '허虛'이다. '허'하면 '덕'이 성盛하다. '덕'이 성한 것이 최고의 덕이다. 따라서 [『노자』 38장에서] "최고의 덕은 '무위無爲'하지만, 하지 않음이 없다."라고 한 것이다. (「해로解老」 편)

[德者, 內也, 得者, 外也. "上德不德", 言其神不淫於外也. 神不淫於外則身全, 身全之謂德. 德者, 得身也. 凡德者, 以無爲集, 以無欲成, 以不思安, 以不用固. 爲之欲之, 則德無舍; 德無舍, 則不全. 用之思之, 則不固, 不固則無功, 無功則生有德. 德則無德, 不德則有德. 故日: "上德不德, 是以有德." 所以貴無爲無思爲虛者, 謂其意無所制也. 夫無術者, 故以無爲無思爲虛也. 夫故以無爲無思爲虛者, 其意常不忘虛, 是制於爲虛也. 虛者, 謂其意所無制也. 今制於爲虛, 是不虛也. 虛者之無爲也, 不以無爲爲有常. 不以無爲爲有常則虛, 虛則德盛, 德盛之謂上德. 故日: "上德無爲 而無不爲也."]

## 5. 실증적인 합리적 인식론과 미신 반대론

### 5.1) 인식 능력은 천부적이나 인식 활동은 인간이 하는 것임

감각기능[聰明]과 추리력[叡智]은 자연이 부여한 것이고, [몸의] 동정動靜과 사려思慮 활동은 사람이 하는 것이다. 사람은 자연이 준 시력으로 사물을 보고, 자연이 준 청력으로 듣는 것이며, 자연이 준 추리력으로 사려하는 것이다. 따라서 [자연이 준] 시력을 너무 쓰면 눈이 밝지 못하고, 너무 많이 들으면 귀의 청력이 떨어지고, 사려를 지나치게 하면 아는 것이 혼란해진다. 눈의 시력이 밝지 못하면 검은색과 흰색을 구분할 수 없고, 귀의 청력이 떨어지면 맑고 탁한 소리를 변별하지 못하며, 아는 것이 혼란해지면 일의 성공 여부를 분명히 알지 못한다. 눈이 흑백을 구분하지 못하는 것이 장님이요, 귀가 청음과 탁음을 구분하지 못하는 것이 '귀머거리'고, 마음이 일의 성공 여부를 분명히 알지 못하는 것이 '정신 나간 것[狂]'이다. 장님이라면 대낮에 [남의 눈에 띄는] 위험을 피할 수 없으며, 귀머거리면 우레와 천둥의 해로움을 알지 못하며, 정신이 나갔으면 인간사회의 법령에 걸려드는 불행[禍]을 면할 수가 없을 것이다. [『노자』 59장]에[14] "'사람을 다스림[治人]'이란 [처신하는] 동정動靜의 절도를 적절히 하여 사려를 절제 있게 하라."는 말이 있다. '자연을 섬김[事天]'은 감각 능력을 지나치게 쓰지 말고, 지식과 인식 활동의 능력을 끝까지 다하지 말라는 말이다. 끝까지 다해 버리면 정신의 낭비가 많아지는 것이다. 정신의 낭비가 과도하면 장님, 귀머거리, 정신 혼란의 불행이 오는 것이다. 이 때문에 알뜰하게 하는 것이다. 알뜰하게 하면 정신을 아끼게 되고, 지식과 인식 활동을 알뜰하게 하게 되는 것이다. 따라서 [『노자』 59장]에서 "사람을 다스리고 자연을 이용하는 데는 알뜰하게 하는 것보다 좋은 것은 없다."라고 하였다. (「해로解老」)

---

14) 『노자』 59장의 '治人事天, 莫若嗇.'의 구절을 말함.

[聰明睿智, 天也, 動靜思慮, 人也. 人也者, 乘於天明以視, 寄於天聰以聽, 託於天智以思慮. 故視强則目不明, 聽甚則耳不聰, 思慮過度則智識亂. 目不明, 則不能決黑白之分, 耳不聰, 則不能別清濁之聲, 智識亂, 則不能審得失之地. 目不能決黑白之色, 則謂之盲, 耳不能別清濁之聲, 則謂之聾, 心不能審得失之地, 則謂之狂. 盲則不能避晝日之險, 聾則不能知雷霆之害, 狂則不能免人間法令之禍. 書之所謂"治人"者, 適動靜之節, 省思慮之費也. 所謂"事天"者, 不極聰明之力, 不盡智識之任. 苟極盡, 則費神多, 費神多, 則盲聾悖狂之禍至, 是以嗇之. 嗇之者, 愛其精神, 嗇其智識也. 故曰: "治人事天莫如嗇."]

### 5.2) '도리', 즉 객관적 법칙성을 파악하여 일함

도리道理를 따라 일을 하면 이루지 못할 일이 없다. 못 이룰 일이 없으면 크게는 천자天子의 권세를 높이게 할 수 있고, 작게는 재상이 되고, 장군이 되는 상급과 봉록을 쉽게 얻을 수 있다. 도리를 버리고 경거망동하면 위로 비록 천자와 제후의 권세가 높고, 아래로 의돈猗頓[노魯의 거부], 도주陶朱[즉 범려范蠡, 장사로 거부가 됨], 점쟁이 등의 [거대한] 재산이 있다 해도 오히려 사람들을 잃어버리고 재산을 탕진할 수가 있는 것이다. … 이른바 [행동이] '바르다' 하는 것은 안과 밖이 서로 일치하고, 말과 행동이 일치하는 것을 말한다. '깔끔함[廉]' 은 반드시 삶도 버리고 죽음도 잊는다는 말이다. '곧음[直]' 은 뜻이 반드시 공정하여 공심公心으로 편당을 짓지 않는다는 말이다. '영광[光]' 이란 관작이 존귀하여 의복이 굉장히 화려하다는 말이다. 지금 여기에 [이런 염廉, 직直, 광光의] 도리를 갖춘 선비가 있어서, 비록 안과 밖으로 미덥고 조화로워서 비난을 받고도 낙담하지 않으며, 죽을 수 있는 절개와, 재산을 가벼이 보면서도 마음 약한 이들을 업신여기거나 그들의 탐욕을 비웃지도 않으며, 옳은 일을 지키고 편당을 짓지 않으나 이 때문에 부정한 이들을 배척하지도, 사익을 취하는 사람을 문책하지도 않으며, 비록 권세가 높고 의복이 화려하나 천한 이를 무시하거나 빈한한 이를 업신여기지 않는다. 그 이유는 무엇인가? 길을 잃어버린 사람이 익숙한 사람에게 물어보고 잘 아는 사람에게 가르침을 구하는 것이, 길을 잃지 않을 수 있는 도리인 것이다. 지금 여러 사람이 성공하고자 하나 도리어 실패하는 것은 도리를 알지 못하면서도 아는 사람에게 묻지도 않고, 들어 보려고도 하지 않는 데서 생겨난 것이다. 보통사람이 아는 이에게 묻지도 않고 능력 있는 이에게 [귀를 기울여] 들어보지도 않는데, 성인이 억지로 이들의 잘못을 책임 추궁하면 이들이 원망하게 된다. 보통사람은 많고 성인은 적은 것이다. 적은 것이 많은 것을 이기지 못하는 것이 공리[數]이다. 지금 행동으로 이 많은 사람과 원수가 되면, 그것은 몸을 온전히 하고 오래 사는 도리가 아니다. 이 때문에 행동규범은 절제해야 한다. 따라서 [『노자』 59장에] "올발라도 [남을] 해치지 않고, 깔끔해도 [남을] 상처 주지 않으며, 곧아도 방자하지 않고, 빛이 나도 눈을 부시게 하지 않는다."라고 말하였다. (「해로解老」)

[夫緣道理以從事者, 無不能成, 無不能成者, 大能成天子之勢尊, 而小易得卿相將軍之賞祿. 夫棄道理而妄擧動者, 雖上有天子諸侯之勢尊, 而下有倚頓·陶朱·卜祝之富, 猶失其民人, 而亡其財資也. …… 所謂方者, 內外相應也, 言行相稱也. 所謂廉者, 必生死之命也, 輕恬資財也. 所謂直者, 義必公正, 心不偏黨也. 所謂光者, 官爵尊貴, 衣裘壯麗也. 今有道之士, 雖中外信順, 不以誹謗窮墮, 雖死節輕財, 不

以侮罷羞貪, 雖義端不黨, 不以去邪罪私; 雖勢尊衣美, 不以夸賤欺貧. 其故何也? 使失路者而肯聽習問知, 卽不成迷也. 今衆人之所以欲成功而反爲敗者, 生於不知道理, 而不肯問知而聽能. 衆人不肯問知聽能, 而聖人强以其禍敗適之, 則怨. 衆人多而聖人寡, 寡之不勝衆, 數也. 今擧動而與天下之爲讎, 非全身長生之道也, 是以行軌節而擧之也. 故曰: "方而不割, 廉而不劌, 直而不肆, 光而不耀."]

### 5.3) 어렵고 큰일은 쉽고 작은 것에서부터 생김

형체가 있는 부류는 큰 것은 반드시 작은 것으로부터 생기고, 시간을 오래 두고 보면 많은 무리는 반드시 적은 무리로부터 생겨난 것이다. 따라서 [『노자』 63장에] "세상에 어려운 일은 반드시 쉬운 것에서 만들어진 것이요, 세상의 큰일은 반드시 작은 일에서 생겨난 것이다."라고 말했다. 이 때문에 일을 제압하려면 그것이 작았을 때 해야 한다. 따라서 [『노자』 63장에] "어려운 일은 그것이 쉬울 때 도모해야 하고, 큰일은 그 일이 작았을 때 해야 한다."라고 하였다. 천 길[丈]의 제방도 개미구멍으로 무너지고, 백 척尺의 큰 제방도 굴뚝 틈새의 연기로 불타버린다. 따라서 백규白圭[15]는 둑을 걸으며 [개미] 굴을 막았고, 노인들은 화재를 조심하여 [굴뚝]의 틈새를 흙칠하여 막았다. 이 때문에 백규는 물난리가 없었고, 노인은 화재 걱정이 없었다. 이것은 모두 쉬운 일을 신중히 하여 어려운 일을 피한 것이요, 작은 일에 조심하여 큰일[재난]을 멀리한 것이다. (「유로喩老」 편)

---

15) 백규白圭는 위魏나라 재상으로 양梁 혜왕惠王이나 혜시惠施와 동시대 인물이다. 특히 치수治水에 능했다고 함.

[有形之類，大必起於小；行久之物，族必起於少．故曰：“天下之難事，必作於易；天下之大事，必作於細.”是以欲制物者，於其細也．故曰：“圖難於其易也，爲大於其細也.”千丈之隄，以螻蟻之穴潰；百尺之室，以突隙之烟焚．故曰：白圭之行隄也，塞其穴；丈人之愼火也，塗其隙．是以白圭無水難，丈人無火患．此皆愼易以避難，敬細以遠大者也.]

## 5.4) 행위의 판단 기준으로서 참험參驗의 강조

공자와 묵자는 모두 요나 순을 들먹이지만, 두 사람이 취하고 버리는 학설은 서로 다르다. 서로 자신이야말로 요나 순을 참되게 전하고 있다고 말하지만, 요나 순이 다시 살아나지 않고서야 누구 말이 옳은지 누가 판단하겠는가? 은殷과 주周는 지금으로부터 700여 년 전의 왕조이며, 우虞[즉 순舜], 하夏[즉 우禹] 왕조는 2,000여 년 전에 있었다. 유가와 묵가의 참됨을 판단하지도 못한다면, 3,000여 년 전의 요나 순의 가르침의 진실성을 판단하기 어렵다는 것은 더욱 말할 나위도 없다. 구체적인 사실과 비교하지[參驗] 않고 단정을 내리는 것은 어리석은 짓이다. 확실하게 단정할 수 없으면서도 그것을 자신 주장의 근거로 삼는다면, 이는 속이는 짓이다. 그러므로 선왕(곧 요堯나 순舜)에 자신 주장의 근거를 댄다고 공언하면서, 요나 순이 참되다고 단정하는 자들은 어리석거나 [자신과 남을] 속이는 것이다. 어리석고 속이는 학설, 뒤섞이고 모순되는 행위를 영명한 군주는 받아들이지 않는다. (「현학顯學」 편)

[孔子墨子俱道堯舜，而取舍不同，皆自謂眞堯舜．堯舜不復生，將誰使定儒墨之誠乎？殷周七百餘歲，虞夏二千餘歲，而不能定儒墨之眞，今乃審堯舜之道於三千歲之前， 意者其不可必乎？ 無參驗而必之者，

愚也. 弗能必而據之者, 誣也. 故明據先生, 必定堯舜者, 非愚則誣也. 愚誣之學, 雜反之行, 明主不受也.]

## 5.5) 말과 행동은 공리功利를 목표로 해야 함

무릇 말과 행동은 '공리功利'를 그것들의 목표로 삼아야 한다. 숫돌로 살생하는 화살[끝]을 갈아내어 멋대로 쏘아대면, 그 끝이 [짐승들의] '가을 터럭[같은 미세한 것들]'에 적중하지 않는 일이 없겠으나, 화살을 잘 쏜다고 할 수 없는 것은 고정된 과녁이 없기 때문이다. 지름이 다섯 치[寸]가 되는 과녁에 10보步[1步=6尺]의 거리에서 [화살을] 쏘더라도 예羿나 봉몽逢蒙[같은 명사수]가 아니면 반드시 적중할 수 없음은, 고정된 과녁이 있기 때문이다. 따라서 고정된 것이 있으면 예나 봉몽이 다섯 치의 과녁을 맞히면 묘한 재주라 하나, 고정된 것이 없으면 멋대로 쏘아 [미세한] 터럭 끝을 맞추어도 열등하다고 보는 것이다. 지금 말을 들어보고 행동을 보는데 '공리[功用 즉 功利]'를 목표로 하지 않았으면, 주장이 비록 지극히 세밀하게 살폈고 행동이 비록 지극히 굳건하다 해도, 망령된 말인 것이다. 이렇기에 난세亂世의 [군주]가 주장들을 청취함에 알기 어려운 말을 잘 살핀 것으로, 문장을 많이 아는 것을 달변達辯이라고 한다. 행동을 봄에는 사회[의 습속]을 떠나 [기이한 것]을 현명한 것으로, 윗사람[의 권위]를 침해[犯]하는 것을 [고상한] 저항으로 여긴다. 군주들이 이런 식의 달변과 명찰明察한 주장들을 좋아하고, 이런 식의 지혜롭고 고상한 저항을 높이 보기 때문에, 저들 법술을 말하는 사람들은 [국가의 공리功利에 따라] 행동의 취사取捨의 기준을 세우고 논쟁의 [진위를] 판별하는 입론을 세우나, 그것을 옳다고 보는 [군주는] 없는 것이다. 따라서 유가의 복장을 한 사람이나 칼을 찬 [협객들이] 많으며, 농사짓고 전쟁터에 나가는 사람은 적은 것이다. '굳음과 흰색[堅白]'과 '두께 없음[無厚]'[16] 등의 논변이 성하나, 헌법과 명령의 법法은 식어 간다. 따라서 "군주가 영명하지 않으면 [실속 없는] 달변이 생겨난다."라고 하는 것이다. (「문변問辯」 편)

[夫言行者, 以功用爲之的彀者也. 夫砥礪殺矢, 而以妄發, 其端未嘗不中秋毫也. 然而不可謂善射者, 無常儀的也. 設五寸之的, 引十步之遠, 非羿·逢蒙不能必中者, 有常儀的也. 故有常, 則羿·逢蒙以五寸的爲巧, 無常, 則以妄發之中秋毫爲拙. 今聽言觀行, 不以功用爲之的彀, 言雖至察, 行雖至堅, 則妄發之說也. 是以亂世之聽言也, 以難知爲察, 以博文爲辯; 其觀行也, 以離群爲賢, 以犯上爲抗. 人主者, 說辯, 察之言, 尊賢, 抗之行. 故夫作法術之人, 立取舍之行, 別辭爭之論, 而莫爲之正. 是以儒服, 帶劍者衆, 而耕戰之士寡, 堅白, 無厚之詞章, 而憲令之法息. 故曰: "上不明, 則辯生焉."]

### 5.6) 판단기준은 실천적 공능功能에서 나와야 함

쇠를 달구는데 주석과 불꽃의 푸르고 노란 색깔만 보아서는 구야區冶[월越나라의 유명한 대장장이]라도 그것이 반드시 검劍이 될지를 모르는 것이다. 물가에서 고니[곡鵠]와 기러기[안雁]를 쳐보고 육지에서 망아지를 베어보면, [어리석은] 종놈들도 [그 칼이] 둔한지 날카로운지에 대해서 의

16) '무후無厚'의 논변은, 『장자』, 「天下」 편에 나오는 혜시惠施의 명제 가운데 하나: "두께가 없어 부피는 없으니, 그 크기는 천리이다.(無厚不可積, 其大千里)"를 말하는 것이다.

심하지 않는다. 입을 열어 이빨과 입술과 겉모습만 보아서는 백락伯樂[말 관상을 잘 보던 진晋나라 사람]도 꼭 좋은 말인지는 알 수 없다. 수레를 주고 달려보아 그것이 끝까지 간 길을 보면 종놈들도 좋은 말인지 열등한 말인지에 대해서 의심하지 않는다. 얼굴과 의복을 보고 하는 말만 듣고는, 공자도 [그 사람이] 꼭 좋은 선비인지를 알 수 없다. 그에게 시험삼아 관직을 주고 그 공과를 따져보면 보통사람도 그 선비가 미련한지 똑똑한지에 대하여 의심이 없을 것이다. 따라서 영명한 군주의 관리는 반드시 [지방관아인] 주州와 부部에서 발탁되고, 맹장은 반드시 군졸에서 발탁된다. 공이 있으면 반드시 상을 내려서 작록爵祿이 후해지면 더욱더 열심히 하게 되고, 관직을 옮겨 승진시키면 관직이 클수록 더 잘 다스려진다. 관록이 커지고 관리의 직분이 잘 다스려지는 것이 [천하통일을 이루는] 왕의 도리인 것이다. (「현학顯學」 편)

[夫視鍛錫而察靑黃, 區冶不能以必劍. 水擊鵠雁, 陸斷駒馬, 則臧獲不疑鈍利. 發齒吻, 形容, 伯樂不能以必馬. 授車就駕, 而觀其末塗, 則臧獲不疑駑良. 觀容服, 聽辭言, 仲尼不能以必士. 試之官職, 課其功伐, 則庸人不疑於愚智. 故明主之吏, 宰相必起於州部, 猛將必發於卒伍. 夫有功者必賞, 則爵祿厚而愈勸, 遷官襲級, 則官職大而愈治. 夫爵祿大而官職治, 王之道也.]

### 5.7) 경험적 인식에 근거하지 않은 망령된 예측[前識]의 부정

사태[物]가 드러나기에 앞서서 일을 벌이고, 그 [사태의] 이치가 파악되기 전에 행동하는 것이 '망령된 예측[前識]'이다. '망령된 예측'이란 연고 없이 멋대로 법칙을 생각하는 것이다. 첨하詹何[초楚의 도인道人]가

앉아 있고 제자가 시중을 들고 있는데, [마침] 문밖에서 소가 울었다.

제자가 말하였다.

"이는 검은 소인데 이마에 흰 점이 있군요."

첨하가 말하였다.

"그렇다. 이것은 검은 소이나 흰색이 그 뿔에 있다."

사람을 시켜서 가서 보게 하니 과연 검은 소인데 [흰] 천으로 그 뿔을 감싼 것이다. 첨하의 기술은 보통사람의 마음을 사로잡을 수 있으나 [실속 없이] 부화하기만 하니 [정신 낭비가 정말] 위태롭도다! 따라서 [『노자』 38장에] "도술이 부화浮華한 것이다."라고 하였다. 5척尺의 어린애를 시켜서 실제 가서 보게 하면 또한 그것이 검은 소이고 천으로 그 뿔을 감쌌다는 것은 [확실히] 알 수 있는 것이다. 따라서 첨하의 관찰은 고심하여 정신을 아주 피로케 하는 것이나, 결과는 5척의 아무것도 모르는 어린애와 똑같은 효과인 셈이다. 따라서 [『노자』 38장에] "가장 큰 어리석음이다."라고 하였다. 따라서 [『노자』 38장에] "망령된 예측은 도술이 부화한 것이요, 가장 큰 어리석음이다."라고 하였다. (「해로解老」 편)

[先物行, 先理動之謂前識. 前識者, 無緣而忘意度也. 何以論之? 詹何坐, 弟子侍, 有牛鳴於門外. 弟子曰: "是黑牛也, 而白題. 詹何曰: "然, 是黑牛也, 而白在其角." 使人視之, 果黑牛, 而以布裹其角. 以詹子之術, 嬰衆人之心, 華焉殆矣. 故曰: "道之華也." 嘗試釋詹子之察, 而使五尺之愚童子視之, 亦知其黑牛, 而以布裹其角也. 故以詹子之察, 苦心傷神, 而後與五尺之愚童子同功, 是以曰: "愚之首也." 故曰: "前識者, 道之華也, 而愚之首也."]

## 5.8) 군주가 직접 판단하지 않고 남에게 맡기면 군주가 아님

시고 달고 짜고 담백한 맛을 자기 입으로 판단하지 않고 요리장에게 맡기어 판단하면, 요리사들은 군주를 가벼이 보고 요리장을 중하게 본다. [소리의] 높낮이나 청음 탁음을 자기 귀로 판단하지 않고 악장에게 맡기어 결정하면, 악공들은 군주를 가벼이 보고 악장을 중하게 본다. 나라를 다스리는 데 옳고 그름을 [군주가 자기] '술術'로써 하지 않고 총신들에게 맡기어 결단하면, 신하들은 군주를 가벼이 보고 총신들을 중하게 본다. 군주가 직접 보고 듣지 않고 아래에서 통제되고 판결되면, [그 군주는] 나라에 식객과 다름이 아니다. (「팔설八說」 편)

[酸, 甘, 鹹, 淡, 不以口斷, 而決於宰尹, 則廚人輕君而重於宰尹矣. 上, 下, 淸, 濁, 不以耳斷, 而決於樂正, 則瞽工輕君而重於樂正矣. 治國是非, 不以術斷, 而決於寵人, 則臣下輕君而重於寵人矣. 人主不親觀聽, 而制斷在下, 託食於國者也.]

## 5.9) 미신 반대론

거북점을 보고 시초蓍草점을 보아서 점괘가 "아주 길하도다!"[大吉]하여 연燕나라를 친 것이 조趙나라이다. 거북점을 보고 시초蓍草점을 보아서 점괘가 "아주 길하도다!"[大吉]하여 조趙를 친 것이 연燕나라이다. [이에 연燕나라 장군] 극신劇辛이 연나라를 위해 전쟁[事]하니 공적은 없고 나라를 위태롭게 하였다[기원전 242년]. 추연鄒衍(전305-전240, 음양가陰陽家)이 연나라에 일을 보니 공적은 없고 나라의 명맥이 거의 끊어지게 되었다. 조趙는 대代땅에서 먼저 연나라로부터 득의하고[기원전 242년], 나중에 제齊에까지 득의하니[기원전 241년], 나라는 혼란해졌어도 [조나라의] 기세가 높아져 스스로 진秦과 겨룰만하다고 생각하게 된 것은 조나라의 거북점이 신령한 것이 아니라, 연나라가 거북점에 속은 것이다. 조나라가 또 거북점을 쳐보고 시초점을 보아 북으로 연을 치고 연을 위협하여 진에까지 대항하고자 하였는데, 점괘는 "아주 길하도다!"이었다. [조趙 나라가] 처음에 [연燕의] 대량大梁을 치니 진이 [한韓의] 상당上黨 땅까지 출병하여 그 군대가 [연燕의] 이釐 땅까지 이르니 [이미 조趙 나라의] 6성城이 [진秦에] 함락되었다. [조趙 나라가 연燕의] 양성陽城을 치기에 이르니 진은 [위魏의] 업鄴땅을 함락하였다[기원전 236년]. [조趙의 장군] 방원龐煖이 군대를 이끌고 남하하니 장鄣땅이 다 함락되었다. 저[韓非]는 따라서 "조나라의 거북점은 연나라를 멀리 내다보지 말고 진나라를 가까이 내다보아야 합당했다."라고 말하는 것이다. 진나라는 자기의 "크게 길하다!"[는 점괘로] 영토를 넓혔으니 실속이 있고 연나라를 구한다는 명분도 있었다. 조나라는 자기의 "크게 길하다!"[는 점괘로] 영토가 깎이고 군대가 욕을 보고, 군주는 뜻을 얻지 못하고 죽었다. [이는] 또한 진의 거북점이 신통한 것이 아니고 조나라가 거북점에 속은 것이다. 처음에 위魏는 수년간 동쪽으로 도陶 땅과 위衛 나라를 공격하였으나, 수년간 서쪽으로 영토를 잃었다[기원전 247년]. 이는 풍륭豐隆, 오행五行, 태을太乙, 왕상王相, 섭제攝提, 육신六神, 오괄五括, 천하天河, 은창殷槍, 세성歲星[17)][별자리들]이 수년간 서쪽에 있지 않았다는 뜻이겠는가? 또 천결天缺, 호역弧逆, 형성刑星, 형혹熒惑, 규奎, 태台[18)][별자리들]가 수년간 동쪽에 없었다는 뜻이겠는가? 따라서 "거북점이나 시초점이나 귀신으로는 승리를 추측할 수 없는 것이다. [하늘의 별자리가] '좌에 있느냐, 우에 있느냐, 정면이냐, 배면이냐

---

17) 이들은 고대 점성가들이 말하는 길성吉星으로, 이들 별자리와 상응하는 나라는 '아주 길하다!' 라고 말하는 것이다. 『韓非子校注』, 上同, 169頁, 注10 참조.

18) 이들은 '흉성凶星' 의 별자리 이름들이다. 上同, 170頁, 注1 참조.

만으로는 전쟁을 결단할 수 없는 것이다. 그래도 이것들을 믿는다면, 어리석음은 이것보다 큰 것은 없다."라고 말하는 것이다. (「식사飾邪」 편)

[鑿龜數筴, 兆曰"大吉", 而以攻燕者, 趙也. 鑿龜數筴, 兆曰"大吉", 而以攻趙者, 燕也. 劇辛之事燕, 無功而社稷危; 鄒衍之事燕, 無功而國道絕. 趙代先得意於燕, 後得意於齊, 國亂節高, 自以爲與秦提衡, 非趙龜神, 而燕龜欺也. 趙又嘗鑿龜數筴, 而北伐燕, 將劫燕以逆秦, 兆曰"大吉". 始攻大梁, 而秦出上黨矣, 兵至釐, 而六城拔矣, 至陽城, 秦拔鄴矣, 龐援揄兵而南, 則鄣盡矣. 臣故曰趙龜雖無遠見於燕, 且宜近見於秦. 秦以其大吉, 辟地有實, 救燕有有名. 趙以其大吉, 地削兵辱, 主不得意而死. 又非秦龜神, 而趙龜欺也. 初時者, 魏數年東鄉, 攻盡陶衛; 數年西鄉, 以失其國. 此非豐隆·五行·太一·王相·攝提·六神·五括·天河·殷搶·歲星, 非數年在西也. 又非天缺·弧逆·刑星·熒惑·奎·台, 非數年在東也. 故曰: 龜, 筴, 鬼神, 不足以舉勝, 左右背鄉, 不足以專戰. 然而恃之, 愚莫大焉.]

## 5.10) 정확한 자연인식을 통한 국가 공리주의의 실현

일하면서 음양의 조화를 신중히 하고, 작물을 심음에 사계절의 절기를 적절히 하고, 너무 빠르거나 너무 늦는 실수나 한온寒溫의 재해를 없이하면 [나라의] 수입이 많아진다. 작은 이득을 얻으려고 큰일[농사]을 방해하지 않고, [군주의] 사욕으로 사람이 할 일[농사일]을 해치지 않아서, 남자들이 농사일에 진력하고 여자들이 실을 잣고 옷감 짜기에 힘을 드리면 수익이 많아진다. 가축을 기르는 도리에 힘쓰고 토지의 적합성을 잘 이해하면 육축六畜[말, 소, 양, 닭, 개, 돼지]이 번성하고 오곡[벼, 수수, 피,

보리, 콩]이 잘 되어 [나라의] 수익이 많아진다. 저울대와 계산이 명백하고 지형과 배나 수레, 그리고 기계들의 유용함을 잘 알면 용력用力이 적게 들고 이루어내는 공은 커져서 [나라의] 수익이 많아진다. 장사, 시장, 세관, 교량의 통행을 이롭게 하는 물건을 없는 물건과 교환하게 하면, 떠돌이 장사치들이 몰려드니 밖의 재물이 싸지고, 재용財用을 절약하고 입고 먹는 것을 아끼면 집[宮室]이나 기계들이 실용에 맞게 되며, [군주가 진기한] 놀잇감[玩好]을 좋아하지 않으면 [나라의] 수익이 많아진다. [나라의] 수익이 많아지는 것은 모두 사람이 하는 일이다. 자연에 맞게 일하고, 비바람이 때에 맞고, 날씨의 차고 더움이 적절하면 토지가 커지지 않아도 풍년의 결실이 있으니 [나라의] 수익이 많아진다. '사람이 할 일'과 '자연의 효능', 이 두 가지가 모두 [나라의] 수익을 많게 하는 것이지, 산림과 못과 골짜기의 이로움 그 자체가 [나라의] 수익을 많게 하는 것이 아니다. (「난이難二」편)

[擧事愼陰陽之和, 種樹節四時之適, 無早晩之失, 寒溫之災, 則入多. 不以小功妨大務, 不以私欲害人事, 丈夫盡於耕農, 婦人力於織紝, 則入多. 務於畜養之理, 察於土地之宜, 六畜遂, 五穀殖, 則入多. 明於權計, 審於地形, 舟車機械之利, 用力少, 致功大, 則入多. 利商市關梁之行, 能以所有致所無, 客商歸之, 外貨留之, 儉於財用, 節於衣食, 宮室器械, 周於資用, 不事玩好, 則入多. 入多, 皆人爲也. 若天事風雨時, 寒溫適, 土地不加大, 而有豐年之功, 則入多. 人事, 天功, 二物者皆入多, 非山林澤谷之利也.]

### 5.11) 엄격한 상벌과 고발의 장려를 통한 전체적 정보파악

군주가 되어서 몸소 모든 관리를 살피자면 시간도 부족하고 체력도 미치지 못한다. 또한 윗사람[임금]이 눈을 쓰면 아랫사람[신하]은 외관을 가장하고, 윗사람[임금]이 귀를 쓰면 아랫사람[신하]은 목소리를 가장하고, 윗사람[임금]이 깊이 사려하면 아랫사람[신하]들은 말을 무성하게 한다. 선왕先王은 이 세 가지로는 부족하다고 여겼기에 자기의 [주관적] 능력은 버리고 법도[法數]에 따라서 상벌을 잘 이용하였다. (「유도有度」 편)

[夫爲人主而身察百官, 則日不足, 力不給. 且上用目, 則下飾觀; 上用耳, 則下飾聲, 上用慮, 則下繁辭. 先王以三者爲不足, 故舍己能, 而因法數, 審賞罰.]

영명한 군주는 세상 사람들이 자기를 위해 살펴보지 않을 수 없게 하고, 세상 사람들이 자기를 위해 듣지 않을 수 없게 한다. 따라서 몸은 깊은 궁중에 있어도 온 세상 안을 비춰보니, 세상에 [군주의 마음을] 가리고 속일 수는 없는 것이다. 무엇 때문인가? … 여기에 범죄를 지으면 그 벌을 무겁게 하여 반드시 집행했고, 그것을 고발하면 상을 후하게 내려 믿게끔 하였다. 따라서 범죄[奸]는 잡히지 않는 것이 없었고, 형 받은 사람도 많았다. 백성의 질통과 원한과 많은 사람의 비난이 매일매일 들려왔다. [진秦의] 효공孝公(기원전 361–338 통치)은 이런 [불평을] 듣지 않고 마침내 상앙商鞅의 변법을 실행하였다. 백성들은 나중에 죄를 지으면 반드시 벌 받는다는 것을 알게 되었고, 개인들의 범죄를 고발하는 이가 많아졌다. 따라서 백성 중에 죄짓는 이가 없게 되니 형벌이 적용될 데가 없어졌다. 이 때문에 나라는 안정되고 군대는 강해져서 영토가 늘고 군주의 위세가 높아졌다. 이것이 이렇게 된 까닭은, 죄를 숨김에 벌을 무겁게 하고, 범죄를 고발함에 상을 후하게 한 데 있는 것이다.

이것이 또한 온 세상 사람들이 반드시 자기[임금]를 위해 보고 듣게 하는 도리인 것이다. 지극한 통치의 법술은 [이렇게] 이미 자명하나 세상의 학자들은 [그것을] 모르는 것이다. (「간겁시신姦劫弑臣」 편)

[明主者, 使天下不得不爲己視, 使天下不得不爲己聽. 故身在深宮之中, 而明照四海之內, 而天下弗能蔽, 弗能欺者, 何也?……於是犯之者, 其誅重而必. 告之者, 其賞厚而信. 故姦莫不得, 而被刑者衆, 民疾怨而衆過日聞. 孝公不聽, 遂行商君之法, 民後知有罪之必誅, 而私姦者衆也. 故民莫犯, 其刑無所加. 是以國治而兵强, 地廣而主尊. 此其所以然者, 匿罪之罰重, 而告姦之賞厚也. 此亦使天下必爲己視聽之道也. 至治之法術已明矣, 而世學者弗知也.]

## 6. 시대의 변화와 사회 · 역사 발전론

### 6.1) 원시사회로부터의 점차적 문명발전

아주 상고上古의 세상에는 사람들은 적고 짐승들은 많아서 사람들은 새, 짐승, 벌레, 뱀 등을 이기지 못하였다. 어떤 성인이 나와서 나무를 엮음으로 둥지를 틀고 여러 해害들을 피하게 하였다. 이에 사람들이 그를 기뻐하여 천하의 왕으로 삼으니 '둥지씨[有巢氏]' 라 하였다. 사람들이 풀과 나무의 열매나 조개를 먹으니 비린내와 고약한 냄새가 배속을 상하게 하여 사람들이 많이 병에 걸렸다. 어떤 성인이 나와서 나무를 비벼대어 불을 취하여 비린내를 없앴다. 이에 사람들이 그를 좋아하여 천하의 왕으로 삼으니 '수인씨燧人氏' 라 하였다. 중고中古의 세상에는 세상에 큰 홍수가 나서 곤鯀과 우禹임금이 물길을 터놓았다. 근고近古의 세상에는 걸桀과 주紂왕이 난폭하니 탕湯과 무武왕이 그들을 정벌하였다. 만약 하후씨夏后氏[즉 禹왕]의 세상에 누가 나무를 엮어 [둥지를 짓고] 나무를 비벼서 불을 피우면 반드시 곤鯀과 우禹의 비웃음을 살 것이다. 은殷, 주周의 시대에 [우禹처럼] 물길을 터놓으면 반드시 탕과 무왕에게 비웃음을 살 것이다. 그렇다면 지금 현재의 세상에 요堯 순舜 우禹 탕湯의 도리를 찬미하면 반드시 새로운 성인의 비웃음을 살 것이다. 따라서 성인은 옛날을 선망하지 않고 '고정불변한 법도[常可]'를 본받지 않는다. 세상일을 논할 때는 그것에 [새롭게] 대비해야 하기 때문이다.

송宋나라에 농사꾼이 있었는데, 그의 밭 가운데 나무가 있었다. 토끼가 달려와 나무에 부딪혀 목이 부러져 죽었다. 이에 보습을 놓고서 나무를 지키면서 다시 토끼를 얻기 바랐다. 토끼를 다시 얻지 못하니 그 자신 송나라 사람들의 웃음거리가 되었다. 지금 선왕의 정치로써 오늘날의 백성을 다스리려는 것은 모두 나무를 지키는 부류인 셈이다. (「오두五蠹」 편)

[上古之世, 人民少而禽獸衆, 人民不勝禽獸蟲蛇. 有聖人作, 搆木爲巢, 以避群害, 而民悅之, 使王天下, 號之曰 '有巢氏'. 民食果, 蓏, 蚌, 蛤, 腥, 臊, 惡, 臭, 而傷害腹胃, 民多疾病. 有聖人作, 鑽燧取火, 以化腥臊, 而民說之, 使王天下, 號之曰 '燧人氏'. 中古之世, 天下大水, 而鯀, 禹決瀆. 近古之世, 桀, 紂暴亂, 而湯, 武征伐. 今有搆木鑽燧於夏後氏之世者, 必爲鯀, 禹笑矣, 有決瀆於殷, 周之世者, 必爲湯, 武笑矣. 然則今有美堯, 舜, 湯, 武, 禹之道於當今之世者, 必爲新聖笑矣. 是以聖人不期修古, 不法常可, 論世之事, 因爲之備. 宋人有耕田者, 田中有株, 免走觸株, 折頸而死, 因釋其耒而守株, 冀復得

免, 免不可復得, 而身爲宋國笑. 今欲以先王之政, 治當世之民, 皆守株之類也.]

## 6.2) 시대마다 사회생산력의 차이에 따른 고유의 사회문제가 있음

옛날에 남자들은 농사를 짓지 않았다. 풀과 나무의 열매가 먹는 것으로 충분하였다. 부인들도 옷감을 짜지 않았다. 새나 짐승들의 가죽이 옷으로 충분하였다. 힘들여 일하지 않아도 양식이 충분하니 사람은 적었고 재물은 남아돌았다. 따라서 사람들은 다투지 않았다. 이 때문에 후한 상도 없고 중한 벌을 쓰지 않아도 백성들은 자신을 다스렸다. 지금 한 사람이 다섯 자식을 두는 것이 많은 것은 아니다. 자식들 또한 다섯 자식을 두면 조부가 죽기 전에 25명의 손자가 있게 된다. 이렇기에 사람들은 많아지고 재물은 적어진 것이다. 열심히 수고롭게 일해도 살기가 각박하다. 따라서 사람들이 다투니 비록 상을 배로 하고 벌을 자주 주어도 [사회적] 혼란은 면할 길이 없다.

요임금이 천하에 왕 노릇 할 때는 [지붕의] 띠[모茅]를 [가지런히] 자르지 않았고 서까래도 다듬지 않았다. 조악한 잡곡밥에 명아주나 콩잎 국을 마셨고, 겨울에는 사슴 가죽을, 여름에는 거친 베옷을 입었다. [지금] 문지기들이 입고 먹는 것이 이보다 나쁘지 않다. 우임금이 천하의 왕 노릇 할 때는 몸소 보습을 들고 백성들보다 앞장을 섰으니, 넓적다리에는 살이 없고 정강이에는 털이 자라지 못했다. [지금] 노예들의 신고辛苦도 이보다 괴롭지는 않다. 이렇게 말한다면, 옛날에 천자의 자리를 선양한 것은 문지기의 생활을 버리는 것이고, 노예의 괴로움을 떠나는 것이니, 옛날에 천하를 [현자에게] 전했다는 것은 그리 크게 볼 것도 아니다. 지금 [지방의] 현령縣令이 어느 날 죽으면 그 자손들은 몇 대代에 걸쳐서 마차를 타고 다닐 수 있기에 사람들이 그를 중하게 보는 것이다. 이 때문에 사람들이 양보하는데, 옛날의 '천자' 자리는 쉽게 사양하나 지금의 '현령[지방군수]' 자리는 떠나기 어려워하는 것은 실익이 크고 작은 차이이다. 산속에 살면서 골짜기에 내려가서 물을 길어오는 [수고하는] 사람들은 제사 지내는 [좋은] 날에 서로 물을 건네주지만, 저수지에 살아서 물로 고생하는 사람들은 용인傭人을 사서 배수구를 터놓는다. 따라서 흉년의 봄에는 어린 동생에게도 먹이지 못하지만, 풍년의 가을에는 낯선 손님도 반드시 밥을 얻어먹는다. 이는 골육을 멀리하고 과객을 사랑하는 것이 아니고 결실이 많고 적은 차이이다. 이 때문에 옛날에 재물을 가볍게 본 것은 인자함[仁]이 아니요, 재물이 많았음이다.

지금 싸우고 뺏는 것은 [인성의] 비열함 때문이 아니라 재물이 적기 때문이다. 천자의 자리를 가볍게 사양한 것은 고상한 것이 아니라 권세가 박하였기 때문이다. 고관의 의탁衣橐을 다투는 것은 비열한 것이 아니라 [그 고관의] 권세가 중하기 때문이다. 따라서 성인聖人은 [나라의 재물이] 많고 적음을 따지고, [군주가 누리는 권세의] 강약을 논하는 것이다. 따라서 [군주가 내리는] 벌이 약하다고 그를 자애롭게 보지 않고, 벌이 엄하다고 그를 흉포하다고 여기지도 않는다. 그는 세속의 형편[실정]에 맞추어 실행해야 한다. 따라서 할 일[정치제도]은 시대에 맞게 따라야 하고, [그것에 맞게] 할 일을 대비하는 것이다. (「오두五蠹」편)

[古者, 丈夫不耕, 草木之實足食也; 婦人不織, 禽獸之皮足衣也. 不事

力而養足, 人民少而財有餘, 故民不爭. 是以厚賞不行, 重罰不用, 而民自治. 今人有五子不爲多, 子又有五子, 大父未死而有二十五孫. 是以人民衆而貨財寡, 事力勞而供養薄, 故民爭. 雖倍賞累罰, 而不免於亂. 堯之王天下也, 茅茨不翦, 采椽不斲, 糲粢之食, 藜藿之羹, 冬日麑裘, 夏日葛衣, 雖監門之服養, 不虧於此矣. 禹之王天下也, 身執耒臿, 以爲民先, 股無胈, 脛不生毛, 雖臣虜之勞, 不苦于此矣. 以是言之, 夫古之讓天子者, 是去監門之養, 而離臣虜之勞也, 古傳天下而不足多也. 今之縣令, 一日身死, 子孫累世絜駕, 故人重之. 是以人之於讓也, 輕辭古之天子, 難去今之縣令者, 薄厚之實異也. 夫山居而谷汲者, 膢臘而相遺以水, 澤居苦水者, 買庸而決竇. 故饑歲之春, 幼弟不饟. 穰歲之秋, 疏客必食. 非疏骨肉, 愛過客也, 多少之心異也. 是以古之易財, 非仁也, 財多也. 今之爭奪, 非鄙也, 財寡也. 輕辭天子, 非高也, 勢薄也. 重爭士橐, 非下也, 權重也. 故聖人議多少, 論薄厚爲之政. 故罰薄不爲慈, 誅嚴不爲戾, 稱俗而行也. 故事因於世, 而備適於事.]

## 6.3) 시대가 변하면 사회정치제도가 바뀌어야 함: '인의'의 덕치가 아니라 현세의 '법치'로의 개혁의 필연성

옛날 문왕이 풍豐과 호鎬 사이에 거처할 때 그 땅이 사방 백 리에 불과했지만, 인의仁義로써 정치를 하고, 서융西戎을 복속시켜 마침내 천하에 왕 노릇을 하게 되었다. 서徐의 언왕偃王은 한수漢水의 동쪽에 거처할 때 그 땅이 사방 오백 리가 되었고, 또한 인의로써 정치하니, 땅을 나누어 그에 조회하는 나라가 36국이나 되었다. 그러자 형荊(즉 楚)의 문왕文

王이 위협을 느끼고 병사를 일으켜 치니 서徐나라는 멸망하고 말았다. 결국 [옛날 주周의] 문왕은 인의로써 정치하여 천하에 왕 노릇을 하였지만 [서徐의] 언왕은 인의로써 정치하여 나라를 잃은 것이다. 이는 인의가 옛날에는 통했지만 오늘날에는 통하지 않는다는 것을 보여준다. 그렇기에 '시대가 바뀌면 할 일[事: 사회제도]도 바뀌어야 한다.' 라고 한 것이다. 순舜이 천하를 다스릴 때 묘족苗族이 복종하지 않자 우禹가 그를 정벌하려 하였다. 순은 "안 된다. 우리가 덕이 두텁지 못하여 그들을 감화시키지 못한 것인데 오히려 무력을 쓴다는 것은 도리가 아니다."라고 만류하였다. 이에 3년에 걸쳐 더욱 교육, 감화시키기에 힘쓰고 방패와 창을 들고 추는 춤을 추자 묘족은 복종하였다. 공공共工의 난리 때에는 전투가 격렬해지자 짧은 철제 무기로 서로 치고받기까지 이르고 갑옷이 튼튼하지 못한 이들은 다쳤다. 이는 방패와 창을 들고 추는 춤이 옛날에는 통했지만, 오늘날에는 통하지 않는다는 것을 보여준다. 그래서 '할 일[事: 사회제도]이 바뀌면 대비하는 방식도 바뀌어야 한다.' 라고 한 것이다. 상고 때는 도道와 덕德을 추구하였으며, 중세 때는 지모智謀를 다투었으며, 오늘날에는 기력氣力으로 겨룬다. 제齊가 노魯를 치려고 하였을 때 노魯는 자공子貢을 사신으로 보내 일을 외교적으로 처리하려 하였다. 제齊인은 "너의 말은 모두 그럴듯하다. 그러나 우리가 원하는 것은 땅이지 너의 그 그럴듯한 말이 아니다."하고 마침내 병사를 일으켜 노를 쳐서, 경계를 노의 성문 밖 십 리까지 확장하였다. [서徐의] 언偃왕은 인의로써 정치했으나, 서는 망했고; 자공은 그럴듯하게 말하고 지혜로웠으나, 노는 땅을 잃었다. 이로써 본다면, 인仁과 의義, 그럴듯한 말과 지혜로움은 나라를 보존하는 방법이 될 수 없다. 언왕의 인仁을 버리고, 자공의 지智를 쉬게 하고, 서徐와 노魯의 국력[力]에 근거해서 그들 만승의 대국들에 대적하게 했다면, 제齊와 초楚가 이들 두 나라에서 [겸병하려는] 욕구를 실현할 수 없었을 것이다. (「오두五蠹」 편)

[古者文王處豊鎬之間, 地方百里, 行仁義而懷西戎, 遂王天下. 徐偃王處漢東, 地方五百里, 行仁義, 割地而朝者三十有六國. 荊文王恐其害己也, 擧兵伐徐, 遂滅之. 故文王行仁義而王天下, 偃王行仁義而喪其國, 是仁義用於古而不用於今也. 故曰: "世異則事異." 當舜之時, 有苗不服, 禹將伐之, 舜曰: "不可. 上德不厚而行武, 非道也." 乃修德敎三年, 執干戚舞, 有苗乃服. 共工之戰, 鐵銛短者及乎敵, 鎧甲不堅者傷乎體, 是干戚用於古而不用於今也. 故曰: "事異則備變." 上古競於道德, 中世逐於智謀, 當今爭於氣力. 齊將攻魯, 魯使子貢說之. 齊人曰: "子言非不辯也. 吾所欲者土地也, 非斯言所謂也." 遂擧兵伐魯, 去門十里以爲界. 故偃王仁義而徐亡, 子貢辯智而魯削. 以是言之, 夫仁義辯智, 非所以持國也. 去偃王之仁, 息子貢之智, 循徐魯之力使敵萬乘, 則齊荊之欲不得於二國也.]

## 7. '공'과 '사'의 모순적 이해관계

### 7.1) 사적 질서와 공적 질서의 대립

법령을 설립하는 이유는 사적인 지배영역을 폐지하는 데 있다. 법령이 실행되면 사적 질서는 소멸하게 된다. (「궤사詭使」 편)

[夫立法令者, 所以廢私也. 法令行, 而私道滅矣.]

## 7.2) 유가의 '현인정치[賢]'와 법가의 '군주 권세정치[勢]'의 모순

창과 방패를 파는 사람이 있었는데 자신이 파는 방패의 견고함을 자랑하기를 "무슨 물건이라도 이 방패를 뚫을 수 없다."라고 했다가, 조금 있다 자신이 파는 창의 날카로움을 자랑하기를 "내 창의 날카로움은 무슨 물건이라도 뚫지 못하는 경우가 없다."라고 말했다. 이에 어떤 사람이 물었다. "당신의 창으로 당신의 방패를 뚫어본다면 어떻겠소?" 이에 대해 그 사람은 대답하지 못했다. 뚫을 수 없는 방패와 뚫지 못할 것이 없는 창은 개념상 양립할 수 없다고 보아야 한다. [유가에서 말하는] 현인賢人[정치의] 원칙'은 [현자라면] 금지를 받아서는 안 되는 것이고, [법가에서 말하는 군주의] '권세權勢[정치의] 도리'는 금지하지 못할 것을 없애야 한다는 것이다. 금지해서 안 된다는 '현인[정치의] 원칙'과 금지하지 못하는 것이 없어야 하는 '권세[정치의] 도리'란 바로 이런 '모순'되는 이론이다. 이에 '현인정치 원리[賢]'와 '군주권세정치 원리[勢]'는 서로 용납될 수 없음이 또한 자명하다. (「난세難勢」 편)

[人有鬻矛與楯者, 譽其楯之堅, 物莫能陷也. 俄而又譽其矛者曰: "吾矛之利, 物無不陷也." 人應之曰: "以子之矛陷子之楯何如?" 其人弗能應也. 以爲不可陷之楯, 與無不陷之矛, 爲名不可兩立也. 以爲不可陷之盾, 與無不陷之矛, 爲名不可兩立也. 夫賢之爲道不可禁, 而勢之爲道也無不禁, 以不可禁之賢與無不禁之勢, 此矛盾之說也. 夫賢勢之不相容亦明矣.]

## 7.3) 공公[국가 이익]과 사私[가족 이익]의 모순대립

초楚에 직궁直躬이라는 사람이 있었다. 그의 아버지가 양을 훔치니 그것을 관리에게 알려주었다. 영윤令尹[즉, 초의 재상]이 말하였다.

"그를 죽여라!"

임금에게는 진실하나 아버지에게는 비뚠 것이라고 여겨서 그를 죄주라는 판결을 내린 것이다. 이렇게 보면 임금의 정직한 신하는 아버지의 못된 자식인 셈이다. 노魯나라 사람이 군주를 따라 참전하였는데 세 번 전쟁에 세 번 패퇴하였다. 공자가 그 이유를 물었다. 대답하여 말하였다.

"저는 연로하신 아버님이 계신 데, 제가 죽으면 모실 사람이 없습니다." 공자는 이것을 효성이라 여겨서 추천하여 윗사람[관리]이 되게 하였다. 이렇게 보면 아버지의 효자는 군주[의 이해관계]와 배반 되는 신하이다. 따라서 재상이 [직궁을] 죽이자 초나라의 불법적 행위는 군주가 들을 수 없게 되었고, 공자가 상을 주니 노나라 백성들은 [전쟁에서] 쉽게 패배하였다. 군주[上]와 신하[下]의 이해관계는 이렇게 다른 것이나, 군주는 [사리私利를 좇는] 개인들의 행동을 두루 천거하며 나라의 이익을 이루려고 추구하니, 반드시 되지 않을 것이로다! 옛날에 창힐蒼頡[옛날에 漢字를 만든 사람]이 글자를 만들 때 스스로 이해타산을 따지는 것을 '사私[옛 글자 모양 "厶"]'라고 하였다. 이 '사'와 배치되는 것을 '공公'[옛 글자 모양 "公"]이라 하였다. '공' '사'가 서로 배치됨은 창힐蒼頡도 진실로 알고 있었다고 하겠다. 지금 ['공' '사' 가] '이익[利]'을 함께 한다고 여기는 것은 잘 살피지 못한데서 온 병통인 것이다. 그러니 개인으로 따져보면 품행을 닦고 학문을 익힘보다 좋은 것은 없다. 품행을 닦으면 신임을 얻고, 신임을 얻으면 할 일[관직]을 받는다. 학문을 익히면 유명한 선생이 되고, 유명한 선생이 되면 크게 영화를 얻게 된다. 이는 개인에게 좋은 점이다. 이렇게 되면 [농업생산이나 전쟁에서 나라에] 공이 없어도 관직을 받고, 작위가 없어도 크게 영화를 누리게 되는 것이다. 정치를 이렇게 하면 나라는 반드시 난리가 나고 군주는 반드시 위태롭게 될 것이다. 그러니 서로 용납할 수 없는 것은 양립할 수 없기 때문이다. 적을 벤 사람이 상을 받으나 자비와 은혜의 행위를 높이 보고, 성을 함락한 사람이 작위를 받으나 겸애兼愛의 설을 신봉하고, 갑옷을 튼튼히 하고 무기를 날카롭게 갈아서 국난을 대비하나 [문신들의] 옷 장식을 아름답게 꾸며주고, 농사로 부국富國하고 병사로 적을 막으면서도 [실리 없는] 지식인들을 귀히 여기고, 윗사람을 받들고 법을 두려워하는 백성들을 폐하고는 자유방임하는 협객의 무리를 양성하는 것이다. 이런 [모순된 정책]을 시행하면 사회가 안정되고 군대가 강해지는 일은 있을 수 없는 것이다. 나라가 평안할 때 유자儒者나 협객을 양성하고, 난리가 나야 무사들을 쓰게 되니 [나라에] 이로운 것은 쓰이지 않고, [나라가 지금] 쓰고 있는 것[유자儒者와 협객들]은 [국익에] 이로운 바가 아니다. 이렇게 ['공' 과 '사' 를 구분하지 않기] 때문에 [나라에서] 일하는 사람들이 자기 일들을 태만하게 하나 놀고먹는 학자들은 날로 많아지니, 이것이 사회가 혼란해지는 이유인 것이다. (「오두五蠹」 편)

[楚之有直躬, 其父竊羊而謁之吏. 令尹曰: "殺之." 以爲直於君而曲於父, 報而罪之. 以是觀之, 夫君之直臣, 父之暴子也. 魯人從軍戰, 三戰三北. 仲尼問其故, 對曰: 吾有老父, 身死莫之養也." 仲尼以爲孝, 擧而上之. 以是觀之, 夫父之孝子, 君之背臣也. 故令尹誅而楚姦不上聞, 仲尼賞而魯民易降北, 上下之利若是其異也. 而人主兼擧匹夫之行, 而求致社稷之福, 必不幾矣. 古者, 蒼頡之作書也, 自環者謂之私(厶), 背私謂之公(公), 公私之相背也, 乃蒼頡固以知之矣. 今以爲同

利者，不察之患也．然則爲匹夫計者，莫如修行義而習文學．行義修則見信，見信則受事；文學習則爲明師，爲明師則顯榮此匹夫之美也．然則無功而受事；無爵而顯榮，有政如此，則國必亂，主必危矣．故不相容之事，不兩立也．斬敵者受賞，而高慈惠之行．拔城者受爵祿，而信廉愛之說．堅甲厲兵以備難，而美薦紳之飾．富國以農，距敵恃卒，而貴文學之士．廢敬上畏法之民，而養遊俠私劍之屬．擧行如此，治强不可得也．國平養儒俠，難至用介士，所利非所用，所用非所利．是故服事者簡其業，而遊學者日衆，是世之所以亂也．]

## 7.4) 군주와 대신 사이 '모순대립'의 이해관계

만승萬乘의 대국의 문제는 대신[의 권세]가 너무 무거운 것이요，천승千乘의 소국의 문제는 [군주] 좌우의 인물이 너무 신임을 받고 있음이다. 이것이 군주들의 보편적인 문젯거리이다. 신하가 큰 죄인이니，군주는 큰 실수를 한 것이다. 이는 신하와 군주의 이해관계는 서로 다르기 때문이다. 어떻게 이것을 밝힐 수 있는가? "군주의 이익은 유능한 이에게 관직을 맡김에 있으나，신하의 이득은 무능하나 관직을 얻는 데 있는 것이고，군주의 이익은 [나라를 위해] 수고한 이에게 관작과 봉록을 주는 데 있으나，신하의 이득은 공이 없어도 부귀해지는 데 있고，군주의 이익은 큰 인물에게 능력을 발휘시킴에 있으나，신하의 이득은 붕당을 만들어 사익을 도모하는 데 있기 때문이다. 이 때문에 국토는 깎이고 개인적인 가문들이 부유해지며，군주의 권위는 낮아지고 대신의 권위는 중하게 된다. 따라서 군주가 권세를 잃어야 신하가 나라를 차지하게 되고，군주는 번신藩臣으로 개칭되며 재상이나 대신들이 분봉을 주게 된다. 이는 신하가 군주를 속여서 사익을 도모하는 이유인 것이다. 따라서 현세에 중신重臣으로 군주의 세력을 변화시켜 총애를 굳건히 할 수 있는 자가 10인 중 두, 셋이 안 된다. 이것은 그 이유가 무엇인가? 신하의 죄가 큰 것이다. 신하의 대죄는 행동으로 군주를 속인 것이니 그 죄는 마땅히 죽음이다. … 대신들은 어리석고 더러운 인간들을 옆에 끼고서 위로는 이들과 더불어 군주를 속이고 아래로는 이들과 더불어 이득을 얻으려 [백성들을] 침탈하며, 붕당으로 단결하여 서로 똑같은 말을 하여 군주를 미혹시키고 법도를 망가뜨린다. 이에 관리와 백성들을 혼란하게 하고 국가를 위태롭게 하고 영토를 깎이게 하니, 군주가 못된 욕을 보게 되는 것, 이것이 대죄인 것이다. 신하가 대죄가 있으나 군주가 금하지 못하면, 이는 큰 실수인 것이다. 군주가 위에서 크게 잘못하게 되고 신하가 아래에서 큰 죄를 짓는데 나라가 망하지 않는 일은 찾아볼 수 없는 것이다. (「고분孤憤」 편)

[萬乘之患, 大臣太重; 千乘之患, 左右太信, 此人主之所公患也. 且人臣有大罪, 人主有大失. 臣主之利, 與相異者也. 何以明之哉? 曰: 主利在有能而任官, 臣利在無能而得事, 主利在有勞而爵祿, 臣利在無功而富貴, 主利在豪傑使能, 臣利在朋黨用私. 是以國地削而私家富, 主上卑而大臣重. 故主失勢而臣得國, 主更稱蕃臣, 而相室剖符, 此人臣之所以譎主便私也. 故當世之重臣, 主變勢而得固寵者, 十無二三. 是其故何也? 人臣之罪大也. 臣有大罪者, 其行欺主也, 其罪當死亡也,… 大臣挾愚汚之人, 上與之欺主, 下與之收利侵漁, 朋黨比周, 相與一口, 惑主敗法, 以亂士民, 使國家危削, 主上勞辱, 此大罪也. 臣有大罪, 而主弗禁, 此大失也. 使其主有大失於上, 臣有大罪於下, 索國之不亡者, 不可得也.]

## 8. '세勢' [군주절대권]에 대한 지적인 운용: 신도愼到의 '세' 론에 대한 비판적 계승과 발전

### 8.1) 신도의 객관적으로 존재하는 〈세〉의 절대성에 대한 강조

신도愼到[전395-전315] 선생이 말하였다.

"나르는 용이 구름을 타고, 등사騰蛇[날아다니는 뱀]가 안개 속에 노닌다. 구름이 걷히고 안개가 개이면 용과 뱀은 [땅에서 기어 다니는] 지렁이나 개미와 다를 바 없으니, 그들이 타야 할 것을 잃은 것이다. 현인이 못난 사람에게 굴복한다면, (현인의) 권세가 가볍고 지위가 낮기 때문이다. 못난이가 현인을 굴복시키는 것은, (못난이의) 권세가 중하고 지위가 높기 때문이다. 요堯임금이 필부라면 세 사람도 다스릴 수 없으나, 걸桀은 천자天子가 되어 온 세상을 어지럽힐 수가 있었다. 나는 이 때문에, 권세의 지위는 믿을 만하나, 현인의 지혜는 부럽지 않다는 것을 아는 것이다. 쇠뇌[弩]가 약해도 화살이 높이 오르는 것은 바람에 밀린 것이다. 자신은 못났으나 명령이 통하는 것은 많은 사람[大衆]의 조력을 얻었기 때문이다. 요堯가 [평민으로] 천민[노예]들을 가르친다면, 그들도 (요의) 말을 듣지 않을 것이다. [그러나 천자天子로서] 남면南面하기에 이르면 천하의 왕이니, 명령을 내리면 시행되고 [어떤 행위든] 금지하면 (하지) 못하게 된다. 이렇게 보면, 현자의 지식은 사람들을 복종시킬 수 없으나, 권세의 지위는 현자도 굴복시킬 수 있는 것이다." (「난세難勢」 편)

[愼子曰: "飛龍乘雲, 騰蛇遊霧. 雲罷, 霧霽, 而龍蛇與螾螘同矣, 則失其所乘也. 賢人而詘於不肖者, 則權輕位卑也; 不肖而能服於賢者, 則權重位尊也. 堯爲匹夫, 不能治三人; 而桀爲天子, 能亂天下. 吾以此知勢位之足恃, 而賢智之不足慕也. 夫弩弱而矢高者, 激於風也. 身不肖而令行者, 得助於衆也. 堯教於隸屬, 而民不聽. 至於南面而王天下, 令則行, 禁則止. 由此觀之, 賢智未足以服衆, 而勢位足以缶賢者也."]

## 8.2) 한비의 '인간의 주관적 능력에 의존적인' 세勢론: '세'는 쓰기에 따라 사회를 '안정시키기도 혼란하게 할 수'도 있다

[한비韓非가] 신도 선생에 대응하여 말하였다.

"나르는 용이 구름을 타고, 나는 뱀이 안개 속에 노닌다면, 나는 용과 뱀이 구름과 안개에 의탁하고 있지 않다고는 보지 않는다. 그렇지만, '현명한 지식[賢]'을 버리고 오로지 '객관적 형세[勢]'만에 맡긴다면 통치가 잘 될 수 있을까? 나는 그렇다고 보지 않는다. 구름과 안개의 세력이 [객관적으로] 있었으나 그것을 탈 수 있었던 것은 용과 뱀[이 가진 주체적인] 좋은 능력 때문인 것이다. 지금 구름이 무성하다 해도 지렁이는 날 수 없는 것이다. 안개가 짙다 해도 개미는 그 속에서 [날아다니며] 놀 수 없는 것이다. 무성한 구름과 짙은 안개의 세력이 있어도 그것을 타고 놀 수 없는 것은 지렁이와 개미의 재능이 형편없기[薄] 때문이다. 지금 걸桀과 주紂가 남면하여 천하의 왕 노릇을 하니 천자의 위세가 구름과 안개로 볼 수 있다. 그러나 세상이 큰 혼란을 면할 수 없는 것은 걸桀과 주紂의 재능이 형편없기 때문이다.

장차 이 사람[신도愼到 자신]이 요堯의 권세로 세상을 다스린다고 하면, 그의 권세는 세상을 어지럽힌 걸桀의 권세와 어떻게 다를 수 있겠는가? '권세'는 반드시 현인만이 쓸 수 있고 못난이는 쓸 수 없게끔 할 수가 없는 것이다. 현자가 쓰면 온 세상이 다스려지나 못난이가 쓰면 온 세상이 혼란스럽다. 사람의 본성은 현인은 적고 못난이는 많은 법이다. 그래서 위세의 이점利點이 세상의 못난이들을 도와주면 이 때문에 권세가 세상을 어지럽히는 일이 많아질 것이요, 권세로 세상을 안정시키는 일은 적어질 것이다. 권세란 편리한 통치수단이나 혼란을 쉽게 만든다. 따라서 『주서周書』에 "호랑이에게 날개를 붙여주어, 성안으로 날아가 사람을 골라 잡아먹게 하지 말라!"라고 하였다.19) 걸과 주는 높은 누대와 깊은 연못을 만들기에 백성의 힘을 다 소모했고, 불로 지지는 혹형으로 백성들의 생명을 상하게 하였다. 걸과 주가 멋대로 행할 수 있었던 것은 남면의 위세가 날개가 되어준 셈이다. 걸과 주가 필부였다면 일찍이 한 가지라도 행동하여 [결국, 자신이] 죽임을 당하는 신세는 아니 되었을 것이다. '세勢'가 호랑이와 이리의 심보를 길러서 난포하고 어지러운 일을 저지르면 이는 천하의 큰 문젯거리이다. '세'[자체]가 [사회를] '안정시키는가, 혼란하게 만드는가'는 본래 정해진 것이 아니다. 그러나 오로지 '세'만이 천하를 다스리기에 충분하다고 말하는 것은 그 지능의 한계가 천박한 것이다." (「난세難勢」 편)

[應愼子曰: 飛龍乘雲, 騰蛇遊霧, 吾不以龍蛇爲不託於雲霧之勢也. 雖然, 夫釋賢而專任勢, 足以爲治乎? 則吾未得見也. 夫有雲霧之勢,

19) 이 구절은 『일주서逸周書』, 「오경寤儆」 편에 보임.

而能乘遊之者, 龍蛇之材美也. 今雲盛, 而螾弗能乘也; 霧醲, 而螘不能遊也. 夫有盛雲醲霧之勢, 而不能乘遊者, 螾, 螘之材薄也. 今桀, 紂南面而王天下, 以天子之威爲之雲霧, 而天下不免乎大亂者, 桀·紂之材薄也. 且其人以堯之勢, 以治天下也, 其勢何以異桀之勢, 亂天下者也? 夫勢者, 非能必使賢者用己, 而不肖者不用己也. 賢者用之. 則天下治, 不肖者用之, 則天下亂. 人之情性, 賢者寡, 而不肖者衆. 而以威勢之利, 濟亂世之不肖人. 則是以勢亂天下者多矣. 以勢治天下者寡矣. 夫勢者, 便治而利亂者也. 故《周書》曰: "毋爲虎傅翼, 將飛入邑, 擇人而食之." 夫乘不肖人於勢, 是爲虎傅翼也. 桀·紂爲高臺深池以盡民力, 爲炮烙以傷民性, 桀·紂得乘四行者, 南面之威爲之翼也. 使桀·紂爲匹夫, 未始行一, 而身在刑戮矣. 勢者, 養虎狼之心, 而成暴亂之事者也, 比天下之大患也. 勢之於治亂, 本末有位也. 而語專言勢之足以治天下者, 則其智之所至者淺矣.]

## 8.3) '세' 결정론에 대응하는 '인위적인 세' 설정의 의미: 중급의 보통군주를 위한 '세' 실현의 제도화론

'세勢' 라는 개념은 하나이나 그 [실제의] 변용은 무수하다. '세' 는 반드시 저절로 그렇게 되어 나가는 것이라면 '세' 에 대하여 말할 것이 없다. 내가 '세' 에 대해서 말하려는 것은 사람이 설정한 것['인위적인 세' ]을 말하는 것이다. 요나 순이 태어나 임금 자리에 있으면 10명의 걸과 주가 있다 해도 [사회를] 어지럽힐 수가 없으니, '세' 가 저절로 자연히 다스려지게 된 셈이다. 걸이나 주가 태어나서 임금 자리에 앉으면 비록 10명의 요나 순이 있어도 역시 사회를 다스릴 수 없다면, '세' 가 저절로 자연히 혼란을 일으킨 셈이다. 따라서 "'세'가 다스리는 것이면 혼란이 있을 수 없고, '세'가 혼란을 일으키는 것이면 [누구도] 다스릴 수 없는 것이다."라고 말한다. 이것은 스스로 그렇게 된다는 '세'[의 결정론]이지 '인위적으로 설정한 것[인위적인 세]'은 아니다. … 또한, 요, 순, 걸, 주는 천 년에 한 번 나와도 이것은 정말 연달아 이어져 [무더기로 많이] 나온 셈이다. 세상의 통치자는 중급인물[中]이 끊이지 않는다. 내가 '세'를 말하려는 것은 중급인물의 [그것]이다. 중급인물은 위로는 요나 순[같은 성군]에 못 미치고, 아래로 또한 걸이나 주[같은 폭군]은 아니다. '법'에 근거하여 '세'를 대하면 다스려지고 '법'을 어기고 '세'를 버리면 혼란을 일으키는 것이다. … 무릇 '세'란 쓸 만한 것임은 또한 자명하다. 그러나 "반드시 현인賢人을 기다려야만 한다!"라고 말한다면 또한 타당하지 않은 것이다. 장차 좋은 밥과 고기를 먹기 위해 백 일 동안 먹지 않으면 [지금] 굶고 있는 이는 살아나지 못한다. 지금 요나 순의 현명함을 기다려 당세의 백성을 다스리려는 것은 좋은 밥과 고기를 기다려 허기를 채우겠다는 [허망한] 말이다. 저들은 "좋은 말과 튼튼한 수레는 [못난] 종놈들이 몰면 사람들에게 비웃음을 사게 된다. 왕량王良[옛날 진晋의 유명한 마부]이 몰면 하루에 천리千里를 달릴 수 있다."라고 말한다. 나[韓非]는 그렇게 생각하지 않는다. [먼 남쪽 이방의] 월越나라의 헤엄 잘 치는 사람을 기다려서 중원 땅에서 물에 빠진 사람을 구하려 한다면, [멀리 있는] 월나라 사람이 수영은 잘해도 [여기 지금 중원 땅에서] 물에 빠진 사람은 구해낼 수가 없는 것이다. 옛날의 왕량을 기다려 지금의 말을 몰게 하는 것은 또한 월나라 사람으로 [중원 땅에서] 물에 빠진 사람을 구하려 한다는 말과 같은 것이니, 옳지 못함이 또한 자명한 것이다. 좋은 말과 튼튼한 마차를 50리里에 하나씩 두면, 보통 정도의 사람이 몰고 가도 빠르게 먼 곳까지 갈 수 있으니, 천리千里를 가는 데 왜 반드시 옛날의 왕량[같은 특정인물, 즉 현인賢人]을 기다려야만 하는가? 자, 말 모는데 왕량을 시키지 않으면 반드시 종놈들이 타고 가서 망쳐 놓을 것이고, 다스리는데 요나 순이 하지 않으면 반드시 걸桀이나 주紂가 망쳐 버린다고 하면, 이것은 맛보는데 사탕이나 꿀이 아니면 반드시 [아주 맛이 쓴] '씀바귀[苦菜]' 나 '두루미냉이[정력葶藶]' 라고 단정하는 이치이다. 이것은 말만 늘어놓는 것이요 도리에 어긋난 것이니, 양 극단적인 논의이다. 어찌 [나 韓非의] '도리' 있는 주장을 논박할 수 있겠는가? 객客[의 현인정치 논의는] 이런 [한비韓非의 '세' 의 제도화] 논의에는 미치지 못하는 것이다. (「난세難勢」 편)

[夫勢者, 名一而變無數者也. 勢必於自然, 則無爲言於勢矣. 吾所爲言勢者, 言人之所設也. 今日, 堯·舜得勢而治, 桀·紂得勢而亂, 吾非以堯·舜爲不然也. 雖然, 非人之所得設也. 夫堯·舜生而在上位, 雖有十桀·紂不能亂者, 則勢治也. 桀·紂亦生而在上位, 雖有十堯·舜而亦不能治者, 則勢亂也. 故日:"勢治者則不可亂, 而勢亂者則不可治也." 此自然之勢也, 非人之所得設也. 若吾所言, 謂人之所得設也而已矣. 且夫堯·舜·桀·紂, 千世而一出, 是比肩, 隨踵而生也. 世之治者, 不絕於中, 吾所以爲言勢者, 中也, 中者, 上不及堯·舜, 而下亦不爲桀·紂, 抱法處勢則治, 背法去勢.… 夫勢之足用亦明矣. 而日:'必待賢', 則亦不然矣. 且夫百日不食, 以待粱肉, 餓者不活. 今待堯·舜之賢, 乃治當世之民, 是猶待粱肉而救餓之說也. 夫日:'良馬固車, 臧獲御之, 則爲人笑, 王良御之, 則日取乎千里.' 吾不以爲然. 夫待越人之善海游者, 以救中國之溺人, 越人善游矣, 而溺

者不濟矣. 夫待古之王良, 以馭今之馬, 亦猶越人救溺之說也, 不可亦明矣. 夫良馬固車, 五十里而一置, 使中手御之, 追速致遠, 可以及也, 而千里可日至也, 何必待古之王良乎! 且御! 非使王良也, 則必使臧獲敗之. 治, 非使堯·舜也, 則必使桀·紂亂之. 此味, 非飴, 蜜也, 必苦菜·亭歷也. 此則積辯累辭, 離理失術, 兩未之議也, 奚可以難夫道理之言乎哉! 客議未及此論也.]

## 9. 법치의 의의와 원칙: 국가와 백성 간의 이해관계의 대립과 합일성

### 9.1) 사회 성격의 변화에 따른 신법新法 제정의 필요성

백성을 통치하는데 불변의 방침은 있을 수 없다. 오직 사회 안정의 효과를 내면 그것을 법으로 삼는다. 법은 시대와 더불어 변화해야만 사회가 안정된다. 통치는 세상의 실정과 합치되어야만 효력을 산출할 수 있다. (「심도心度」 편)

[治民無常, 唯治爲法. 法與時轉則治, 治與世宜則有功.]

### 9.2) 보통 군주의 정치효율성을 높이는 법치의 정당성

법술을 버리고 마음으로 다스리면 요임금이라 할지라도 한 나라를 바로잡지 못한다. 그림쇠[規]와 네모 자[矩]를 버리고 제멋대로 마음으로 추측하면 해중奚仲[수레 제작자]이라 하더라도 수레바퀴 하나를 만들 수 없다. 척촌尺寸[길이의 단위]을 폐하고 길고 짧음에 [따로따로] 차이를 두면[20] 왕이王爾[유명한 기술자]라도 반半도 표준에 못 맞출 것이다. 보통[중급]의 군주가 법술을 지키게끔 하고, 서투른 장인이 네모난 자나 그림쇠와 척촌尺寸을 지키게 하면 절대로 실패하지 않을 것이다. 군주는 현명하고 교묘한 사람도 할 수 없는 일[어렵고 힘드는 일]을 버리고, 보통[중급]의 군주나 서투른 기술자가 절대 실패하지 않는 [법도]를 지키게 한다면 인력은 최대로 발휘되고, [나라의] 공功과 [군주의] 명성이 세워지게 된다. (「용인用人」 편)

[釋法術而心治, 堯不能正一國, 去規矩而妄意度, 奚仲不能成一輪, 廢尺寸而差短長, 王爾不能半中. 使中主守法術, 拙匠守規矩尺寸, 則萬不失矣. 君人者能去賢巧之所不能, 守中拙之所萬不失, 則人力盡而功名立.]

## 9.3) 상앙商鞅의 경직된 '법' 개념의 비판

상군商君[즉, 상앙商鞅]의 법에 말하기를 "적군 한 사람의 목을 베어오는 자에게는 1급의 작위를 주고, 관직을 원하면 녹봉이 50석石인 관직을 준다. 적군 두 사람의 목을 베어오는 자에게는 2급의 작위를 주고, 관직을 원한다면 녹봉이 100석인 관직을 준다."라고 하였다. 관직과 작위의 결정을 적군의 목을 베어오는 공로에 맞게 한다는 것이다. 지금 [상앙의] 법에 따라서 "적군의 목을 베어온 자를 의사나 목수로 임명한

---

20) 이 구절 〈差短長〉에서 〈差〉는 〈따로따로 차이를 둠〉의 뜻임. 『韓非子校注』, 上同, 290쪽, 주2 참조.

다." 라고 한다면, 가옥은 건축되지 못하고 병은 치료되지 못할 것이다. 목수는 전문적인 손기술을 가져야 하고, 의사는 약을 제조할 수 있어야 한다. 적군의 목을 베어오는 공로가 있다고 하여 그 사람을 시킨다면 [그 사람은] 그 [의사의] 능력을 감당할 수 없을 것이다. 지금 관직을 다스리는 일은 지적 능력이다. 지금 적군의 목을 베어온다는 것은 육체적 능력에 의한 것이다. 육체적 능력이 뛰어난 자를 정신적인 능력이 [필요한] 관직에 (맡겨) 다스리게 한다면, 이는 적군의 목을 베어온 자를 의사나 목수로 임명하는 것과 똑같다. (「정법定法」 편)

[商君之法曰: "斬一首者爵一級, 欲爲官者爲五十石之官, 斬二首者爵二級, 欲爲官者爲百石之官." 官爵之遷與斬首之功相稱也. 今有法曰: "斬首者令爲醫匠," 則屋不成而病不已. 夫匠者, 手巧也, 而醫者, 齊藥也, 而以斬首之功爲之, 則不當其能. 今治官者, 智能也. 今斬首者, 勇力之所加也. 以勇力之所加, 而治智能之官, 是以斬首之功爲醫匠也.]

### 9.4) 상앙의 법이 갖는 결정적 한계: 중신을 제압하는 군주의 '술術'의 부재

공손앙公孫鞅[즉, 상앙]이 진秦나라를 다스릴 때 서로 고발하게 하고 연좌시키는 방법을 써서 그 실제 사정을 따졌으니, 열 집을 십什이라 하고 다섯 집을 오伍라 하는 식으로 조직하여 서로 감시하게 하고 책임을 물었다. 상은 후히 주고 또 빠뜨리지 않고 주었으며, 벌을 줄 때 엄하게 하고 또 용서하는 법이 없었다. 그래서 진의 백성들은 힘써 일하여 쉴 줄 몰랐고, 적을 추적할 때에는 위험해도 물러서지 않았다. 따라서 나라는 부유해지고 군대는 강하였다. 그러나 군주에게 신하들의 속임수를 간파할 수 있는 '술術'이 없었으므로 그 부유함과 강함으로 신하들의 세력만 키워줄 뿐이었다. 효공孝公(전361-전338 통치)과 상군商君[즉 상앙]이 죽고 혜왕惠王(전337-전311 통치)이 즉위하였을 때, [상앙이 제정한] 진나라의 법은 아직 그 효력을 잃지 않고 있었다. 그러나 장의張儀(전?-전310)가 진의 [역량을] 한韓과 위魏에서 희생시켰다. 또 [진秦의] 무왕武王(전310-전307 통치) 때에는 감무甘茂가 진의 [국력을] 주周에서 희생시켰다[기원전 307년]. 무왕이 죽고 소양왕昭襄王(전306-전251 통치)이 즉위했을 때 양후穰候(즉 위염魏冉)가 한, 위의 국경을 넘어 동쪽으로 제齊를 치기를 5년이나 하였으나, 진은 한 척의 땅도 늘리지 못했으나 [양후 자신은] 도陶읍邑 땅의 자기 봉토에 성을 쌓았다[기원전 284년]. 또한 응후應候[즉 범수范睢]가 한韓을 공격하기를 8년이나 하였을 때 여수汝水의 남쪽 땅이 그의 봉토로 되었을 뿐이었다. 그 후 진秦에 벼슬한 자들은 모두 양후나 응후와 같은 부류였다. 전쟁에서 이기면 대신의 작위는 높아지고, 영토가 늘어나면 [중신의] 개인적 봉토[私封]가 되었다. 군주에게 신하의 속임수를 간파할 수 있는 술術이 없었기 때문이다. 상군[商鞅]이 열 배의 노력을 기울여 법을 정교하게 가다듬는다고 해도 도리어 신하들의 세력만 키워줄 뿐인 것이다. 따라서 강한 진秦의 자력資力을 이용하여 [제후국들을 상대로 겸병전쟁을 펼친] 수십 년이 지났으나 [천하통일을 이루는] 제왕帝王이 되기에 이르지 못한 것은, '법'이 비록 관아에서 엄격하게 다루어졌어도, 군주가 위에서 [중신들을 조절할 수 있는] '술術'이 없었음에서 온 폐단이었다. (「정법定法」편)

[公孫鞅之治秦也, 設告相坐而責其實, 連什伍而同其罪, 賞厚而信, 刑重而必. 是以其民用力勞而不休, 逐敵危而不却, 故其國富而兵强. 然而無術以知姦, 則以其富强也資人臣而已矣. 及孝公商君死, 惠王卽

位, 秦法未敗也. 而張儀以秦殉韓魏. 惠王死, 武王卽位, 甘茂以秦殉周. 武王死, 昭襄王卽位, 穰侯越韓魏而東攻齊, 五年而秦不益尺土之地, 乃城其陶邑之封. 應侯攻韓八年, 成其汝南之封. 自是以來, 諸用秦者皆應穰之類也. 故戰勝則大臣尊, 益地則私封立. 主無術以知姦也. 商君雖十飾其法, 人臣反用其資. 故乘强秦之資, 數十年而不至於帝王者, 法不勤飾於官, 主無術於上之患也.]

## 9.5) 국가와 백성 간의 이해관계의 합일성: 어리석은 백성들에게 복리를 주기 위한 법치의 정당성

부역[요역徭役]이 많으면 백성들이 괴롭다. 백성들이 괴로우면 [신하들의] 권세가 자라난다. [신하들의] 권세가 자라나면 다시 면제받는 사람이 많아진다. 다시 면제받는 사람이 많아지면 [그들의 뇌물로] 귀인들은 부유해진다. 백성들을 괴롭히어 신하를 부귀하게 하고 [군주 자신의] 권세를 키워서 신하들에게 빌려주는 것은 천하를 오래오래 이롭게 하는 것이 아니다. 따라서 "부역이 적으면 백성들이 편안하고, 백성들이 편안하면 아래에 [신하들의] 무거운 권세가 없다. 아래에 [신하들의] 무거운 권세가 없으면 [신하들의] 권세가 없어지게 된다. [신하들의] 권세가 없어지게 되면 '덕'은 임금에게 있게 된다."라고 하였다. (「비내備內」 편)

[徭役多則民苦, 民苦則權勢起, 權勢起則復除重, 復除重則貴人富. 苦民以富貴人, 起勢以藉人臣, 非天下長利也. 故曰: 徭役少則民安, 民安則下無重權, 下無重權則權勢滅, 權勢滅則德在上矣.]

저[한비韓非]는 법술法術을 세우고 표준[度數]를 정하는 것은 백성들을 이롭게 하고 보통사람들을 편하게 하려는 도리라고 생각한다. (「문전問田」 편)

[竊以爲立法術, 設度數, 所以利民萌, 便衆庶之道也.]

[머리에 종기가 난] 어린애는 머리가 깎이지 않으면 다시 아프다. 종기를 터지게 하지 않으면 점점 더 심해진다. 머리를 깎고 종기를 터뜨리려면 반드시 한 사람이 그를 붙잡고 자상한 어머니가 치료해야 한다. 그러나 [아이는] 울음을 그치지 않는다. 아이는 작은 고통을 감수해야 큰 이익을 얻을 수 있음을 모르는 것이다. 지금 임금이 농사와 개간을 독려하는 것은 백성들의 재산을 많게 하려는 것이나, [백성들은] 임금이 가혹하다고만 여긴다. 형을 강하게 하고 벌을 무겁게 하는 것은 (백성의) 나쁜 짓을 금하려는 것이나, 임금이 엄혹하다고만 여긴다. 돈과 곡식을 세금으로 받는 것은 국고를 채우고 장차 기근을 구제하고 군비를 마련하려는 것이나, 임금의 탐욕스러움만으로 여긴다. 국내 사람은 반드시 무장해야 하고, 사적으로 도피하는 일은 없다는 것을 알고 힘을 합쳐 분투하는 것은 [적을] 포로로 잡으려는 것이나, 임금이 포악하다고만 여긴다. 이 네 가지는 사회를 안전히 다스리려는 것이나 사람들은 좋아하지 않는다. 만사에 통달한 선비는 백성들의 지능은 본받아 쓸 만하지 못하다고 여긴다. 옛날에 우禹임금이 물줄기를 트기 위해 강바닥을 팠으나 백성들은 오히려 기와장과 돌로 (그곳들을) 메웠다. 자산子産[즉 公孫僑, 기원전 약 580–552, 鄭의 재상]은 밭을 개간하여 뽕나무를 심었으나, 정鄭나라 사람들은 비난하였다. 우임금이 천하를 이롭게 하고 자산이 정나라를 존속시켰으나 모두 비난을 받았다. 이에 백성의 지능은 쓸 수 없

음이 또한 명백하다. 따라서 선비를 천거하여 현명한 지혜를 구하고, 정치에 적절한 백성을 기대하는 것은 모두 혼란의 시발이다. [그것으로 나라가] 다스려질 수는 없는 것이다. (「현학顯學」 편)

[夫嬰兒不剔首則腹痛, 不副痤則寖益, 剔首副痤, 必一人抱之, 慈母治之, 然猶啼呼不止, 嬰兒子不知犯其所小苦, 致其所大利也. 今上急耕田墾草, 以厚民產也, 而以上爲酷. 修刑重罰, 以爲禁邪也, 而以上爲嚴. 徵賦錢粟, 以實倉庫, 且以救饑饉, 創軍旅也, 而以上爲貪. 境內必知介而無私解, 并力疾鬪, 所以禽虜也, 而以上爲暴. 此四者, 所以治安也, 而民不知悅也. 夫求聖通之士者, 爲民知之不足師用. 昔禹決江濬河, 而民聚瓦石. 子產開畝樹桑, 鄭人謗訾. 禹利天下, 子產存鄭, 皆以受謗, 夫民智之不足用亦明矣. 故擧士而求賢智, 爲政而期適民, 皆亂之端, 未可與爲治也.]

옛날에 편작扁鵲[전국시대의 명의]이 심한 병을 치료할 때 칼로 뼈를 자극한다고 들었다. 성인聖人이 위급한 나라를 구하자면 충언으로 귀를 거슬린다. 뼈를 자극하기에 작은 통증이 몸에 있으나 길게는 몸에 이로운 것이다. [충언이] 귀에 거슬리기에 작은 역정逆情이 마음에 있으나 오래오래 나라에 복이 있는 것이다. 따라서 심히 병든 사람은 통증을 참는 데 이로움이 있고, 결의가 굳은 군주는 귀에 거슬리는 말을 복으로 안다. (「안위安危」 편)

[聞古扁鵲之治其病也, 以刀刺則骨, 聖人之救危國也, 以忠拂耳. 刺骨, 故小痛在體, 而長利在身; 拂耳, 故小逆在心, 而久福在國. 故甚病之人, 利在忍痛, 猛毅之君, 以福拂耳.]

성인이 백성을 다스림에는 근본[法度]에 따라서 하고 그들의 욕구를 그대로 내버려 두지 않는다.[21] 그들이 이롭게 되기를 바랄 뿐이다. 따라서 그들에게 형刑을 주는 것은 백성을 미워하는 것이 아니요 사랑하는 근본 조치이다. (「심도心度」 편)

[聖人之治民, 度於本, 不從其欲, 期於利民而已. 故其與之刑, 非所以惡民, 愛之本也.]

## 10. 중신을 제압하는 군주의 '술術' 론: 관료정치의 농단에 대한 군주의 제어술

### 10.1) '술' 의 정의와 운용방법

군주에게 중요한 것[통치수단]은 '법' 이 아니면 '술' 이다. 법이란 문서로 만들어 공개하고, 관청에 설치해서 백성에게 공포하는 것이다. '술' 이란 군주의 마음속에 담아두고, 여러 단서에 조응하여 은밀하게 여러 신하를 제어하는 것이다. 그러므로 법은 드러내 놓는 것이 가장 좋지만, '술' 은 드러내지 않도록 해야 한다. 이 때문에 영명한 군주가 법을 말하면 나라 안의 백성 중에 높은 신분이나 낮은 신분이나 듣고서 알지 못하는 사람이 없으니 [군주의] 집안에 가득 차 있는 사람만이 아니다. (그러나) '술' 을 사용하면 측근의 신하들이 군주의 의중을 파악할

---

21) 이 구절: '不從其欲' 에서 從은 '縱(내버려두다)' 의 뜻이다. 『韓非子校注』, 上同, 713頁, 注3 참조.

수 없으니 방 안에 있는 사람만도 아니다.(즉, 그 누구도 알지 못하게 된다.) (「난삼難三」 편)

[人主之大物, 非法則術也. 法者, 編著之圖籍, 設之於官府, 而布之於百姓者也. 術者, 藏之於胸中, 以遇衆端, 而潛御群臣者也. 故法莫如顯, 而術不欲見. 是以明主言法, 則境內卑賤莫不聞知也, 不獨滿於堂. 用術, 則親愛近習莫之得聞也, 不得滿室.]

### 10.2) '술'을 통한 군주의 절대권 확립

'술'은 사람의 재능에 따라 그에게 관직을 주고, 그 관직의 이름[名]에 따라 그것에 합당한 임무를 수행하기를 요구하며, 죽이고 살리는 권한을 쥐고서 여러 신하의 재능을 실현하도록 하는 것이다. 이것은 군주가 장악해야 한다. 법을 시행한다는 것은 관청에서 법령을 명백하게 공포하고, 반드시 형벌이 있음을 백성들에게 주지시키며, 법을 조심하여 지키는 자에게는 상을 주고 법령을 어기는 자에게는 벌을 주는 것이다. 이것은 신하들이 따라서 준수해야 할 것이다. 군주에게 술이 없으면 위에서 폐단이 있게 되는 것이고, 신하에게 법이 없으면 아래에 어지러움이 있게 된다. 이 둘은 하나라도 없어서는 안 된다. 모두 제왕에게는 필수적인 통치수단이다. (「정법定法」 편)

[術者, 因任而授官, 循名而責實, 操殺生之柄, 課群臣之能者也. 此人主之所執也. 法者, 憲令著於官府, 刑罰必於民心, 賞存乎愼法, 而罰加乎姦令者也. 此臣之所師也. 君無術則弊於上, 臣無法則亂於下, 此不可一無, 皆帝王之具也.]

## 10.3) '술' 운용의 주체

술이란 군주가 장악해야 할 것이고, 법이란 관리가 집행해야 할 것이다. (「설의說疑」 편)

[凡術也者, 主之所以執也. 法也者, 官之所以師也.]

## 10.4) 신불해申不害의 '술' 론이 갖는 한계

[어떤 사람이] 물었다.

"술術만 있고 법法은 없거나, 법만 있고 술이 없으면 안 된다는 것은 무엇 때문입니까?"

[한비韓非가] 대답하여 말했다.

"신불해申不害(약 전385-전337)는 한韓의 소후昭侯(전363-전333 통치)의 신하였습니다. 한韓은 진晋에서 분리되어 나온 나라입니다. 아직 진晋의 옛 법이 폐지되지 않고, 한의 새로운 법 또한 제정되지 않았습니다. 아직 선왕의 법령이 회수되지도 않았는데 새 왕의 법령이 반포되었습니다. 신불해가 그 법들을 정리하지 않고, 그 법령들을 통일시키지 않았으므로, 나쁜 짓[姦, 不法]이 많이 일어나게 되었습니다. 따라서 옛 법과 선왕의 명령이 유리하면 사람들은 그것을 말하였고, 새로운 법과 신왕의 명령이 유리하면 그것을 말하였습니다. 옛것과 새것이 서로 어그러지고 앞과 뒤가 서로 모순되는 데에서 [그들이] 이득을 취하였기에, 비록 신불해가 열 번이나 소후昭侯로 하여금 '술'을 쓰도록 하게 하였어도 거짓된 신하들은 오히려 말을 교묘하게 하여 속일 수 있었습니다. 따라서 신불해는 만승萬乘의 대국인 강한 한韓나라에서 17년이나 [재상을 지냈으나 천하통일을 이루는] 패왕覇王에 이르지 못하게 된 것은 비록 [군주가] 위에서 '술'을 쓴다고 해도 '법'이 아래에서 관리들에 의해 부지런히 정리되지 않는 데서 왔던 폐단 때문이었습니다."(「정법定法」 편)

[問者曰, 徒術而無法, 徒法而無術, 其不可何哉? 對曰: "申不害, 韓昭侯之佐也. 韓者, 晉之別國也. 晉之故法未息, 而韓之新法又生, 先君之令未收, 而後君之令又下. 申不害不擅其法, 不一其憲令則姦多故. 利在故法前令則道之, 利在新法後令則道之, 利在故新相反, 前後相勃, 則申不害雖十使昭侯用術, 而姦臣猶有譎其辭矣. 故託萬乘之勁韓, 十七年而不至於霸王者, 雖用術於上, 法不勤飾於官之患也."]

## 11. 한비의 '외로운 울분[孤憤]'과 사명감

### 11.1) 한비의 '외로운 울분[孤憤]'

'술'을 아는 선비는 반드시 멀리 보고 분명하게 살펴야 한다. 분명하게 살피지 않으면 '사私'적인 것을 밝혀낼 수가 없는 것이다. '법'을 실천할 수 있는 선비는 반드시 굳세고 아주 정직해야 한다. 아주 정직하지 않으면 거짓을 바로잡을 수 없다. 신하는 법령을 따라서 일을 하고, 법대로 관직을 다스려서 이른바 '중인重人[중신重臣 즉 권신權臣]'을 그르다고 해야 한다. '중인'이란 명령에 매이지 않고 멋대로 하며, 법을 어기고 '개인적[私적]인' 것을 이롭게 하고, 국력을 소모하여 자기 집안을 편하게 하고, 힘으로 군주를 통제할 수 있다. 이것이 이른바 '중인' 이다. 법술을 아는 선비는 명백히 살펴서 임용되면 장차 '중인' 의 숨겨진 실정을 밝혀내야 한다. 법을 실천하는 선비는 아주 정직하여 임용되면 장차 '중인' 의 거짓 행위를 바로잡아야 한다. 따라서 술을 알고 법을 실행하는 선비가 임용되면 높은 중신重臣들은 반드시 법에 따라 배제가 되어야 한다. 이에 법을 아는 선비와 세력을 장악한 사람[즉 重人]은 서로 양립할 수 없는 원수인 것이다. 세력을 장악한 이가 일의 핵심을 요리하면 나라의 안과 밖은 그를 위해 일을 한다. 이 때문에 [다른 나라] 제후들은 그를 통하지 않고서는 일이 제대로 되지 않기 때문에 대등한 다른 나라에서는 그를 칭송한다.[22] 모든 관리는 그를 통하지 않고서는 일이 추진되지 않기 때문에 뭇 신하들이 그를 위해 일을 한다. 시종들은 그를 통하지 않고서는 군주에게 가까이 갈 수 없기에 [군주의] 측근들은 그를 위해 사실을 은폐한다. 학자들은 그를 통하지 않고서는 봉록이 박하고 예우가 낮아지기 때문에 학자들은 그를 위해 변론을 해준다. 이런 네 가지 동조자가 있어 거짓된 신하들이 자신을 가식할 수 있는 것이다. '중인重人' 은 군주에게 충성하여 그 원수[즉, 법을 아는 선비]를 진급시킬 수 없는 것이다. 이에 군주는 이 네 부류의 동조자들을 뛰어넘어서 신하들[의 실정]을 밝히 살필 수 없는 것이다. 따라서 군주[의 판단]이 가려지면 가려질수록, 대신[의 세력]은 그만큼 중하게 되는 것이다.

무릇 세력을 장악한 자[즉, 重人]들은 군주에 대하여 신임과 사랑을 받고 있지 못한 일이 드물며, 또한 아주 친하고 익숙하다. 군주의 마음에

---

22) 여기서 〈訟〉은 〈頌〉(칭송하다〉로 통한다.

영합하고 좋아하고 싫어함을 함께 하는 것이 진실로 저들을 [권세에로] 나아가게 한 것이었다. 관작官爵이 높고 중하면 붕당 또한 많아서 온 나라가 그를 칭송한다. 그런데 법술을 아는 선비가 임금에게 하고자 하는 일이란, [군주가] 신임하고 총애하는 친근함이나 익숙하게 잘 아는 은택도 없으면서, 또한 법술의 주장으로 군주의 편벽된 마음을 바르게 잡으려는 것이다. 이는 군주[의 마음]과 서로 어그러지는 것이다. (올바른 신하가) 처한 형세는 비천하며, 파당이 없이 외로운 것이다. 무릇 서먹하고 멀리 있는 사람이 가까이 사랑받는 이와 [군주의] 신임을 다툰다면, 그것은 도리로는 이길 수 없는 것이다. 새로 온 손님이 오랫동안 익숙한 이와 다툰다면, 그것은 도리로는 이길 수 없는 것이다. 군주의 뜻에 어그러지는 사람(올바른 신하)이 [바로 군주와] 좋고 싫음을 같이 하는 이와 다툰다면, 그것은 도리로는 이길 수 없는 것이다. 세력도 가볍고 천한 신분이 중하고 높은 신분과 다툰다면, 그것은 도리로는 이길 수 없는 것이다. 하나의 의견이 온 도성[안의 여론]과 다툰다면, 그것은 도리로는 이길 수 없는 것이다. 법술을 아는 선비는 이런 다섯 가지 이길 수 없는 형세를 가지고 있어 여러 해를 거치면서도 또한 [군주를] 만나 뵐 수도 없는 것이다. [그러나] 세력을 장악한 자들은 다섯 가지 이길 수 있는 바탕을 가지고 아침저녁으로 [군주] 앞에서 독대하여 설득하는 것이다. 따라서 법술을 아는 선비는 어느 방도로 [군주에게] 나아갈 수 있으며, 군주는 어느 때에 만나 뵐 수 있는 것인가? 따라서 바탕은 기필코 이길 수 없는 것이요, 세력은 둘 다 공존하지 못하는 것이니, 법술을 아는 선비가 어찌 [생명이] 위태롭지 않겠는가? 그는 죄가 있다고 무고를 당하여 공법으로 처형될 수도 있고, 죄를 들씌울 수 없으면 사적인 검객劍客

으로 하여금 없애버릴 수도 있다. 이에 법술에 밝고 군주의 뜻에 어그러지는 자는 관리에 의해 죽지 않으면 반드시 사적인 검객에 의해 죽게 되어 있다. 누구나 붕당으로 똘똘 뭉쳐서 군주[의 안목]을 가리고 말을 왜곡하여 사적인 편익을 취하면, 반드시 '중인重'에게 신임을 받게 되어 있다. 따라서 그[重臣]는 공로를 빌릴 수 있으면 관작으로 신분이 높아지게 되고, 좋은 명분을 빌릴 수 없으면 외국의 권세로 중하게 되는 것이다. 이 때문에 군주의 안목을 가리고 '개별 세력가[私家]'에게로 나아가면 관작으로 현달하게 되지 않더라도 반드시 외국의 세력에 의해 중하게 되는 것이다. 지금 군주가 [여러 가지 사실들을] 참작하여 징험하지 않고서 처벌을 하고, 드러난 공로를 기다리지 않고서 작록을 내리고 있다. 이 때문에 법술을 아는 선비가 어찌 죽음을 무릅쓰고 그들의 주장을 펼 수 있겠는가? 거짓된 신하들이 어찌 유리한 기회를 보고 스스로 물러나려고 하겠는가? 따라서 군주[의 권세]가 낮아질수록 개별 세력가[私門]의 권익은 높아지는 것이다. (「고분孤憤」 편)

[智術之士, 必遠見而明察; 不明察, 不能燭私, 能法之士, 必强毅而勁直; 不勁直, 不能矯姦. 人臣循令而從事, 案法而治官, 非謂重人也. 重人也者, 無令而擅爲, 法以利私, 耗國以便家, 力能得其君, 此所爲重人也. 智術之士明察, 聽用, 且燭重人之陰情. 能法之士勁直, 聽用, 且矯重人之姦行. 故智術能法之士用, 則貴重之臣必在繩之外矣. 是智法之士與當塗之人, 不可兩存之仇也. 當塗之人擅事要, 則外內爲之用矣. 是以諸侯不因, 則事不應, 故敵國爲之訟. 百官不因, 則業不進. 故群臣爲之用. 郎中不因, 則不得近主, 故左右爲之匿. 學士不因, 則養祿薄, 禮卑, 故學士爲之談也. 此四助者, 邪臣之所以自飾也. 重人不能忠主而進其仇, 人主不能越四助而燭察其臣, 故人主愈弊, 而大臣

愈重. 凡當塗者之於人主也, 希不信愛也, 又且習故. 若夫卽主心, 同乎好惡, 固其所自進也. 官爵貴重, 朋黨又衆, 而一國爲之訟, 則法術之士, 欲干上者, 非有所信愛之親, 習故之澤也, 又將以法術之言, 矯人主阿辟之心, 是與人主相反也. 處勢卑賤, 無黨孤特. 夫以疏遠與近愛信爭, 其數不勝也; 以新旅與習故爭, 其數不勝也; 以反主意與同好爭, 其數不勝也; 以輕賤與貴重爭, 其數不勝也; 以一口與一國爭, 其數不勝也. 法術之士, 操五不勝之勢, 以歲數而又不得見, 當塗之人, 乘五勝之資, 而旦暮獨說於前. 故法術之士奚道得進, 而人主奚時得悟乎? 故資必不勝, 而勢不兩存, 法術之士焉得不危? 其可以罪過誣者, 以公法而誅之, 其不可被以罪過者, 以私劍而窮之. 是明法術而逆主上者, 不僇於吏誅, 必死於私劍矣. 朋黨比周以弊主, 言曲以便私者, 必信於重人矣. 故其可以功伐借者, 以官爵貴人; 其可借以美名者, 以外權重之. 是以弊主上而趨於私門者, 不顯於官爵, 必重於外權矣. 今人主不合參驗而行誅, 不待見功而爵祿, 故法術之士, 安能蒙死亡而進其說, 姦邪之臣安肯乘利而退其身? 故主上愈卑, 私門益尊.]

## 11.2) 한비의 사명감

당계공堂谿公이 한비韓非 선생에게 말하였다.

"예禮를 따르고 겸양謙讓하는 것이 [생명을] 온전히 하는 도술이요, 품행을 닦고 지혜를 감추는 것이 순리대로 사는 도리라고 저는 들었습니다. 지금 선생께서 법술을 주장하고 표준[度數]을 설정하시니, 제 생각에 [선생의] 몸이 위태롭고 생명을 다칠까 염려됩니다. 어떻게 '그것을 증명하느냐' 구요? 선생의 법술을 들으니 '초楚는 오기吳起를 기용하지 않아서 영토가 깎이고 나라가 혼란해졌고, 진秦은 상앙商鞅[의 변법]을 시행하여 부강하여졌다. 이 두 사람의 주장은 이미 합당한 것이다. 그러나 오기는 사지가 찢어지고 상앙은 수레에 [온몸이] 찢기어 죽은 것은 [이들을 알아주는] 세상과 군주를 만나지 못한 비극인 것이다!' 라고 했습니다. [알아주는 세상이나 군주를] 만난다는 것은 꼭 반드시 바랄 수 없는 것인데, [저들이 당한 것과 같은] 비극적 불행은 물리칠 수가 없는 것입니다. 온전하게 순리대로 사는 도리를 버리시고 위태로운 행동을 멋대로 하시니 저는 선생께서 그렇게 하시지 않으셨으면 합니다."

한비韓非 선생이 말하였다.

"저는 선생의 말씀을 잘 이해합니다. 천하를 다스리는 권력의 자루, 민중을 가지런히 하는 제도, 이런 것은 아주 쉬운 것은 아닙니다. 그러나 선왕先王의 가르침을 폐하고 비천한 저의 주장을 실천하려는 것은 법술을 세우고 표준[度數]을 설정하는 것입니다. (이것이) 백성을 이롭게 하고 민중들을 편하게 해주는 도리라고 여기기 때문입니다. 따라서 혼란을 일으키는 군주나 어리석은 임금[에 의해 받을] 비극적 불행을 겁내지 않고, 반드시 백성들을 가지런히 하여 공리公利에로 나아가게 하도록 사려하는 것은 [백성을] 사랑하는 지혜로운 행동[仁智之行]인 것입니다. 혼란을 일으키는 군주나 어리석은 임금[에 의해 받을] 비극적 불행을 겁내어 죽음의 피해를 피하고, 몸을 [보존할 줄] 알지만, 백성들의 공리를 보지 못하는 것은 탐욕스럽고 비열한 행위입니다. 저는 탐욕스럽고 비열한 행위를 차마 못 하겠고 [백성을] 사랑하는 지혜로운 행동을 훼손하고 싶지도 않습니다. 선생께서는 저를 애호하시는 뜻이 있습니다. 그러나 저[의 생각]의 핵심을 크게 훼손하신 것입니다." (「문전問田」 편)

[堂谿公謂韓子曰: "臣聞服禮辭讓, 全之術也; 修行退智, 遂之道也. 今先生立法術, 設度數, 臣竊以爲危於身而殆於軀. 何以効之? 所聞先生術曰: '楚不用吳起而削亂, 秦行商君而富疆, 二子之言已當矣, 然而吳起支解, 而商君事裂者, 不逢世遇主之患也.' 逢遇不可必也, 患禍不可斥也. 夫舍乎全遂之道, 而肆乎危殆之行, 竊爲先生無取焉." 韓子曰: "臣明先生之言矣. 夫治天下之柄, 齊民萌之度, 甚未易處也. 然所以廢先王之教, 而行賤臣之所取者. 竊以爲立法術, 設度數, 所以利民萌, 便衆庶之道也. 故不憚亂主闇上之患禍, 而必思以齊民萌之資利者, 仁智之行也. 憚亂主闇上之患禍, 而避乎死亡之害, 知明夫身, 而不見民萌之資利者, 貪鄙之爲也. 臣不忍嚮貪鄙之爲, 不敢傷仁智之行. 先王有幸臣之意, 然有大傷臣之實."]

〈참고문헌〉


『韓非子』(『韓非子新校注』 全二册), 陳奇猷校注, 上海: 上海古籍出版社, 2000;

『韓非子』(『韓非子校注』), 《韓非子》校注組, 南京: 江蘇人民出版社, 1982;

『韓非子』(『韓非子全譯』), 張覺譯注, 貴州: 人民出版社, 1992;

『韓非子』(『韓非子校釋』, 陳啓天著, 臺北: 臺灣商務印書館, 1994;

『老子』(『老子新譯』 修訂本), 任繼愈譯著, 上海: 上海古籍出版社, 1985;

『莊子』(『莊子校詮』 全三册), 王叔岷撰, 臺北: 臺灣商務印書館, 1994;

『史記』(全十册), 司馬遷撰, 北京: 中華書局, 1972;
『漢書』(全十二册), 班固撰, 北京: 中華書局, 1975;
『戰國策』(『戰國策譯注』), 孟慶祥譯注, 哈爾濱: 黑龍江人民出版社, 1986;

張舜徽, 『周秦道論發微』, 北京: 中華書局, 1982;
『中國軍事史』, 第2卷, 《中國軍事史》編史組編, 北京: 解放軍出版社, 1986;
宋榮培, 「제자백가의 다양한 전쟁론과 철학적 문제의식」, 『고대 중국철학사상』 서울: 성균관대학교출판부, 2014;
宋榮培, 『中國社會思想史』(증보판), 서울: 사회평론, 1988.

# 색인

(ㄱ)
간공簡公 921
감무甘茂 971
감배堪坏 501
갑골甲骨문자 1
개색開塞 205, 207, 210, 221
갱법更法 205, 211
거북 571
거자巨子 137
견백론堅白論 677
견오肩吾 501
겸상애兼相愛, 교상리交相利 81, 92, 391
겸이역별兼以易別 96~98
경물중생輕物重生 142, 144, 398
경수經首 520
경춘景春 393
고분孤憤 893, 961
고수瞽瞍 383
고획苦獲 709
곡신谷神 259
골짜기 신[谷神] 260
공리주의 362
공손룡公孫龍 676, 677
공손앙公孫鞅 200, 393, 970
공양가公羊家 881
공자비판(批孔) 202
공자의 인본주의 34
과욕寡欲론 387
곽점초간노자郭店楚簡老子 231
관용봉關龍逢 867
관자管子 318, 325, 327, 329~331
굉요閎夭 109
구기九紀 23
구름 타는 기 337
구작자瞿鵲子 447
국가 공리주의 364
군신君臣평등론 343
군자君子의 정신노동 812
군자의 덕은 바람과 같고 58
군주 교체[革命]론 367
권도權道 395
극신劇辛 945
근령靳令 208
금활리禽滑厘 134
기치己齒 709
꼽추노인이 매미잡다 522

(ㄴ)
난견백難堅白 676
난릉蘭陵 811
난세難勢 957, 962
난이難二 948
남곽자기南郭子綦 434
남백자기南伯子綦 478
내업 325, 327, 329~331
노담老聃 229
노래자老萊子 229
노승魯勝 711
노자老子 229
농전農戰 205, 218, 223
누계樓季 919

(ㄷ)
달기妲己 867
담계보譚戒甫 711
당계공堂谿公 982
당앙唐鞅 871
대기만성大器晩成 279
대장부 393
덕치의 내용 59
데모크라동(德謨克拉東) 359
도올춘추檮兀春秋 914
도주陶朱 937
도척盜跖 431
동同의 원칙 23
동중서董仲舒 881, 889
둥지씨[有巢氏] 950
등릉자鄧陵子 137, 709
등석鄧析 695, 696
따름[因] 583

(ㅁ)
만인 상호사랑[兼相愛] 78
만장萬章 341
말희末喜 866
맹손양孟孫陽 146
맹자孟子 340
명변론[궤변] 840
모侔 721
목수 경[梓慶] 526
목수 석石 474
무령왕武靈王 912
무로써 유를 제압[以無制有] 159
무본유말無本有末 241
묵경교석墨經校釋 711
묵변논리학墨辨論理學 712
묵변발미墨辨發微 711
묵변주墨辨注 711
문전問田 983
물과 땅水地 565
미자계微子啓 383, 867
민본주의 사상 343
민본주의民本主義 359

(ㅂ)
방원龐煖 946
백공白公 463
백기白起 899

백락伯樂 943
백리혜百里亥 884
백마는 말이 아니다 677
백마론白馬論 677
백서帛書 노자 232
백성의 삼대 문제(民有三患) 80
백심[白心] 606
백이伯夷 431
범수范睢 899, 971
법가法家 36
복택服澤 못 109
부드럽고 약한 것(柔弱) 260
부열傅說 502
비간比干 383, 413
비렴飛廉 867

(ㅅ)
사관斯觀 866
사단四端론 381
사회악 97
상군商君 969
상군서商君書 205, 207
상리근相里勤 137
상림桑林 520
상선약수上善若水 260
상앙商鞅 917, 969
상앙商鞅의 변법 898
상앙학파 199
상현尙賢론 104
상형賞刑 216
서왕모西王母 501
선왕宣王 397
선표單豹 517
설림說林 893
성악性惡론 897
세난說難 893
세 실현의 제도화 965
소공召公 872
소국과민小國寡民 239
소왕昭王 898
소요유逍遙遊 399, 456, 488
소인小人의 육체노동 812
손 터지지 않는 약 482
손무孫武 157
손빈孫臏 157
손자孫子 157
솔연率然 187
송견宋鈃 317, 364, 845
송경宋牼 317, 364
송영宋榮 317
송영자宋榮子 317
수권修權 213, 215
수인씨燧人氏 950
순경荀卿 811
순우곤淳于髡 395
순자荀子 811
순황荀況 811
습붕隰朋 872
신도愼到 696, 872, 962
신법愼法 214, 219
신불해申不害 873, 977
신생申生 912

신자愼到 873
신자申子 894
십익十翼 15
십전十傳 728

(ㅇ)
아리송한 암컷[현빈玄牝] 259~260, 286
아주 큰 그릇은 맨 뒤에 만들어지고 279
악기걸이 526
안성자유顏成子游 434
안촉顏斶 224
약획若獲 137
양계초梁啓超 711
양왕襄王 811
양주楊朱 139, 142
양후穰侯 971
여망呂望 872, 867
여왕厲王 383
여희麗姬 449, 912
역경易經 15
역물십사厤物十事 676
역아易牙 385
역전易傳 15, 728
염파廉頗 899
영척甯戚 872
오기吳起 917
오덕종시五德終始 878, 881, 888
오두五蠹 893, 909, 919, 951, 953
오미五味 23
오음五音 634
오재五材설 22
오행상승五行相勝설 878~879
오후五侯 136
옥의 귀중함 567
올바른 식사법[食道] 336
왕도王道정치 346
왕량王良 914
왕자 비간比干 383
왕필주王弼注 241
외로운 울분[孤憤] 978
요가姚賈 891
용 571
용봉龍逢 413
원援 721
위밍꽝余明光(Yu Mingguang) 232
위아爲我 391
위염魏冉 971
유관幼官 531
유로喩老 236, 939
유법투쟁사관儒法鬪爭史觀 202
유왕幽王 383
육율六律 23, 634
윤문尹文 317
응후應侯 971
의돈猗頓 937
이무제유以無制有 163, 190
이사李斯 891
이윤伊尹 109, 884
이치已齒 137

이태李兌 912
입기속, 종기속入其俗, 從其俗 460

(ㅈ)
자산子産 31, 973
자서子胥 413
자지子之 463
자한子罕 921
작전은 속임수[詭道] 166
장문중臧文仲 30
장오자長梧子 447
장의張儀 393, 971
장의張毅 517
장자莊子 397
장평長平대전 899
장홍萇弘 413
적부跡府 677
적욕適欲설 321
적현신주赤縣神州 885
전개지田開之 516
전상田常 921
전쟁은 속임수다 163
전저專諸 186
절대 고립주의 679
정기精氣 319
정명正名 814, 832
정명론正名論 55
정분定分론 212
정전井田제도 353
정치[政]는 바로잡는 것 58
제자백가諸子百家 36
조괄趙括 899
조귀曹劌 186
조법錯法 218
종주宗周 3
주공周公 2
주보主父 912
주역참동계周易參同契 881
중국철학사신편 202
중인重人 978
지물론指物論 677
직하稷下 학궁學宮 811
진량陳良 371
진맹린陳孟麟 712
진상陳相 371
진시황秦始皇 880
진흙탕 속에서 꼬리를 끌다 519

(ㅊ)
창힐蒼頡 958
천인감응天人感應 881, 889
천하天下 404
첨하詹何 943
추推 721
추기鄒忌 882
추연鄒衍 878, 882, 945
추자鄒子 878
추자종시오덕鄒子終始五德 878
춘신군春申君 811, 915
춘추번로春秋繁露 889
치미侈靡 534

친친親親사상 104
칠체七體 23

(ㅋ)
쾌噲 463

(ㅌ)
태사太史인 담儋 229
태전泰顚 109

(ㅍ)
팔색八索 23
팽조彭祖 501
펑요우란馮友蘭 140
편작扁鵲 974
포숙鮑叔 872
포정庖丁 520
풍이馮夷 501
필전畢戰 355

(ㅎ)
하상공주河上公注 241
한비자韓非子 891
합동이合同異 676
해노解老 236
해제奚齊 871, 913
해폐解蔽 869, 871~874
허행許行학 370
혜엄의 신기神技 524
현지 득재론 104
형이상形而上 757
형이하形而下 757
혜문왕惠文王 912
혜왕惠王 397, 971
혜자[혜시, 惠施] 675, 873
호연지기浩然之氣 344, 389
혹或 721
혼돈씨混沌氏 407
홍기紅旗 202
홍범구주洪範九疇 25
화和와 동同 54
화和의 원칙 23
화류驊騮 463
화책畫策 212, 217, 221~222
황노黃老학 307
황제내경黃帝內經 881
효效 721
효공孝公 898, 971
효성왕孝成王 899